唐启华 著

陆征祥
评传

社会科学文献出版社
SOCIAL SCIENCES ACADEMIC PRESS (CHINA)

缘　起

笔者在过去 30 多年外交史研究历程中，不断接触到陆征祥，但受过去刻板印象影响，并不认为他是优秀、重要的外交官，没有要好好研究他的想法。直到 2007 年底，台北中研院近代史研究所外交档案开放"驻比使馆保存档"后半部，提供许多全新而重要的史料，笔者除据此写成《巴黎和会与中国外交》一书外，对这个档案的身世也产生浓厚的兴趣。几经追索，发现这个档案是 1920 年代陆征祥带到欧洲，后来再交给中国驻比利时使馆的，意外地保存了民初外交的内部视角，学术价值极高。接着笔者又用这个档案前半部中的《国体问题来往电》，与英国外交档案（*F.O.*）及《日本外交文书》对照，写成《洪宪帝制外交》一书。①

两本专书完成后，笔者对陆征祥的外交观念及手腕，有了较深的体会与认识，也对当时北京政府的外交处境更加了解，脑中浮现探索陆征祥与中国外交的念头。恰逢台北中研院台湾史研究所与比利时布鲁日本笃会圣安德鲁修道院（St. Andres' Abbey in Bruges）签约合作，将陆征祥保存于该修道院的私人文书与文物于 2018 年完成数字化扫描，共 2 万多页，2019 年 1 月起以"陆征祥文书"之名在台湾史研究所档案馆开放使

---

① 唐启华：《巴黎和会与中国外交》，社会科学文献出版社，2014；《洪宪帝制外交》，社会科学文献出版社，2017。有关 03-13"驻比使馆保存档"之身世，详见本书第七章第五节。

用，开启了可以贴近陆征祥内心世界的一扇窗。① 笔者于
2019~2021 年做了较长时间的大量阅读，逐渐有可以写本专书
的把握。

现在看来，陆征祥的外交生涯多彩多姿，经手许多重要交
涉，对国际公法、公理正义有过憧憬，但在巴黎和会中理想幻
灭，随即出使瑞士，最后因国事动荡、夫人过世等重大失意，
告别俗世，进入天主教修道院，却意外获致非凡的宗教成就。
笔者一方面自认为与陆征祥有特别的缘分，一方面感觉将陆征
祥的外交生涯、精神生活做较全面研究有其意义，而且各方面
条件似已具足，乃不揣谫陋撰写本书，就教于读者诸君。

---

① 陆征祥文书之由来及详细内容，参见冯先祥《圣安德鲁修道院杂记：陆
征祥的史料、回忆录与传记》（台北《古今论衡》第 31 期，2018 年 10
月）及台北中研院台湾史研究所档案馆 T1063 陆征祥文书之介绍。

目　录

绪　论

陆征祥（1871～1949）是清末民初最重要的职业外交官，参与了许多关键交涉，然而迄今学界对他的研究偏少。主要原因应该是过去他的形象偏于负面，学界认为他与北洋派关系密切，办的多为丧权辱国的卖国外交，没有研究的价值。其次是与他相关的档案史料发掘得不多，他自己也鲜少有回忆录、自传问世，很多相关史事无法深入探讨。

近年来这两个障碍逐渐去除，随着北洋外交研究的进展，相关出版成果让陆征祥的重要性及其对国家的贡献，受到一定的肯定，而与他有关的外交档案、同忆录及私人文书相继公开，对他做全面研究的条件趋于成熟。本书即以陆征祥为主轴，探讨他与近代中外交涉和文化交流的关联，借以省思清末以来中外关系的发展轨迹，提供大国崛起的历史背景与借鉴。

问题意识

中国近两百年来，从堂堂天朝遭到西力强势冲击，沦为西方列强及日本的半殖民地，濒临瓜分危机，嗣经几代人之努力奋斗，逐步恢复独立自主，进而成为大国，这得来不易的独特历程，是近代中国与世界史宝贵的经验。今日中国正崛起为世界大国，需要打开狭隘历史观点的束缚，客观、全面、平衡地理解、思考近代世界与中国之互动历程，作为建构新世界秩序的软实力基础。

陆征祥是清末民初中国国势最弱、国际地位最低时期最具代表性的外交官，身居中国、东亚乃至世界都在转变的乱世，承担中国外交的重任，他的外交生涯反映出许多重要的时代面相，颇多可供今日省思之处。陆氏晚年进入修道院，在天主教会内亦取得崇高地位。

陆征祥为何能在清末外交官群体中脱颖而出？陆氏自认为他的出头是因为清末外交处于青黄不接的过渡时代。第一代外交官多是传统科举官僚出身，不谙西语，对西方了解很有限，而第三代以英美留学生为主体的外交官尚未成熟；第二代广方言馆、同文馆出身，比较长时间地待在欧美日，对西方相对了解，外语能力还可以，就成了当时外交官的主力。陆征祥系上海广方言馆、京师同文馆出身，长期在欧洲，娶比利时夫人，由基督教改宗天主教，欧化程度高，又能操流利之法语直接与各国交涉，遂成为第二代外交官中的佼佼者。①

陆征祥的一生颇具特色。自 21 岁进入外交界，从学习生、翻译官、参赞到公使、外交总长、国务总理、国务卿，经历1896 年李鸿章访俄，1899 年第一次海牙保和会，1901 年中俄东北撤兵谈判，1904～1905 年日俄战争，1907 年第二次海牙保和会，1911 年《中荷领约》、修改《中俄商约》，1913 年《中俄协约》，1915 年中日"二十一条"，洪宪帝制，1917 年参加欧战，1919 年巴黎和会等重要交涉，到 1920 年淡出政坛，1922 年出使瑞士，1927 年完全退出外交界。陆氏进入天主教隐修院，历经苦修，于 1935 年晋升司铎，几度想返国传教。九一八事变后，他积极为中国做国际宣传，欧战爆发后，修院被德军征用，陆

---

① 《陆征祥日记》，1943 年 11 月 18 日，陆征祥文书，台北中研院台湾史研究所档案馆数位典藏，T1063_01_03_0002，第 339 页。以下藏所略。

征祥在民间做多次演讲，写成回忆录。1945年一度成为中国首位枢机主教人选，次年被教宗授予比利时刚城（Ghent）圣伯多禄隐修院荣誉院长，并受田耕莘枢机主教之邀，认真考虑回国传教，但因年老身体不好无法成行，不久逝世于修道院。陆征祥参与及观察中国外交近一甲子，遁入天主教修会后，仍然关心国事，见证了中国从"三等国"崛起为"世界五强"的历程，研究与评价陆征祥的外交生涯，可更深入与全面地理解清末民国的中外关系。

对于陆征祥的历史评价一直有争议，因他与袁世凯及北洋派关系密切，受到革命党敌视与抨击，过去学界主流观点对陆氏外交评价较低，认为他要为"二十一条"、洪宪帝制、巴黎和会等外交重大失败与签署条约负责。同情一点的说他"懦弱无能""弱国无外交"，严苛一点的则批评他助纣为虐、丧权辱国，甚至有称他为卖国贼的，迄今对他仍有许多责难。然而陆氏也以其高尚人格、道德操守与虔诚信仰，致力于融合儒家思想与天主教，以及天主教之中国化，受到部分国人景仰，与徐光启、马相伯同为中国近代天主教徒的典范，在教会史中地位崇高。①

近年来外交史研究成果，对他与当时中国外交的表现渐趋肯定，指出陆征祥外交生涯，历经中国外交的谷底，忍辱负重辛苦支撑到逐渐翻升的重要阶段，他在国力衰微、内忧外患不

---

① 如林瑞琪指出："陆征祥逝世后的几十年中，对他的评价颇为两极化，有关他作为宗教人士，教会内有很高的赞许，但对他的内政外交功绩，略而不谈……教会外的学者，则着重陆征祥在政界的得失，往往指责他柔弱及怕事的一面。"《陆征祥在巴黎和会对中国的贡献》，香港《鼎》第29卷，总第152期，2009年春季号，第25页。

断之际，能够坚持原则，尽量减少国家损失，可谓难能可贵。陆氏担任民国首任外交总长，大力改革外交部，建立制度甄别、培养外交人才，建立职业外交官团队，使得民国外交人才辈出，外交上往往有超乎国力的表现。陆氏在中日"二十一条"交涉及巴黎和会外交等交涉中，也颇有坚持，稍稍修正了过去的刻板印象。

先行研究

有关陆征祥的先行研究不多，主要是罗光①与石建国的著作。罗光著《陆征祥传》②，主要依据罗光于 1939 年 7 月 26 日至 8 月 5 日、1948 年 9 月 15 日至 10 月 6 日两度到比利时修院访问陆征祥之记录，以及两人间的通信、天主教会的材料。该书在陆氏逝世后不久出版，主要价值在于引用许多陆氏之口述事迹，及陆氏赠送的文件，并考证出培德夫人的出生日期。后来罗光又撰有《访问陆征祥神父日记》③，在《罗马四记》④一书中也多有谈及，内容大致相同。

罗光此书偏重于陆氏个人的回忆及其信仰生活，对陆氏的外交活动讨论不多，诚如冯先祥所云：罗光是天主教的主教，主要关心陆征祥的精神生活与宗教奉献，在他的传记中，有极

---

① 罗光（1911~2004），湖南衡阳人，字焯炤，1930 年赴罗马宗座拉特朗大学攻读法学，1936 年晋升司铎，1939 年取得博士学位，在罗马传信大学教授中国哲学，并进修神学，1941 年获博士学位，1943 年起任中国驻教廷使馆宗教咨议，1944 年擢为蒙席，1961 年到台湾，历任主教、总主教、辅仁大学校长、天主教"中国主教团主席"。

② 罗光：《陆征祥传》，香港：真理学会，1949；台北：台湾商务印书馆，1967。

③ 发表于台北《传记文学》第 19 卷第 2、4、5、6 期，1971 年。

④ 罗光：《罗马四记》，台北：先知出版社，1972。

大的篇幅是描写陆征祥的宗教信仰与修道历程，陆征祥被看作一位信仰虔诚且坚定的爱国天主教徒。对于他的政治和外交生涯，罗光的了解比较浮面，倾向用大量的轶事堆砌成历史叙事，很难深刻剖析当时复杂的政治与外交问题。①

有关陆征祥外交活动的学术研究，主要是石建国著《陆征祥传》及《外交总长陆征祥》，② 前书是在其复旦大学历史学系硕士学位论文的基础上改写而成，收入该系"民国外交官传记丛书"，对陆征祥的一生，尤其是外交官生涯做了相当好的基础研究。后来又大幅度增补材料，写成后书，对陆征祥的外交活动巨细靡遗，观点比较公允客观，尤其对陆氏在巴黎和会的重要性，颇多超出前人著述之处。正如冯先祥所说：石建国的《外交总长陆征祥》，跳脱过往历史学界之丧权辱国叙事框架，大量利用档案和报刊，将陆征祥经历的政治和外交事件放回原本的历史脉络之中，从比较宏观的角度，理解与肯定陆征祥，它对陆征祥的政治与外交生涯之着墨，恰好弥补罗光的不足。③

较早使用藏于比利时修道院陆征祥私人文书的研究，主要有张淑勤 1994 年比利时鲁汶天主教大学博士学位论文"When Confucius Meets Benedictus：The Destiny of a Chinese Politician，Lou Tseng-tsiang（1871 – 1949）"（暂译《当孔子遇见本笃》），以及陈志雄 2009 年广州中山大学历史系博士学位论

---

① 冯先祥：《圣安德鲁修道院杂记：陆征祥的史料、回忆录与传记》，台北《古今论衡》第 31 期，2018 年 10 月，第 168~169 页。

② 石建国：《陆征祥传》，河北人民出版社，1999；《外交总长陆征祥》，福建教育出版社，2015。

③ 冯先祥：《圣安德鲁修道院杂记：陆征祥的史料、回忆录与传记》，台北《古今论衡》第 31 期，2018 年 10 月，第 169~170 页。

文《陆征祥与民国天主教会》，他们都到过修道院阅读陆征祥
文书，又通法文，有许多新发现。然而以上两部博士学位论
文，重心都在探讨陆氏的信仰生活及其与天主教会的关系，较
少触及外交史部分。此外，冯先祥近年受托到修道院整理陆氏
文书，发表过《圣安德鲁修道院杂记：陆征祥的史料、回忆
录与传记》及《国际法会及其历史之初探（1912～1916）》
等论文。[①]

　　笔者过去做过一些与陆征祥相关的研究，除已出版《巴黎
和会与中国外交》《洪宪帝制外交》两本专书外，还发表了
《陆征祥与辛亥革命》《清末民初中国对"海牙保和会"的参与
（1899～1917）》等论文。[②] 此外，与陆征祥相关之期刊论文及
学位论文数量不少，然内容多未能超出前述几本专书与论文。

主要史料

　　本书主要使用外交档案、陆征祥文书及报纸等资料，简介
如下：

　　1. 外交档案

　　台北中研院近代史研究所档案馆藏外交档案是研究近代中
国外交最宝贵的一手史料，本书使用其中 01 "总理衙门档
案"、02 "外务部档案"及 03 "北洋外交部档案"、11 "国民
政府外交部档案"，辅以英国外交档案（F. O.）、美国外交文

①　冯先祥：《国际法会及其历史之初探（1912～1916）》，台北《政治大学
　　历史学报》第 51 期，2019 年 5 月。
②　唐启华：《陆征祥与辛亥革命》，中国史学会编《辛亥革命与 20 世纪的
　　中国》上册，中央文献出版社，2002；《清末民初中国对"海牙保和会"
　　的参与（1899～1917）》，台北《政治大学历史学报》第 23 期，2005 年
　　5 月。

件（FRUS）、《日本外交文书》等相关史料，据以建构陆征祥外交生涯的具体样貌。

2. 陆征祥文书

藏于比利时修道院的"陆征祥文书"近年完成数字化扫描，已有少数机构及个人通过各种渠道取得副本，正式对外开放使用的是台北中研院台湾史研究所档案馆，自 2019 年起可以至该档案馆阅读数位典藏版"陆征祥文书"（T1063）。该文书下分 01 "日记与杂记"、02 "中文往来书信"、03 "外文往来书信"、04 "信函簿与明信片"、05 "手稿杂件"等 5 个系列，本书使用该馆之分类编号及页码。

陆氏文书是他自己整理后保留下来的，应是对他个人比较有意义的部分，有价值的部分在于：1928 年以后之日记，1928 年以后之信底簿、信函（收信），也有少部分 1927 年之前的，中、法文各半（另有少数英文及其他外文的信件及杂件）。由此可以窥探陆氏的内心想法，了解他对一些事情的看法，建构他的人际网络，重建部分重要史事，如：1920 年迁陆公墓、1922 年出使瑞士、北洋政府欠薪等。笔者将该档案之中文部分大致通读一过，有少部分信件，或因墨迹漫漶，阅读甚为吃力，或因内容偏于私人琐事，没有完整细看。此外，占文书一半分量的法文部分，笔者限于语文能力，没能使用，可能会欠缺陆氏与外国友人及妻族的交往状况。

此外，值得注意的是，陆征祥回忆录中译本于 2016 年出版，① 虽然记述简略，但仍有其参考价值。

---

① 陆征祥法文回忆录 *Seuvenir et Pensees* 于 1945 年春出版，中译本见陆征祥《回忆与随想：从民国外交总长到比利时修道院修士》（以下简称《回忆与随想》），王眉译，上海远东出版社，2016，详见本书第七章第四节。

3. 报纸

本书主要使用《申报》《大公报》《京报》等报纸数据库，借以补充档案史料、私人文书之外的社会背景，了解历史事件当时的语境与内幕，丰富历史理解与诠释。

章节安排

本书以陆征祥与中国外交为主轴，主要讨论外交史，稍稍旁及与外交相关的天主教史，依时间先后顺序，除绪论、结论外，分为7个阶段讨论如下：

第一章　陆征祥的家世与早年外交生涯（1871~1905）

第二章　清季外交的后起之秀（1906~1911）

第三章　陆征祥与民初政局及外交（1912~1913）

第四章　一战变局中的对外交涉（1914~1918）

第五章　陆征祥与巴黎和会（1919）

第六章　意外出使瑞士（1920~1927）

第七章　归隐修道院（1927~1949）

本书以陆征祥为中心，参考过去研究成果，使用外交档案、报纸、个人文书等史料，结合政治、社会舆论、个人三个视角，呈现中外关系不同的层次与面相，较长时段地考察近代中国与世界的互动历程。

第一章 陆征祥的家世与早年
外交生涯 （1871～1905）

陆征祥出身寒微，因在上海广方言馆、京师同文馆学习法文，被调到驻俄使馆当学习员及翻译官，意外步上外交官之路。

第一节 家世、学习与出洋

陆征祥或作增祥，字子欣或作子兴，1921 年又自字涤生，号慎独主人，法文名 J. René Lou，同治十年（辛未）四月二十四日，[①] 西历 1871 年 6 月 12 日，[②] 生于江苏上海基督教家庭。

陆征祥家世清寒，老家似在太仓镇，[③] 或是南汇。[④] 可能无家谱，对于先世名讳口耳相传，只存其音，文字并不确定。自云曾祖父泰林、曾祖母殷氏（或阴氏）；祖父德昌、祖母张氏；父慎安（或诚安，1835～1901），字云峰或作荣峰，[⑤] 基

---

① 《京师警察厅住户查口票》（1920 年），陆征祥文书，T1063_03_06_0017，第 1 页。按：该日换算为公历应为 1871 年 6 月 11 日。
② 陆征祥：《回忆与随想》，第 7 页。罗光也是依据陆征祥《回忆与随想》的法文原版（参见氏著《陆征祥传》，第 10 页）。
③ 《颜惠庆日记》，1947 年 9 月 21 日，上海市档案馆译，中国档案出版社，1996，第 916 页。
④ 周国壎：《追念陆征祥公私琐杂纪略》，台北《现代学苑》第 3 卷第 12 期，1966 年 12 月，第 5 页。
⑤ 《陆征祥日记》，1942 年 2 月 28 日，陆征祥文书，T1063_01_03_0001，第 34 页；《陆氏亲族相关文件》，陆征祥文书，T1063_05_06_0004，第 3 页。

督新教徒，曾在伦敦传道会（London Missionary Society）工作，① 1854 年与吴金灵（1842～1878）结婚，育有一女，因病夭折，陆征祥为第二个孩子，两岁时由慕维廉（William Muirhead）牧师洗礼。②

　　吴金灵生下陆征祥后，即患水肿病，历经 8 年病逝。陆氏祖母张太夫人于 1886 年去世。③ 两人均葬于上海肇嘉浜斜桥伦敦会公墓。陆父清寒，中年丧妻子幼，"颠踬困顿，几为常人所难堪"。④ 陆氏自云："窃念祥沪浜寒士，门衰祚薄，昔年先君子潦倒困苦达于极点，为亲友所吐弃，祥八岁先母见背，无依无靠，乞衣乞食，此境此情，未尝一日忘于怀也。"⑤ 另有一说，陆诚安"是上海张家典当行的一名师父，携子住宿张家过日子"。⑥

　　陆征祥体质较弱，自云 8 岁时母亲过世，父子二人，不知所归，形影相对，寂寞异常。一日其父告曰："汝年八岁，尚无官名，今日当为汝取名，我闻苏州有一新翰林，姓名陆润庠，故我名汝为陆增祥，非望汝为翰林，但望为读书明理之君

---

① 1843 年伦敦会传教士麦都思（Walter Henry Medhurst, 1796-1857）在上海建立伦敦传道会中国总部。

② 陈志雄：《陆征祥与民国天主教会》，博士学位论文，中山大学，2009，第 18 页。

③ 陆征祥 8 岁丧母，15 岁丧祖母，30 岁丧父，见《迁墓缘起》，陆征祥文书，T1063_03_12_0007，第 4 页。

④ 王广圻：《陆云峰先生事略》（1913 年 8 月），陆征祥文书，T1063_04_03_0006，第 27 页。

⑤ 《致陆隐耕函稿》（1933 年 10 月 8 日），陆征祥文书，T1063_01_01_0010，第 12～13 页。

⑥ 吴怀家：《陆征祥弱者，a weakling，弱国无外交 No Diplomacy for weak states......》，http://standupdelivertruth.blogspot.com/? m = 1, 2015 年 2 月 4 日。

子耳。"①

陆征祥 10 岁才开蒙，入私塾修习古文，学习"四书"两年。1883 年陆氏 12 岁时考取江南制造局附设之上海广方言馆，自称：由原江南制造局总办聂缉规选入上海广方言馆；②又称：蒙上海制造局蔡汇沧提调考取。③ 聂、蔡应为正、副考官，该年录取 16 名学生，陆父"躬送之往，诫之曰：学无成母相见也，苟汝成立，异日博升斗禄，余亦弗分汝甘"。④

陆氏在广方言馆居住学习，每届端午、中秋、年假才能归家。⑤ 他师从法国人玻杜（Alphonse Bottu，或译璞璐）专攻法文，自称："当时的人们视这所学校的学生为叛徒，认为这些学生用所学之外语投敌叛国。"⑥ 1888 年陆氏 17 岁时患水肿病辍学一年，恢复健康后继续求学。

1890 年陆氏 19 岁自上海广方言馆毕业，八月陆氏以位列第四名，与朱敬彝、陈贻范、杨书雯、刘式训、刘镜人、翟青松等一起，由广方言馆保送到京师同文馆深造。⑦ 在同文馆除

---

① 《致刘符诚函》（1947 年 4 月 21 日），孙庆芳、张新鹰整理《陆征祥致刘符诚书信选》，政协北京市委员会文史资料研究委员会编《文史资料选编》第 33 辑，北京出版社，1988，第 146 页。陆润庠（1841~1915），苏州人，同治十三年（1874）状元。

② 《收驻和国大臣陆征祥文：造送京察履历由》（光绪三十四年九月十六日），外务部档案，02-12-026-001-021。当时清政府称荷兰为和兰。

③ 《敬赠徐文定公全集墨迹缘起》（1930~1934 年），陆征祥文书，T1063_01_04_0007，第 6 页。

④ 王广圻：《陆云峰先生事略》（1913 年 8 月），陆征祥文书，T1063_04_03_0006，第 27 页。

⑤ 《敬赠徐文定公全集墨迹缘起》（1930~1934 年），陆征祥文书，T1063_01_04_0007，第 6 页。

⑥ 陆征祥：《回忆与随想》，第 7 页。

⑦ 石建国：《外交总长陆征祥》，第 12 页。

学习《礼记》外，还向华必乐（Charles-Emile Vapereau）教授学习法语、法国文学及外交学等，陆氏称"他是一名非常出色的教授，我们终身保持着联系……因学习勤勉，我在同文馆仅待了一年时间，便在一次机缘巧合的比赛中胜出"，被许景澄挑选到驻俄使馆工作。[①]

不足为外人道的婚姻

陆氏早年似有过婚姻，其旧属周国壎称：陆氏早年在南汇娶有妻金氏，出使瑞士时，周氏办理过"间月汇寄南汇金宅之用款"。[②] 唯周氏此文系晚年之追忆，细节上错误之处甚多。

网络上有文章谈及陆征祥早年婚姻事云：

> 现在年纪大约九十来岁以上的人，假如年轻时住在上海，大概多半知道陆征祥入赘上海张家一事。陆征祥的父亲——陆云峰（陆诚安）——是上海张家典当行的一名师父，携子住宿张家过日子。当时，张家有三位兄弟，大哥〔上海张福记运输公司老板张福海（是本文作者的外公）的大伯父〕只生有一对姊妹，认为陆征祥勤奋好学，视他如己。后来陆征祥入赘张家，与张家大女儿结为夫

---

① 陆征祥：《回忆与随想》，第8~9页。许景澄（1845~1900），字竹筼、拱振，浙江嘉兴人。同治七年（1868）进士，光绪六年（1880）任驻日公使，十年任出使法、德、意、荷、奥大臣，十六年任出使俄、德、奥、荷大臣。1896年底转任驻德公使，1898年回国，总理衙门行走，兼礼部右侍郎。1900年义和团起事，6月御前会议反对对列强宣战，被杀。宣统元年（1909）追谥文肃。

② 周国壎：《追念陆征祥公私琐杂纪略》，台北《现代学苑》第3卷第12期，1966年12月，第5页。

妇。婚后，没有多久，陆征祥出使俄国，于 1899 年，不
顾多人反对，迎娶当时在俄国结识的比利时国籍培德女士
为妻。当他携带培德女士回国，张家大姊去看他，当时的
陆征祥只介绍她是他的姊姊。张家大姊非常伤心的回到了
上海。1901 年，陆征祥的父亲去世于上海张家。①

此文对陆征祥颇有微词，证诸《陆征祥日记》1933 年 5 月 6
日载："午后四时刘荩忱弟来院，在楼上演讲室用加非，畅谈
往事近情，谈述昔年在方言馆……各节，复与张宅联婚事。"②
上文之说，应有所本。

奉调出洋

　　光绪十七年（1891），陆征祥由出使俄、德、奥、荷国大臣
许景澄调充驻俄使馆学习员。③ 陆氏自称：许景澄调他出洋学习
的考语，是"攻苦法文，读书颇多"。④ 出洋前，陆父从天津到
北京和陆征祥告别称："余一生靠天而觉天之可靠，若汝能靠
天，将来亦必觉天之可靠也。"又称："汝将放洋远行，余仍回
天津，父子作别……汝今日劝余留上海，每月可寄我二十金赡
养费，此汝之孝心，我心领之。然我一日能自食其力，绝不受

---

① 吴怀家：《陆征祥弱者，a weakling，弱国无外交 No Diplomacy for weak
　　states……》，http：//standupdelivertruth. blogspot. com/？ m = 1，2015 年
　　2 月 4 日。
② 《陆征祥日记》，1933 年 5 月 6 日，陆征祥文书，T1063_01_01_0007，第
　　73 页。刘符诚，字荩忱，为陆氏契弟。
③ 《收驻和国大臣陆征祥文：造送京察履历由》（光绪三十四年九月十六
　　日），外务部档案，02-12-026-001-021。
④ 《致刘荩忱函》（1935 年 5 月 25 日），《本笃会修士陆征祥最近言论集》，
　　光启学会，1936，第 191 页。

领以自怠自弃，异日如我残废，汝尽此孝思，未为晚也。"①

　　陆父不肯接受陆征祥的奉养，坚持做小生意自食其力，现存文书载：陆父于光绪十四年戊子十月初九日订合同，代表格致书室②在宫北华英书铺借地卖书，仍用华英字号，由书室派一人照管卖书事。光绪二十三年四月初九日，在天津估衣街中间路北，开设永昌祥锡器铺，陆父入两股两千吊。③

　　陆父于光绪二十七年正月二十六日（1901 年 3 月 16 日）在籍病故。④ 陆氏当时在俄国，因国际多故，中俄交涉吃紧，历任公使倚仗陆氏通译，致使陆氏多次省亲届期，都因公事耽搁，不得归国探望。陆父去世时，陆征祥正经手中俄谈判收回东北三省之事，无法返国守制，终身引以为憾。⑤

　　陆父虽家贫，但乐于接济亲友，廉洁自守，"性慷慨，遇戚友急，有时至罄囊中馈粥资以周助之，虽己枵腹弗计也"，⑥对陆征祥有深远影响。陆氏自称陆父教育他："经过手的钱当如鸭背上的水，拥有的钱财应当用来换取一切美好的事物。父亲是一名虔诚的基督教友，每天清晨必定出门散发传单，分送《圣经》，我遗传了他的这一习惯，经常散发一些与人有益的

---

①　《先考云峰府君一字遗嘱》，罗光：《陆征祥传》，第 296~297 页。

②　格致书室创办于 1885 年，由英国传教士傅兰雅（John Fryer）主持事务，对科技翻译做出巨大贡献，专门卖各种科普图书，是西洋人在中国开设的第一家书店。

③　《陆氏亲族相关文件》，陆征祥文书，T1063_05_06_0004，第 5~11 页。

④　《收吏部文》（光绪二十九年三月二十五日），外务部档案，02-12-005-02-010。陆父似葬于上海江湾，详见本书第六章第一节。

⑤　王广圻：《陆云峰先生事略》（1913 年 8 月），陆征祥文书，T1063_04_03_0006，第 27~28 页。

⑥　王广圻：《陆云峰先生事略》（1913 年 8 月），陆征祥文书，T1063_04_03_0006，第 27 页。

纸张，也从来没觉得在这上面花钱是一种浪费。"[1]

　　陆征祥于光绪十七年九月奉调出洋，12 月自上海搭法国邮轮经马赛、巴黎，到柏林谒见许景澄钦使，往圣彼得堡（St. Petersburg），光绪十八年正月初三日（1892 年 2 月 1 日）到差，[2] 任驻俄使馆学习员，7 月 24 日任四等翻译官（见图 1-1）。

图 1-1　陆征祥 26 岁在圣彼得堡

　　清季出洋人员三年保举，升转途径比较畅通。陆氏于光绪二十年十二月二日（1894 年 12 月 28 日）首届三年差满，蒙

---

① 陆征祥：《回忆与随想》，第 7 页。
② 《陆征祥日记》，1942 年 2 月 28 日，陆征祥文书，T1063_01_03_0001，第 34 页。

保以县丞即选加六品衔。1895 年 3 月 7 日升任三等翻译官，5
月加布政司理问衔（六品）即选县丞。1896 年升任二等翻译
官。1896 年底许景澄调职，杨儒①继任驻俄、奥、荷公使。光
绪二十三年杨儒奏留陆氏原差，十一月初二日（11 月 25 日）
第二届三年差满，蒙保以知县即选加同知衔。光绪二十六年九
月初二日（10 月 24 日）陆氏第三届三年差满，蒙保以直隶州
知州补用加知府衔。②

　　光绪二十八年春杨儒在俄京圣彼得堡病逝，胡惟德接任驻
俄公使，奏请留用二等翻译陆征祥。光绪二十九年胡惟德保荐
陆氏加给参赞衔，四月初八日（5 月 4 日）得清廷批准。③ 八月
初二日（9 月 22 日）陆氏第四届三年差满，蒙保以知府即选加
三品卿衔。九月陆征祥以"葬亲"为名返华，④ 光绪三十年日
俄战起，胡惟德急召陆氏回俄。光绪三十一年初，胡惟德专片
奏请将陆氏升为二等参赞。⑤ 十月二十二日（11 月 18 日）奉
旨："陆征祥着赏给四品卿衔充出使和国大臣兼办保和公会
事宜。"⑥

---

① 杨儒（1840~1902），字子通，汉军正红旗，光绪十八年任出使美、日、
　秘大臣，二十二年任驻俄、奥、荷公使。
② 《收驻和国大臣陆征祥文：造送京察履历由》（光绪三十四年九月十六
　日），外务部档案，02-12-026-001-021。
③ 《收军机处交出胡惟德钞片》（光绪二十九年四月初八日），外务部档案，
　02-12-005-02-020。胡惟德（1863~1933），字馨吾，浙江吴兴人，为
　陆氏上海广方言馆学长。
④ 《收吏部文》（光绪二十九年三月二十五日），外务部档案，02-12-005-
　02-010。
⑤ 《军机处交出胡惟德抄片》（光绪三十一年二月三十日），外务部档案，
　02-12-006-01-008。
⑥ 《收驻和国大臣陆征祥文：造送京察履历由》（光绪三十四年九月十六
　日），外务部档案，02-12-026-01-021。

培德夫人

光绪二十四年陆征祥在圣彼得堡一次舞会中，与比利时名媛博斐培德女士（Berthe Françoise Eugénie Bovy）相识，培德祖父为将军，曾任比利时军队参谋总长，父亲为国王随从武官，舅父勒海（Raymond Leghait）任比利时驻俄公使，培德随其至圣彼得堡，以教授法语为业。[①] 培德比陆氏年长 15 岁零 9 个月，[②] 陆氏生前一直对外隐瞒夫人培德的年纪，多称夫人比他小 1 岁。[③]

两人于 1899 年 2 月 12 日在圣彼得堡圣凯瑟琳教堂（Church of St. Catherine）依天主教礼仪结婚，由多明我会拉克郎热（J. J. Lagrange）神父主持（见图 1-2）。[④] 娶外国女子为妻，是外交官之大忌，尤其与当时中国之风俗大相扞格，许景澄、杨儒都表示反对。郭泰祺曾撰文记述此事云：

> 文肃移节柏林，继任杨公使久耳其名，坚留为助，事无巨细悉以任之，遂为同官所忌，谤毁繁兴。先生忿极，几不欲生。培德夫人者，同时驻俄比使之犹女也，久相钦慕，至是慰藉备至，百年好合遂基于此矣。议将定，文肃适由德来，据实以告，文肃正色诚之曰：国人娶外妇者多

---

① 陈志雄：《陆征祥与民国天主教会》，第 24 页。

② 培德出生于 1855 年 9 月 14 日，见罗光《陆征祥夫人的年岁考》，《陆征祥传》，第 52 页。

③ 1920 年登记户口时，陆氏自称 49 岁，妻 48 岁，原籍比国。见《京师警察厅住户查口票》（1920 年），陆征祥文书，T1063_03_06_0017，第 1 页。

④ 陈志雄：《陆征祥与民国天主教会》，第 24~25 页。

矣，一旦返国辄弃置而别蓄姬妾，于是勃谿所及，有酿成
交涉者矣。子之事可已则已之，不可已则愿子之一矫恶习
也。夫妇乃以情相结，女则宜节，男则宜贞，故欧人有妻
死而出家修道者，子能之乎，能之则娶焉可也。①

图 1-2 1899 年 2 月与培德女士结婚

1930 年前后，陆氏于许景澄遇害 30 年，分赠友朋一纪念
片云："己亥春，祥与培德结婚，吾师笑谓祥曰，汝醉心欧
化，致娶西妇，主中馈，异日不幸而无子女，盍寄身修院，完
成一到家之欧化乎。"② 陆氏坚持与培德结婚，婚后培德被排
斥于外交场合达八年之久。

---

① 郭泰祺：《上海陆子兴先生荣晋司铎序》（1935 年 6 月），陆征祥文书，
　　T1063_02_06_0045，第 5~7 页。
② 罗光：《陆征祥传》，第 33~34 页。

第二节　职业外交官的养成

陆征祥在私塾时的学习只有背诵"四书"，在上海广方言馆主要学习法文，还读了半部《礼记》，以及张英《聪训斋语》、《袁了凡先生四训》等通俗修养书籍，[①] 在京师同文馆学习时间不长，主要是读《礼记》及学法文。他并未受过儒家完整正统教育，没有科举功名，也未受过正规外交官训练，主要是学习法文准备当翻译，加以陆氏是独子，要奉养父亲，原想出洋三年，将法文学好，回国后凭借此专长，得一电报局差事，赡养有资，于愿已足。[②] 幸好陆氏自 1892 年初到 1896 年底，在圣彼得堡使馆追随许景澄五年，立志学习当正途外交官，奠定了他一生功业的基础。[③]

陆征祥受许景澄影响很深，一生念念不忘，努力遵循许师的教诲，日记中写道："沟通中西，介绍新旧，民元东归改组译署，略尽此区区义务，晚年入院苦修，尚不出此八字之范围（先师竹筼公尝以八字为祥一生义务）。"[④] 自言："平生既蒙文肃垂青，训练六年，且视如亲子侄，此恩难以报答于生前。"[⑤]

许文肃公立身遗言

陆征祥曾多次想将许景澄对他的训练内容写下来，但未能

---

① 罗光：《陆征祥传》，第 19~24 页。
② 《许文肃公立身遗言》，陆征祥文书，T1063_03_06_0018，第 4 页。
③ 罗光：《陆征祥传》，第 26 页。
④ 《陆征祥日记》，1938 年 1 月 15 日，陆征祥文书，T1063_01_02_0005，第 10 页。
⑤ 《致刘符诚函》，陆征祥文书，T1063_05_06_0005，第 22 页。

完成，自云："民元到京忝膺外交，即思追忆前事随时写出，借以感念先师六年训练之苦心，并以酬答中外友人劝写日记之殷勤，讵料人事牵缠，成为虚愿。"①

图 1-3　1920 年陆征祥在北京请人绘制的许景澄肖像

（图中培德夫人写的法文是：Portrait de Son Exc. Shu King Cheng qui a été non seulement le chef mais un second père pour mon mari. Pékin, avril 1927, Berthe Lou，中译文为："许景澄阁下的肖像，对我丈夫来说，他不仅是长官，也是第二个父亲。1920 年 4 月，北京，陆培德。"）

1939 年陆氏告诉罗光，许景澄的遗训很多，但陆氏没有时间写，许氏自己也不主张写。许氏曾对陆氏说："你日后不要写日记，外国外交官告退后常写日记，写自传，我以为不必。大家都写，天下将充满这类日记，又有什么益处，不过是

---

① 《杂件》，陆征祥文书，T1063_05_03_0001，第 160 页。

本人想自夸而已。"陆氏说："他们写日记，也不过愿意将历史所未写的小节，补充一点，有的小节很有趣。"许氏说："我们二十四史那有这些小节，小节目不必写。"①

1944年陆氏曾想写一本《许竹篔先生遗训》，称：

> 祥昔年在役俄都，亲受训诲，面命耳提，拳拳服膺，未尝一日忘于怀也。……窃念先师遗训，虽云浅近，句句出于慈爱之诚，俾青年离校入世，心志尚无所定之际，亦不惮追述，流传后世足以资借镜。民元到京，业已略述一二，嗣以中外奔驰，加以体质孱弱，构思为苦，未及蒇事。今接比老友闵铎宣化来函，敦劝作追忆录……现拟先将文肃遗训，逐日追述数则，完成全豹，不作追忆录，以遗训代之。②

但只写了简短的两则。

现存陆征祥文书中，有《许文肃公立身遗言》四千余字，或即系民国元年陆氏到北京时，略述一二之作，③ 另外还有不少则相关记载，可略窥许景澄对陆征祥之教诲与期许。

立志做正途外交官

广方言馆、同文馆之设立，主要目的在训练翻译人员，并

---

① 罗光：《访问陆征祥神父日记（三）——六十述往之一章》，台北《传记文学》第19卷第5期，1971年11月，第80页。

② 《许竹篔先生遗训》（1944年5月5日），陆征祥文书，T1063_05_03_0004，第1~6页。闵宣化（Jos Mullie, 1886-1976）比利时籍天主教神父，来华传教，著有《汉语结构原理》。

③ 《许文肃公立身遗言》，陆征祥文书，T1063_03_06_0018，第1~33页。

非培养外交官，许景澄则要陆征祥立志做正途外交官。1892年初陆征祥到达圣彼得堡，许景澄知道他并无意做外交官后，摇头说道：早知道如此，我必不调你出来。陆氏瞿然问：那么钦使大人愿意我做什么？许氏云：我愿意教导你做外交官，但若尊翁不愿意，我也无法。陆氏遂写信给父亲，陆父很表赞成，命陆氏就学于许氏，不必想家，他自己可以谋生。陆氏遂拜许氏为师，立志做正途外交官。① 许氏教导他："汝既出洋，当以洋务为汝之正途，彻底用功，以求深造，异日由学生而随员而参赞，驯至星使，出身之正，孰正于此。幸勿分心举业，舍近而图远。亦勿误听人言，纳资以求速，一经捐职，即难免由径之讥，宜切记之。"②

陆征祥对此教诲非常感念，1918年他四任外交总长时，命属下辑录《许文肃公遗稿》12卷，重付排印，序之曰："余自光绪十七年，随许文肃公使俄，公于随时随事，勖余未逮，示余正轨，而尤以察外情、扬国光、毕生勿懈，殷殷相勉，二十年来，循而行之，获益匪浅。"③

陆氏自云："回想昔年从役俄都，许竹筼先师尝言，凡人择一职务如择女而娶之，终其之生而不分离矣。后在北京改组外交部时，切盼部员忠于职务，始终其事。"④ 又云："祥侍文肃公最久，受知亦最深，三十年来稍谙外交，并略知检束身心者，一本于文肃。"⑤ 又称："盖文肃公之训练，大纲宗旨，要

---

① 罗光：《陆征祥传》，第26页。
② 《许文肃公立身遗言》，陆征祥文书，T1063_03_06_0018，第2~3页。
③ 罗光：《陆征祥传》，第33页。
④ 《致张道行函稿》（1946年4月11日），陆征祥文书，T1063_02_10_0078，第12页。
⑤ 《杂件》（约1920年），陆征祥文书，T1063_05_03_0001，第6页。

准备一个后起的新外交家，以合时代的脑筋思想，应付世界潮流。"① 自称：

> 回溯文肃所期望于祥者，计有三事，一为终身为外交官，缘我国外交内政向来不分区域，既无正途出身，复无专任人员，颇为外人所訾议，出任代表者不谙西文，于彼邦风俗习尚未免隔膜，往往举动失宜，实有贻笑大方之憾。故文肃公属祥终身专心供职外交，以资谙熟，而成为我国正途之外交官。②

许景澄教导陆氏终身做外交官云：做外交官要有外交官的资格、外交官的学识及外交官的经验，学识可在学堂预备，至于资格与经验，则须在外国阅历。汝从师研究公法，此即学识之预备，汝每日伴我出门应事接物，此即资格与经验之预备。现时外交团体所熟识之朋友，即他日汝做钦差大臣同时出任大臣之外交官，故外交官友各国之友，友天下之友，无论至法国、至美国，到当地都有汝之熟友，此即汝之资格。至办事经验，当在有事可办之使馆，始能有所增进，必不畏难推诿，始能多知事之波折。譬如驻俄使馆即为汝增长经验之地，最好汝即留俄国办事，或 5 年，或 10 年，愈久愈好，办事多经验亦多，不怕办难事，愈办愈有味道。汝能一步一步地前进，则汝为中国之正途外交官矣，虽终其身可也，内政非汝所长，可不

---

①　《致刘荩忱函》（1935 年 5 月 25 日），《本笃会修士陆征祥最近言论集》，第 167 页。

②　《致徐大总统函稿》（1927~1928 年），陆征祥文书，T1063_02_01_0038，第 20~21 页。

必贸然加入，即或有人敦劝，总宜以不敏谢之。①

许景澄每令陆氏出外交际，以友天下之士，而告之曰："外交者以国际为对象也，事国际之事，即应结纳国际之人，一旦折冲樽俎，斯得道而多助矣。"② 许氏又云：各国驻使皆为一时之俊杰，且经各国资以公帑，畀以事权，积以岁月，始养成此专对之才，汝将来升任星使，宜与彼等时相过从，遇有疑难之事，除有关本国及应守秘密者外，无论为政治为礼节，宜随时虚怀咨询，大抵外国人多好谈辩，于所知者，固乐尽情指示，于所不知者，亦喜相讨论，发表己见；汝闻其言，即可退而审择酌定办法。③

秘密训练

许景澄对陆征祥以师徒手把手的方式，用随时发现之事实做训练。陆氏在回忆录中写道：他悉心地培养我成为一名外交官，几乎每天都花费许多时间教导我，培养我成为他所期望的人，没有他，我绝成不了一名外交官。④

许景澄对陆征祥之训练带有秘密性质，许氏不喜拜师习气，且为免同人忌视，拜师后许氏要陆氏低调勿张扬，每天晚饭后教陆氏以外交习例，对同人说是钦使每晚考问学习员。陆氏云：当日我们师生两人，每天谈心，谐笑杂作，那种快乐，我想中国四万万人中，恐只有我们两人享受着；驻俄使馆同

---

① 《致刘长清函》（1928 年春），《本笃会修士陆征祥最近言论集》，第 206~207 页。刘长清曾在北京与瑞士伯尔尼（Berne）任陆氏管家十余年。

② 郭泰祺：《上海陆子兴先生荣晋司铎序》（1935 年 6 月），陆征祥文书，T1063_02_06_0045，第 5 页。

③ 《许文肃公立身遗言》，陆征祥文书，T1063_03_06_0018，第 26~28 页。

④ 陆征祥：《回忆与随想》，第 13 页。

人，都称我为小许，因为我不知不觉，一切都仿效了许钦使，他是嘉兴人，我是上海人，我竟忘记上海话而讲嘉兴话，我走路的姿态也像他，所以别人号我小许。[①]

陆氏致刘符诚函云：

> 当时文肃公之训练，实含有秘密革命性质，故对本馆同仁亦严守秘密。每次沈凤铭武弁来召说：钦使请陆老爷谈天。我师生二人，每日所谈之事，完全共守秘密，缘所谈之事，件件系革新，反对顽固派，针贬国内恶习，批评官场之弊病，朝廷之卖官受贿，太监之恶作鬼，太后之儿戏天下等等。甚至说到我辈出洋人员，三年期满，以"重洋远涉，不避艰险"八个大字，骗到一个军功保举……除积钱升官外，不办一事，说到采风问俗，研究语言、文字、彼邦制度学说等等，不加批评吐骂，已算是好的，那能将文肃教我，学习外国礼仪、起居、饮食、穿衣、走路、住屋，种种参考西人习尚而引用之。此等训练，倘我师告彼等知之，试问我两人在官场，尚有立足之地耶，故我两人之革新谈话，只好密存在心怀中，未敢有所外表。[②]

学习西方文化精髓

许景澄对西方文化有相当程度的了解，要求陆征祥好好学习，作为将来改革中国之准备。陆氏致刘符诚函云：许氏办事脚踏实

---

① 罗光：《陆征祥传》，第 26~31 页。

② 《致刘荩忱函》（1935 年 5 月 25 日），《本笃会修士陆征祥最近言论集》，第 171~172 页。

地，且喜探究奥理，旁有德人金楷理①专任采办军械、军舰之参赞，许氏得金楷理之襄助，并研究讨论欧洲各国历史、内政、外交、军政、财政、法律、宗教等，得此一博学宏士之帮手，深引以为幸，名之曰"活字典"。许氏在对陆氏的训练中，时常提及他的重要条陈及中国应仿效日本修明内政的步骤。②

陆征祥在回忆录中写道：许先生教我的第一课，便是不要依恋正在没落的体制，更不要追随它，也不要指责它，而是要尽己之责，从旁观察欧洲那些最出色官员的言行举止，为自己制订生活和行动的方案。告诫我注意观察，保持沉默，当时机来临，再行变革。就是在这样静默的气氛中，改革和行动贯穿了我整个公职生涯。我的导师教导我，为了对祖国的爱，需要先欧化自我。他观察着欧洲，试图深入了解欧洲最成功机构的运作原则，了解欧洲前进的动力，找到欧洲社会维持平衡的道德力量，将之用于中国。③

第二次世界大战之后，陆征祥拟致友朋稿云：许氏曾说，欧西文化潜势力不在武备，不在科学，而在养成基督教风，凡我邦人士赴欧洲考察政治风化者，亟应特加注意，切不可轻视而忽略之；盖明治维新采取欧化之缺点在特重物质，轻视精神，一旦破绽毕呈，恐无法挽救，如不我信，俟诸异日。回溯先师此番谈话，确具先见之明，证诸目前事实，亦非先师意想

---

① 金楷理（Carl Traugott Kreyer，1839-1914），德裔美籍浸信会传教士，先在浙江传教，1869 年任上海广方言馆德文教习，并翻译多种军事科学读物，后任上海道台通事，1880 年任中国驻德使馆翻译官，许景澄任出使大臣时亲近信任之。1903 年金楷理自驻德使馆退休。

② 《致刘荩忱函》（1935 年 5 月 25 日），《本笃会修士陆征祥最近言论集》，第 176~178 页。

③ 陆征祥：《回忆与随想》，第 13~17 页。

所能逆料。故敢忠告国内之关心大局者，免蹈东邻覆辙，值此祖国凡百革新之际，物质和精神不可偏废，畸轻畸重，亦非所宜，务须慎重考虑，平心体察，以期适合环境之需要，顺从时代之潮流，确当制宜，庶几策之万全也。[①]

学习外交礼仪

许景澄用随时随事的方式，从衣、食、住、行下手，教导陆氏外交礼仪。陆氏称："他从使馆一位德国参赞学到西俗，教我如何穿衣及用刀叉进食，和各种礼仪。"[②] 又称："文肃教我，学习外国礼仪、起居、饮食、穿衣、走路、住屋，种种参考西人习尚而引用之。"[③]

许氏教陆氏做翻译时不要胆怯，态度要自然，传译话语轻重相当，切不可失了原意，为训练陆氏见大人则觌之，先带他拜会女太太，后来拜会俄国外交大臣时，表现不错。[④] 许氏要陆氏注意准时，曰：西人于会晤、筵宴及婚丧各种礼节，莫不按照约定时刻到达，毫无延误，我国不甚讲求此类细节，汝与西人往还，凡彼所视为高尚之习惯，都当留意取法，始而勉强终而纯熟，到得不期然而然的地步，则与外人办事自然习尚相同，意气融洽，收效无形，即使与本国人相处，亦觉汝在在不失信，可为敬爱。[⑤]

---

① 《拟稿求过目斧正》（1946年8月10日），陆征祥文书，T1063_02_01_0039，第17~18页。

② 郑揆一：《追忆陆征祥神父——并记与二十一条有关的一席话》，台北《传记文学》第47卷第6期，1985年12月，第82页。德国参赞指金楷理。

③ 《致刘荩忱函》（1935年5月25日），《本笃会修士陆征祥最近言论集》，第168页。

④ 罗光：《陆征祥传》，第26~31页。

⑤ 《许文肃公立身遗言》，陆征祥文书，T1063_03_06_0018，第12~15页。

许氏教陆氏学习西方公文格式，由学写信封，然后练习抄录公文旧案，先誊草底摘由登簿，数月之后手腕渐熟，即可缮写正文，字迹要求端正，行款要求匀净，注意格式称谓。洋文公牍笔墨运用套语，布置局势，一切体裁，实际与汉文相近，叙事要简明，说理要透彻，辩论要有根据，或援引公法，或质证事实，当悉心研究，痛下功夫。另外，要求陆氏练习翻译电报，认为此系馆员之要务。[①]

讲求国际公法，参与国际会议

许景澄注重国际公法，陆征祥在俄京圣彼得堡学习外交后，屡屡痛惜自己读书过少，请求许氏允许他到巴黎入大学研究国际公法，许氏告以：求学不在乎入大学，没有法律知识我教导你，你日后当公使时，在办公室多置些书架，凡是有关国际公法、各国条约以及外交方面的书报，尽量收集。陆氏日后所购书籍，即以国际公法为最多。[②]

许景澄常与陆氏讨论公法案例，1895 年中日马关谈判时，要陆氏细心研究。[③] 陆氏自称：我们那时在俄都，每人都抄写李鸿章、伊藤博文两人的谈判录，作为谈判模范。[④] 1896 年许氏闻孙文在伦敦被诱，软禁在驻英使署，以孙文系国事犯，应得所在国法律之保障，嘱咐陆氏用心研究此案。陆氏从调查国际公法案例入手，先向金楷理参赞探询类似之先例，再按国际公法评论驻英公使龚照瑗诱禁国事犯于使馆有无充分之理由，

---

① 《许文肃公立身遗言》，陆征祥文书，T1063_03_06_0018，第 18~19 页。

② 罗光：《陆征祥传》，第 24 页。

③ 罗光：《陆征祥传》，第 30 页。

④ 罗光：《访问陆征祥神父日记（三）——六十述往之一章》，台北《传记文学》第 19 卷第 5 期，1971 年 11 月，第 79~80 页。

最后预判此案之结果，向许氏报告。①

1937 年 11 月布鲁塞尔会议时，陆征祥致函中国与会代表顾维钧等称："竹筼老师平生政绩，内政外交都有建白，拜读其遗集略可采悉大概，其最后充驻俄德奥荷使任内之最后数年，尤独以外交为重，在祥六年训练中，屡屡以公法条约为维持国际地位之基础法律。"②

陆征祥称：许景澄希望中国上进到世界文明各国之团体中，故对于国际会议，无论外交、政治、美术、科学、法律、医药等，务必设法加入。正好 1892 年秋国际铁道协会（International Railway Association）在圣彼得堡召开第四届国际铁道大会（International Railway Congress）③，许景澄派陆氏充代表秘书，随同赴会，嘱陆氏在此会中将其组织、秘书厅、分股委员会、选举会长、名誉会长、秘书长、分股会长等，及开会演说、各分股讨论进行手续、如何质问、如何答复、如何提出修正案，自开始至终了，凡是会内之大纲细节一一留心注意，让陆氏学习到国际会议的宝贵经验。后来陆氏随同杨儒参加第一次海牙保和会，又充专使赴第二次保和会，不致手忙脚乱措置失当者，皆为许景澄指教于铁道大会之结果。④

陆氏《致刘符诚函》云：文肃遗训，揭要二语，"不可置

---

① 《致刘荩忱函》（1935 年 5 月 25 日），《本笃会修士陆征祥最近言论集》，第 171~172 页。

② 《致顾维钧等函》（1937 年底），陆征祥文书，T1063_01_01_0012，第 51 页。

③ 国际铁道协会定期召开国际铁道大会，第一届大会于 1885 年在布鲁塞尔召开，第二届于 1887 年在米兰，第三届于 1889 年在巴黎，第四届于 1892 年 8~9 月在圣彼得堡。

④ 《致刘荩忱函》（1935 年 5 月 25 日），《本笃会修士陆征祥最近言论集》，第 173~174 页。

身化外""欲探虎子，须入虎穴"，不取消极而取积极，故凡
国际组织，如红十字会、保和会、电政邮政公会、铁路协会
等，中国必须加入，即如传教公会，亦须加入。后来陆氏在修
道院，也注意与罗马教廷联系中梵通使及传教问题，对刘符诚
说："此路业已打通，一得机会，即可进行……可说业已探得
虎子……虎穴已通。"①

为陆征祥谋划外交官生涯

许景澄与陆氏论外交之道，认为《汉书》里"曲突徙薪"
"焦头烂额"八个字，描述的正是外交官与军官。外交官就是
避免两国交战，与"曲突徙薪"避免失火，防患于未然同一
用心，外交官就是此等苦心孤诣之人。至"焦头烂额"，就是
指一班军人在疆场为保卫国家领土打得"焦头烂额"的惨状，
然到论功行赏之日，"焦头烂额"者得上赏，坐上位，"曲突
徙薪"者不与录焉。②

陆氏《致刘符诚函》称："小兄一生做事，尤其是在外交
途内，恰遵文肃遗训，故凡事进行，毫无困难，一切方针手
绩，一一文肃为我预定预言（此系事实，非自诩，亦非自
谦）。"③ 许氏曾为陆氏推算曰："汝四十二岁当充星使，何者？
汝今二十一岁，循例三年一保，由县丞而知县而知州府道，十
五年后汝才三十六岁，已可官至道员，由是再三而得三代封

---

① 《致刘符诚函》（1941 年 6 月 23 日），孙庆芳、张新鹰整理《陆征祥致刘
　符诚书信选》，《文史资料选编》第 33 辑，第 143 页。
② 《信底簿》（1936 年 3 月 30 日），陆征祥文书，T1063_01_01_0011，第
　78~80 页。
③ 《致刘符诚函》（1941 年 6 月 23 日），孙庆芳、张新鹰整理《陆征祥致刘
　符诚书信选》，《文史资料选编》第 33 辑，第 143 页。

典，再三年而得存记使才，届时予更专折加保，必膺皇华之选，汝今或不予信，然要在立志，好自为之。"① 许氏期望陆氏先充一小国公使，后驻荷公使一席，即为许氏预料到。

许景澄还教导陆氏怎么做外交总长，陆氏云：办外交已经很难，做外交总长更难，身负全国重任，一举一动，关系全国祸福。许氏教导曰：当外国公使向你提出一要求书，若是外面已有风声，某国将提出要求，你加意考虑过，该公使提出要求书时，你便可以发表意见。若是事前一点不知道，你便可以收下要求书，对该公使说将郑重注意该问题，决以友谊态度研究，研究后立即答复，该公使即可欣然告退，他立时可以做报告。你收到要求书后，可即与次长研究，按问题的难易，决定研究的时日，但总不能过长，免得该国公使说你没有诚心。次长研究后，你自己再加考虑，答复时，说话要说得明了，或是接受，或是互换要求，或是不接受，使该国公使能够回复其政府。外间说外交家说话要灵巧、要双关，这些都是外行话，正经的外交家，有一贯的政策，说话简捷，你该做一个让人看得起的外交总长。②

1935 年陆征祥晋升司铎时，驻英公使郭泰祺撰文祝贺云：许景澄为陆征祥谋划曰，以子之勤慎从公，则循资核格当可持专节于四十之年，果尔则应先从事于小国，以负责小国而图功易也，即如驻节荷兰，任轻事简，但若能订立领约以保护南洋各地之华侨，则成绩即有可观，此一生功业之嚆矢也。果也，陆氏年未四十即拜荷兰使命，其殚精竭虑以订领约也，一如文肃之教。后来陆氏"翊赞共和，综理国务，主持坛坫，历聘

---

① 《许文肃公立身遗言》，陆征祥文书，T1063_03_06_0018，第 5~6 页。

② 罗光：《访问陆征祥神父日记（二）——六十述往之一章》，台北《传记文学》第 19 卷第 4 期，1971 年 10 月，第 83 页。

欧西，无不竭股肱之力而加之以忠贞，世第见其伟烈丰功，震中铄外，而不知其皆秉文肃之遗训也"。①

注意日本与爱国情操

陆氏称：昔年文肃公逆料祖国未来之祸患，在俄而不在日，俟马关订约，始经意于日，遗嘱在外交酬应方面，应加重日方。②《马关条约》签字后，许景澄大声叹息，告诉陆氏：你总不可忘记马关，你日后要收复失地，洗尽国耻。陆氏遵从许师遗训常记马关，做外交总长时，办公室内挂着请林琴南先生写的"不忘记"三字，下面注明马关。③

陆氏曾致书魏宸组谈及巴黎和会云：我向和会提出希望条件之全案，溢出"二十一条"之外，其久远之根源，实系许氏训练中常说，外交部机关是国家机关，凡所登记的损失权利，一旦机会一到，或择几条提出修正以做互换品，或和盘托出可以做不平之鸣，然此机关之职员万不可意气用事，故许氏常说要记不要气，陆氏牢记此语多年，当全世界代表会集巴黎，陆氏认为此机万不可失，故提出此要求。④

抗战军兴之后，陆氏致刘符诚函称："我国遭此奇祸异灾……小兄方面，以自身的经历，此笔贻误国事之大帐，早晚

---

① 郭泰祺：《上海陆子兴先生荣晋司铎序》（1935 年 6 月），陆征祥文书，T1063_02_06_0045，第 5~7 页。

② 《陆征祥信底簿》（1932~1940 年），陆征祥文书，T1063_01_01_0012，第 54 页。

③ 罗光：《访问陆征祥神父日记（三）——六十述往之一章》，台北《传记文学》第 19 卷第 5 期，1971 年 11 月，第 79~80 页。

④ 《致魏宸组函》（1936 年 2 月 13 日），陆征祥文书，T1063_01_01_0011，第 74 页。

总要清算。"① 1938 年 2 月又函称："前信所说'误国殃民'的总算帐，四十年前竹筠先师的过虑，今固实现，可叹可惊。"②

陆氏称：许景澄平日梦想复见夏商周三代之盛，曾对陆氏说，我国父母教师常以"扬名显亲，广大门户"勖勉子弟，余亦以此八字勉汝行之，惟当扬中国之名，显中国之亲，广大中国之门户，方合时宜，而与列强并驾齐驱，岂不美哉。凡事在人为，中国若得一正直无私之人，导循中庸之道，不偏不倚革新前进，三代之盛不难复见于今日，望汝谨记而勉力行之。③

培养外交人才

许景澄训诲陆氏："作大事者，首在知人善任，必须平时留心物色，则临事不至有竭蹶之虞。"④ 陆氏致刘符诚函云：小兄民国元年到北京，晋谒袁世凯，面陈先师许景澄叮咛告诫培植外交人才，以备不虞之需，渥承袁氏赞许，当即要求征用之全权，说明任何方面交条荐人，一概不理，倘总统府交条当一律看等语，袁氏一再鼓励，且说办事应当如是。袁世凯始终维持，陆氏稍竟许氏未竟之志，十年里将部中同人外放，以增经验，今日思之，稍可自慰。倘当时无此改组外交部，今日何由取才对外耶?⑤

---

①　《致刘符诚函》（1937 年 12 月 29 日），孙庆芳、张新鹰整理《陆征祥致刘符诚书信选》，《文史资料选编》第 33 辑，第 136 页。

②　《致刘符诚函》（1938 年 2 月 14 日），孙庆芳、张新鹰整理《陆征祥致刘符诚书信选》，《文史资料选编》第 33 辑，第 139 页。

③　《致刘符诚信稿》（1947 年 11 月 2 日），陆征祥文书，T1063_02_06_0044，第 26 页。

④　郭泰祺：《上海陆子兴先生荣晋司铎序》（1935 年 6 月），陆征祥文书，T1063_02_06_0045，第 5 页。

⑤　《致刘符诚函》（1933 年 5 月 18 日），陆征祥文书，T1063_01_01_0010，第 11~12 页。

全面抗战爆发后，陆氏函刘符诚云：许氏面嘱他秘密地预备与日本总算账时合用应付的人才，陆氏自荷兰到北京，又到圣彼得堡，又到伯尔尼，无处无时，莫不用心预备此项人才，除外交部内外同人外，到一使馆，必留用熟手，凡有学生之来见者，莫不注意探询其课程及志向。直到总算账时，在对外方面，大致尚无贻误陨越之处，外交界内外的公使，十之七八尚系预备计划内的人。倘军事、财政、交通、司法、教育种种方面，都有预备工作及人才，今日局面，当不致如是失败涂地。①

1945 年陆氏日记载："昨今重读《回忆感想录》，其余感有不可尽述者，文肃平生爱才如命，然所造就成才者仅祥一人耳，故常对祥言曰，一个陆子兴不够用，当有千百个陆子兴，于国事方有济也。"②

养成高尚人格

许景澄对陆氏面命耳提者，除外交职务外，千言万语不离"养成高尚人格"六字。③ 陆氏自云："祥在内在外处事接物未敢一日有违先师许文肃公训言，改组本部时动用公款，又未敢涉及浮滥。忝任部务前后四次，一切举动均为公等所目睹。征用部员悉遵先师遗志，注重人才从未敢以私人任意调派。"④

许氏除期望陆氏成为职业外交官外，还期许他注意表扬中

---

① 《致刘符诚函》（1938 年 2 月 14 日），孙庆芳、张新鹰整理《陆征祥致刘符诚书信选》，《文史资料选编》第 33 辑，第 139 页。

② 《陆征祥日记》，1945 年 3 月 9 日，陆征祥文书，T1063_01_03_0004，第 39 页。

③ 《信稿》（1946 年），陆征祥文书，T1063_02_06_0044，第 27 页。

④ 《致外交部各司长公函》（1927 年春），陆征祥文书，T1063_02_01_0038，第 8~9 页。

国孝思，盖中国自古以孝治国，凡百道德皆以孝为根本，以及终身敬爱其夫人培德，因夫妇一伦为人生相聚最久之伴侣，陆氏既娶西妇，尤应尊重西俗一夫一妻之制。[①]

许景澄教导陆氏注重修养和气，云：命自己造，造命之方，不外三端，事长官以忠诚，待朋友以信义，遇仆役以仁慈。而办洋务者，尤宜以忍为体，以和为用。许氏认为陆氏情性和厚，才能可造，希望他黾勉力行，兼三端，备体用，自能受命荷禄，攸往咸宜。许氏告诫陆氏，使馆中通译职务最繁最难，汝上自星使，下逮仆从，均宜平心静气代为传译，无论尊卑贵贱，常存与人方便之心，习久自然视若分内之事，毫无计较之心。汝能到此地步，必将有利人而适以利己者，造命之道，盖在于是。[②]

许景澄离开俄京前，告诉陆氏曰：倘汝要随时请教，余有一法可做汝终身导师，并做余生前生后之替代者，汝有《曾文正公家训》一书，自今日起即认作"终身伴侣"，不离身的读本可也。于是陆氏就以此书为随身教材，以完成并补充许氏的训练。[③]

许景澄告诉陆氏曰：巴黎便宜店全球驰名，价廉而货实，各处争购，每遇一货发行，不数日而售罄矣，盖无人不贪其价贱而货可靠也。许氏期望陆氏他日以"陆某某"三大字开一便宜店，做一金字招牌，中外闻此店名，互相争买此便宜可靠之"陆货"，则汝无须予之保荐，而大官厚禄送上门，岂不快哉。[④]

---

① 《致徐大总统函稿》（1927~1928 年），陆征祥文书，T1063_02_01_0038，第 20~21 页。

② 《许文肃公立身遗言》，陆征祥文书，T1063_03_06_0018，第 28~29 页。

③ 《杂件》，陆征祥文书，T1063_05_03_0001，第 160 页。

④ 《信底簿》（1927~1935 年），陆征祥文书，T1063_01_01_0012，第 18 页。

　　许景澄训勉陆氏应将高位厚禄与社会仆人同等看待，许氏以"大脚娘姨"自比，以仆人中之最下者自待，盖知中国"大脚娘姨"之智识教育不若欧西同类之完备，嘱陆氏除注意欧化东渐之趋势外，可学"大脚娘姨"之视主家钱物如自家之钱物者，无事无处不以公益存于心，而置个人之利于度外。①

　　许景澄教导陆氏，做事最贵能勤，切勿急于功利，譬之佣工，勤于所事而不计工资，未有不奖其忠诚者。又尝取木鱼为喻，以为勤勤不息必可底于成功，犹之僧人日敲木鱼以唪经，木鱼敲穿即功行圆满矣。②

　　总而言之，许景澄对陆征祥的教诲相当全面，结合了中国儒家思想、西方文化及外交官的训练，让陆氏脱胎换骨，扎实奠定外交生涯的基础。陆征祥十分感念，每遇一事，必想起许师的遗训。1930 年前后他分赠友朋一纪念片云："回溯在俄时，勉祥学习外交礼仪，联络外交团员，讲求公法，研究条约，冀成一正途之外交官。祥虽不才，抱持此志，始终不渝，吾师在天之灵，想亦鉴之也……呜呼！生我者父母，助我者吾妻，教育以栽成我者吾师也。"③ 又称："前此三十年一步一举悉为先师许文肃公范围规定，遵循有自，历充学生、翻译、参赞、公使，及民国回京被任外交总长、国务卿各职，卒未陨越者，皆我先师所赐也。"④ 直至 1949 年 1 月 12 日，逝世前三

---

①　《许文肃公相关文稿》，陆征祥文书，T1063_02_07_0010，第 2 页。
②　郭泰祺：《上海陆子兴先生荣晋司铎序》（1935 年 6 月），陆征祥文书，T1063_02_06_0045，第 5 页。
③　罗光：《陆征祥传》，第 33 页；第 36 页图《追念许文肃公》。
④　《杂件》，陆征祥文书，T1063_05_03_0001，第 131 页。

天凌晨一时许，陆氏犹呼侍者曰："我愿向我先师致一言，先师，我愿谨遵您昔日的遗训。"①

第三节　弱国外交初体验

陆征祥在圣彼得堡驻俄使馆 14 年（1892~1906），历经许景澄、杨儒、胡惟德三任出使俄国大臣。这一时期，俄国前后更换了四位外交大臣：第一位是基尔斯（Nicholas de Giers），在陆氏到达圣彼得堡不久后便去世了，他的继任是罗拔诺夫公爵（Alexei Lobanov-Rostovsky）、慕拉韦伯爵（Mikhail Muravyov）和拉姆斯多尔夫伯爵（Vladmir Lambsdorff）。陆氏回顾称：作为翻译官和参赞，我与他们建立了长久的私人关系，也让我有机会了解到身为一名外交总长所肩负的责任。②

陆征祥是当时驻俄使馆主要的翻译官，参与了许多重要交涉、会议的通译工作。他自称：公使出访或会见，通常由我跟随左右，与俄国外交大臣和外交使团其他同人会谈，提供快速和准确的翻译，公使馆里无第二人能替代我的职位；当公使缺席时，我几乎承担了代办之职。陆氏到俄都刚半年，许景澄第一次带他拜访俄国外交大臣，那时陆氏看起来很年轻，以至于罗拔诺夫对许氏感叹道：你带来了一个小男孩。当下陆氏并未因此尴尬语塞，在随后的会面时也一样保持镇定。③

陆氏也认识了俄皇尼古拉二世（Nicholas Ⅱ，1894~1917年在位）。他当过许、杨、胡三位钦使及李鸿章钦差大臣的传

①　罗光：《陆征祥传》，第 270~271 页。

②　陆征祥：《回忆与随想》，第 13 页。

③　陆征祥：《回忆与随想》，第 19~20 页。

译，因此常谒见俄皇、俄后，与宫廷中人也多相识。俄皇常宴请各国外交官，每次邀请中国钦使时，因需要传译者，都有陆氏的参与，别国使馆的馆员心生嫉妒，到俄国外交部抗议，俄外部答复：若贵国钦使不会法文或英文，外部也将用传译官的头衔请各位。[①]

一　许景澄钦使时期（1892~1896）

陆征祥到驻俄使馆后，许景澄告诉他："刻下馆内会说洋话的，就是你与巴翻译两人，自钦使至华仆华厨，都要使唤你们两人，你当以我们作家人父兄看，你为我们传译，即予我们一个方便处。"[②]

1892 年陆氏即奉许氏派遣，参与圣彼得堡召开之第四届国际铁道大会。1894 年发生甲午战争，次年签署中日《马关条约》，由于中国要偿付巨额赔款，许景澄奉命洽谈俄法借款，于 7 月 5 日签订中俄《四厘借款合同》。1896 年李鸿章奉命为头等专使，率团访俄祝贺尼古拉二世加冕典礼。代表团觐见沙皇时，俄国外交大臣罗拔诺夫当着李鸿章面褒扬陆征祥。陆氏回顾称："这三年间，我因担任代办之职与其多有交涉，并曾挫败这位外交部长的若干政治企图，这些溢美之词出自俄国外交部长之口，对于一位初出茅庐的年轻人的前途，无疑犹如神助。李鸿章则一字一句地响应道，中国政府非常了解我，因而任命我担当此职。"[③] 6 月 3 日李鸿章在俄京与俄外交大臣

---

① 罗光：《陆征祥传》，第 38~39 页。
② 《致刘荩忱函》（1935 年 5 月 25 日），《本笃会修士陆征祥最近言论集》，第 169 页。
③ 陆征祥：《回忆与随想》，第 21 页。

罗拔诺夫、财政大臣维特（Sergei Witte）签署《御敌互相援助条约》（又称《中俄密约》）。①陆征祥似乎没有参与机密的谈判过程，他回顾称："这一条约引起了各国使馆的注意，而条约的内容，我是回到北京担任外交总长之日方才看到。"②《中俄密约》签订后，许景澄奉旨与俄外部商谈中东铁路事宜，于9月2日与华俄道胜银行订立《银行合同》5条。③9月8日签订《合办东省铁路公司合同章程》。④

陆氏非常感念李鸿章对他的垂青，巴黎和会时，他追念李氏至再至三，惋惜自己没有李氏之威望，失败归国，无限惶悚。1920年陆氏回到北京后，即以追慕之思，做一小铭牌，敬献李氏在天之灵，10月到上海迁移先人灵柩时，往拜李氏之子李经迈，面赠铭牌。⑤

许景澄在驻俄时期，除中央方面应按照公例出牍，及临时发生交涉外，与俄国有关诸事，如西北边界图、和阗金矿图及说帖等等相关重要条陈，因有师生之谊，大半贡献于李鸿章、张之洞。在对陆氏训练中，曾谈及重要条陈及我国应追随日本修明内政，日本派员赴欧美考察政治、实行宪政、改订法律、改革地方行政等各步骤，大致一一施行。陆氏在海外几次接待中国来欧考察专使，然而由军器武装到考察政治、法律、实业等，归国后并未能切实进行。许景澄与陆氏探究其所以然，认为令病人办事，终无

---

① 王铁崖编《中外旧约章汇编》第1册，三联书店，1957~1962，第650~651页。

② 陆征祥：《回忆与随想》，第22页。

③ 王铁崖编《中外旧约章汇编》第1册，第671~672页。

④ 王铁崖编《中外旧约章汇编》第1册，第672~675页。

⑤ 《致刘符诚函》（1937年3月1日），孙庆芳、张新鹰整理《陆征祥致刘符诚书信选》，《文史资料选编》第33辑，第147页。

成功，必定失败，为此感到痛苦忧虑。[①] 1896 年底许景澄转任驻德公使，由驻美公使杨儒调驻俄、奥、荷公使。

二　杨儒钦使时期（1897~1902）

杨儒到任后，奏留陆氏任原差。当时俄外交大臣慕拉韦奉行强硬政策，中国承受很大的压力，1897 年 11 月慕拉韦建议俄皇，乘德人占据胶州湾之机，强租旅顺、大连，随即俄军在旅顺登陆。1898 年初驻德公使许景澄被派为专使，前往圣彼得堡协助杨儒交涉俄国租借旅大事。

当时维特反对俄国租借旅大，与慕拉韦激烈争议，然俄皇志在必得，威胁备至，陆氏回忆云：俄国强加我们苛刻条件，我担任了整个谈判各场会议中两位大臣与慕拉韦的翻译，最终我们不得不做让步。[②] 结果 1898 年 3 月 27 日李鸿章、张荫桓在北京与俄国代办巴布罗福（A. I. Pavlov）签署《旅大租地条约》。[③] 规定租借地界线由许景澄与俄方会同商订，另立专条，双方谈判到 5 月 7 日签订《续订旅大租地条约》。[④] 随后谈判南满铁路问题，7 月 6 日许景澄、杨儒与东省铁路公司订立《东省铁路公司续订合同》。[⑤] 同年陆氏又担任督办东省铁路大臣许景春在俄时之翻译官。

谈判结束后，许景澄回国担任总理衙门大臣兼工部左侍郎，他告诉陆氏："汝愿同余到京在中东铁路公司文案处当翻译，余

---

①　《致刘荩忱函》（1935 年 5 月 25 日），《本笃会修士陆征祥最近言论集》，第 173~178 页。

②　陆征祥：《回忆与随想》，第 22 页。

③　王铁崖编《中外旧约章汇编》第 1 册，第 741~743 页。

④　王铁崖编《中外旧约章汇编》第 1 册，第 754~755 页。

⑤　王铁崖编《中外旧约章汇编》第 1 册，第 783~785 页。

亦甚愿调汝同一处办事，所可惜者，汝放弃外交正途，且将余六年苦心付诸东流……我为汝计，当留俄加功中法文，加增外交经历。"①

许景澄在中德胶州湾谈判及中俄旅大谈判中，都因国力衰微，交涉失败，丧权失地。陆征祥称：

> 回想当时外交焦点，适在俄德……大连旅顺三省条约，小兄充当舌人，增长经验不少，亦是文肃代我预备"二十一条"对付手续，尝过这种高压手段，不致临时失措慌忙，亦我国外交官应有的经历，无论事之难易，有利有害，此中国际的态度、手续、步骤，似亦不可忽视也。让地条约确系文肃的致命伤，许、杨二使的尽忠报国，小兄所目击，然国人的横加弹劾毁谤，办事上亦有幸与不幸，也可发一叹。②

1899 年 2 月，陆氏与培德女士完婚，5 月随杨儒赴荷兰海牙参加第一次保和会。

1900 年义和团起事，俄国在东北之利益遭到攻击，陆氏回顾称：当中国发生动乱时，慕拉韦受沙皇委托处理事故，但突然被发现死于外交部自己的卧室中。那段时间，我几乎每天上午都与伯爵会面，慕拉韦伯爵猝死后，由拉姆斯多尔夫伯爵接掌外交部。③

6 月列强向清政府严重抗议，总理衙门大臣许景澄及太常寺卿袁昶因主张保护使馆并镇压拳民，与慈禧太后之意相违，

---

① 《杂件》，陆征祥文书，T1063_05_03_0001，第 160 页。

② 《致刘荩忱函》（1935 年 5 月 25 日），《本笃会修士陆征祥最近言论集》，第 193 页。

③ 陆征祥：《回忆与随想》，第 23 页。慕拉韦死于 1900 年 6 月 21 日（俄历 8 日）。

于 7 月 29 日遭斩杀，陆征祥十分难过。7 月俄国乘八国联军之役出兵占领东北全境，11 月 8 日与道员周冕签订《奉天交地暂且章程》，迫诱盛京将军增祺批准。俄国公使与李鸿章在北京谈判交收东北条件，同时清政府于 12 月 31 日任命杨儒为全权大臣，在圣彼得堡谈判收回东三省事宜。

1901 年 1 月 4 日起，杨儒先与财政大臣维特谈判 7 次，后与外交大臣拉姆斯多尔夫谈判 14 次，都由陆征祥陪同翻译。俄方多次威逼胁迫接受苛刻条件，否则不愿撤兵，杨儒则坚持非奉朝廷明谕，绝不签字。3 月 22 日谈判时杨儒受维特威迫，心神不宁，走出俄财政部大楼时不慎从台阶上滑倒，右腿及左臂受伤。随后谈判中杨儒又屡遭逼迫，他坚持拒绝签约，气愤填胸，25 日回使馆下马车时又一次滑倒，自此一病不起。26 日驻俄参赞胡惟德、翻译陆征祥电禀总理衙门称："钦使经西医施治，稍有转机，神气忽明忽昧，转动艰难，医称恐成偏废。"① 此后中俄交涉就由陆征祥负责办理，罗光称："兴老在俄馆，为唯一的洋文馆员，处事谨慎细密，深得钦使器重，杨儒临难不屈，借兴老之力必多。"② 陆氏自称："杨通使拳匪后，三省条约之致命伤，迄今思之可叹可悲。"③

俄军一直强占东北，至 1902 年 1 月 30 日英日同盟成立，俄国气焰稍敛。2 月 17 日杨儒病逝于俄京，由参赞胡惟德代办使事。3 月 12 日俄法两国在圣彼得堡发表宣言：两国对于

---

① 《钦使病势稍有转机旨已译送外部阅看由》（光绪二十七年二月十一日收驻俄参赞胡惟德电），总理衙门档案，台北中研院近代史研究所藏，01-14-028-06-011。藏所下略。

② 罗光：《陆征祥传》，第 40~42 页。

③ 《致刘荩忱函》（1935 年 5 月 25 日），《本笃会修士陆征祥最近言论集》，第 193 页。

将来远东或中国发生变化时，为保护两国利益，保留其自由行动的余地。等于把法俄军事同盟展延到远东，与英日同盟针锋相对。19 日俄外部约晤胡惟德，面交俄法新换声明文件，并称："英日订盟，外间纷论不一，故将俄法办理东方事宗旨宣布各国，俾息群疑。"① 4 月 8 日中俄签署《交收东三省条约》，俄国同意分三期自东北撤兵，一年半内撤完。

三　胡惟德钦使时期（1902~1905）

1902 年 7 月 12 日清政府任命胡惟德为驻俄公使，② 16 日胡惟德以上年八月父丧，尚未回华补制，且资望尚浅，惧难胜任，电请收回成命另简大员。③ 清政府坚持后，10 月 4 日胡惟德叩谢接受公使职。④ 10 日胡惟德奏请：现在交涉吃重，自应酌留旧员以资办公，二等翻译官陆征祥，堪派充原差以资熟手。⑤ 又奏：所有使署参随翻译，亟应量才遴委，以资臂助而专责成，二等翻译官陆征祥，译务熟谙，办公勤慎，堪留充原差。⑥ 得清政府允准，陆氏继续留任驻俄使馆翻译。

---

① 《述杨前使患病情形身后丧礼并陈英日订约俄焰稍衰》（光绪二十八年三月十九日代办使事胡惟德函），外务部档案，台北中研院近代史研究所藏，02-12-005-01-012。藏所下略。

② 《奉上谕二品衔分省补用道胡惟德著赏给三品卿派充出使俄国大臣》（光绪二十八年六月初八外务部电），外务部档案，02-12-005-01-031。

③ 《沥陈上年八月丁承重忧尚未回华补制且资望尚浅惧难胜任》（光绪二十八年六月十二日胡惟德电外务部），外务部档案，02-12-005-01-040。

④ 《胡惟德奏叩谢派充出使大臣》（光绪二十八年九月三日），外务部档案，02-12-005-01-061。

⑤ 《酌留旧员以资办公咨》（光绪二十八年九月九日），外务部档案，02-12-005-01-066。

⑥ 《拜发期满各员请奖调员留差各折片》（光绪二十八年十月二十七日胡惟德），外务部档案，02-12-005-01-077。

胡惟德系陆氏广方言馆学长，对陆氏照顾有加，1903 年 5 月 11 日保荐陆氏加参赞衔称：二等翻译官陆征祥在洋已逾十年，熟谙法、俄文字，于办理交涉，深资臂助，堪以加给参赞衔，[①] 旋得清政府批准。[②] 同年 11 月胡惟德又奏称：随使人员三年期满奏请奖叙，驻俄参赞衔二等翻译官陆征祥第四次三年期满，该员勤劳久著，办事十分慎密，自应照章请奖。[③] 吏部遵旨以知府即选加三品卿衔注册。[④]

1903 年陆征祥受到俄国财政大臣维特及驻北京代表璞科第（Dmitrii Dmitrievich Pokotilov）[⑤] 的猜忌与压抑，被迫离俄返华。3 月 30 日外务部电令胡使："本署俄文翻译需员，希饬陆征祥回京当差。"胡使复电："陆翻译熟谙法文，俄文非其所长，俄馆公牍通用法文，事甚吃重，一时无人接手，可否准其暂免回京，以资办公。"[⑥] 4 月 6 日外务部密函胡使称：

> 陆翻译屡经朴科第传述威特之意，谓其办事甚好，彼此亦尚接洽，惟于公务间有未能慎密之处，久在俄馆非

---

① 《收出使大臣胡惟德文——调充翻译随员等缺由》（光绪二十九年三月二十六日），外务部档案，02-12-005-02-011。

② 《随员王祖同等差满》（光绪二十九年四月初八日收军机处交出胡惟德钞片），外务部档案，02-12-005-02-020。

③ 《胡惟德片翻译官陆征祥第四次三年期满请奖》（光绪二十九年十月十三日军机处交出胡惟德钞片），外务部档案，02-12-005-02-049。

④ 《驻俄大臣胡惟德请奖遵旨注册由》（光绪二十九年十一月十三日收吏部文），外务部档案，02-12-005-02-045。

⑤ 璞科第是维特外甥，1897 年 1 月 8 日在圣彼得堡被选为中东铁路第一届董事会六名董事之一，被任命为北京中东铁路公司负责人，亦称董事会分驻所第一任代办，兼华俄道胜银行驻北京分行经理人，俄国财政部驻北京代表，1898 年 22 岁时到中国，学会中文，1905 年 8 月任驻北京公使。

⑥ 《电外务部》（1903 年 3 月 30 日），《驻俄公使胡惟德往来电报》，《近代史资料》总 37 号，中华书局，1978，第 66 页。

宜，若将其调开，令派别处当差，可无痕迹等语。是以前致阁下东电令其回京，旋接复电，以法文需人请留，此事电达恐不能详，且虞宣播，用特再行详告，希即将此意密谕该翻译，仍饬早日旋华，自当另予位置。①

此函辗转递送，5 月 29 日送到驻俄使馆，同日外务部又电胡使曰："调回翻译官陆征祥事，已于三月初九函达，曾否饬令启程，希电复。"②

30 日胡使密电回复：璞科第向外务部进谗言，只是托词，子虚乌有，自己识陆氏多年，相处又久，深知其谨慎可靠，与英、日使署往还，尤加小心。璞科第屡次施压调回陆征祥，一因陆在驻俄使馆熟悉俄国政情，为中俄交涉筹划因应，俄方忌恨，必欲去之而后快。二因维特欣赏陆之才干，多次向胡使暗示欲罗致陆氏为己用，但知胡使不会放手，故让璞科第出面施压调陆氏离俄，再谋划罗致陆氏。胡使称：使馆"要牍需其襄理，接手无人，可否留令专办文稿，少出面？"对璞科第一再催询，胡使建议：可告以陆氏本欲请假离圣彼得堡养疴，并已允准。③

同时吏部于 5 月 10 日函咨驻俄使馆云：陆父于光绪二十七年正月二十六日在籍病故，例应丁忧，当时杨儒以"该翻译现有经手未完事件，应照章留差委"。若现在"经手事件完

① 《函复九号来函已悉》（光绪二十九年三月初九日发出使大臣胡惟德函），外务部档案，02-12-005-02-009。
② 《外务部电》（1903 年 5 月 29 日），《驻俄公使胡惟德往来电报》，《近代史资料》总 37 号，第 73 页。
③ 《电外务部》（1903 年 5 月 30 日），《驻俄公使胡惟德往来电报》，《近代史资料》总 37 号，第 73 页。

竣，即饬令回籍补制"。① 最后胡惟德以陆氏"差满回华补制"为名，② 让陆征祥返华"葬亲"6个月。11 月陆征祥乘西伯利亚火车经东北铁路返华，陆氏自称：第一次回国 3 个月，在京不过两星期。③

陆征祥返国期间，正值日俄东北交涉频繁之时，俄国不愿再自东北撤军，反而增加兵力，8 月成立远东总督区，重新占领奉天。日本一面抗议，一面增兵朝鲜。双方争夺在中国东北和朝鲜的利益，谈判没有结果，频频调兵遣将。陆征祥于 11 月 25 日到达旅顺，26 日会晤俄国远东总督阿列克谢耶夫（Alexiev），阿氏宣称日俄间矛盾可以和平解决，陆征祥立即报告胡使。④

陆氏路过天津时，拜见直隶总督袁世凯，由于陆氏熟谙俄情，袁氏欲网罗之，陆氏婉拒称：自己系驻俄使馆馆员，现在仅在假期，不能随便离开使馆接受他职，如果北洋大臣愿意调用，应首先辞退使馆职务，然后来津服务。袁世凯乃放陆氏回驻俄使馆。⑤

在上海之会办商约大臣盛宣怀也关心陆征祥行踪，10 月10 日电询胡惟德：陆子欣何日到沪？⑥ 此时维特被沙皇解职，

---

① 《收吏部文——驻俄翻译官陆征祥二十七年丁忧》（光绪二十九年三月二十五日），外务部档案，02-12-005-02-010。
② 《翻译官陆征祥丁忧起复请转咨吏部由》（光绪三十一年二月十四日收驻俄大臣胡惟德文），外务部档案，02-12-006-01-001。
③ 《（北洋）政府公报》（1912 年 8 月 3 日），第 95 号，附录《参议院第四十一次会议速记录》（1912 年 7 月 18 日），第 25 页。
④ 《陆子兴电》（1903 年 11 月 26 日），《驻俄公使胡惟德往来电报》，《近代史资料》总 37 号，第 83 页。
⑤ 罗光：《访问陆征祥神父日记（一）——六十述往之一章》，台北《传记文学》第 19 卷第 2 期，1971 年 8 月，第 50 页。
⑥ 《盛杏荪电》（1903 年 10 月 10 日），《驻俄公使胡惟德往来电报》，《近代史资料》总 37 号，第 78 页。

陆征祥调职压力解除，胡使 11 日电复盛宣怀："维特解柄，陆事已松，归假数月，秋杪到沪。"①

1904 年初，日俄关系紧张，战云密布，胡使急召陆氏回俄，1 月 18 日电外务部称：请转电上海道台速拨库平银一千两助陆氏启程。② 2 月 6 日，日本与俄国断交，8 日未经宣战突然袭击驻扎旅顺港俄国舰队，随即双方宣战，日俄战争爆发，胡惟德再次紧急召陆氏回俄。③ 陆氏当时在北京，回俄时乘坐的正是将俄罗斯驻日本外交官载回欧洲的客轮，④ 于 3 月抵圣彼得堡。⑤ 日俄战争期间，胡惟德使事繁重，密集函电北京，详报俄国政情，得陆氏之帮助颇多。⑥

1905 年春，胡惟德函外务部，请升陆氏为参赞称：日俄战争，中国力守局外中立，偏受两国抗议，幸公论在人，尚未穷肆要挟，然实逼处此，事事棘手，防不胜防，"二等翻译陆征祥自许任已派充此差，十年不调，未免向隅，论其办事之勤，从公之慎，资格之久，亟应派充二等参赞以示鼓励，且于

---

① 《电盛宫保》（1903 年 10 月 11 日），《驻俄公使胡惟德往来电报》，《近代史资料》总 37 号，第 78 页。俄国政府高层对中国东北的态度有两派主张，财政大臣维特与外交大臣拉姆斯多尔夫主张与日本妥协，待西伯利亚铁路完工，旅顺要塞建成，再伺机决战。另一派认为日本不堪一击，主张对日强硬。沙皇尼古拉二世重用后者。

② 《电外务部》（1904 年 1 月 18 日），《驻俄公使胡惟德往来电报》，《近代史资料》总 37 号，第 88 页。

③ 《拟嗣约文画押后请假回籍由》（宣统元年九月二十七日收驻和陆大臣致丞参函），外务部档案，02-12-026-03-015。

④ 陆征祥：《回忆与随想》，第 22 页。

⑤ 《翻译陆征祥回俄供差》（光绪三十年四月二十一日收出使大臣胡惟德文），外务部档案，02-12-005-03-009。

⑥ 日俄战争期间胡惟德大量函电清廷，见《胡惟德函电稿》，《近代史资料》总 95、99、100 号等。《申报》1912 年 4 月 6 日第 2 版《新内阁人物小史》云："胡惟德使俄时，陆充参赞，胡之建白，多陆主张。"

公事亦不无裨益"。① 另专片奏称：

> 查驻俄二等参赞官向只一员，现值使务吃重，不但办理洋文要牍端资练达之员，而遇有交涉要公，常须带赴外部辩论，若仅以翻译官从事，既不足以资臂助，亦难以见重外人，似宜量为变通，即未便拘拘于向例者也。查有参赞衔二等翻译官候选知府陆征祥，到俄供差已十有余年，心细才长，情形稔习，拟请将该员现所充二等翻译官一差，暂改为二等参赞官，即以该员派充，以资办公。

4月4日得清政府同意办理。②

5月底对马海战日本大获全胜，日俄在美国调停之下议和，最后于9月5日签订《朴茨茅斯条约》。6月12日胡氏以交涉事毕，请求调职称："溯自随使英美，在洋已16年，俄地久羁积病，敬恳体念下情，请旨简代。再刻下交涉无多，善后更为吃重，倘得早归，冀可面陈一切，不胜感祷。"③ 8月陆征祥也坚决请调离俄，24日胡氏电称"陆征祥常病，前为维、朴所忌，经德固留，现两人权势又重，陆宪事复发，公私两

---

① 《译论俄国军情并参赞钱徇内渡翻译陆征祥派充二等参赞寄呈封折》（光绪三十一年二月二十三日收驻俄大臣胡惟德函），外务部档案，02-12-006-01-006。

② 《胡惟德奏翻译官陆征祥改充二等参赞官一片朱批外部知道钦此》（光绪三十一年二月三十日军机处交出胡惟德钞片），外务部档案，02-12-006-01-008。

③ 《密件》（光绪三十一年五月十日胡惟德电外务部），外务部档案，02-12-06-01-015。

损，坚求销差离俄养疾，无法慰留，深惜其去"，① 请速调员来俄接手。② 后经胡氏以使务重要，再四劝慰，陆氏勉允暂留。③ 11 月 18 日奉旨："陆征祥着赏给四品卿衔，充出使和国大臣兼办保和公会事宜。"④ 年底胡惟德因夫人病逝，请假离俄，陆征祥奉命代办使事。⑤ 至次年春才赴任。

陆氏离俄前，俄皇尼古拉二世打破只有公使离任才接见授勋的惯例，在普希金凯瑟琳宫（Tsarskoye-Selo，又译沙皇村）接见陆氏，并派马车迎送。陆征祥告诉罗光：当他升任驻荷兰公使时，俄国外交大臣对他说，私人方面很想呈请俄皇接见，辞行并授勋，但按外交惯例，只有公使离任时，才能觐见俄皇辞行，由俄皇授赠勋章，各使馆参事升任他国公使，则无接见先例，假使俄皇自己愿意召见，礼官处则无法阻挡。过了几天礼官处送来请帖，俄皇请陆征祥往见，且派马车迎送，一如公使礼，接见时俄皇亲手赠授勋章，而且俄后也出见，礼遇之隆，出人意料。⑥

谒见后，陆征祥报告外务部称：沙皇及皇后接见，慰问有加，祥乘便进言，力陈历年中俄交涉之难，并为日后保和会时

① 《密件》（光绪三十一年七月二十四日胡惟德电外务部），外务部档案，02-12-06-01-021。

② 《吴锜陆征祥皆恳销差请调比参赞沈瑞麟法学生戴陈霖来俄调补乞》（光绪三十一年七月二十五日收胡惟德电），外务部档案，02-12-06-01-020。

③ 《陆参赞已见暂留使馆由》（光绪三十一年八月十一日收胡惟德电），外务部档案，02-12-006-01-022。

④ 《收驻和国大臣陆征祥文：造送京察履历由》（光绪三十四年九月十六日），外务部档案，02-12-026-01-021。

⑤ 《收代理驻俄使臣陆征祥函》（光绪三十二年正月十八日），外务部档案，02-12-006-02-001。

⑥ 罗光：《陆征祥传》，第 38~39 页。

得以遇事建言预留地步，沙皇见祥语多恺切，颇为动容，旋答数语，并手赠斯托尼斯拉大绶勋章（Order of St. Stanislas），酬谢多年传宣之劳。祥言应尽之职，何敢言劳，鞠躬陈谢辞出。[①]

第四节　参与第一次海牙保和会[②]

19世纪末全球帝国主义盛行，列强竞相投入巨资扩张军备，争夺势力范围，战争危机频频发生。同时国际和平运动勃兴，沙皇尼古拉二世于1898年、1899年两次向各国政府呼吁：停止毫无底止之军备扩张，以防止不断在威胁全世界之危难，提议召开和平会议。各国多表示同意，遂有1899年第一次海牙和平会议（Hague Peace Conference）的召开，26国代表齐集讨论限制军备、国际仲裁等问题。此会在限制军备方面毫无结果，只有在和平处理国际纠纷及战争文明化上，达成部分协议。

受邀与会的除20个欧洲国家外，美洲有美国、墨西哥，亚洲有中国、日本、暹罗、土耳其等4国，可称是中国首次被西方视为国际社会的一员。清政府于1899年初接获俄国及荷兰政府邀请后，任命出使俄、奥大臣杨儒前往。[③] 杨儒率同驻

---

① 《谒见俄皇乘便进言力陈历年中俄交涉困难为日后保和会开发言地》（光绪三十二年二月十日），外务部档案，02-12-025-01-003。

② 参见唐启华《清末民初中国对"海牙保和会"的参与（1899~1917）》，台北《政治大学历史学报》第23期，2005年5月；林学忠《从万国公法到公法外交：晚清国际法的传入、诠释与应用》（以下略称《从万国公法到外交公法》），上海古籍出版社，2009，第五章"'文明'与和平：晚清政府参加万国保和会"。

③ 《照复和国克公使敬悉已派出使杨大臣赴弭兵会由》（光绪二十五年三月初八日），总理衙门档案，01-28-001-01-002。

俄使馆参赞何彦升、胡惟德，翻译官陆征祥等赴会。①

　　值得注意的是，依据正式会议录之中国代表团名单：杨儒是全权代表（Delegate, Plenipotentiary），陆征祥、胡惟德同为第二代表（Second Delegate），何彦升是助理代表（Assistant Delegate），金楷理是翻译。② 可能因为只有陆氏可用法语发言表达意见，杨儒遂在呈报大会的名单中将他列为第二代表，但在给清政府的报告中，此事完全没有痕迹。

图 1-4　1899 年第一次海牙保和会

（后排左一杨儒，右一陆征祥；前排右一胡惟德）

① 《具奏遵赴和都保和公会葳事返俄情形由》（光绪二十五年九月十一日军机处交出杨儒抄折），总理衙门档案，01-28-001-03-005。

② The Proceedings of the Hague Peace Conference: The Conference of 1899, Oxford University Press, 1920, p. 2.

会议自 5 月 18 日（尼古拉二世生日）至 7 月 29 日在海牙近郊豪斯登堡（Huis Ten Bosch）召开，除会章外，还议定了：《和解公断条约》（Convention for the Pacific Settlement of International Disputes）、《陆地战例条约》（Convention with Respect to the Laws and Customs of War on Land）、《推广 1864 年 8 月 22 日日内瓦公约于海战条约》（Convention for the Adaptation to Maritime Warfare of the Principles of the Geneva Convention of 22 August 1864，以下简称《推广日内瓦公约于海战条约》）等三项公约，及三项禁用猛力军火（气球、毒气、达姆弹）的声明文件（Declaration concerning the Prohibition of the Discharge of Projectiles and Explosives from Balloons or by Other New Analogous Methods；Declaration concerning the Prohibition of the Use of Projectiles with the Sole Object to Spread Asphyxiating Poisonous Gases；Declaration concerning the Prohibition of the Use of Bullets which can Easily Expand or Change their Form inside the Human Body such as Bullets with a Hard Covering which does not Completely Cover the Core，or Containing Indentations），① 由各国考虑是否加入，以该年 12 月 31 日为签署期限。

中国代表团在会中唯一的正式发言，是陆氏在 7 月 27 日第八次大会中代表杨儒的致辞，云：

在此会议即将签约之际，中国首席代表表示，在同僚

---

① 保和会各公约中文译名，各档案与专书略有出入，本书采薛典曾、郭子雄编《中国参加之国际公约汇编》（商务印书馆，1937），以及章进主编《中国外交年鉴（民国二十二年）》（生活书店，1934，第 67～70 页）"中国参加之国际公约简表"之译名。

协助下，他掌握了各股会议的讨论与进行情况。他完全同意列强在会中有关战时人道诸问题的提议，有时某些提议因不符合中国利益，他遵奉训令投下反对票，但一旦大会做出决议后，中国必定一致遵行。现在大会即将完成诸公约，他遵照训令将各公约详细翻译呈送朝廷，并建议接受，虽然因距离遥远，签署难免延迟，他仍希望能及时得到指示签署各公约。①

这可能是近代中国在国际重要会议中，第一次有代表对各国使用外文并列入会议记录的正式发言。

会后杨儒奏称："此项与会为中国入会之始，倘不画押批准，外人将疑中国显分畛域，遇有应入之公会，未必肯与我周旋。"并指出各公约多依据 1864 年 8 月 22 日《日内瓦救恤出征军队之伤者病者公约》（Geneva Convention for the Amelioration of the Wounded and Sick in Armies in the Field，即《日内瓦公约》或《红十字会公约》），而中国尚未签署；《和解公断条约》建议设立海牙常川公断院②，遇有国际争端，由各国决定是否愿意接受公断；至于三项猛力军火，中国根本没有。建议清政府签署《日内瓦公约》《和解公断条约》及三项禁用猛

---

① *The Proceedings of the Hague Peace Conference: The Conference of 1899*, p. 213.

② 常川公断院（Permanent Arbitration Court，或译常设仲裁法庭）系依据第一次保和会订定之《和解公断条约》而设立，期望以和平方式解决国际纷争，由参与保和会各国任命熟谙国际法、德高望重者为公断员，最多登记四人，任期六年。当缔约国间发生纷争，愿意提交仲裁时，由登记名册中选定公断员组织法庭仲裁。公断条约（Arbitrate Convention）为两个缔约国定明：嗣后两国间发生不能以外交方法解决之争议时，愿意提交海牙公断院仲裁。参见王卓然、刘达人主编《外交大辞典》，中华书局，1937，相关各条。

力军火的声明文件。对于《陆地战例条约》，杨儒认为中国陆军虽已部分采用"洋操"，但未尽谙西例，一旦签署批准，必须遵照《推广日内瓦公约于海战条约》，因中国各口岸没有西式医生、医院，以及救伤船只等，恐无力执行；此两约，尤其是《陆地战例条约》，与中国究有窒碍。10 月 15 日奉朱批：该衙门议奏。①

总理衙门讨论后上奏，大致依杨儒原议，惟对《推广日内瓦公约于海战条约》，认为各方均视为善举，中国势难独异，不妨示以善与人同，好行其德之意。对《陆地战例条约》，则强调："中国陆军恐窒碍难行，且中国各省旗绿防营，虽间有改习洋操，未必尽谙西例，设或准约，一旦有疆场之事，转多窒碍。"建议除《陆地战例条约》外，其余各约一律从众签署。但清政府对第一次签署国际公约仍有疑虑，11 月 1 日下旨："所有拟准画押各款，究竟有无窒碍，着该衙门再行详慎复核。"② 总署又上奏称"拟准画押各款并红十字会章程尚无窒碍"。24 日奉旨："公断一条虽系遇事转圜弭衅息争之一术，惟外国皆联为一气，恐临战时转恃彼此交锋之利钝，巧为和解之谋，此条应否从众画押，着该衙门再行妥议具奏。"③ 总署又上奏称：虽经签署批准，而操纵之权仍可临时自定机宜，不受公会之牵制，尚无窒碍，而各国多已签署，中国似未便立异，请一并从众签

①　《具奏遵赴和都保和公会葳事返俄情形由》（光绪二十五年九月十一日军机处交出杨儒抄折），总理衙门档案，01-28-001-03-005。

②　《总署奏遵议杨儒赴保和会参酌情形以便画押折》，《清季外交史料》第 140 卷，王希隐总发行，1932，第 20 页下~22 页上。

③　《总署奏遵查保和会各款并红十字会章程尚无窒碍折》，《清季外交史料》第 141 卷，第 4 页上~6 页上。

字，以泯猜嫌，而示联络。12 月 7 日奉朱批：依议。[1]

8 日杨儒接总署电令：除《陆地战例条约》外，其余各约及声明文件，均一并从众签署。杨儒遵令备文知照荷兰外交部，24 日率翻译陆征祥赴海牙，27 日遵旨签署。对未能签署《陆地战例条约》，则声明："中国极愿从约，惟陆军尚未概用西操，俟练有成规，再行知照入会。"荷兰外交部交告杨儒，由于《推广日内瓦公约于海战条约》系源于 1864 年《日内瓦公约》，请中国先补签《日内瓦公约》，才能储存此约，并建议中国选择一友好国家，请其驻瑞士使节代为补签。杨儒征询荷兰外交部同意后，建议清政府同意授权荷兰驻瑞士公使代中国补签该约。签约之后，杨儒报告总署参加此次保和会之观感，指出现今环球形势，无异于春秋时代，此会类似春秋弭兵会盟，中国办理对外交涉数十年，向未与闻欧美两洲各大会，此次与会并签署公约，嗣后遇有邮政、商务、公法等会，皆可援例参加，裨益尤多，诚近日外交之一大转机也。[2]

依《保和会会章》规定，签约各国将约本携回本国，用印批准，再送回荷兰外交部存储，才算完成入会手续。中国因次年遭逢义和团运动及八国联军之役，中枢西迁，所有相关档案散佚无存。[3] 直到 1904 年日俄战争爆发后，清政府虽下诏宣布中立，但因不谙国际公法，许多涉外事件的处理不符合国际惯例，多

---

① 《总署奏保和会章内公断一条遵旨再行妥议折》，《清季外交史料》第 141 卷，第 9 页上~10 页下。

② 《使俄杨儒奏遵赴和兰画押请补签日来弗原议并筹办救生善会折》，《清季外交史料》第 141 卷，第 20 页下~23 页下。

③ 《函陆军部：第一次保和会议报告书经乱散失无从检送》（1918 年 5 月 9 日），北洋外交部档案，台北中研院近代史研究所藏，03-35-004-01-015。藏所下略。

次遭到日、俄双方谴责，同时美国除重申对华门户开放政策外，于1904年底照会各国，有意举行第二次保和会，清政府于是想借重保和会维护国权，乃积极与荷兰交涉入会事宜。

1904年4月25日外务部奏请：批准保和会画押各款。① 7月1日外务部致函荷兰公使希特斯（Jonkheer Adolf Jacobus van Citters），称第一次海牙保和会约本遗失，现中国想要批准，商请荷兰补寄一份或将荷兰驻北京使馆所存之本，交外务部译缮。② 几经交涉，外务部向荷兰使馆借到保和会约本，照缮法文，请旨盖用国玺，并抄录原折及用玺法文册一本，寄交驻俄使馆。胡惟德于11月17日驰赴海牙，21日晤见荷外部，彼此将约款文件校对无讹，每件立一交到文据，计共立文据五件，彼此签名，一并存储荷兰政府，所有文据抄稿，由荷兰驻北京公使送交外务部存案。③

同时荷兰驻德公使向出使德国大臣荫昌询问：中国既加入保和会，须照会章支付会署公费，荷兰政府认为中国应列入头等国，中国愿照办否？④ 几经文电往还，外务部以保和会会费金额不太大，1905年1月6日电令荫昌："中国入保和会应列头等会费。"⑤ 7日荷兰驻北京公使照会外务部称：1899年保

---

① 《发练兵处文：抄送保和会红十字会约款由》（光绪三十二年七月二十五日），外务部档案，02-21-012-01-010。
② 《致和国公使希特斯函》（光绪三十年五月十八日），外务部档案，02-21-001-01-003。
③ 《驻俄公使胡惟德奏议：批准保和会条约，赴和立据画押片》，《近代史资料》总100号，第249页。
④ 《收驻德国大臣荫昌电》（光绪三十年十一月十四日），外务部档案，02-21-001-01-014。
⑤ 《发驻德国大臣荫昌电》（光绪三十年十二月初一日），外务部档案，02-21-001-01-027。

和会条约两件、声明三件业经贵国大皇帝批准，钦差大臣胡惟德曾将批准之件亲送海牙存案，又与本国外部大臣共同立字签押，兹本政府特将签字之据抄录全份，饬送贵亲王查阅备案。① 至此，中国才算是完成了加入保和会之手续。

加入红十字会则几经波折，② 到 1904 年初瑞士红十字总会函外务部，邀请中国入会，并将 1864 年原约之《陆地战例条约》补行承允，外务部于 4 月 25 日具奏，饬派驻英使臣张德彝补签瑞士"红十字会原约"，③ 7 月 15 日瑞士驻英公使告知：中国入会一节业经本政府照准，并已通知各国。④ 至此，中国完成加入 1864 年《日内瓦公约》程序。

第一次海牙保和会是近代中国首次被西方国家接受，以国际社会一员参加的大型国际会议，并第一次签署国际公约，虽然在参与过程中，有许多生涩与不足之处，但在中国外交史上有其特别的意义。陆征祥当时虽然只是二等翻译官，然而他有参与 1892 年国际铁道大会的经验，且精通法文，会议中事实上是中国代表团之第二代表，所有会议情形及各公约内容与签署与否的考虑，多由他提供信息及意见，中国代表团的奏折与报告，都有他的贡献。

---

① 《收和国公使希特斯照会》（光绪三十年十二月十二日），外务部档案，02-21-001-01-028。

② 中国虽于光绪二十五年（1899）表明愿意加入 1864 年《日内瓦公约》，但正式签署要到 1904 年 7 月，其间复杂过程参见张建俅《中国红十字会的起源（1904～1912）》，台北《政大史粹》第 2 期，2000 年 6 月。

③ 《本部奏折：补画红十字会原约批准保和会画押各款》（光绪三十年三月初十日），外务部档案，02-21-013-01-036。

④ 《收驻英大臣张德彝铣电：画押事竣由》（光绪三十年六月十七日），外务部档案，02-21-013-03-012。

* * *

陆氏出身贫寒，本无大志，受许景澄调用与训诲，始立志做职业外交官，努力培养各方面的能力。他早期的外交生涯并不顺遂，在驻俄使馆任翻译一职 14 年，历经棘手交涉各案，饱受弱国外交之苦，身心都受摧折，自云："久羁森堡，备受苦寒气候，又职司传语，而此十年来，适值交涉最难之时，语语几费脑力而始出口，外感不良气候，内伤无限神经，病根遂切中脑胃，而医治乃无速效。"[1] 又云：我生来身体就瘦弱，在俄京时最初做翻译生，后来升四等翻译官，后升三等、二等翻译官，最后升参赞。驻俄使馆除中国公文外，一切事都由我去办，连装置电灯，布置房间，都要我去，又要陪钦使出去交际，自己还要学习俄文、英文，工作过度，影响健康。到荷兰做钦使时，身体几乎不支。[2] 罗光称：一个生气蓬勃的青年，出国学习外交，所见的尽是"弱国无外交"一语，日后辗转于各种交涉中，常如羊与狼争，蒙垢受辱，且不能得国人的谅解，驻俄的 14 年，于兴老是一所外交学校，养成了他忍耐持重的品格。[3]

1903 年陆氏加二等参赞衔，1905 年升任二等参赞，同年 11 月受命出使荷兰，陆氏的突然快速上升，一方面因陆氏个人表现优异，一方面也与清末外交官职业化的大趋势密切相关。

① 《收驻和大臣陆征祥函：会前请假医病由》（光绪三十三年四月二十九日），外务部档案，02-12-025-03-004。森堡即圣彼得堡。
② 罗光：《访问陆征祥神父日记（二）——六十述往之一章》，台北《传记文学》第 19 卷第 4 期，1971 年 10 月，第 80 页。
③ 罗光：《陆征祥传》，第 42 页。

清朝与西方各国往来后，办理涉外事务的官员都属兼职或差使，不是职业外交官，不论是中央的总理衙门大臣、章京，或是出使大臣，都不是实官，其迁转仍须在实缺所在的衙门内进行。各出使大臣为临时性质的"钦差大臣"，大多为科第出身的传统士大夫，由在京王公大臣等保举，任满回国后，多离开外交工作。驻外使馆的参赞、随员、翻译等辅助性官员，多由学习西语的同文馆、广方言馆学生及留学生担任，由出使大臣自行挑选，等于使臣的幕僚，由于非正途出身，本无晋升钦差之阶，出使大臣任满回国后，使馆参随能否留用，由接任使臣决定。① 其后不断有人建议外交官应专业化，如光绪四年（1878）马建忠之建议，及光绪十四年出使大臣洪钧奏请确立职业外交官制度，但未受到重视。上海广方言馆及京师同文馆基本上以教授外国语言为主，只是翻译人员的训练所，不是培养外交官的地方，但因使馆翻译通常会被留用，逐渐成为较长期在使馆服务的外交主力。

1901 年《辛丑条约》签订之后，朝野大臣纷纷建议外交官专业化，注重外交，开启了使馆参随晋升钦使的管道。光绪二十七年清廷将总理衙门改为外务部，班列六部之首，赋予专职的中央外交机构以法定地位，除管部的总理大臣和会办大臣是兼差外，尚书、侍郎、左右丞、左右参议、郎中、员外郎、主事等，均设专缺为正式官职。除了条约中规定侍郎中必须有1 人通西语外，庆亲王及李鸿章也奏请："交涉事宜关系紧要，必令该司员等专精练习，切实讲求，俾不至萦情他途，分其心

---

① 王立诚：《外交家的诞生：顾维钧与近代中国外交官文化的变迁》，《顾维钧与中国外交国际学术讨论会论文集》，上海，2000 年 9 月，第 248 页。

力，庶几洞达时务学有专门，非独协调一时因应之宜，并欲收异日富强之效。"① 增设左右丞、左右参议等承政官，让外务部官员可以专途在部内升转，更加趋于专业化。

驻外使节与使领馆员设置实缺较晚，光绪二十八年（1902）初出使俄国大臣杨儒，在病死前不久上奏云："设总署垂四十年，而外交终多隔膜，兵谋不敌，端赖使才，智力兼穷，惟恃联络，自经此番挫折，至少须五十年无外患，以纾财力而苏民困，庶冀从容图治，勉力富强以保兆民，以守疆土，则使务诚不可忽矣。"建议储备训练外交人才，"若干年后，或补章京，或充随使，内则由章京而总办，由总办而堂官，外则由随员而参赞，由参赞而公使，节次擢升。又总署出使人员，均作实缺，只准内外升调，而终身不出此一途"。② 直隶总督袁世凯、两江总督刘坤一、湖广总督张之洞也联名上奏称："窃维天下大势，几同战国，交邻之道，关系绝重……中国今日创巨痛深，积弱已甚，列强环伺，事变难知，措注之机，讵堪偶误。权力虽难并竞，公理尚未全泯，亟宜慎选办理交涉人员，妥定章程，使其出入中外，互资阅历。"③ 建议仿效各国遣使之通例，先将使馆人员改为实缺，然后将外务部与驻外使馆人员互相调补，让外务部与驻外使领馆气脉相通，养成专门性的外交官。此奏奉朱批："所陈甚是，着外务部查照办

---

① 《全权大臣庆亲王、李鸿章递正折》（光绪二十七年十一月），总理衙门档案，01-14-032-06-023。
② 《出使大臣杨儒奏培植使才》（光绪二十八年正月二十九日），外务部档案，02-14-014-02-002。
③ 《军机处交出袁世凯、刘坤一、张之洞等抄奏称国势积弱交涉重要亟宜变通外部及出使人员章程以固邦交而维大局》（光绪二十八年三月二十九日），外务部档案，02-14-014-02-008。

理。"外务部虽同意"该督等所奏，大致以外务部司员与出使人员互相调用，令其出入中外，兼资阅历，以期得人分任，应付咸宜，洵为整顿部务慎重使才之要义"，但是对所奏各项，以人才不足为由，只能斟酌变通办理。①

　　然而外交人员专业化已逐渐成为共识，光绪三十二年出使法国大臣刘式训奏请《变通出使章程》，建议出使大臣专以外务部侍郎、丞、参议及各使馆资深参赞出任，并设储才馆培养外交人才。次年外务部将驻外二等公使定为二品实官，使领馆员定为实缺，使领馆员终于成为正式外交官，与外务部官员互相迁调，国内外联成一气，外交官有升迁专途，走向职业外交官化。外交官选拔标准也逐渐脱离传统科举，必须为通晓外国语言文字及对政治、法律、商务、理财等科目研究有得人员，于是受过西式教育的学堂毕业生及留学生逐渐成为主流。外交官专业化的趋势，开启了使馆参随晋升出使大臣的管道，清末一批同文馆学生及留学生因此逐步担任驻外公使，陆征祥是代表人物之一。

---

① 《本部具奏折称为谨将臣部及出使人员章程遵旨变通办理恭折仰祈圣鉴事》（光绪二十八年六月二十九日），外务部档案，02-14-014-02-014。

第二章 清季外交的后起之秀
(1906~1911)

陆征祥于 1905 年 11 月奉旨任驻荷兰公使，次年春抵任，开办公使馆，随即改任出席 1907 年第二次海牙保和会专使，会后回任驻荷公使谈判《中荷领约》，1911 年春签署后，又被清政府任命为修订《中俄商约》大臣，赴圣彼得堡谈判，旋被任命为驻俄公使，在清季驻外使节中崭露头角。

第一节　担任驻荷兰公使

陆征祥之出使荷兰与第二次海牙保和会的召开密切相关。美国于 1904 年 10 月 21 日照会各国，表示有意举行第二次保和会，专议前次会议未尽各事。[①] 荷兰政府于次年 1 月 17 日正式行文通知各国。清政府当时正补办参加保和会手续，加以日俄战争期间维持中立地位遭遇种种困难，深刻体认到国际公法的重要，内外大臣纷纷奏请参与第二次保和会。

1904 年底驻美公使梁诚首先建议与会，认为美国注意中立条规，有助于中国外交局势，应顺势利用之，简派精通法律声望素著之大员赴海牙会议，若张弛得宜操纵如法，未尝不可隐受其益为我助力。[②] 驻奥大臣杨晟也建议：我

---

① 《收驻美大臣梁诚电》（光绪三十年九月二十二日），外务部档案，02-21-001-01-008。
② 《收出使美国大臣梁诚函》（光绪三十年十一月十一日），外务部档案，02-21-001-01-011。

国可乘机将日俄战争损害东三省，及西藏善后事宜相关各事，规划条款，于此会提出。① 1905 年春北洋大臣袁世凯奏称：此会宗旨在减轻战祸，既系善举又属公会，宜派员前往以示善与人同，并可为将来加入其他国际公会之先声，于外交不无裨益。②

第二次保和会虽由美国倡议，但在俄国坚持之下，仍由沙皇出面邀各国与会。1905 年 11 月 1 日外务部收俄国公使璞科第节略，邀请参加会议，③ 外务部 7 日电令驻俄公使胡惟德，通告俄国政府中国允派员入会，④ 并于次日照复俄使。⑤

同时各出使大臣纷纷建议派遣专驻荷兰公使（原来荷兰系由驻德公使荫昌兼使），以便就近参与保和会事，并派遣海牙国际常川公断院公断员，与各国签订公断条约，履行各项国际义务。1905 年春，出使法国大臣孙宝琦上《为外交艰巨亟宜仿订公断条约勉附列国公法》奏折称：中国自道光年间开埠通商，订约遣使，而各国仍视我为公法以外之国，每不以公法相待，庚子以后交涉日益棘手，必须及早探源握本，勉图补救。第一次海牙保和会中国曾派使入会，签署各公约，但因故延宕批准，外人遂疑中国并非真心加入公法团体，现各国多互

① 《收驻奥大臣杨晟函》（光绪三十一年正月二十三日），外务部档案，02-21-001-02-004。
② 《北洋大臣袁世凯函》（光绪三十一年二月初一日），外务部档案，02-21-001-02-008。
③ 《收俄国公使璞科第一件节略》（光绪三十一年十月初五日），外务部档案，02-21-001-02-034。
④ 《发驻俄大臣胡惟德电》（光绪三十一年十月十一日），外务部档案，02-21-001-02-035。
⑤ 《发俄国公使璞科第函》（光绪三十一年十月十二日），外务部档案，02-21-001-02-036。

订公断条约，中国亦宜切实仿订，将来各国交涉之相持不决者，都可交海牙公断院秉公核夺，实于中国外交大有关系。中国于荷兰仅由驻德公使兼辖，未设使馆，今保和会公约业蒙批准，似可派公使专驻荷兰，并令兼充公断院之专员，聘外国公法家为参议，以备异日之用。[①] 同时孙宝琦保举使才五人，称陆征祥："才优识练，办事慎密，久在俄馆，与俄人交涉，不□牢笼，为彼族所忌，前随杨儒赴保和会与各员往来讨论，颇有声誉。"[②]

出使美、墨、秘、古大臣梁诚也具奏：荷兰公断院关系重要，请饬外务部将荷兰国设馆遣使，迅速施行，以资联络而重邦交。[③] 驻俄公使胡惟德电请外务部设荷兰常川驻使兼充保和会议员，并保荐俄馆参赞陆征祥。9月24日外务部电令胡惟德：陆参赞熟谙公法，人地相宜，前往驻荷必有裨益，希速电复相关章程，即行奏请简派。[④] 此外，陆氏之超擢使荷，与庆亲王和袁世凯之保荐亦有关联。[⑤] 清政府多方征询意见及考量

---

① 《收军机处交出孙宝琦抄折》（光绪三十一年三月二十日），外务部档案，02-21-001-02-019。

② 《出使大臣孙宝琦片》（光绪三十一年三月二十日到），军机处录副奏折，03-5438-109，转引自李文杰《中国近代外交官群体的形成（1861~1911）》，三联书店，2017，第464页。

③ 世续监修《大清德宗景皇帝实录》卷550，华文出版社，1964，第14~15页。

④ 《发驻俄大臣胡惟德电》（光绪三十一年八月二十六日），外务部档案，02-21-001-02-029。

⑤ 袁世凯保荐之说，见罗光《访问陆征祥神父日记（一）——六十述往之一章》："当项城任北洋大臣……保荐我任荷兰公使，那一次项城一共保举了四个人。"（台北《传记文学》第19卷第2期，1971年8月，第50页）庆亲王保荐之说，见《曹汝霖一生之回忆》："时庆王当国……对'求才'特别注意……尤以陆子兴以驻俄二等参赞，特赏三品京堂出任荷兰出使大臣，并令其不必来京，径赴荷兰，称为异数。"（台北：传记文学出版社，1980，第67页）

后，决定在荷兰设立公使馆，派遣陆征祥出使荷兰，筹备参与第二次海牙保和会。

陆征祥于 1905 年 11 月 18 日接军机处电令："奉上谕，三品衔候选知府陆征祥，着赏四品卿衔，充出使和国大臣兼办保和公会事宜。"[①] 陆征祥随即以资浅骤膺重任恐不能胜任，婉辞称：使荷系属倡办，而公会又为万国法家所聚，自非精过外交之员，未易膺兹重选，请外务部酌量代奏请辞。外务部去电训示，陆氏才接受任命。[②]

陆征祥收到国书后，准备赴荷兰就任，请外务部将荷馆经费岁支 4 万两，先拨半年使费以济要需。[③] 1906 年 2 月 26 日陆氏自圣彼得堡启程，[④] 28 日抵柏林，3 月 8 日行抵荷兰海牙，[⑤] 28 日谒见荷兰女王呈递国书。[⑥] 陆氏努力开办使馆，租屋两所作为使署及馆员住所，修理装饰，费时数月方始就绪。[⑦] 公使馆位于南园路 58 号（Bezindonhonbeheweg，58），馆员都住在此处，陆征祥则住在同路 23 号。[⑧] 许景澄曾教导

---

① 《陆征祥抄折：派充使和大臣谢恩等因折奉批一道》（光绪三十二年正月二十日），外务部档案，02-12-025-02-003。

② 《请代递使和谢恩折》（光绪三十二年一月六日），外务部档案，02-12-025-01-001。

③ 《收陆征祥函——国书尚未到俄派察利廓甫为驻和公使及保和会和馆经费等事》（光绪三十二年二月二十八日），外务部档案，02-12-025-02-005。

④ 《初四日启程赴和由》（光绪三十二年二月初二日），外务部档案，02-12-025-01-002。

⑤ 《收陆征祥文——由俄起程初及海牙租屋等事》（光绪三十二年四月初七日），外务部档案，02-12-025-02-007。

⑥ 《收驻和大臣陆征祥函》（光绪三十二年闰四月初一日），外务部档案，02-21-025-02-014。

⑦ 《收出使大臣陆征祥函》（光绪三十二年六月十三日），外务部档案，02-21-025-02-017。

⑧ 《王广圻早期外交经历自述稿》，《民国档案》2011 年第 1 期，第 22 页。

陆氏，将来当公使时，使馆的陈设，应该十分之七都是中国东西，可打电报到北京订购桌椅、瓷器和字画，不必古董，只选好的买，一方面可做对外宣传之用，同时也是一种经济办法，将来调往别处时，可出售这些家具收回本钱，因此陆征祥开办使馆时，家具大多是中国东西。①

陆氏调王广圻为驻荷使馆随员，② 王广圻称：他初到荷兰使馆时，仍有发辫，及见陆公使及同人皆已剪去发辫，一时尚犹豫未决，一个月之后，以使馆对外应该一致，乃下决心剪去。③

使馆尚在装修，陆氏就奉命赴瑞士议约。瑞士邀请入会各国修改《日内瓦公约》，在日内瓦商议，④ 陆使受邀后，3 月31 日电告清政府：中国既已入会，应请派员参加会议，⑤ 4 月14 日外务部奏准：派陆使前往瑞京伯尔尼会议。⑥ 陆氏请颁发全权证书，于6 月8 日抵达瑞士，11 日开会，到会共40 国代

---

① 罗光：《访问陆征祥神父日记（二）——六十述往之一章》，台北《传记文学》第 19 卷第 4 期，1971 年 10 月，第 81 页。

② 《收和署使欧登科函——送还王广圻原照又以后交涉请用法文由》（光绪三十二年四月十七日），外务部档案，02-12-025-02-008。王广圻（1875~1936），字劫孚，江苏南汇县人，先后入上海广方言馆及京师同文馆，后又留学美国，1905 年在外务部右丞雷补同介绍下，经陆征祥选调为驻荷使馆随员，1906 年抵达海牙，成为陆征祥得力助手，历任驻比、意、荷公使。

③ 《王广圻早期外交经历自述稿》，《民国档案》2011 年第 1 期，第 23 页。

④ 《祈将贵国派赴土乃佛约会代表人员姓名先期示知由》（光绪三十二年二月十七日），外务部档案，02-12-025-01-004。

⑤ 《收驻和大臣陆电》（光绪三十二年三月初八日），外务部档案，02-21-014-01-017。

⑥ 《本部递奏片》（光绪三十二年三月二十一日），外务部档案，02-21-014-01-020。

表 75 人，分四股开议。① 陆使以 1 人而兼筹四股，② 开会近月，会商 20 余次，议订新约，会后公推 15 名主稿员，主持其事，东方国家中陆征祥与日本代表亦被推举，将原公约 10 条，修订为 8 章 33 款。陆氏电准外务部，于 7 月 6 日与各国代表共同签署，惟中国对其中第 6 章（第 18～23 款）标记、第 8 章（第 27、28 款）惩办违背侵犯本约办法，提出保留。③

会后陆征祥回到荷兰任所，依据出使章程，荷兰使馆随员仅有四缺，陆氏以事属创办，且兼办保和会事宜，特请添调二员，先事筹备，遂调岳昭燏、钱恂到荷兰使馆襄赞。④

第二节　参与第二次海牙保和会

1899 年第一次海牙保和会有 26 国代表参加，1907 年第二次保和会扩充了阿根廷、古巴、智利等十余个共和国，波斯、埃塞俄比亚、阿富汗等君主国，共 44 国出席，是世界第一次所有主权国家都参与，表面上大小国平等实行一国一票的国际外交大会。

---

① 《收驻和大臣陆征祥电》（光绪三十二年闰四月二十一日），外务部档案，02-12-025-02-011；《收驻和大臣电》（光绪三十二年闰四月二十四日），外务部档案，02-12-025-02-010。

② 《收使和陆大臣文》（光绪三十三年三月十三日），外务部档案，02-12-025-03-001。

③ 《收出使大臣陆函》（光绪三十二年八月初九日），外务部档案，02-21-025-02-018。此约经清政府与陆氏往还讨论，最后决定第 8 章从缓签署，陆氏于 1907 年 6 月 4 日向瑞士政府备案。见《收保和会专使大臣陆征祥文》（光绪三十三年六月二十二日），外务部档案，02-21-012-02-130。

④ 《收出使大臣陆函》（光绪三十二年八月初九日），外务部档案，02-21-025-02-018。

会前之筹备

陆征祥于 1905 年 11 月奉命充出使荷兰大臣兼办保和公会事宜，1906 年春到任后函告外务部称：第二次保和会据俄律师马尔登斯（Friedrich Fromhold Martens）言，约在明年夏举行，征祥上次随杨儒莅会，其时入会之国计二十六，会员计百余人，闻此次入会国数尚须加增，会中讨论议题大概系因日俄战事，欲将日后战事关涉中立、战货、堵口等项，为前此约款所未备者，重订新章。①

图 2-1　1906 年陆征祥在海牙

陆征祥对参与此会十分慎重，1907 年 4 月 4 日电告外务部：他奉派为第二次保和会正议员，惟各国注重此会，均派头

---

① 《请代递使和谢恩折崴埠乱事华商损失与俄磋商并陈报第二次保和》（光绪三十二年正月初六日），外务部档案，02-12-025-02-001。

等专使，中国不宜殊异。① 外务部不同意，复电云："保会派专使事，查得各国所派等级亦不一律，自可毋庸奏请特简。"② 5月3日陆征祥奏折寄到北京，建议若要与日本抗衡，清政府应"简派专员以崇国体而裨会务"，称：

> 公会为万国玉帛战场……坛坫之间，万国同盟，以占地位为上，会员在会场地位之阶级，隐判国家在世界地位之等差。……是以先谋地位之保持，必慎选会员之资格，品学固贵足以服众，资望尤须足以临人，盖于郑重会务之中，实有尊崇国体之意。……中国亦宜未雨绸缪，预为桑土之备，非特派专员，将何以为抵制，否则各国以专使，中国以驻使，驻使地位势难与专使抗衡，矧臣品秩较微，更不足以主重。……倘列强误会以为日本新造之邦，今挟战胜之概，事事力争上游，我顾不能与之颉颃，更何能与欧美大邦齐驱并驾。……仰恳天恩俯采各国派员办法，特简位望相当之大臣赴会专员，仍以驻使会同办理以资接洽。③

陆使又请仿各国例，"敕下陆军部选择通晓西文兼有学识经验之武员一人，派令前来，以备咨询而襄会务"。④ 同时也另外致函外务部丞参，强调另简重臣为出席保和会专使之重要

---

① 《收驻和国大臣陆征祥电》（光绪三十三年二月二十二日），外务部档案，02-21-002-02-023。
② 《发驻和陆大臣电》（光绪三十三年三月初四日），外务部档案，02-21-002-02-033。
③ 《收使和陆大臣文》（光绪三十三年三月二十一日），外务部档案，02-21-002-02-043。
④ 《收使和陆大臣文》（光绪三十三年三月十三日），外务部档案，02-12-025-03-001。

云："日本以蕞尔小国，一旦骤挤其地位与列强等伦者，能利用其战胜之时机，亟派大使也，今吾国若能乘此万国公会之时机而利用之，特派头等专员，为异日大使之先导，则国际地位必回复于无形。"①

清政府要外务部议奏此事，7 日外务部奏："请旨特简该大臣陆征祥为保和会全权专使，并照奏定新章作为二品实官，以崇体制。"奉旨：陆征祥着充保和专使，钱恂着充出使荷国大臣。② 同日外务部电告陆氏："现会期已迫，专使敕谕恐办不及，可否从权录旨知照，并希速酌电复。再驻使照章亦作二品实官，应会同办理保和会事宜。"③ 于是陆征祥成为出席保和会专使大臣，由驻荷使馆参赞钱恂升任公使，会同出席。清政府又敦聘美国原国务卿、中国驻美使馆顾问之福士达（John W. Foster），借重其资望，代表中国出席保和会。④ 福士达带有法文通译怀德好施（H. Remsen Whitehouse）及杜勒斯

---

① 《收驻和陆大臣致丞参信》（光绪三十三年三月十三日），外务部档案，02-21-002-02-038。

② 《本部具奏》（光绪三十三年三月二十五日），外务部档案，02-21-002-02-046。

③ 《发专使陆征祥驻和钱恂大臣电》（光绪三十三年三月二十五日），外务部档案，02-21-002-02-047。

④ 福士达（1836~1917）于 1892~1893 年任美国国务卿，1894~1895 年来华协助李鸿章参与中日广岛与马关议和，并协助李经方交割台湾。其婿蓝辛（Robert Lansing，1864-1928）及其外孙杜勒斯（John Foster Dulles，1888-1959）后来均担任美国国务卿，且与中国关系密切。福士达充保和会副议员事，参见《收军机处交出出使英国大臣汪大燮抄折——称为荷兰公断会事关重要驻美署顾问洋员有心东方时局拟请饬交部议用备驱策》（光绪三十二年三月十一日），外务部档案，02-21-002-01-005；《本部递奏折》（光绪三十二年三月二十一日），外务部档案，02-21-002-01-010；《发驻和大臣陆征祥电》（光绪三十二年三月二十三日），外务部档案，02-21-002-01-012。

（John Foster Dulles）两人。① 陆氏会前建议，因福士达位望尊崇，会中分股时应争取为股长、副股长，可为中国增光，陆氏会自行向俄国会长请托，并请外务部命驻外各使向各国活动。② 陆军部因会期迫近，以当时奉命派送陆军学生赴法就学之练兵处军政司法律科监督丁士源，就近赴会充保和会军务议员。③

会前陆征祥又建议将第一次保和会暂不签署之《陆地战例条约》，因各国陆续补签，而中国现练兵有成，请一并签署，以利于参与第二次保和会。④ 外务部咨询陆军部意见后，5 月 24 日具奏请补行签署该约，奉旨依议，次日外务部电令陆征祥办理。⑤ 6 月 12 日陆使遵电签署《陆地战例条约》，同时亦遵命取消对《日内瓦公约》的保留部分，至此中国加入了第一次保和会所有公约。⑥

外务部以现在时局吃重，正宜在公会发言，隐资补救，于会前致函各驻外使节，译寄其驻在国之议论宗旨，及各驻

---

① 《收保和会专使陆大臣致丞参函》（光绪三十三年六月二十二日），外务部档案，02-21-002-03-024。杜勒斯（当时译名为特来斯），时年 19 岁，正在普林斯顿大学就读，此次代表中国参加保和会，为其与中国关系之始，也是其参与国际外交事务之开端。怀德好施为福士达私人秘书，见林学忠《从万国公法到公法外交》，第 328~329 页。

② 《收保和会专使陆大臣函》（光绪三十三年四月初三日），外务部档案，02-21-002-02-056。

③ 《收陆军部文》（光绪三十三年三月二十八日），外务部档案，02-21-002-02-050。

④ 《发陆军部文》（光绪三十三年三月十五日），外务部档案，02-21-002-02-042。

⑤ 《发专使陆大臣文》（光绪三十三年四月十三日），外务部档案，02-21-002-02-067。

⑥ 《收专使陆驻和钱大臣电》（光绪三十三年五月十八日），外务部档案，02-21-002-03-012。

使对保和会的建议，函电陆征祥作为会中提案之参考。① 陆征祥在会前也特地请假就医，将身体调养好，为参加会议做好准备。②

会中与中国相关诸议案

第二次保和会于 1907 年 6 月 15 日至 10 月 18 日在海牙骑士厅（Hall of Knights，荷文 Ridderzaal）召开。中国代表团有全权议员：陆征祥（有签署权）、驻美使馆顾问福士达、驻荷公使钱恂三人，丁士源为军务议员，张庆桐、赵诒翕二人为副议员，施绍常、陈箓、王广圻三人为参赞，随同入会历练，怀德好施及杜勒斯二员，也列于参赞之中，共计 11 人，与英、俄、德、法、日各大国所派员数大致相若。

会议分四股（commission）进行：（1）公断股；（2）陆战股；（3）海战股；（4）中立及红十字会股。陆氏被推举为第三股四位名誉正股长（Honorary Presidents）之一，日本代表都筑馨六（Keiroku Tsudzuki）被推举为第四股名誉正股长之一。③ 各股股长皆位高望尊、资深学富者，陆征祥有参与第一次保和会的资历，又以专使身份比肩大使之列，被举为名誉股长，相当不容易。陆氏报告称：名誉股长等席大都为欧美名人所占，东方之人入选者，自日本之于红十字会始，此次俄会长以中国同派专使，祥因得预其列。当正月间，祥以福士达名

---

① 《收使和陆大臣（十一月初八日）抄奏》（光绪三十三年十二月二十三日），外务部档案，02-12-025-03-017。

② 《收驻和大臣陆征祥函》（光绪三十三年四月二十九日），外务部档案，02-12-025-03-004。

③ 《收驻和专使大臣电》（光绪三十三年五月初十日），外务部档案，02-21-002-03-007。

望夙隆，可以占此一席，曾稍为之接洽，乃竟未克如愿，而直接施之于祥，彼人操纵之敏妙，有如是者，于中国固不无稍占地步矣。[1] 会中秘书处请各国派书记共同办事，陆氏派陈篆担任，亦与日本相若。[2]

保和会所议问题皆属专门，会议开幕后外务部电陆氏：中国如有提议事件，可由尊处体察情形条举数端，电商本部酌核。[3] 陆氏电复：必遵循外务部指示体察妥筹。[4] 又报告：据军务议员丁士源称，海军问题宜参照英国，陆军问题宜参照德国，所见尚是。[5] 陆征祥抱定此会以和平为宗旨，外察全球之大势，内定自处之方针，每次赴会必与钱恂等熟商审计，慎之又慎，在会中陆氏发言有 20 多次。[6]

此会与中国相关议案，主要为美国代表提议应保护交战国之海上私产，各国对此意见分歧，或主张可以攻击，或主张应予保护。中国军务议员丁士源主张前说，盖以两国交战，使敌国之损失愈多则愈不易支持，战事期限可以缩短，而且中国商船极少。福士达则站在美国一贯护商政策立场，支持美国代表提案，力主后说，两人意见相反，而丁士源不肯退让，福士达十分不悦。陆征祥认为各国对于该问题意见极不一致，美国提

① 《收保和会专使陆大臣致丞参函》（光绪三十三年六月二十二日），外务部档案，02-21-002-03-024。

② 《王广圻早期外交经历自述稿》，《民国档案》2011 年第 1 期，第 28 页。

③ 《发专使陆大臣电》（光绪三十三年五月二十四日），外务部档案，02-21-002-03-015。

④ 《收保和会专使大臣陆等电》（光绪三十三年五月二十七日），外务部档案，02-21-002-03-017。

⑤ 《收保会专使陆大臣电》（光绪三十三年五月二十七日），外务部档案，02-21-002-03-016。

⑥ *The Proceedings of the Hague Peace Conferences: The Conference of 1899 and 1907*, Index Volume, New York: Oxford University Press, 1921, p. 217.

议未必能成立，故姑允福士达之主张。王广圻对此颇有微词，云："福士达君受中国政府之命来和列席，会前既毫无准备，到会以后亦从未一言有所贡献，徒以该问题坚请赞成美议，未几，即以家有要事为词请假返美，遂先葳会而去。"① 最后该问题因各国意见分歧，反对者借口此案与商船问题等多有关系，应先从其他问题着手，美国之保护主义主张未能成立。王广圻感叹云："可知和平保商不能行于竞争时代，不待一九一四年之战争，而已见于一九〇七年之海牙和会矣。"②

会中诸议案陆氏多能赞同，有两案与中国国体攸关，其一为常川公断院虽设于海牙，但法庭与公断员皆临时组成，美国提议另行设立常设之法庭与法官。其二为第一次保和会之《和解公断条约》，采取自愿公断，英、美主张应改为义务公断，而办法中却又将有关治外法权各事排除在外。陆征祥对此二案坚决反对，力争到底。

有关前一问题，第二次保和会虽然表面上各国平等，但在提议成立国际公断院时，欧洲国家、美国、日本各大国与小国间有激烈争执。依据第一次保和会《和解公断条约》成立之常川公断院，由入会各国各派四名公断员登记于该院，遇有公断案件，再临时选定公断员组成法庭，平时只有一名书记官（Registrar）。国际事务局（Bureau），由海牙外交团任评议会，常被讥为既非常设，亦非法庭。此次会议中，美国代表建议于

① 《王广圻早期外交经历自述稿》，《民国档案》2011 年第 1 期，第 24 页。另见《收保和会专使大臣陆等电》（光绪三十三年六月十八日），外务部档案，02-21-012-02-126。福士达等三人代表中国，花了清政府一万两银子，福士达及杜勒斯却于 8 月初提早离会，对中国代表团没有什么帮助，而会议到 10 月才结束。

② 《王广圻早期外交经历自述稿》，《民国档案》2011 年第 1 期，第 26 页。

常川公断院外，设立有 17 名常驻法官之新院，常任法官 12 年一任，入会各国中，依法律完备程度，由美、德、法、英、奥、意、俄、日等 8 国各派一人，余下 9 席由其他国家轮值。轮值各国之中，又分别为 10 年、4 年、2 年、1 年四种任期，土耳其尚得 10 年，而中国以法律与各国不同，只得 4 年，等于被列为三等国。

会中各小国对美国提议强烈反对，主张平等而非等级制的代表权，尤其是巴西代表路易·巴尔博萨（Ruy Barbosa）强烈主张各主权国家一律平等，坚持要求法庭必须给予与会国家平等代表权，遭到列强拒绝，有学者认为此案完全凸显了保和会的伪善性质。[1]

陆征祥力争中国之大国地位，以该法院为万国观听所系，中国国家地位骤降，万难隐忍，且国际交通日益便利，争议事件亦必日多，万一有事交该法院公断，而本国适无在任法官，关系匪轻。因此在会中抗议，强调中国一向名列头等国，无论户口、幅员不在各国之下，即常川公断院中岁摊经费，中国与俄、德诸国皆为一等 25 股，新院应仍以摊费清单股数之多少为准，否则万难承认。[2] 巴西、墨西哥各国议员亦争之甚力，

① 参见佩里·安德森《国际法：它是国际的吗？它是法吗?》，章永乐、魏磊杰主编《大国协调及其反抗者：佩里·安德森访华讲演录》，北京大学出版社，2018。

② 《保和会专使陆大臣、驻和钱大臣来电》（光绪三十三年七月十二日收），外务部档案，02-21-010-01-001。海牙公断院有评议会，又有国际事务局，44 个会员国按万国邮政联合会之等差，分摊国际事务局岁出所需经费。中国以未入邮政联合会，1904 年入会时无从比例，自愿按一等国认摊 25 股，当时一等国凡九国：德、奥、美、法、英、意、俄、土、日，并中国共计十国。参见《收驻和钱大臣文》（光绪三十四年三月二十五日），外务部档案，02-21-004-02-006。

最后美国提案因反对者众没有通过。①

　　有关治外法权问题，第一次保和会订定之《和解公断条约》，采取志愿仲裁，此次会议英、美代表主张改采强制仲裁，遇有国际纠纷，即可径诉该院，但在提议办法中却将有关治外法权各事排除在外。公断股报告员比利时威廉男爵（Baron William）询问英国代表萨道义（Ernest M. Satow）提出此案之真意，以便撰写报告，萨道义密告之曰：此特限制中国而已，盖以上海会审公堂问题，中国舆论颇有主张公断之说，英国特别疑虑。威廉男爵与陆征祥私交甚厚，告知此事。陆氏回以中国受治外法权束缚已久，近年方计议收回，今若承认其议，不特中国对外交涉多与治外法权相关，若不得交付公断，不啻摒除中国于公约之外，尤其等于将收回治外法权之努力一笔勾销。而且各国在中国之有治外法权者，只有已订约诸国，而今乃载诸国际公约，等于将未与中国订约者也连同在内。陆氏愤懑于怀，直驳其议，请将该款收回。② 萨道义在会中解释，以该条专指土耳其、摩洛哥为言，且到陆氏寓所造访，百方曲解，劝勿再争，陆氏坚持不稍让。波斯议员萨马罕（Samad

---

① 　周泽春称：他与马德润当时在柏林大学攻读法律、政治，由驻德公使孙宝琦推荐，参与第二次保和会备咨询，曾协助陆征祥联络各三等国，一致反对国家分等之提案。见周泽春《一九〇七年和会国家分等案——三十年服务外交回忆录之一》，《政治生活》第 3 卷第 2 期，1945 年，第 25～27 页。然此说法，在正式档案中没有记载。

② 　《收使和陆大臣（十一月初八日）抄奏》（光绪三十三年十二月二十三日），外务部档案，02-12-025-03-017。吕海寰等于 1902 年、1903 年订中英《续议通商行船条约》、中美《续议通商行船条约》，注明以日后中国法律皆臻妥善时，英、美愿意放弃治外法权。此件亦见中国第二历史档案馆编选《陆征祥出席海牙保和会奏折两件》，《民国档案》2000 年第 2 期。

Khan Momtaz os-Saltaneh）① 亦密与陆氏接洽，称审察会中情形大致已徇英议，争亦无益。陆氏告以个人意见已决，无论有益与否，总当争持到底，波斯议员乃改变态度，谓中国必欲争持，波斯亦愿为后盾。翌日开会，陆氏仍坚决抗争，谓不将该条取消，且将全款反对，波斯议员亦从而继之。此案争执多日不解，陆氏坚持本会以公道平等为宗旨，今若订立该款，实与会旨大相径庭，若不删除此条，必全款反对。暹罗代表亦复协力抗争，会长不得已将是否取消该条款付诸表决，除英、法两国坚持反对外，日本、葡萄牙、希腊、瑞士、瑞典等 5 国不置可否，赞成取消者 36 国，该条由是取消。英议员萨道义意颇愤愤，语人曰：陆某某在欧洲，此举得告成功，若在中国，安有其置喙之地耶？日本议员都筑馨六原为不置可否者之一，及见中国此议得多数赞成，亦复即席声明：日本之不置可否，系对于所有会议问题所持一致之态度，幸请在会诸君勿做反对观也。② 最后公断增订条款末条被删除，全款亦未通过，只立一愿望留待第三次会再订，陆氏声明再订时，务于各国主权及平等之公理总勿蔑视云。③

该二问题之外，会中与中国相关的，尚有万国海上捕获审判所第 15 条所定各国之员额、任期，依据各国船只吨数多寡为比例，因而调查各国舰队吨数，中国据陆军部所复，大小兵舰共

---

① 萨马罕为波斯驻法公使，1918 年担任波斯总理。陆征祥与他颇有私交，曾于 1906 年 7 月 6 日在日内瓦《红十字会新约》签署之日互赠照片。

② 《收专使陆大臣电》（光绪三十三年九月初三日），外务部档案，02-21-003-01-005；《王广圻早期外交经历自述稿》，《民国档案》2011 年第 1 期，第 27 页。

③ 《收专使陆大臣电》（光绪三十三年九月初七日），外务部档案，02-21-003-01-009。

43162 吨，陆氏无词以争，惟签署时将该约第 15 条声明保留。①

保和会于 10 月 18 日竣事，会议中并未讨论裁军，只讨论战争法规问题，计修正第一次保和会 3 项公约，另通过 10 项新公约，总计 13 项公约②如下：

（1）《修正和解国际纷争条约》（Convention for the Pacific Settlement of International Disputes）；

（2）《限制用兵力催索有契约债务条约》（Convention respecting the Limitation of the Employment of Force for Recovery of Contract Debts）；

（3）《战争开始条约》（Convention relative to the Opening of Hostilities）；

（4）《修正陆战规例》（Convention respecting the Laws and Customs of War on Land）；

（5）《陆战时中立国及其人民之权利义务条约》（Convention relative to the Rights and Duties of Neutral Powers and Persons in case of War on Land）；

（6）《战争开始时敌国商船之地位条约》（Convention relative to the Legal Position of Enemy Merchant Ships at the Start of Hostilities）；

（7）《商船改充战舰条约》（Convention relative to the Conversion of Merchant Ships into Warships）；

（8）《敷设机械自动水雷条约》（Convention relative to the Laying of Automatic Submarine Contact Mines）；

---

① 《王广圻早期外交经历自述稿》，《民国档案》2011 年第 1 期，第 27 页。
② 各公约译名见薛典曾、郭子雄编《中国参加之国际公约汇编》，第 961～962 页。

（9）《战时海军轰击条约》（Convention concerning Bombard-ment by Naval Forces in Time of War）；

（10）《修正日内瓦红十字公约推行于海战条约》（Convention for the Adaptation to Maritime Warfare of the Principles of the Geneva Convention of 6 July 1906）；

（11）《海战中限制行使捕获权条约》（Convention relative to Certain Restrictions with regard to the Exercise of the Right of Capture in Naval War）；

（12）《设置国际捕获审检所条约》（Convention relative to the Establishment of an International Prize Court）；

（13）《海战时中立国及其人民之权利义务条约》（Convention concerning the Rights and Duties of Neutral Powers in Naval War）。

另有（14）《禁止自气球上放掷炮弹击炸裂物之声明文件》（Declaration Prohibiting the Discharge of Projectiles and Explosives from Balloons）。

限于 1908 年 6 月 30 日前完成签署入会手续。

王广圻称：第二次和会延亘 4 月，议决 14 项公约，本可谓有成效，然其最要之点，如限制军备问题，为第一次和会倡议所由来，然而第一次会并无成议，第二次会又因反对者众，仍置虚悬。其禁止空中投掷炸弹各点，第一次会特定 5 年之期，第二次会将该声明展期，许多国家不肯签署。至局外中立国权利义务问题，原来最注意此问题之美国，迨海（13）、陆（5）二约分别议定，美国于海上一约亦不签署。"观此数端，则战祸之亟岂必待 1914 年 7 月而后可知乎？……国际集会无论何项性质，惟强者能发言，亦惟强者之言乃有实力，原为古今中外所同，若不修明内政，精练军实，而欲借公会以异他人为我主张公道，宁非愚谬。"①

会议中陆、钱二使建议中国对各公约及声明暂缓签署，俟译文送到北京，细加研究后再行补签，或依三分之二多数从众签署。②外务部指示暂缓，陆氏遂于会议结束时，声明中国对各公约暂缓签署。③10 月 18 日最后一次大会，主席询问：对最后一次会议录有意见者请提出，秘书处可记录之。中国首席代表陆征祥首先声明：

> 中国政府密切关注第二次保和会之进行，命令我将议定各公约、声明、决议，及 4 个月会议期间值得注意的讨论，亲自携回北京。我全程参与了这次全球代表共聚之盛会，必定会建议我国政府接受这些我们心血结晶之新公约。我国政府希望能仔细研究大量的这些文件，如果明天我们不能与各位一起签署，我希望可以在几个月之内做到。(众鼓掌)④

然后主席、副主席等相继致辞，会议结束。

第二次海牙各公约的签署

会议结束后，外务部电令陆氏回北京报告，所有在会人员

---

① 《王广圻早期外交经历自述稿》，《民国档案》2011 年第 1 期，第 27~28 页。
② 《收专使陆驻和钱大臣函》(光绪三十三年七月十二日)，外务部档案，02-21-002-03-034。
③ 《收专使陆大臣电》(光绪三十三年九月十五日)，外务部档案，02-21-003-01-013。
④ *The Proceedings of the Hague Peace Conferences*: *The Conference of 1907*, Vol. 1, *Plenary Meetings of the Conference*, New York: Oxford University Press, 1920, p. 580.

回任或回国，陆氏原拟即回北京，但因身体不好未克成行，请假到意大利之那不勒斯及瑞士调养，① 并招王广圻同行整理翻译会中文牍与各公约。② 因陆征祥旧疾复发，且条约文件庞杂，直到1908年4月各公约才翻译完毕，由王广圻携回北京。③

此时因离签署期限已近，陆氏建议将第一次保和会曾经签署的三个修正条约及声明文件，先行奏请及期签署。新订公约，除前述第（12）约国际捕获审检所未便签署，此外各约尚无窒碍，惟不妨从容详核。④ 钱恂则上奏称：保和会公约未可轻易签署，中西法律不同，中国精通西文者少，公约又多，应从缓细译研究，全约均请展缓。⑤ 外务部大致依陆氏之建议，6月18日电令陆氏：第（1）约及第（14）约之声明文件可签署，第（10）约将第21条提出保留后签署，第（4）约拟从缓签署。⑥ 于是中国于1908年6月27日将第（1）（10）（14）约三项公约如期签署。⑦

1909年8月17日荷兰驻北京公使贝拉斯（Jonkheer Frans Beelaerts van Blokland）照会外务部：荷兰政府决定接收各国第二

---

① 《收保和会专使陆大臣信》（光绪三十三年十月二十日），外务部档案，02-21-003-03-008；《收专使陆大臣致丞参函》（光绪三十三年十二月初五日），外务部档案，02-21-003-03-015。

② 《王广圻早期外交经历自述稿》，《民国档案》2011年第1期，第28页。

③ 《收驻和陆大臣电》（光绪三十四年三月十六日），外务部档案，02-21-004-02-004。

④ 《收驻和陆大臣函》（光绪三十四年五月初一日），外务部档案，02-21-004-02-013。

⑤ 《收军机处交出钱恂抄折》（光绪三十四年五月初二日），外务部档案，02-21-004-02-016。

⑥ 《发驻和陆大臣电》（光绪三十四年五月二十日），外务部档案，02-21-004-02-022。

⑦ 《收驻和陆大臣艳电》（光绪三十四年五月三十日），外务部档案，02-21-004-02-033。

次保和会批准约本日期为 1909 年 11 月 27 日，询问中国是否愿将贵国批准之文送会备案。① 此处之批准指中国已签署之三公约，外务部误以为是所有第二次保和会各公约，乃与陆军部会商，将各约详审考核，又议定第（2）（3）（5）（9）（13）约等五项公约可以续行签署，海军部也咨复：第（9）约可签署，第（13）约希望保留数款。② 10 月 18 日外务部、陆军部、海军部会奏：续拟补行签署前述五项公约，惟第（13）约保留第 14 条第 2 款、第 19 条第 4 款、第 27 条，奉旨依议。③ 同日外务部电告陆氏照办。④

经陆征祥与荷兰外务部交涉，反复查证，方知存储批准约本，与新加入公约不同，新加入公约，可随时办理，外务部才将业经签署之三项公约，盖用御宝批准，赶由西伯利亚寄出，其余五项公约批准本由海道寄送。⑤ 11 月 27 日在海牙第一期存储第二次保和会条约各国批准本，陆氏遵部令将上年签署三项公约之批准本先期送会，同时存储，并于文据签字。另外中国新加入五项公约，也由陆氏于 1910 年 1 月 15 日备文送会在案。⑥ 于是第二次保和会，清政府共批准第（1）（2）（3）（5）（9）（10）（13）（14）约等 8 项公约，而第（10）（13）约有保留条款。1910 年 9 月 14 日，外务部通咨京外各衙门：保和会公约及瑞士

---

① 《收和贝使照会》（宣统元年七月初二日），外务部档案，02-21-006-01-001。

② 《收海军处文》（宣统元年八月十七日），外务部档案，02-21-006-01-008。

③ 《会奏》（宣统元年九月三日），外务部档案，02-21-006-01-012。

④ 《发驻和陆大臣电》（宣统元年九月五日），外务部档案 02-21-007-02-017。

⑤ 《发驻和陆大臣电》（宣统元年九月十四日），外务部档案，02-21-007-02-023。

⑥ 《收驻和陆大臣文》（宣统元年十二月二十五日），外务部档案，02-21-007-02-061。

《日内瓦公约》，已刊印成书，咨送各省以备研究。①

陆征祥对清政府的建议

第二次保和会中，陆征祥受到西方列强及日本种种刺激，对国际局势及中国处境了解更深，多次建议清政府与美、德联盟，加速立宪改革法制，并履行增派海牙公断员、与各国订定公断条约、注重国际公法研究等种种自处之道。

1. 加速修订法律

会中美国议设新公断院，中国因法律未备，被列为三等国，以及英国代表提议治外法权排除于公断之外，陆征祥深受刺激，1907 年 8 月 30 日建议清政府尽快修订法律云："际此外交剧烈之时，法律不早完全，外交必难起色，年来种种受损，而当局斡旋为难，固由国势之未张，兵力之未足，而法律未备，要亦一大原因。"他查阅会中初稿，中国原名列头等国，但因日本议员指出：中国法律与文明各国迥异，是以各国于中国享有领事裁判权，而中国官员无权裁判外国人，今海牙公断院为万国国际法最高裁判所，给予法律不备、无权裁判其居留本国之外国人的中国官员，与各文明国有同等裁判国际纷争之权力，不合道理。列强接受此议，遂将中国改为三等，地位一落千丈。建议清政府加快修律，务必在预定 1914 年举行之第三次海牙保和会前完成，届时各国自无借口，且领事裁判权亦可望早日收回。②

---

① 《通咨京外各衙门》（宣统二年八月十一日），外务部档案，02-21-006-02-009。

② 《收驻和陆大臣（七月二十二日）致臣参信一件》（光绪三十三年九月初二日），外务部档案，02-21-010-01-002。

驻欧各国公使受此事刺激，也于 1907 年 9 月 22 日联衔电外务部，请代奏清政府速行修律云："海牙保和会区别国等，我国被降为三等……为今之计，非修明法律不足以保主权而息外谤，伏乞明谕，一面考察一面速改法律，延聘法律名家参订，务使合于世界各国宪法公理，乃足以与列强并立。"① 外务部将此电咨送宪政编查馆、修订法律大臣参考。②

2. 亡国危机请速立宪

除了中国于会中受到种种不平等对待外，韩国的遭遇更让陆征祥触目惊心。韩国两次保和会皆未被邀，第二次会时三名韩国人自行到会，控诉日本侵韩罪行，大会拒不受理，其中一韩人当场拔枪自戕。陆、钱二使会中就电奏称："当今世界危机日迫，惟赶速立宪，庶几可挽……我国固已钦奉懿旨预备立宪宗旨，明知此时程度未足，非逐渐预备未易实行，然立宪宗旨不妨再行确实宣布，以示决无更动，一切条目自可从容酌议，如此则列强起敬，邦基乃巩。"③ 会后陆氏又奏称：中国虽被邀入会，而瓜分之说亦腾播一时，韩国之前车殷鉴不远，为免遭受如韩国般之亡国命运，再次建议清政府加紧立宪，"第三次会转瞬即开，倘能先期实行，尤足以塞各国之口，而戢其不逞之心"。④

---

① 《收驻德孙（宝琦）、专使陆（征祥）、驻俄胡（惟德）、法刘（式训）、比李（国杰）、和钱（恂）大臣电》（光绪三十三年八月十五日），外务部档案，02-21-002-03-051。

② 《发宪政编查馆、修订法律大臣咨》（光绪三十三年八月二十四日），外务部档案，02-21-002-03-058。

③ 《收专使陆驻和钱大臣电》（光绪三十三年六月二十一日），外务部档案，02-21-002-03-023。

④ 《收保和会专使大臣陆文》（光绪三十四年正月十六日），外务部档案，02-21-004-01-003。

3. 中、美、德联盟

陆征祥于 1908 年 1 月 1 日上《密陈保和会前后实在情形并近来世界大势》奏折，详论会中四个月与各国代表接触后对时局观察的心得，称：此会虽议订各公约，但列国意见彼此矛盾疑忌，实预为战争地步，他参与两次保和会，忧虑和平之说不足恃，战争之祸将益亟。总之，全球形势无异春秋，晋、楚、齐、秦雄心各抱，欧、美、亚三洲鼎足之势在此会已露端倪，亚洲本无派，自治外法权之说起，波斯、暹罗密与中国合作，会中日本报纸称英国提议遭删除之日，为亚洲连横战胜欧洲之起点。日本欲居亚洲领导者，以日俄战胜之慨，一跃而并肩列强，以亚洲牛耳自居，隐以自称保护各国在华利益之"警察"，实则倾轧我国颇甚。中国自处之道，惟有利用日本与美、德之矛盾，建议中、美、德联盟。最后语重心长云："方今大势，趋重亚东，无论何国动静，于中国皆有影响，时艰孔亟，殊窃杞忧。"①

《申报》1908 年 3 月 14 日刊载《陆征祥密奏之感动北京》一文，录出此折大略，并称：两宫览奏时，颇形忧虑，询枢臣云"实行宪政果能转弱为强，尽可从速颁行，但恐于事仍无济益；陆军仅有基础，海军尚无眉目，设有不测，何以御诸强国"。庆邸未对一词，外务部尚书袁世凯面奏：还是速行宪政，即无效验，亦属无妨。慈宫颔之。②

---

① 《收保和会专使大臣陆十一月廿九日文——奏为密陈保和会前后实在情形并近来世界大势》（光绪三十四年正月十六日），外务部档案，02-21-004-01-003。陆征祥此奏建议中、美、德联盟，与当时袁世凯、唐绍仪所谋，应有关联。此件亦见《陆征祥出席海牙保和会奏折两件》，《民国档案》2000 年第 2 期。

② 《陆征祥密奏之感动北京》，《申报》1908 年 3 月 14 日，第 3、4 版。

4. 派遣公断员

会中土耳其抗议美国提议公断院法官分年判等，命其驻外各使向各国抗议，陆征祥建议清政府照做。[①] 外务部遂令驻外各公使向各驻在国政府声明：中国公断员应与各国一律。[②]陆、钱二使并电请及早任命公断员，[③] 保和会时陆氏建议在曾赴第一次会，能通西文之何彦升、胡惟德两人中酌派一驻欧。[④] 驻比公使李盛铎建议公断员可派伍廷芳、福士达、陆征祥、钱恂，裨便就近与议。[⑤] 钱恂荐请福士达，尤其推重陆征祥，云：陆氏此次在会被举为名誉股长，此非寻常无学之人所克想望者，中国得有此席，暗中裨益匪细，固由陆氏声望为彼所推，亦由大使地位有以助成之，借才异国究不如取才本国之尤为见重，似公断员中不可无陆氏。[⑥]

外务部拟任命陆征祥为海牙常川公断院公断员，陆氏于1908 年 9 月 2 日电外务部称：海牙公断院国际事务局设有评议会，以荷兰外交大臣为主席，各国驻海牙公使为评议员，因他自己是评议员，不便兼充公断员。[⑦] 1910 年 1 月 6 日外务部

---

① 《收专使陆大臣电》（光绪三十三年七月三十日），外务部档案，02-21-002-03-039。

② 《发各国驻京大臣照会》（光绪三十三年八月初三日），外务部档案，02-21-002-03-041。

③ 《保和会专使陆大臣、驻和钱大臣来电》（光绪三十三年七月十二日收），外务部档案，02-21-002-03-033。

④ 《收保和会专使大臣陆征祥信》（光绪三十三年八月十六日），外务部档案，02-21-002-03-052。

⑤ 《收驻比李大臣电》（光绪三十三年七月四日），外务部档案，02-21-002-03-030。

⑥ 《收驻和钱大臣信》（光绪三十三年八月二十四日），外务部档案，02-21-002-03-061。

⑦ 《收驻和陆大臣电》（光绪三十四年八月初八日），外务部档案，02-21-004-02-064。

电陆征祥：我国现拟于选派四名公断员中用一洋员以资助理，惟宜用中立国人员，如瑞士、比利时等国人尤为相宜，希冀物色一品学素著、资格相当者，电部核办。① 陆氏电复云：比国法学家丰登纳文（van den Heuvel）系律师出身，曾任司法大臣9年，第二次保和会充比国第二全权，现以国务大臣充鲁汶大学公法教席，资望品学都很卓著，于中国亦表同情，适合派充公断员。② 数日后又电告：丰登纳文同意担任。③ 1910年4月20日外务部上奏：海牙公断员中国除于1905年派任之伍廷芳外，拟加派出使日本国大臣胡惟德、出使法国大臣刘式训、比国原法部大臣丰登纳文。奉朱批依议。④

5. 注重国际公法

陆征祥在第二次保和会中，深感国际公法之重要。国际公法之引进中国，虽早在1863年同文馆丁韪良（William Alexander Martin）翻译惠顿（Henry Wheaton）《万国律例》（*Elements of International Law*），次年刊刻，已开其端，其后同文馆师生又译成多种国际法图书，印刷分送各衙门，但是真正与世界公法学者齐聚一堂，参与国际公法订定，则自参与保和会始。第二次保和会前，陆氏建议外务部重视国际公法云：中国于国际公法苦无可读之书，故罕通其学，当今国势宜亟翻译

---

① 《发驻和陆大臣电》（宣统元年十一月二十五日），外务部档案，02-21-009-03-047。

② 《收驻和陆大臣电》（宣统元年十一月二十八日），外务部档案，02-21-009-03-049。

③ 《收驻和陆大臣电》（宣统元年十二月初三日），外务部档案，02-21-009-03-052。

④ 《本部递奏折》（宣统二年三月十一日），外务部档案，02-21-008-06-019。

国际法书籍，以裨益外交，中国应大陆、海洋法并重，又宜先陆而后海。他早想翻译大陆派俄学者马尔登斯著《国际公法》（*International Law of Civilized Nations*，1882），但该书卷帙繁多，动手匪易，现在此间拟借助众力以译成此书，但因法律名词甚专，遂托钱恂女婿驻荷使馆一等书记官董鸿祎，翻译日本学者中村进午所译之马尔登斯此书。①

陆征祥在第二次海牙保和会表现不俗，多次发言维护国权，联合各小国对抗强国，在各方面与日本抗衡，都能不落下风，处处争取中国国际地位，钱恂报告称："若无子兴大使，则此会恐事事落后。"② 陆氏个人也赢得国际声誉，结识各国法学家及外交官，并再次在国际会议中发声。陆氏之表现受到国内朝野注意，1908 年 2 月 13 日报载："政府各军机提议，专使大臣陆征祥奉使海牙平和会，各国拟列中国为三等国，陆使力争，卒得列头等，并奏修订法律，具见爱国深心，拟于三月间陆使到京，奏请留京重用，以励贤劳。"③

外务部也想倚重陆征祥，会议将结束时电陆氏云："现会事已毕，须派公断员常驻，执事贤劳着备，倚重尚多，希迅速回京，面商一切，俟有办法再行赴欧。"④ 后来陆氏因体弱留欧休养，时任外务部尚书的袁世凯，奏保陆征祥："通达时

① 《收驻和国大臣陆征祥函》（光绪三十二年十一月初七日），外务部档案，02-21-012-01-030。该书日译本见フリードリッヒ・フォン・マルテンス『国际法』上卷、下卷、中村進午訳、東京専門学校出版部（早稻田丛书）、1900 年 1、7 月。
② 《收驻和钱大臣信》（光绪三十三年八月二十四日），外务部档案，02-21-002-03-061。
③ 《要闻：拟重用海牙陆专使》，天津《大公报》1908 年 2 月 13 日，第 2 版。
④ 《发保和会专使陆大臣电》（光绪三十三年八月二十九日），外务部档案，02-21-002-03-063。

务，虑事精详，上年在海牙举行第二次保和会派为专使，凡于
国体有关事项，据理力争，曾不少诎，尤能洞察列强情势，剀
切敷陈，确有见地。"① 举荐陆氏回任驻荷兰公使。1908 年 3
月 28 日奉上谕：陆征祥着补授出使荷国大臣，② 钱恂调补出
使意国大臣。

筹备第三次保和会

第二次保和会中曾讨论第三次会期，1907 年 9 月 22 日陆
征祥电告外务部："本日立愿，下届开会准 7 年为期，各国应
于 2 年前封所有提议问题，豫送海牙公会研究。"③ 第二次会
后，陆征祥及钱恂不断上奏，请清政府及早准备第三次会。

1910 年 9 月初陆征祥从荷兰返抵北京，8 日报载："闻外
部各堂以陆使在和有年熟悉外交情形，现在部中预备海牙平和
会议案，拟留部襄办一切，将来即派陆前往莅会。"④ 23 日报
载：陆氏"面奏下期保和会列强预定议案，以法律问题为最
重要，中国新法律现虽修订，惟瞻徇顾虑毫无定见，必至难期
完善，将来裁判权亦难望收还，关系至为重大，请朝廷速定办
法云云。监国闻奏深为感动，当即谕饬枢臣核议"。⑤ 又载：
日前庆亲王、那中堂并邹嘉来尚书，胡惟德、曹汝霖侍郎等，
与陆征祥钦使，在外务部特开会议，决定第三次保和会应行通

---

① 李剑农：《中国近百年政治史》下册，商务印书馆，1948，第 376 页。
② 《收驻和国大臣陆征祥文》（光绪三十四年九月十六日），外务部档案，
02-12-026-01-021。
③ 《收专使大臣陆征祥致本部电》（光绪三十三年八月十五日），外务部档
案，02-21-012-003-027。
④ 《京师近事》，《申报》1910 年 9 月 8 日，第 6 版。
⑤ 《政务处关于新法律之会议》，《申报》1910 年 9 月 23 日，第 4 版。

告之各议题，闻已拟订大纲，俟再由外务部妥订，即行分咨各省督抚及各出使大臣核议签注，以凭定稿。①

12月7日报载："明年三月间为海牙会开会之期，以故日来驻荷陆子兴星使迭与各枢老赶速筹备议案，兹探得其重要者计共三项：一为中国现改立宪政体，各国须为正式之认可。一为中国应有土地之主权，他国不得丝毫侵占，所有以前强占者，须由中国政府予限退还。其一秘密未易探悉。"② 足见1910年间清政府与陆征祥对第三次保和会颇为重视，已有筹备。

第三节　主持《中荷领约》交涉③

陆征祥之出使荷兰，主要任务是参与海牙保和会以及保护荷属东印度群岛华侨。陆征祥在第二次保和会后留欧休养，不久回任驻荷兰公使，继续交涉设领护侨。

清末华人大量侨居南洋，清政府在英属领地陆续设立领事保护侨民，而荷属东印度群岛之华侨经济实力雄厚又心向祖国，遭荷兰殖民当局猜忌，订定种种苛刻待遇，加以中、荷对华侨国籍及法律地位之认定不同，问题愈发复杂。清政府自

---

① 《北京：部定保和会议题之预闻》，天津《大公报》1910年9月23日，第5版。

② 《要闻：海牙会中国之重要议案》，天津《大公报》1910年12月7日，第2版。

③ 迄今有关《中荷领约》最主要的研究成果是：李章鹏《中荷设领谈判与华侨国籍问题交涉（1907~1911）》，《近代史研究》2019年第4期。该文大量使用"外务部档案"及国际法观念，做了扎实的基础研究。本节除使用档案外，参用其他史料，着重于陆征祥之角色。

1882 年起屡次向荷兰政府提出设领要求，迭经历任使臣提商，荷兰以各种借口坚拒。

1885 年夏，出使法、德、意、荷、奥大臣许景澄致函总理衙门称，他拟派遣总兵王荣和等往南洋访查华民商务，荷兰外部以华民在属岛居住年久，应为荷国国民，中国派员访查是干预内政，不能照允。[①] 几经交涉后，荷兰外交部回复：允照友邦游历例相待，并电饬属岛遵办。[②] 总理衙门训令许景澄援用西例辩驳荷兰主张华侨为荷兰国民之说。许景澄函复称：西方公法所载，凡本国人侨寓他国，在彼娶妇，其妇应从夫籍，所生子女，应从父籍，荷兰外部所论，显与公法背道而驰，惟其间另有改籍不改籍之别，中国商民留寓荷属诸岛，历年暨久，人数又多，良莠不齐，不清楚是否有改入荷兰国籍者。若要根本解决问题，宜查明华民在彼情形，与之议立约章，承认其管辖权，禁止其收隶为荷兰国籍，但此举必须先设立使馆分派领事。[③] 此事因荷兰外交部不予答复而搁置。[④]

1907 年荷兰着手修订《国籍法》，确立出生地主义原则，荷印华侨担心其子孙都转成荷兰国籍，呈请清政府订定血统主义的"国籍法"，以解决此问题。清政府除商讨制订法律外，对荷属设领问题也转趋积极，1908 年 8 月命陆征祥正式与荷

---

① 《出使大臣许景澄函》（光绪十二年六月二十三日），总理衙门档案，01-24-022-03-008。

② 《出使大臣许景澄函》（光绪十二年八月二十五日），总理衙门档案，01-24-023-01-016。

③ 《出使大臣许景澄函》（光绪十二年九月六日），总理衙门档案，01-24-023-02-006。

④ 《出使大臣许景澄函》（光绪十二年十二月十一日），总理衙门档案，01-24-024-01-002。

兰外交当局交涉，经多年艰苦谈判，到 1911 年春才获得部分成功，签订《中国荷兰关于荷兰领地殖民地领事条约》（以下简称《中荷领约》）。

陆征祥自称，担任驻荷兰公使及谈判《中荷领约》都是许景澄为他做的规划，许氏在圣彼得堡曾告诉陆氏：他可望于40 岁担任公使，如驻节荷兰，能订立领约保护南洋之华侨，则成绩可为一生功业之嚆矢。[①]

谈判前的调查

陆征祥于 1905 年 11 月 18 日首次被任命为驻荷兰公使。11 月 20 日商约大臣吕海寰电陆氏推荐钱恂，陆氏即调钱恂为公使馆参赞，并准备对荷兰交涉设领，1906 年 10 月 8 日电告外务部：令钱恂赴欧途中顺道游历荷属各岛，联络侨民免被蛊惑，并详查荷属苛待华民各情，期恤侨、弭患均有裨益。20日外务部复电云：新加坡领事电称，荷属西里百斯（Celebes）之望加锡（Makassar）华商联禀，该埠本年添抽 4 项税例，火柴每箱本银约 30 盾，匀计约抽 50 盾，苛税病商。希电饬钱恂顺道赴望埠查明，如有此项苛例，再向荷外部切商除免，以纾商困。[②]

钱恂偕夫人及女婿董鸿祎、外甥张国华等，12 月初自上海乘轮启程赴新加坡转爪哇，1907 年 1 月 1 日电告农工商部云：巴达维亚设立华商总会，公举李兴廉、邝鸾馨为正副理，

---

① 郭泰祺：《上海陆子兴先生荣晋司铎序》（1935 年 6 月），陆征祥文书，T1063_02_06_0045，第 5~6 页。

② 《王广圻早期外交经历自述稿》，《民国档案》2011 年第 1 期，第 25~26 页。

请电驻荷大臣向荷政府声明，华商设会专为整顿商务，恳请保护等情。14 日钱恂电告陆氏称：恂遵部电联络商民，下手处在设商会，巴达维亚、泗水均已成立，俟三宝垄商会成即赴荷兰。28 日钱恂又电陆氏称：请留张国华充前述三商会参赞，不支馆薪，随后补札，恳告荷兰外部电爪哇总督，以馆员相待。[①] 钱恂一行于 1906~1907 年在荷属群岛的巡视具有重要意义，成功地收集到荷兰虐待华人的证据，及歧视华人的情况，为中荷谈判提供了有用的证据。[②]

1907 年初驻德公使杨晟报告外务部称：荷属东印度华侨遭受种种苛待，非设领事不足以保护，请驻荷公使陆征祥办理。[③] 陆征祥回复称：荷兰政府对于中国设领一事，延宕十多年，此次交涉应待参赞钱恂由荷属东印度考察来荷后，通筹全局设法提商。[④]

然而陆征祥尚未正式展开交涉，即被任命为出席保和会专使，由驻荷使馆参赞钱恂升任公使。钱氏之任命受到荷兰政府刁难，依照国际通例，各国遣使前应预商驻在国政府同意，但因清末列强遣使驻华多不履行此例，中国遣使亦不预为接洽，各国常借词挑剔。陆征祥改保和会专使由钱恂任驻荷公使，外务部因时机急促，未及预先与荷兰政府商议，当陆征祥与

① 《王广圻早期外交经历自述稿》，《民国档案》2011 年第 1 期，第 26 页。

② 颜清湟：《出国华工与清朝官员：晚清时期中国对海外华人的保护（1851~1911）》，中国友谊出版社，1990，第 187~188 页。

③ 《收驻德大臣杨文》（光绪三十二年十一月二十四日），外务部档案，02-12-025-02-022；李章鹏：《中荷设领谈判与华侨国籍问题交涉（1907~1911）》，《近代史研究》2019 年第 4 期，第 48~49 页。

④ 《收驻荷大臣陆致丞参信文》（光绪三十三年三月十三日），外务部档案，02-21-002-02-038；李章鹏：《中荷设领谈判与华侨国籍问题交涉（1907~1911）》，《近代史研究》2019 年第 4 期，第 49 页。

荷兰外交部接洽时，遭到手续上之困难，不得不文件往还，延迟时日，钱恂大感不快，电致外务部称：恂奉旨驻荷，荷兰不愿接待，若必坚持，是本欲护侨，转而增加阻力，请求另旨让他专力襄助保和会，仍由陆氏照旧任驻荷公使。此事经外务部及陆氏解释之后，荷兰外交部同意接待钱使。① 钱恂担任驻荷公使一年，任内与荷兰政府对荷属东印度设领一事有初步接触。②

1907 年底第二次保和会结束后，陆征祥偕王广圻赴意大利休养并处理译注保和会公牍，次年 4 月各公约约本翻译完毕，由参赞王广圻携回北京。③ 其间陆氏保举王广圻，拟以主事由外务部尽先补用，并请赏加四品衔，以为实心勤事者劝。④

海牙谈判

陆氏奉命回任驻荷公使后，1908 年 6 月奏请：前充保和会参赞王广圻，性情朴实，劳瘁不辞，于会务多所襄助，拟请派充驻荷二等参赞官。⑤ 27 日陆征祥会同钱恂于荷兰，照外务部电令签署保和会各公约。⑥ 签署后陆氏仍回瑞士等候国书，

---

① 《王广圻早期外交经历自述稿》，《民国档案》2011 年第 1 期，第 25～26 页。

② 李章鹏：《中荷设领谈判与华侨国籍问题交涉（1907～1911）》，《近代史研究》2019 年第 4 期，第 49 页。

③ 《收驻和陆大臣电》（光绪三十四年三月十六日），外务部档案，02-21-004-02-004。

④ 《收保和会专使大臣陆文：奏为密陈保和会前后实在情形并近来世界大势》（光绪三十四年正月十六日），外务部档案，02-21-004-01-003。

⑤ 《外务部奏：派驻和使署参赞各缺》（光绪三十四年五月十二日），外务部档案，02-12-026-01-008。

⑥ 《收驻和大臣文》（光绪三十四年七月十六日），外务部档案，02-12-026-01-012。

嗣由钱恂知照国书寄到，陆氏即由瑞士赴荷兰，[①] 7 月 19 日接任使事，30 日入王宫呈递国书。[②]

8 月外务部电令陆征祥再行向荷兰外交部提议正式交涉设领，荷兰政府虽不复峻拒，然任意拖延。[③] 陆氏报告外务部云：荷兰属东印度诸岛，向守锁港主义，不允他国设立领事，自 1855 年以后始与各国渐渐交通，然其控驭岛民与对待他国侨民行政极为严苛，即领事权限亦极有限制，且欲设领于其属地必须另订领事条约。陆氏先将荷兰国际条约本中《设立领事条例》部分译出，再将 1908 年春日本与荷兰新订之《日荷领约》译成中文，作为提议商订领约之参证，[④] 并派王广圻到荷印各岛游历考察。[⑤]

王广圻受命赴荷属爪哇各岛调查。游历数月，由于荷兰当局压迫侨民久有时日，侨民迫其淫威常敢怒而不敢言，王氏经过艰苦的调查，搜集到大量资料，并召集各埠侨商代表连开会议，设法巩固人心，为领约谈判提供了充足有利的证据。[⑥]

1909 年 1 月王广圻将搜集到的资料详呈外务部，奏报荷

---

① 《收驻和陆大臣致丞参函》（光绪三十四年七月十九日），外务部档案，02-21-009-01-060。

② 《收驻和陆大臣文》（光绪三十四年七月二十八日），外务部档案，02-12-026-01-013。

③ 《奏为荷属领约磋议已定请旨简派大员画押恭折仰乞圣鉴事》（宣统三年四月初三日），外务部档案，02-14-008-01-005。

④ 《收驻和陆大臣文一件》（光绪三十四年九月初二日），外务部档案，02-14-007-01-002。

⑤ 《内阁交抄一件：出使荷国大臣臣陆征祥跪奏为中和领约遵旨画押及前后筹议情形恭折仰乞圣鉴事》（宣统三年四月十六日），外务部档案，02-14-008-01-010。

⑥ 参见郝冠清《试论王广圻的外交实践（1908~1923）》，硕士学位论文，吉林大学，2019，第 7~10 页。

兰对待华侨各种苛例称：第一，行路三里外，必先请给路字。第二，遇有事故或经传到荷署问话，各国人均系座谈，独华人则否，且不论是非曲直，并其事之有无，荷官得先任意监禁三个月再论事理。第三，住居有一定之地域，他人可来华界杂居，华人则否。第四，如泗水一埠，陆行既需路字，海行又需海字。第五，如华侨经商致富，忽然身故，在此并无后嗣者，若干期内无人来领，或有人而赶不及，则所有遗产概行充公。第六，世居民众所住之内地，并不准华人小贩自由贸易。尤其甚者，则莫如设立土官密布法网，此等土官皆由华人充当，虽有少数人稍知国家民族大义，但大都为虎作伥。尤其重要的是荷兰正在制定《国籍法》，采取出生地主义，赋予生长于荷兰领地的华侨以荷属民籍，华侨 60 万人中，九成生长于斯，置有产业者甚多，一旦新律施行，影响甚大。①

中国原来没有主权概念衍生的国籍观念，受到荷兰相关立法的刺激，清政府加快制定《国籍法》，1909 年初农工商部奏称：荷兰国会原已议准华侨入籍，近复拟定新律，凡久居彼属地者，皆将入殖民地籍，华侨自闻此议，函电纷驰，请将《国籍法》迅速提前拟定颁行，以利外交而维国势。② 2 月 27 日清廷谕令：修订法律大臣会同外务部，迅速妥议。③ 3 月 28 日宪政编查馆奏准《大清国籍条例》，依血统主义以"生而父为中国人者"为中国籍。

---

① 《收驻荷参赞王广圻十二月十六日函——详陈爪哇各岛情形并请速定国籍法由》（宣统元年正月十日），外务部档案，02-14-008-03-001。另参见李章鹏《中荷设领谈判与华侨国籍问题交涉（1907～1911）》，《近代史研究》2019 年第 4 期，第 50～51 页。

② 王彦威、王亮辑编《清宣统朝外交史料》第 1 卷，北平，1933，第 49 页。

③ 《清实录·宣统政纪》第 8 卷，中华书局，1986，第 9 页。

　　王广圻到达海牙后，陆征祥掌握了荷属华侨状况，1909
年 7 月起积极与荷兰新任外交大臣思威特林（Marees van
Swinderen）交涉，两人在圣彼得堡即已建立良好关系，但因
荷兰殖民部坚决反对，荷外交大臣百般借词拖延，先以受任未
久，继称属地事宜权在殖民部，殖民部意见比较固执，请勿欲
速。陆氏指出荷兰已允他国订约设领在先，并力陈设领可以有
振商联交之益。荷外交大臣又称应先等国会通过新的《国籍
法》后再订约，陆氏详加驳诘该新国籍法，又抗议其属地待
遇华人各项苛例，均力请改正。荷外交大臣于各项苛例虽允
分别改良，但对订约一节不稍让步。陆氏一再催促，并告以
中国近年推进宪政，民情发达，荷兰如不顾邦交，恐非国际之
福，① 又以荷兰政府截译使馆与南洋华侨商会文电，抗议侵犯
中国外交使节机密通信之权。②

　　双方相持至 9 月 29 日，荷兰外交大臣允诺商议领约，陆氏
遵外务部指示援照《日荷领约》，向荷外部切实声明国际应同等
待遇，③ 不料荷外交大臣突然拖宕，不肯提出领约约稿，百般借
口拖延。④ 陆征祥决定强硬交涉，12 月 6 日双方晤谈时，陆氏
发言稍示严厉，荷兰外相也不甘示弱称："所有干预内政之事，

---

① 《内阁交抄一件：出使荷国大臣臣陆征祥跪奏为中和领约遵旨画押及前后
　　筹议情形恭折仰乞圣鉴事》（宣统三年四月十六日），外务部档案，02-
　　14-008-01-010。
② 《军机处交抄陆征祥片》（宣统元年六月初四日），外务部档案，02-12-
　　026-03-016。
③ 《收驻和陆大臣致丞参函》（宣统元年九月二十七日），外务部档案，02-
　　12-026-03-015。
④ 《收驻和陆大臣（十月二十五日）致丞参信一件》（宣统元年十一月十六
　　日），外务部档案，02-14-007-02-017；《收驻和陆大臣电》（宣统元年
　　十月二十日），外务部档案，02-14-007-02-009。

皆自贵大臣任内始也，他使从来所未有。"① 陆氏电告外务部称：
"祥思过于隐忍，不但允订之约从此食言，且有损国体，于侨事
亦难再维持，因亦稍示强硬，为相当之诘问，冀可挽回万一，
如贝使来饶舌，请维持。"② 7 日又电称："如晤贝使时，能恳将
大部于祥有完全信用之意提及。"③ 外务部复称："约已允订，断
难松动，现已告贝使荷侨交涉应由尊处商订，仍希确实磋议。"④
陆氏在外务部力予维持之下，一再严词诘问，荷兰外交部才稍
微松动，12 日陆氏电称：荷兰外交大臣函告约稿已呈女王。⑤
13 日陆氏与荷外相晤谈，荷外交大臣承认其属地法律确属不良，
对于华人办法应当改良，约稿即可送交，并称：此次订约为殖民
部一向所不愿之事，今幸有成，实不啻对殖民部为一大革命。⑥

　　12 月 17 日荷方终于将约稿第 17 条交到，大致与《日荷领
约》相同，但多一附则称，"约内所指荷兰臣民不能视同中国臣
民"，陆氏认为此殆即其拟定新国籍法内所订名词之伏笔。⑦
21 日陆氏与荷外交大臣晤谈，要求将附则删去，荷外交大臣坚持

---

①　《收驻和陆大臣（十月二十五日）致丞参信一件》（宣统元年十一月十六
　　日），外务部档案，02-14-007-02-017。

②　《收驻和陆大臣电》（宣统元年十月二十五日），外务部档案，02-14-
　　007-02-012。贝使指荷兰驻北京公使贝拉斯。

③　《收驻和陆大臣致本部电》（宣统元年十月二十五日），外务部档案，02-
　　14-007-02-013。

④　《发驻和陆大臣电》（宣统元年十月二十八日），外务部档案，02-14-
　　007-2-011。

⑤　《收驻和陆大臣致本部电》（宣统元年十一月初一日），外务部档案，02-
　　14-007-02-014。

⑥　《收驻和陆大臣（十一月初二日）致丞参信一件》（宣统元年十一月十九
　　日），外务部档案，02-14-007-02-018。

⑦　《收驻和陆大臣电一件》（宣统元年十一月初七日），外务部档案，02-
　　14-007-02-016；《收驻和陆大臣（十一月初六日）致丞参信一件》（宣
　　统元年十一月二十六日），外务部档案，02-14-007-02-020。

不肯，称此款为殖民部及爪哇总督所坚持，未载入约内只做附则，已是不易，中国若要删去此附则，无法再商酌，惟有不订约耳。[①] 外务部认为附则碍难承认，仍要陆氏继续磋商将其删除。

1910 年 2 月荷兰政府颁布《国籍法》，基本采取出生地主义：凡因父母居住在东印度而在东印度出生者，即使不是荷兰公民，都是荷兰国民。[②] 中、荷两国政府争夺荷属土生华人之国籍归属，存有双重国籍之争议，荷兰政府对领约附则十分坚持。

外务部退而求其次，指示陆征祥力争修改附则文字。2 月 23 日陆氏与荷外部商谈，不承认彼方双重国籍冲突之说，以附则与中国法律冲突，要求加上"亦不得以中国臣民视为荷兰臣民"一句，荷外交大臣拒绝，陆氏又要求在附则中加"自愿承认"，即所谓荷兰臣民者，系经其自愿承认之荷兰臣民，并强调此系吾政府迁就之最后一着。荷外交大臣则坚持该附则原文不能修改一字，中国愿意则订约，不愿意则不订约，陆氏见此情形很难坚持前说，乃另提《荷兰治理属地章程》第 109 条请其删改。[③] 荷方为维护其在东印度群岛的统治，坚持该条不肯删改。陆氏报告云：荷外部称若删改第 109 条，爪哇将成为中国行省，此实为彼国上下疑惧最甚之点。[④]

荷兰外交大臣惟一的让步是允诺修改属地苛例。3 月 8 日

---

① 《收驻和陆大臣（十一月初九日）致丞参信一件》（宣统元年十一月二十九日），外务部档案，02-14-007-02-021。

② 颜清湟：《出国华工与清朝官员：晚清时期中国对海外华人的保护（1851～1911）》，第 190 页。

③ 《荷兰治理属地章程》第 109 条规定：作为东方客民的华侨，在法律地位上等同于世居民众，低于欧洲人。然而 1899 年起，日本侨民之法律地位即等同于欧洲人。

④ 《收驻和陆大臣（正月十五日）致丞参信一件》（宣统二年二月初五日），外务部档案，02-14-007-03-003。

陆氏电告外务部云：荷外交大臣称修改属地入境、居留、旅行各章程，本年内定可竣事，但领约附则原文，实无可改。[①] 其后陆氏屡与荷外交大臣反复要求删修附则，荷外交大臣勉允与殖民部详商，但到 5 月 30 日函告陆氏：殖民部仍以两国法律显有相歧，不能不坚持初见。6 月 2 日陆氏往谈，仍无法改变，4 日陆氏函告外务部称：荷兰殖民部不利我设领，坚持领约附则，外部虽稍知时势，然同以保护本国利益为主，听从殖民部意见，坚持一日，即彼一日之利，就中国而言，徒事宕延，积久更难解决，必须改变办法。荷兰人性情坚韧，非万不得已决不轻易让步，陆氏建议借荷外交大臣来文声明坚持之机，内外合力并进，先由外务部向贝使声告请荷政府迅行结办领约事宜，再由陆氏提商，专以撤去附则为目的，逐渐施以相当之语气，刚柔互用，希望荷兰政府见中国强硬，不愿损及邦交，或可让步，否则就准其请假离荷，暂派代办，对荷兰施加压力。[②]

外务部依陆氏建议于 6 月 30 日照会荷贝使："仍请删去附则，或于不得将荷兰人民指为中国人民句下，添入亦不得将中国人民指为荷兰人民一语，以昭平允，庶该约得以早日成议，从此邦交益加敦睦。"[③] 然而荷兰政府仍不为所动。

北京谈判

外务部知在海牙无可再商，7 月 18 日电召陆征祥来京，

---

① 《收驻和陆大臣电》（宣统二年正月二十八日），外务部档案，02-14-007-03-002。

② 《收驻和陆大臣（四月二十七日）致丞参信一件》（宣统二年五月十七日），外务部档案，02-14-007-03-007。

③ 《照会和贝使》（宣统二年五月二十四日），外务部档案，02-14-007-03-008。

由驻法使馆参赞唐在复到海牙代办使事。28 日唐在复到海牙，次日接管驻荷使事。① 8 月 12 日陆征祥起程回国，报告称：荷外交大臣闻祥回京，辞色颇为异常。②

陆征祥于 1910 年 9 月初到达北京，5 日蒙清廷召见。③ 10 日外务部照会荷兰公使贝拉斯云：《中荷领约》一事，现陆大臣来京陛见，所有交涉事宜，即由陆大臣与贵大臣在京接续商议，以便早日妥定，④ 中荷谈判遂移至北京进行。报载："驻荷钦使陆子兴大臣此次来京，外间纷传系专为关于保和会请案之故，兹经详细访查，此外尚另有重要之事数件，如建设南洋各埠领事，要求荷廷删除南洋华侨苛例等重要问题皆是。"⑤

当时荷兰政府已在东印度群岛对华侨强制实行新国籍法，造成既成事实，在谈判中居于有利地位，⑥ 中国不能再争国籍问题，只能在其他地方争取权利，唐在复建议改变谈判宗旨云：设立领事不可缓，而国籍必思让步之方，与其侨民全体尽被荷兰吸收，不如预与划清界限，我方已允让，免双重国籍之纷争，而于让步中仍限制华侨等一日离开荷属，即一日复归于我国籍范围之内，倘能办到此层，或亦两害相权

---

① 《收驻和唐（在复）代办信一件》（宣统二年七月二十八日），外务部档案，02-14-007-03-015。

② 《收驻和陆大臣致丞参信》（宣统二年七月十八日），外务部档案，02-12-026-04-007。

③ 《邸抄》，天津《大公报》1910 年 9 月 6 日，第 2 版。

④ 《照会贝使》（宣统二年八月初七日），外务部档案，02-14-007-03-018。

⑤ 《要闻·陆大臣来京之故非一》，天津《大公报》1910 年 9 月 10 日，第 2 版。

⑥ 颜清湟：《出国华工与清朝官员：晚清时期中国对海外华人的保护（1851~1911）》，第 190 页。

取其轻之道。① 陆氏也向外务部提出类似建议云：为实际利益计，姑与荷兰订约，迅派领事，多少可挽回利益，领约附则条款自应再与力争，以删除为目的，但国籍一层不能不让步，让步之法，以就其属地界域为限。另外主张乘商议领约之机，改正荷兰《属地章程》第 109 条第 3 款，使华侨在荷属不与世居民众同列，去除华侨所受种种苛例之病根。② 日后之谈判即依此方针进行。

9 月 21 日陆征祥与贝拉斯在北京展开第一次谈判，陆征祥首先要求删去领约附则，其次要求从速改正《属地章程》第 109 条第 3 款，贝使答称：附则之宗旨不能更动，但可改为换文，或于领约之外另订国籍法。陆氏云：国籍一层通融默允，各行各律。贝使称如何措辞可以商量。陆氏提议：施行领约遇有国籍之冲突，在荷兰属地可照荷兰法律解决，一旦离开荷属，则仍照中国法律解决。贝使云：可以照允，但"离开荷属"下加"除向领事署呈报仍自愿为荷兰臣民者外"一句，仍用互换公文。陆氏称换文可商，但加此一句又将平等主义破坏，可不必再提，强调要点仍在改良《属地章程》，贝使以此章程为荷国治理属地之根本，一朝骤改势必牵动全局，目前必办不到，可办之事为入境、居留、旅行三事，另外华侨最诟病的警察裁判也可以改良。③

24 日第二次谈判，双方反复辩论互不相让，陆氏坚持改

---

① 《收驻和唐（在复）代办信一件》（宣统二年七月二十八日），外务部档案，02-14-007-03-016。

② 《续商领约筹拟办法概略》，外务部档案，02-14-008-02-002。

③ 《与和贝使第一次晤谈问答》（宣统二年八月十八日），外务部档案，02-14-008-02-003。

正不平等之《属地章程》及维持法律平等，贝使坚持不允。陆氏称：如果该两层均无可商，则暂缓订立领约亦无妨。贝使则送交有关国籍问题之换文拟稿。① 其后因陆氏受各省督抚对交涉之压力，奔走劳顿，旧病复发，不能出门者旬日，谈判中断一个月，贝使曾至旅馆探望，亦未克接见。双方多次书面交换对解决国籍问题互换公文措辞之意见。

10 月 24 日进行第三次晤谈，荷兰政府刚修改颁布属地新章程，内容尚不清楚，至于荷方所提换文草稿，陆氏不能接受，另提出各督抚与外务部为国籍问题争执提议的换文措辞；贝使也表示万难承认。② 双方对换文之文字表述各有坚持。

11 月 17 日第四次晤谈，陆氏对荷属新颁章程修改居留、旅行两项，仅限爪哇、马都拉两岛，且仍加以分别"上等体面者"，而将颁布之入境新章，爪、马两岛入境"每人须纳税荷币 25 古伦"，表达不满及反对，告诉贝使他将请假离京一星期，并威胁以：吾总望贵大臣及贵外部不至使吾不能回任海牙，又强调唐代办因巴黎公使屡次催其回任，如不得已，只有令其回巴黎。贝使答称：然则海牙将无人，此甚可惜，吾总盼不至臻此地步，询问陆氏何日起程离京？何日回京？他再竭力想法，务使谈判有成。③

12 月间双方互商领约换文草稿。1911 年 2 月 1 日陆氏至荷兰使馆再与贝使晤谈，会谈后陆氏建议外务部进行办法

① 《与和贝使第二次晤谈问答》（宣统二年八月二十一日），外务部档案，02-14-008-02-004。

② 《与和贝使第三次晤谈概略》（宣统二年九月二十二日），外务部档案，02-14-008-02-005。

③ 《与和贝使第四次晤谈概略》（宣统二年十月十六日），外务部档案，02-14-008-02-006。

称：换文文字仍要再与力争，另电唐代办预备回法，仍候后命，而不明告原因，使其向荷外部事务次长探询，庶彼外部既间接得此消息，则贝使力劝照允之电亦可得力，或即终于转圜。①

2月5日（大年初七）《申报》载：荷属华侨问题，自去岁荷政府苛待华侨后，驻荷使臣陆征祥极力交涉，不克挽回，乃归而与外务部磋商办法，留京月余，卒未得确定之方针，惟以设立领事一事敷衍面目，陆使不得已，乃于岁杪向外部催逼，愿外务部勿以交涉难办而自馁退让，应据理力争，坚持到底，盖各国虽用强权，而公理终不灭于世界也。②

25日、26日《申报》刊出王广圻撰写之《论中和交涉》，指出：两国纷争剧烈之点，不在领约而在附则，盖中国商民在东印度颇占多数，故荷之猜忌至深，一若此多数之商民将为荷之隐患，倘再临以中国领事，更不啻如虎添翼，是以历任荷兰政府每闻中国提议设领，辄固拒如防大敌，及知势难终拒，遂以改订属籍新律为釜底之抽薪，更以此附则条文为新律之保障。今闻当局者对荷兰政府之偏执，愤懑于怀，闻将定所以对待之策，或终可以和平转圜，顾愿吾国民及时注目，勿等闲视此问题。③

陆征祥与荷使反复争持，最后双方妥协，中国允将生长于荷属之华侨，遇有国籍纷争，在彼属地可照荷律解决等语，备文互换；一面将该项人民回至中国，如愿归中国籍亦无不可等

---

① 《谨将（宣统三年）本（正）月初三日与和贝使晤谈节略并酌拟办法呈请钧核》，外务部档案，02-1-008-02-007。

② 《岁底年头之外交》，《申报》1911年2月5日，第6版。

③ 王广圻：《论中和交涉》，《申报》1911年2月25、26日，第2、3版。

语，由彼备文叙明存案；荷兰政府也做了让步，同意土生华人返回中国后，可被视为中国臣民。终于在 4 月谈成《中荷领约》17 条，外务部奏上，5 月 1 日奉朱批："酌派陆征祥为全权大臣署名画押。"①

签约与评论

《中荷领约》于 1911 年 5 月 8 日由陆征祥与荷使贝拉斯在北京签署，附换文 2 件。《和国公使照会》云："本日画押之领约内有中国臣民、荷兰臣民字样，因两国国籍法不同，故此等字样易滋疑议，不能不先解除，用特备文，彼此证明施行。中国领事在荷兰属地、领地之权利、义务，条约遇有以上两项字样所滋之疑议，在荷兰属地、领土内，当照该属地、领地现行办法解决。"《陆大臣照复》云：同意荷使照会内容。10 日《和贝使照会》云："中国政府曾经发表赞成两国律例平等相值之情，本大臣今应讲明，所有原系华族而入和之人，每往中国地方，如欲归中国籍亦无不可，均听其便。此等办法，本大臣谅与以上所提平等相值之理并无不合，且以上所提之籍民，除中国业经言明外，如前往别国居住者，或存、或出和国民籍，亦可一律听其自便也。"②

陆征祥奏称：在北京谈判艰难曲折，但再欲求效于空言，恐不过岁月徒延，于事仍无裨益，因此在国籍问题不能不稍让步，而设领之事得有成议，可图亡羊补牢。苛例方面，荷兰外部已于居留、旅行两例，于上年改定颁布施行，其入境及裁判

---

① 《奏为荷属领约磋议已定请旨简派大员画押恭折仰乞圣鉴事》（宣统三年三月初三日），外务部档案，02-14-008-01-005。

② 王铁崖编《中外旧约章汇编》第 2 册，第 715~720 页。

新章，亦已于本年 2 月修改颁布。[①] 5 月 24 日奉旨批准，7 月
28 日在海牙互换。[②] 不久，清政府批准在爪哇巴达维亚设总领
事，泗水及苏门答腊巴东设领事。

颜清湟认为：该条约是根据荷兰的条件签订的，中国领事
并不作为外交官来对待，纯粹是照料中国国民商业利益的商务
代表，他们没有获得外国领事在中国享有的治外法权，也没有
获得西方和日本领事在荷兰属殖民地享有平等的地位，这一结
果很难称为中国外交上的一次胜利，而是中国在解决这个长期
存在的问题时，除了付出代价外，别无选择。[③]

李章鹏指出："陆征祥是这次谈判中中方的核心人物"，
中方在谈判中的表现"有得有失"，确实取得了较为显著的成
绩，"清政府圆了长达 20 多年、前几任公使都未能完成的设
领梦，荷方也修改了相关规章，一定程度上改善了华侨在入
境、居留、行旅等方面的不公平待遇。在荷属东印度设领，是
中荷外交史上一件重要事情，对华侨权益的维护、对中国国力
的延伸有着积极的意义"。[④]

陆征祥之再任驻荷兰公使，主要任务就是谈判《中荷领
约》，历时三年余，终于完成。陆氏在谈判之前先派人到实地进

---

① 《内阁交抄一件：出使荷国大臣臣陆征祥跪奏为中和领约遵旨画押及前后
筹议情形恭折仰乞圣鉴事》（宣统三年四月十六日），外务部档案，02-
14-008-01-010。

② 陆征祥谈完《中荷领约》后，又奉命赴俄谈判修约，于 7 月 28 日在海牙
将荷属设领条约正本在荷外部公立文据，彼此署名互换。《收陆大臣文一
件》（宣统三年七月初三日），外务部档案，02-14-008-01-019。

③ 颜清湟：《出国华工与清朝官员：晚清时期中国对海外华人的保护
（1851~1911）》，第 192~193 页。

④ 李章鹏：《中荷设领谈判与华侨国籍问题交涉（1907~1911）》，《近代史
研究》2019 年第 4 期，第 58 页。

行调查，掌握状况，再以坚毅精神与荷兰外交大臣力争议约。中荷政府都颁布国籍法，争夺对荷属华侨的管辖权，并争论荷兰属地华侨之法律地位。荷方百般设词延宕，陆征祥坚持谈判，终于在 1 年后得彼方允诺提出约稿，其后荷兰外交大臣又借词延宕数月，陆征祥不稍屈挠，荷方终于提出约稿。但为约稿附则问题，双方僵持又逾半年，荷方以停议为要挟坚持不让，陆征祥建议外务部召他回国，以示抗议，然后双方在北京继商，终于成功订约，此约虽不完全理想，但应属难能可贵。

荷兰坚持出生地主义之国籍法，不肯提升华侨之法律地位，中国所得为可在荷属东印度群岛设立领事馆照管侨民，争取到荷兰政府改良部分对华侨不公正的对待，在《中荷领约》互换公文中争取到荷兰政府同意土生华人返回中国后，可被视为中国臣民。

在此谈判过程中，陆征祥外交之特色已然展现，坚持原则，不屈不挠，手段灵活，诚如李章鹏所称："陆征祥在清末是个相对杰出的外交官，在中荷设领谈判和华侨国籍问题交涉中主动任事，不厌其烦地与荷方交涉，并在谈判中表现出一个外交官最起码的职业素养。"[1]

第四节　《中俄商约》交涉[2]与出使俄国

陆征祥签署《中荷领约》后，随即奉命赴俄国商谈修改

---

[1] 李章鹏：《中荷设领谈判与华侨国籍问题交涉（1907~1911）》，《近代史研究》2019 年第 4 期，第 58 页。

[2] 参见唐启华《被"废除不平等条约"遮蔽的北洋修约史（1912~1928）》，社会科学文献出版社，2010，第 30~47 页。

《中俄商约》，并被任命为驻俄公使，因辛亥革命爆发，谈判中止。

修改《中俄商约》之缘起

中俄两国自 1689 年签订《尼布楚条约》，即开始通商互市；1727 年签订《恰克图条约》，蒙古边境开放通商贸易；1851 年签订《伊塔通商章程》，新疆边境也展开贸易。然而因清季国势衰微，让俄国取得许多片面利益，其中影响最大者为 1881 年 2 月 24 日曾纪泽与俄国议定《改订返还伊犁条约》（通称《伊犁条约》）及所附《中俄改订陆路通商章程》，此约较崇厚所订之原约，已有大幅改善，但当时为收回伊犁，给予俄国在新疆、蒙古许多通商特权，诸如：俄商在新疆、蒙古等处免税，彼此边界百里内免税，俄商享有税则三分减一等。形成流弊五端：（1）税收短少；（2）俄商得免税利益，华商难与之竞争；（3）新疆回民多冒俄籍享受权利，引起国籍纠纷；（4）英商在新疆各处援最惠国之例亦不纳税；（5）三分减一办法，在中国东北和朝鲜交界处日本亦援引最惠国待遇之例一律办理。[①]

曾纪泽在谈判前已决定"重界轻商"原则，认为通商条款可随时修改，故于《伊犁条约》第 15 条规定：此约所载通商各条及所附陆路通商章程，自换约之日起 10 年后可以商议酌改，保留了日后修约的可能，清政府在 1891 年及 1901 年两次 10 年期满，均未提议修改，第三次 10 年在 1911 年 2 月 12 日到期。

辛丑之后，清政府与各国陆续议改商约，也准备对俄国提

---

① 审议处：《筹办中俄交涉事宜公署意见书》，外交部中俄会议办事处，1923，第 44 页上。

议修改《伊犁条约》。1901 年 9 月 23 日外务部照会俄国公使：现在商务兴旺，两国应议定将免税之例废弃，[①] 但未得俄使回复。1908 年中俄商议在海参崴、乌里雅苏台互设领事，外务部电令驻俄公使萨荫图向俄外部申明：俄国既要求乌城设领，足见商务兴旺，俟两国开议商约，应照《伊犁条约》订定陆路税则，俄外部照复承允。[②] 由于俄方表示愿意商议陆路税则，外务部认定俄国已同意 1911 年到期修约，开始积极筹备修改条约事宜。[③]

当陆征祥在北京与荷兰公使谈判领约时，外务部于 1910 年 11 月 27 日咨陆氏云：《中俄商约》届期，自应及时商改修正，以补原约所未备，为研究预备修约，做将来开议之依据，拟在本部组织俄约研究处，请陆氏总核一切。陆氏于 12 月 3 日咨复同意办理，并请将关于改约事宜文卷、报告及他国与俄国现行各条约，迅予检齐发交，以凭参核。[④]

外务部随即设立"俄约研究处"，由陆征祥主持研商修约事宜，准备以各处商务渐臻兴旺为由，要求修改税则，度支部、税务处、农工商部皆派任委员，与代理海关总税务司裴世楷（Robert E. Bredon）共同参与，每周两次会议，自 14 日起密集讨论。

① 《行俄国公使格照会》（光绪二十七年八月十一日），外务部档案，02-13-015-02-002。

② 《收俄国萨大臣致丞参信》（光绪三十四年六月二十八日），外务部档案，02-12-007-01-012。

③ 《发赴俄约大臣陆刘函》（宣统三年十一月十九日），外务部档案，02-14-012-01-069。

④ 《收驻和陆大臣文咨呈》（宣统二年十一月初二日），外务部档案，02-14-010-01-009。

俄国的抵制

当外务部积极筹备提议修约时，俄国先发制人，欲于改约之先，将旧约所得权利重行声明。1910 年 12 月 2 日俄国政府大臣开特别会议，讨论对中国要求修约之策略，外交大臣沙查诺夫（S. Sazonov）主张在谈判开始之前，抢先以最后通牒方式，向中国提出俄国的要求，并以对中国边境进行军事挑衅来支持这些要求。[1] 会议批准后，俄国做好军事外交部署，驻北京俄国公使廓索维慈（I. J. Korostovetz）即借口蒙疆等处历年交涉未结各案，多次照会外务部谴责中国不遵守约章，并开列两国尚未定议清单 35 项，要求于改约前先行议结。[2] 1911 年 2 月 16 日又正式照会外务部，谴责中国政府不遵守《伊犁条约》，造成多起争端，开列 6 条要求中国切实遵行，否则俄国保留自由行动之权。[3] 俄国态度强横，中国舆论激昂。[4]

面对俄国之强硬态度，俄约研究处 3 月 10 日的会议讨论了修约之得失利害，指出：改约之目的无非以权利为标准，然而无国力为外交后盾，俄方又不可能和衷相商，我方改约之正式公文尚未递送，欲改之条件尚未表明，彼已预伏戎机，将来

---

① 《特别会议的议事录》（1910 年 12 月 2 日，圣彼得堡），西培脱等编《协约国外交与世界》，1921 年纽约和伦敦出版，第 27 页，转引自樊明方《辛亥革命前后中俄关于修订〈伊犁条约〉的交涉》，《近代史研究》1986 年第 4 期，第 56~57 页。

② 《收俄廓使信一件》（宣统二年十二月初二日），外务部档案，02-26-027-01-001；《函送前面商之件俄文及汉译清单》，外务部档案，02-08-003-01-007。

③ 《收俄廓使照会一件：中国政府不肯守约并开列要求六端如不允许将自由设法由》（宣统三年正月十八日），外务部档案，02-26-027-01-002。

④ 《东方杂志》第 8 卷第 1 号，1911 年，第 12~13 页。

实行改约之结果，彼此权利之得失，岂难预知。建议不能因体面虚名贸然要求修约，反而进一步损失国权，中国之目的在于废弃免税之例，故应只提出实行旧约第 12 条，以商务兴旺为由，将新疆免税之例废弃，双方议定税则，目前宜集中于征税问题，将来再议改约。①

3 月初俄廓使又来照会，并到外务部面称：俄政府不同意中国将设领与商订税则事相提并论，至于商订税则，载在约中，中国自可遵约提议，3 年前俄国已经应允。② 又抗议中国舆论扭曲，煽动人心，要求外务部设法消弭。③ 24 日又有更强硬之第二次照会，要求中国完全允认俄国要求。④ 4 月 3 日俄使强硬照会，以中国拖延为由，强迫中国承认前此照会各款与约章相符，若准此项表明之文，俄国政府始能商议税则，倘届期未见满意之复文，则俄国政府仍保留自由之举动。⑤ 外务部无奈，只好屈从，对此次屈辱交涉，总结云："夫外交之道惟有依据条约，相机因应，为责任所能勉尽，至于公理公法则皆视强弱以为转移。"⑥

---

① 《俄约研究处节略——会议改约事》（宣统三年二月十一日），02-14-010-03-007。

② 《俄廓使到部问答摘录》（宣统三年二月十四日），外务部档案，02-08-003-01-015。

③ 《俄廓使照会》（宣统三年二月十一日），外务部档案，02-26-027-01-017。

④ 《俄廓使（第二次）照会》（宣统三年二月十四日），外务部档案，02-26-027-01-019。

⑤ 《俄廓使照会》（宣统三年二月二十四日），外务部档案，02-26-027-02-002。

⑥ 《致会议政务处说帖》（宣统三年三月初二日），外务部档案，02-26-027-02-009。

中俄修约谈判

陆征祥以坚毅谈成《中荷领约》，于 1911 年 5 月 8 日签署，22 日清政府批准。同日外务部上奏：现已届《伊犁条约》限满前 6 个月内，派陆征祥修约，商之俄使转达俄外部，既无异议，修约之地商定在俄京，请简派该大臣给予全权，前往俄京会议修约。① 外务部考虑到俄方保全固有利益之强硬态度，议约时不可能挽回一切权利，故拟定议约宗旨上奏云：此次修约应先提议商订税则，就其所已允许，因势利导，果能将旧约免税之条作废，裨益亦非浅鲜，此外凡关于通商各事宜，均应详酌商改，必求取益防损，如有未能解决之问题，即仍暂照旧约办理。②

陆氏于 7 月 5 日抵圣彼得堡，7 日会晤俄国署理外交大臣南拉度甫（Neratoff）后报告称：修约事恐难从速，惟彼允可先接洽。③ 又称：彼尚无拒人千里之意，惟约事宗旨仍慎秘，坚称此举由中国发起，须先候中国开送节略。④

7 月下旬陆征祥赴海牙，将《中荷领约》互换，8 月 7 日返俄，17 日觐见俄皇之后报告称：俄皇接见礼节较公使隆重，辞色颇佳，有重温睦谊之可能，他也乘机向俄皇表达善意。⑤ 随即俄

---

① 《会奏修改中俄通商条约请派全权大臣前往俄京会议由》（宣统三年四月二十六日），外务部档案，02-14-011-01-001。

② 《会奏修改中俄通商条约请派全权大臣前往俄京会议由》（宣统三年四月二十六日），外务部档案，02-14-011-01-001；亦见《清实录·宣统政纪》第 53 卷，第 23 页下~25 页上。

③ 《收驻俄专使陆大臣信一件（六月十三日）》（宣统三年闰六月初四日），外务部档案，02-14-011-01-017。

④ 《收驻俄专使陆大臣信一件（六月二十四日）》（宣统三年闰六月初九日），外务部档案，02-14-011-01-019。

⑤ 《收驻俄专使陆大臣信一件（闰六月二十四日）》（宣统三年七月），外务部档案，02-14-011-01-021。

政府任命驻东京头等公使玛列维赤（N. A. Malevsky-Malevitch）充
修约全权大臣，与陆征祥共同商议外交档案修改《伊犁条约》。①
31 日双方在俄外交部行开议礼，交换全权状，约定会议办法
并遵守秘密。② 俄全权宣读开议修约颂词云：两国政府曾彼此预
为商定将本约关于商务多数条款保留，只得将两国边境现在交通
发达后之情势，必须更易者易之。③ 中方则开列节略，要求商谈
籍民、设领、免税、建造、行船等五端，表示：只就原约条文之
不合现势，或解释文义不同者，稍加修正，俾于两国商务有益。④

　9 月 6 日清政府任命陆征祥为驻俄公使，修约由陆氏及驻
荷兰公使刘镜人负责。⑤ 15 日俄全权来中国使馆，做正式会议
前之商定，称原约 10 年期满可修者，只限于商务各条，籍民
问题溢出商约范围，请陆氏电商北京不谈此项。陆氏答以原约
大纲只界、商二端，除界务外皆涉商务，所见殊不相同。⑥ 陆
氏报告北京称：彼此初次晤谈，自难率然拒绝，然吾国所开节
略五端，若因晤谈一次，遽允删去一端，日后太难为继，且彼
中意愿如何，至今秘不稍宣，用心叵测。⑦

---

① 《收俄廊使信一件》（宣统三年闰六月二十九日），外务部档案，02-14-
011-01-023。
② 《收驻俄专使陆大臣信一件（七月初九日）》（宣统三年七月二十二日），
外务部档案，02-14-011-02-009。
③ 《收修约陆大臣（十五日）文一件》（宣统三年七月二十九日），外务部
档案，02-14-011-02-012。
④ 《收驻俄大臣函——拟送约稿节略》（宣统三年闰六月二十三日），外务
部档案，02-14-012-01-028。
⑤ 《收驻和国大臣陆征祥致丞参函》（宣统三年七月初三日），外务部档案，
02-12-026-02-006。
⑥ 《收驻俄专使陆大臣信一件（七月二十四日）》（宣统三年八月十一日），
外务部档案，02-14-011-02-014。
⑦ 《议约事籍民问题事》（宣统三年八月十一日），外务部档案，02-14-
011-02-014。

29 日双方第一次晤谈，俄全权坚持将籍民问题先行删去，再依序提议其他四端，执意甚坚。① 陆氏请俄全权表示俄方之所有意愿，他称此次修约系由中国政府发议，俄只立于被动之地位，是以实无意愿可言，只就中国节略下税务、设领、租建、航行四端，逐一预备，现仅就第二端免税问题粗备概略。② 由于俄方坚持删去籍民问题，外务部 10 月 3 日指示陆氏：籍民问题可允缓议，惟恐于免税、建造二端不无牵涉，可先议以下四端，俟大致议妥，应否议及籍民再酌。彼所有欲提议各节亦须先示大概，如有溢出商务范围外者，我亦请其提出缓议。③ 9 日陆氏面告俄全权暂搁籍民问题，先谈第二端免税问题，俄全权称第二、四、五端已备概略，第三端尚未齐，当赶于两星期内从速开示，待彼此接洽妥适，再定会期。④

次日武昌起义，中国内乱，廓索维慈建议俄外部：向陆提出反对案，尽速谈判。⑤ 11 月 7 日俄全权面送节略四条，陆、刘二使电称：俄要求多处设领，增加利益及航权，对于中国最重视的税务，反而要求蒙疆仍然免税，修改陆路章程，不提百

① 《致外务部电》（宣统三年八月初八日），外务部档案，02-14-011-02-014。

② 《收修约刘陆大臣信一件（八月初九日）》（宣统三年八月二十五日），外务部档案，02-14-011-02-016。

③ 《发驻俄修约陆大臣电》（宣统三年八月十二日），外务部档案，02-14-012-01-056。

④ 《修约大臣等致丞参信一件（八月十九日）》（宣统三年九月初五日），外务部档案，02-14-011-02-017。

⑤ 《驻北京公使致代理外交大臣涅拉托夫的电报》（1911 年 10 月 13 日），《帝国主义时代国际关系》第 2 辑第 18 卷下册，第 156 页，转引自樊明方《辛亥革命前后中俄关于修订〈伊犁条约〉的交涉》，《近代史研究》1986 年第 4 期，第 63 页。

里免税，与中方要求南辕北辙。① 陆氏建议：对于税务应与各国税则一律值百抽五，若办不到，则可照中越陆路通商办法部分减税，无论多少，总须令其缴纳税项，以保主权，如果仍不能收税，则与此次修约之宗旨大相违背，不如设法罢议，仍将旧约续行若干年。②

陆氏在给同僚信函中，详述此次会谈情形云：玛全权（即俄全权玛列维赤）面交俄国节略，所允我者只表面可观，其所要求者大多有关系，于收税一层犹复完全请免，前途情形已可以概见，再四斟酌，以为设领各处，如有不能不允者，或竟预筹开放，酌择关系较近者而招徕之。通航各江如有不能不允者，或亦要求对等，酌择能兴航业者而提倡之，总使其不得利益独沾。尤拟先与提商收税问题，倘彼竟坚持免税，似宁设法罢议，暂将旧约续行。所尤慨者，彼屡以此次修约系由中国提议为言，万一吾倡罢议之说，难保彼不以前言为口实，俾吾有所不能，此则势成骑虎。最后请求指示："究竟其中可允者若干，万不能允者若干，又彼所不我允而万不能不请彼承允者若干，务恳详示方针，俾有趋向。"③

11月9日清政府召袁世凯任内阁总理，16日袁氏组成责任内阁，胡惟德署理外务大臣，21日陆征祥正式接任驻俄公使，已是武昌起义后近一个半月。陆氏与玛全权续谈两次，12月1日陆、刘电外务部称：收税为此次修约主旨，此而不成，

① 《收驻俄陆、和刘大臣（十七日）电》（宣统三年九月十八日），外务部档案，02-14-012-01-061。

② 《照录马全权面交修改千八八一年中俄商约节略》（宣统三年十月二十日），外务部档案，02-14-012-01-064。

③ 《驻俄陆大臣致丞参信一件（九月二十九日）》（宣统三年十月二十日），外务部档案，02-14-011-02-018。

尚何可议，但俄方态度似欲收税应先请废百里免税例，欲废该例必须先给相当利益，而伊犁、蒙古等处之收税尚在漠然之数，结果何堪设想，最后表示：熟审近情，万难胜任，乞奏请另简贤能，以免贻误。① 6 日外务部电：仍望勉为其难。②

1912 年 1 月 1 日中华民国临时政府成立于南京，孙中山就任临时大总统。2 日陆氏函告外务部：与沙外部（即沙查诺夫）及玛全权等晚宴杂谈，玛全权表示北京近来诸多为难，修约事谅难从速，准备先回东京任所。陆氏建议北京：中国目前情形大局未定，修约亦正为难，如或乘机暂时搁置，姑俟国事敉平，再行开议，似亦无妨。③

7 日外务部电令陆氏称：此次修约，俄所要求不易就范，固在意中，所可异者，收税问题为俄外部前所允诺，今仍全然反对，实非意料所及，若因此而罢议，咎亦非在我，但若仍可磋商，可照陆氏意见，相机通融。④ 18 日陆氏电云：修约事玛全权询问甚切，谓如缓议彼可先回东京，窃意大局未定，缓议未始非计。⑤ 20 日外务部电令：如彼竟不受商，即可听缓议。⑥

---

① 《收驻俄大臣陆刘（十一日）电》（宣统三年十月十二日），外务部档案，02-14-012-01-062。

② 《发驻俄修约大臣陆电》（宣统三年十月十六日），外务部档案，02-14-012-01-063。

③ 《驻俄陆大臣致丞参函一件（十一月十四日）》（宣统三年十二月初七日），外务部档案，02-14-011-02-21。

④ 《发赴俄修约大臣陆刘电》（宣统三年十一月十九日），外务部档案，02-14-012-01-68。

⑤ 《收驻俄陆、和刘大臣电》（宣统三年十二月初一日），外务部档案，02-14-012-01-70。

⑥ 《发驻俄修约大臣陆刘大臣（三十日）电》（宣统三年十二月初二日），外务部档案，02-14-012-01-71。

24 日陆氏复电：窃虑与其发而难收，似不如乘机暂缓。① 次日外务部电：玛全权既急于回东，约事可暂缓议。②

2 月 2 日陆征祥与俄全权正式开会，将此次修约暂作结束。玛全权先述俄方派请假返俄之廓索维慈为副全权，玛全权离俄后，由其继续接洽，其次送交答复节略，希望中方从速见复。陆氏则声明：此次修约之主旨以废弃 1881 年原约各项免税问题为重，改从一律收税，至于税则之重轻，不妨彼此从长计议，借留将来。陆氏在致外务部函中总结云："此时缓从缓议，虽非了局，然必愈于不缓耳。"③

12 日清帝下诏退位，北京临时政府令驻外公使照旧供职，改称外交代表。3 月 10 日袁世凯在北京就任临时大总统职，13 日任命唐绍仪组阁，31 日任命陆征祥为外交总长，陆氏一再请辞不获。4 月陆氏电北京外交部称：俄外部派库朋斯基（B. N. Krupensky）使华，授意库使到京后一并提议商约事，俄当局有意将旧约续行 10 年，询问陆氏意见，陆氏答以修约暂停，但旧约无续行之理，只能于未定期间暂且赓续，不能明定期限。陆氏认为旧约续行，原系中方求之不得之事，现在俄方提出，正可利用。④ 不久陆征祥返国，行前会晤俄外交大臣沙查诺夫，彼提约事续行 10 年，陆氏告以约事无续行理，部

① 《收驻俄陆大臣电》（宣统三年十二月初六日），外务部档案，02-14-012-01-72。
② 《发驻俄修约大臣陆大臣电》（宣统三年十二月初七日），外务部档案，02-14-012-01-73。
③ 《收驻俄陆代表函》（1912 年 3 月 2 日），外务部档案，02-14-012-01-077。
④ 《收驻俄代表陆电》（1912 年 4 月 12 日），外务部档案，02-14-012-01-078；《收驻俄国代表陆函》（1912 年 4 月 26 日），外务部档案，02-14-012-01-080。

署稍定当即续议。[①]

中华民国建立后，中俄修约谈判移到北京进行。1912 年 1 月 23 日俄外交大臣沙查诺夫建议沙皇：利用承认袁世凯政府的机会，要挟他答应俄国继续保有《伊犁条约》中的各项特权。[②] 4 月初俄国外交部确定中俄修约方案：以中国政局变动为由，拒绝恢复修约谈判，将旧约延长 10 年，或至少五六年，同时将已变得对俄不利的百里免税规定取消。[③] 5 月陆征祥返抵中国，6 月 10 日正式接掌外交部。

俄库使抵北京上任后，9 月初照会外交部要求旧约展限 10 年，取消百里免税。[④] 北京政府则要求取消俄货陆路进口税减纳三分之一，俄方坚持不让，[⑤] 遂以旧约展限 10 年告终。

* * *

清季外交颇有些值得注意的新趋势，诸如外务部之成立及驻外大臣实官化，重用广方言馆、同文馆及留学生出身者，外

---

① 《收驻俄代表陆电》（1912 年 4 月 17 日），外务部档案，02-14-012-01-079。

② 《沙查诺夫上沙皇奏》（1912 年 1 月 23 日），《红档杂志有关中国交涉史料选译》，张蓉初译，三联书店，1957，第 234 页，转引自樊明方《辛亥革命前后中俄关于修订〈伊犁条约〉的交涉》，《近代史研究》1986 年第 4 期，第 65 页。

③ 《外交大臣沙查诺夫致财政大臣和工商大臣：科科弗采夫和季马舍夫函》（1912 年 4 月 13 日），《帝国主义时代国际关系》第 2 辑第 19 卷下册，第 404 页，转引自樊明方《辛亥革命前后中俄关于修订〈伊犁条约〉的交涉》，《近代史研究》1986 年第 4 期，第 65 页。

④ 《照复俄库使中俄商约事》，北洋外交部档案，03-23-091-03-017。

⑤ 《收驻俄刘公使电》（1912 年 12 月 28 日），北洋外交部档案，03-23-091-03-017。

交逐步走向专业化；外交政策注意到全球局势、列强均势，积极参与国际会议，借助国际公法维护主权；注意到保护侨民，积极设领；也注意到边疆通商税则，试图修改条约；并致力于推动立宪、修订法律，为收回领事裁判权做准备。

陆征祥的崛起与清季外交各新趋势密切相关，他在日俄战争前后的表现，引起国内重臣大吏的注意，1905 年升任使馆参赞，11 月被任命为驻荷公使，主要使命是参加第二次海牙保和会及保护荷属华侨。陆氏在 1907 年保和会中表现优异，博得国际声誉及国内的赞许，继而坚毅谈判《中荷领约》，运用各种外交技巧，终能不辱使命，获得朝野好评。随即赴俄谈判修改商约。虽遭到俄国强硬反击，但陆氏利用辛亥革命爆发时机，谈判搁置，避免权利进一步损失。

清季交涉中陆氏的外交风格逐渐展现，他法语表达流畅优美，熟谙西方礼仪及国际会议程序，了解国际事务，能运用国际公法及谈判技巧，个性坚毅，能忍辱负重。他是个欧化程度很深的绅士，又娶西妇，自称在北京时"与各界之人往来颇少，而各界人目征祥为一奇怪之人物，而征祥不愿吃花酒，不愿恭维官场，还有亲戚亦不接洽，谓征祥不引用己人，不肯借钱，所以交际场中极为冷淡"。[1] 陆氏之出身及作风，原来在中国的官场中，完全不可能被赏识与提拔，但在清季国势衰微，急需外交专业人才之际，遂得脱颖而出，并有不俗的表现。

---

[1]　《（北洋）政府公报》第 95 号，1912 年 8 月 3 日，附录《参议院第四十一次会议速记录》（1912 年 7 月 18 日），第 25 页。

第三章 陆征祥与民初政局及外交（1912~1913）

　　1911年辛亥革命爆发，次年中华民国建立，在各方妥协之下，袁世凯取得政权。陆征祥当时担任清政府驻俄公使，革命期间多次电请清廷赞成共和。民国肇建后，袁世凯任命陆氏为首任外交总长，陆氏回国改革外交部，建立合理的组织与制度，注重甄选专业人才，为民国外交奠定扎实基础。

　　民国初年外交棘手，中俄修订商约和外蒙古交涉、中英西藏交涉、善后大借款交涉、承认问题交涉等，纷来沓至。加以初行民主共和，临时参议院及国会中党派倾轧，牵连复杂人事纷争，唐绍仪突然辞职，陆氏受命兼任总理，在应付各项外交难题外，还卷入政治纠葛，遭到抵制及弹劾，陆征祥心力交瘁，请辞本兼职。

　　民初外交交涉各案，以外蒙古交涉最为艰苦，梁如浩因交涉失利辞职，陆氏再度担任外长，好不容易草签《中俄协约》，却逢二次革命，草约遭国会否决，陆氏坚辞外交总长职，至1913年底中俄交涉告一段落，陆氏乃携眷赴欧休养，同时受袁世凯之托预筹第三次海牙保和会。

第一节　电请清帝逊位①

　　陆征祥于清季在外交界崭露头角，辛亥革命爆发时他年方

---

① 参见唐启华《陆征祥与辛亥革命》，中国史学会编《辛亥革命与20世纪的中国》上册，中央文献出版社，2002，第850~879页。

四十，因多次参与国际会议，有相当的国际声誉，并担任重要谈判责任，博得朝野信任，由驻二等国公使擢升出使头等国，可称是当时中国外交官中之佼佼者。

陆征祥在欧洲十多年，醉心西化，在许景澄教导下，早有同情改革与革命的思想，但只能密存于心，未敢有所外显。1896 年孙文在伦敦被诱软禁在中国使署，许氏即嘱咐陆氏用心研究此案，欲陆氏按国际公法及寄居国法律之保障，为孙文辩护、营救。①

陆征祥在驻俄国使馆任参赞时，即自行剪去发辫，1906 年到海牙就任驻荷兰公使，成为中国第一个没有辫子的钦使。当时剪辫子被视为革命党的标志，清政府派学部侍郎达寿出洋考察宪政，到达海牙时，陆氏往迎，参与出洋学生欢宴会，达寿见陆氏及出洋学生都无辫子，并没有参劾陆氏。传言当时张静江、李石曾在法留学，不但剪去辫子，还组织一个"和尚会"，并推陆氏为会长。②

陆征祥于驻节海牙时结识了康有为，当时康氏亡命海外，到荷兰后致函陆氏表示欲见面，陆氏不顾忌康氏钦命要犯身份，去旅馆相会，康氏表示欲往俄国，请陆氏发给护照。陆氏告以各国都遵守公法不引渡政治犯，但俄国外交大臣为结好清政府，曾说如康、梁入境，俄国愿打破公法之例，立即拘捕交与中国政府，劝告康氏不要去俄国。康氏听后，感激至极，日后常称陆氏为救命恩人。③

---

① 《致刘荩忱函》（1935 年 5 月 25 日），《本笃会修士陆征祥最近言论集》，第 171~172 页。
② 罗光：《陆征祥传》，第 57~61 页。
③ 罗光：《陆征祥传》，第 58~59 页。

陆氏自称：1896 年起他对革命进展尤为关切，1900 年许景澄被斩后，革命更是占据了他整个心思。[①] 1907 年第二次海牙保和会之后，陆氏多次上奏清政府，请速修订法律、积极推动立宪。1910 年 9 月陆氏由海牙返抵北京谈判《中荷领约》，正值立宪团体进行第三次请愿，要求速开国会，组织责任内阁。1911 年 5 月 8 日他与荷兰公使签订《中荷领约》，同日"皇族内阁"成立，次日即颁"铁路国有"上谕，7 月他赴俄谈判修改商约时，川、湘各省已有骚动。10 月 10 日辛亥革命爆发时，他正与俄国进行艰苦的商约谈判。11 月初袁世凯复出，16 日组织责任内阁。

袁氏虽于 1912 年 7 月下旬，在陆氏请辞内阁总理呈文批云："与该总理向无一面之缘"，[②] 事实上两人早在 1903 年陆氏第一次返国时已认识，时任直隶总督的袁氏就想网罗陆氏。袁氏任外务部尚书时，对陆氏在 1907 年海牙保和会中的表现极为激赏，保荐陆氏回任驻荷公使。

辛亥革命期间，有关陆征祥率各驻外公使电请清帝退位，各家记载颇多，但多有出入，如《东方杂志》载：1912 年 1 月 3 日"清驻俄公使陆征祥联合驻外各清使电请清帝逊位"。[③] 7 月上旬报载，总统府秘书长梁士诒代大总统赴参议院演说，提及："去年陆君曾电请清帝退位，前后凡七次，均诸君所稔知。"[④] 10 月 10 日国庆日袁大总统依民国勋位令，大赉中外有功民国之元勋，其中有"前国务总理陆征祥，在使任时，于

---

① 陆征祥：《回忆与随想》，第 38 页。

② 《要闻：陆内阁之中流骇浪》，《申报》1912 年 7 月 30 日，第 2 版。

③ 《中国大事记》，《东方杂志》第 8 卷第 10 号，1912 年，第 8 页。

④ 《申报》1912 年 7 月 6 日，第 3 版。

未宣布共和之前，首先联合各公使，三次电请清室退位，厥功不可淹没，亦拟授以一等勋位。"①

细考清政府自 1876 年起陆续设置驻外使馆，1907 年外务部奏定：英、法、俄、美、日、德六馆，通商较久，事务较繁，设馆员九人，为第一等。奥、意、比、荷四国，事务较简，设馆员五人，为第二等。西、葡、秘、古、墨五国为兼使分馆，设馆员三人，为第三等。宣统三年（1911）西、秘、墨改设专使，但尚未及遣使，又新设瑞典、丹麦、巴西三兼使分馆。简言之，1911 年驻外共 18 个使馆，除 8 馆为兼任外，共派 10 名公使，分别为：驻英刘玉麟、驻俄陆征祥（兼瑞典）、驻法刘式训（兼葡、西、巴西）、驻德梁诚、驻美施肇基（兼秘、墨、古）、驻日汪大燮、驻奥沈瑞麟、驻荷刘镜人（兼丹麦）、驻比李国杰②、驻意吴宗濂。其中施肇基尚未赴任，由张荫棠代办使事，驻法刘式训因遭母丧，10 月 28 日奉旨："着赏假两个月，回籍葬亲，事毕即速回任。"刘使遂于11 月 20 日将使事移交馆员戴陈霖接管。③

武昌起义后南北交战一个多月，于 1911 年 12 月 3 日停战，18 日起双方在上海议和。25 日驻俄公使陆征祥、驻荷公使刘镜人致外务部请代奏电称：

---

① 《要闻：大总统论功行赏之余波》，《申报》1912 年 10 月 18 日，第 2 版。
② 李国杰（1882~1939），李鸿章次子李经述之长子，1901 年 11 月李鸿章病逝北京，清廷命李经述承袭一等肃毅侯，次年 2 月经述死，1904 年清廷命李国杰袭爵。他以正一品荫生，历任户部员外郎、广州汉军副都统、镶黄旗蒙古副都统，1908 年 8 月任农工商部左丞，1910 年出使比利时，1911 年 3 月到任。1913 年返国，任上海轮船招商局董事，1914 年任参政院参政，1917 年被选为安福国会参议院议员，后任轮船招商局董事长。
③ 《收驻法刘大臣文》（宣统三年十月十八日），外务部档案，02-12-024-04-029。

国乱弥漫，愤慨无极，惟相持则鱼将图利，患更不测……方今运遭阳九，海内分崩，既时势之所趋，宜大计之速定……今既政变纷乘，人怀民主，似不如追踪太王……不以一人位号，涂炭海内生灵……若强与时争，不幸蹈汉唐宋明覆辙，臣实私心窃痛。况或以内乱而召外侮，竟使两族同沦，恐不但圣明左右仍俯仰乾坤而无以自处，尤非所以光史册而对祖宗。

次日内阁奏："查出使俄国大臣陆征祥等电，语意趋重共和，以出使大臣立论亦复如此，臣窃痛之，拟请留中，毋膺降旨。"[①] 31日天津《大公报》刊载《出使各大臣之联奏》云："闻驻外各公使由陆征祥领衔联电到京，痛陈时局艰危，外患急迫，除改组政体俯顺民情外，别无弭乱方法，并沥陈我朝开国源流及我皇太后皇上不私天下之至意，措辞极为恳切。"[②]

1912年1月1日中华民国政府于南京成立，孙中山就临时大总统职，南北双方继续议和，惟皇室亲贵强硬派坚决反对清帝退位。16日革命党人在北京炸袁世凯未中，袁氏乃请假在寓，由外务大臣胡惟德代表入朝，自次日起清廷多次召开御前会议，均无结果。19日胡惟德等上奏：人心已去，君主制度恐难保全，恳赞同共和，以维大局。同日《陆征祥致外务部请代奏电》称：

和议不谐，战争复起，臣熟权再四，君主果可图存，

① 《出使俄国大臣陆征祥、出使和国大臣刘镜人致外务部请代奏电》，许师慎编纂《国父当选临时大总统实录》下册，第174页。
② 《出使各大臣之联奏》，天津《大公报》1911年12月31日，第3版。

则生灵涂炭庸且勿计。无如天时人事，势难挽回，朝廷涣号屡颁，让步不为不至，人民卒未见谅，独立及于回蒙，各国舆论均重民情，虽始非无赞成君主之议，然人道日进，决无不顾多数国民怨恨之理，况如法陆易十六乞援外人，非徒无济，徒召惨祸。伏念皇太后皇上公天下之心，海内早所共见，仰祈明降谕旨，慨允共和，逊位美名，光昭日月，矧皇室待遇必从优渥，不俟赘言。方今大势既去，若使冀幸相持，则祸变之来非臣所忍逆料。恩速断宸衷，慨从众愿，或暂时銮驾离京，仍派大臣主持和议，总期速奠大局而卫皇躬。①

22 日《出使意国大臣吴宗濂致清内阁请代奏电》称："报传盛明比美尧舜，将允共和，外患相乘，间不容发，宜速宣布，以全两族。"《出使日本大臣汪大燮电》称："举国趋向共和，明诏取决国会，召示大公，光垂史册，安全之策也。"② 27 日天津《大公报》刊出《驻外钦使之紧要电》云：近日出使各国大臣联名公电内阁，由驻俄陆公使领衔，略谓征祥等近谒某国政府，聆其言论，对于朝廷退位之举极为注意，兹事重大，与各国均有切要之关系，务请完全筹备，不使稍有妨碍。一则免外人之干涉，二则弭国民之反对，以期维持永远和平。③

2 月 2 日天津《大公报》载：驻俄陆公使昨致外部密电，

① 《陆征祥致外务部请代奏电》，许师慎编纂《国父当选临时大总统实录》下册，第 177 页。亦见《要闻：陆公使亦有共和电奏》，天津《大公报》1912 年 1 月 22 日，第 2 版；《要闻：驻俄使陆征祥致清太后电》，《申报》1912 年 1 月 27 日，第 3 版。

② 许师慎编纂《国父当选临时大总统实录》下册，第 178~179 页。

③ 《要闻：驻外钦使之紧要电》，天津《大公报》1912 年 1 月 27 日，第 3 版。

据闻电中所陈，系关于外蒙古"独立"与外交之种种关系，外务部拟于一二日与理藩部会同核议，以定对待之方。[①] 5 日《出使德国大臣梁诚、出使英国大臣刘玉麟致外务部请代奏电》称："乱久未平，国步危迫，前闻朝廷有意宣布共和，迄未奉明诏，惟近则事机愈蹙，若再延宕，分裂颠覆，势将立见，朝野同受其殃。惟有仰乞皇太后皇上为天下大局计，俯顺舆情，速颁诏旨，决定共和，以保中国，而维危局。"次日《出使奥国大臣沈瑞麟致外务部请代奏电》称："伏读十一月初九日懿旨，仰见朝廷公天下之心，昭如日月，惟国会未集，内乱潜兹，强邻觊觎，祸机已动，暨难速付公决，不如断自宸衷，拟请速定大计，明诏天下，内苏民国，外戢戒心，翘望阙廷，不胜忧惶待命之至。"[②]

11 日天津《大公报》载：闻外部于昨日连接驻法刘式训、驻俄陆征祥及驻英刘玉麟、驻德梁诚等先后来电，其大略谓中国改建共和，列强已暗表同情，时势所趋，绝非人力所能挽回，请代奏迅即颁发共和诏旨，以定大局，勿得因循推迟，致滋外交上别项枝节。[③] 12 日清帝下诏退位。

由以上史料观之，清朝驻外 8 名公使中，陆征祥率先多次电请清廷退位，其余各使稍后跟进，只有驻比李国杰似无行动。陆征祥与其他各公使请清帝退位之理由，主要是担心内乱招致外侮，南北相持则列强干预，新疆、外蒙古、西藏地区纷纷"独立"，甚至有亡国之危险。当时清政府国际地位较低，

---

① 《北京：驻俄大臣之密电》，天津《大公报》1912 年 2 月 2 日，第 5 版。

② 许师慎编纂《国父当选临时大总统实录》下册，第 195 页。

③ 《要闻：各钦使又电催宣布共和》，天津《大公报》1912 年 2 月 11 日，第 3 版。

列强虎视眈眈，驻外公使纷纷如此电请，对清政府会有一定的影响，内阁总理大臣袁世凯于 1912 年 1 月 27 日请收回封爵成命奏中即云："纷纷电请者，不独素著时望之绅衿，曾立事功之督抚，洞达外势之使臣，即各埠之商团公会等，亦多坚主共和。"①

至于陆征祥等之举，是否出于自发？据梁士诒年谱载："清驻俄公使陆征祥联合驻外各钦使，电请清帝逊位，时清廷逊位事久未决，故有是请，先生之意也。"② 曹汝霖亦称：袁世凯为逼清帝退位，定了三部曲，先由前方统帅通电，继以驻外公使以外论赞成改制为言，吁请改为共和政体以保和平，密电驻外使节，由驻俄陆征祥公使领衔，吁请退位改组政体。③ 各项记载显示，陆征祥等驻外使节之电请退位，除与清末驻外使节关心国事时有电奏请改革内政之先例外，与袁世凯之授意，应有关联。

陆征祥在清末民初经过许多重要交涉的历练，深知外交内政密不可分，要避免亡国命运，进而在国际坛坫争取国权，须有国内修改法制、立宪改革、富国强兵为后盾。清末他曾多次建议清政府加紧改革，并与驻欧各公使联衔电奏，请清廷从速立宪。辛丑后袁世凯任直隶总督北洋大臣，1907~1908 年主掌外务部，办理多项棘手交涉，与清末民初外交官群体关系密切。陆氏与袁世凯渊源虽不算深厚，但一直受袁世凯之看重厚待，为报知遇之恩，陆氏多次不计个人毁誉，为袁世凯担当艰巨。

---

① 《清实录·宣统政纪》第 69 卷，第 21 页上。
② 凤岗及门弟子编《民国梁燕孙先生士诒年谱》，1912 年 1 月 3 日条，台北：台湾商务印书馆，1978，第 115 页。
③ 《曹汝霖一生之回忆》，第 71 页。

第二节 民国首任外交总长与改革外交部

辛亥革命后，孙中山被选为大总统，中华民国临时政府于 1912 年 1 月 1 日在南京成立，设立 9 部，任王宠惠为外交部部长，[1] 其职权为：管理外国交涉及关于外国人事务，并在外侨民事务，保护在外商业，监督外交官及领事。此外交部组织接近法国制度，设有秘书处、外政司、商务司、庶政司、编译司等。南京临时政府仅存在 3 个月，且未获任何国家承认，但其外交部采纳西方国家现代化的外交架构，对不久之后北京外交部的改革，多少有示范作用。

民国建立后，驻外公使皆照旧供职，惟改称外交代表，陆征祥亦奉命照会俄国外交部，[2] 并继续接洽中俄修改商约事宜。但在清帝退位之前，南北协商组织新政府时，就有以陆氏掌外交的传闻。[3] 南京临时政府外交部部长王宠惠曾是陆氏旧属，陆氏在使荷任内，于 1910 年夏参加海牙汇兑公会，王宠

---

① 王宠惠（1881~1958），祖籍广东东莞，就读于香港皇仁书院、天津北洋西学堂，1901 年赴日留学，1902 年赴美取得耶鲁大学法学博士学位，赴欧研究国际公法，1907 年将德国民法典翻译成英文，博得世界法学界赞誉。1911 年 4 月清政府电召他返国参与宪法修订，回国后他加入同盟会，辛亥革命后担任广东军政府司法部部长，随即到上海担任沪军都督陈其美顾问，南北议和时，他任伍廷芳之参赞，南京临时政府成立后，任外交部部长。

② 《驻俄国公使陆征祥关于民国建立政体变更致外交部函》（1912 年 2 月 16 日，3 月 9 日收文），中国第二历史档案馆编《中华民国史档案资料汇编》第 3 辑《外交》，江苏古籍出版社，1986，第 39~40 页。

③ 《要闻：统一政府人员之预拟》，天津《大公报》1912 年 2 月 4 日，第 2 版；《共和政府之人物表》，《申报》1912 年 2 月 9 日，第 3 版。

惠以参赞身份与会，陆氏对王氏的表现赞誉有加。[1]

1912 年 2 月 12 日清帝宣布退位，3 月初南北政府讨论合并，报载袁世凯电告孙中山：外务部以陆征祥为总长，[2] 南京迎袁南下专使团在北京与袁氏商议各国务员时，也拟定陆征祥为外交总长。[3] 3 月 10 日袁世凯在北京就中华民国第二任临时大总统职，13 日临时参议院同意唐绍仪总理任命案，并通过临时政府各部暂行官制通则，设置 10 部，将外务部改为外交部。[4] 唐氏南下与革命党协商新政府人事，袁世凯面嘱商请南京政府委陆征祥为外交部正长，一面电陆氏迅即归国。[5] 29 日唐绍仪为组阁之事列席南京临时参议院发表政见，并提出阁员名单，包括外交总长陆征祥，获多数同意。31 日袁总统任命各部总长，以陆氏掌外交，未到任前由原外务部首领胡惟德代理。[6] 4 月 2 日临时参议院决议将临时政府迁往北京，南北宣告统一。

就任外交总长

外交总长任命发表后，袁总统电令陆征祥来北京视事，报

---

① 陆征祥报告称："该参赞学问既有根柢，性情亦复诚笃，所有本会问题，极有心得……该参赞之善择师友，任事不苟，即此一端已为难得……该参赞于英、德二文擅长，而法文亦尚可以勉用。"《收驻和国陆大臣函》（宣统二年六月十一日），外务部档案，02-12-026-04-005。

② 《袁总统假定之各部长》，《申报》1912 年 3 月 4 日，第 2 版。

③ 《要闻：预举各部国务卿》，《大公报》1912 年 3 月 10 日，第 2 版。

④ 许师慎编纂《国父当选临时大总统实录》下册，第 409~411 页。

⑤ 《要闻：新旧混合政府预拟名单》，《大公报》1912 年 3 月 14 日，第 2 版；《要闻：再纪预拟国务人员名单》，《大公报》1912 年 3 月 16 日，第 2 版；《专电》，《申报》1912 年 3 月 16 日，第 1 版。

⑥ 《命令》，《申报》1912 年 4 月 1 日，第 1 版。

载陆氏接电后，复电谓俄人暗助外蒙古一案，刻正与俄政府交涉，一时不便回国，请简贤员充任，以免迁延时日，袁总统未允，仍令从速来京。4月2日陆氏又力辞，言辞甚坚，有如不见允，决不任职等语。[①] 陆征祥前后三次电辞外交总长，经袁总统复电敦劝，方允有条件就职。

陆征祥自称：1912年参议院正式通过外长任命时，几乎全体投我的票，王宠惠随即来电，催我回国，我回电说因精力才力不足应付时局，请辞。袁世凯总统又来电促归，我仍回电坚辞。黎元洪副总统再来电，嗤我逍遥国外，应早期归国任事。唐绍仪总理来电，言我既曾劝清廷退位，则系赞成共和，今民国选为第一任外交总长，乃再三电辞，于理实有不合。回家和夫人培德商量，夫人说还是回国就职，我说担子都搭在我肩上，我哪有实力承当？暂时回去试一试，能担就担，不能担再辞，于是我决意回国就外长职。[②]

图 3-1　1912 年陆征祥

---

① 《要闻：陆征祥辞职记闻》，《申报》1912 年 4 月 9 日，第 2 版。
② 罗光：《访问陆征祥神父日记（一）——六十述往之一章》，台北《传记文学》第 19 卷第 2 期，1971 年 8 月，第 50 页。

陆征祥向袁世凯提出 3 个条件，各家说法略有出入。《申报》称：（1）问总长有无用人全权；（2）问次长是否由总长推荐；（3）问外部衙署是否可作总长官舍。[①] 罗光《陆征祥传》则称：（1）外交次长应为一长于英文者；（2）不向他部荐人，他部亦不向外交部荐人；（3）外部应归陆氏指挥，别人不得干涉。[②] 惟据陆氏自称：他与袁氏约法三章，（1）颜惠庆充次长；（2）不交条子荐人；（3）居住外交部迎宾馆。当时迎宾馆为袁氏占住，陆氏提此条件是为夫人培德居住舒适起见。[③]

袁世凯一一允诺。4 月 24 日任命颜惠庆为外交次长，[④] 陆氏与颜氏系于 1910 年陆氏在北京谈判《中荷领约》时订交。[⑤] 陆氏自身长于法语，颜氏为留美学生，可互相搭配。陆氏强调要有用人之全权，在致友人函中称：许景澄叮咛他培植外交人才以备不虞之需，他即向袁氏要求征用全权，说明任何方面交条荐人，一概不理，包括总统府在内，袁氏始终维持，陆氏得以在十年中将部中同人外放，以增经验。[⑥]

5 月陆征祥自俄都圣彼得堡动身，搭乘西伯利亚火车，20 日经哈尔滨，21 日到奉天，换京奉火车到天津。[⑦] 但陆氏对接

① 《专电》，《申报》1912 年 4 月 13 日，第 1 版。

② 罗光：《陆征祥传》，第 80~81 页。

③ 《致道行先生函稿》（1946 年 4 月 11 日），陆征祥文书，T1063_02_10_0078，第 12~13 页。

④ 《命令》，《申报》1912 年 4 月 27 日，第 1 版。

⑤ 《颜惠庆自传——一位民国元老的历史记忆》，吴建雍、李宝臣、叶凤美译，商务印书馆，2003，第 73 页。

⑥ 《致刘符诚函》（1933 年 5 月 18 日），陆征祥文书，T1063_01_01_0010，第 11~12 页。

⑦ 《要闻：外交总长回京消息》，天津《大公报》1912 年 5 月 23 日，第 3 版；《专电》，《申报》1912 年 5 月 25 日，第 2 版。

掌外交仍有犹豫，观望数日，传闻因《临时约法》规定委任公使、大使须得参议院同意，惧难负完全责任，拟不就职。[①]加以唐绍仪内阁不稳，唐氏有意游说陆氏代任，冀自脱身，陆氏乃暂在天津勾留。《申报》记者采访陆氏，报道云：陆氏容色清癯，精神疲倦，涉及国事，频摇首示失望之意，并云自欧洲至天津，见者对于新政府莫不疾首蹙额，是革命之结果仍未能洽于人心，自己力衰才短，颇有不胜其任之惧，而外交总长与总统、总理，彼此权限不知能否划分明确，亦为一问题也。[②]天津《大公报》也报道陆氏之迟疑云：陆氏因身体素弱，恐就职后各处出席，奔走驱驰，精力不继，而当时外交第一要务，为各国承认中华民国一事，列强于中国秩序恢复、兵队解散后未尝不肯承认，但各国联合一致共同承认，交涉棘手。[③]

图 3-2　1913 年 5 月美国承认中华民国

---

① 《专电》，《申报》1912 年 5 月 27 日，第 2 版。
② 《外交总长陆氏之意见》，《申报》1912 年 6 月 2 日，第 3 版。
③ 《陆征祥不就职之两原因》，天津《大公报》1912 年 6 月 2 日，第 3 版。

陆氏于 5 月 31 日晋京，在津各官均至车站恭送。[①] 陆氏抵北京后，居于崇文门内麻线胡同。6 月 1 日上午 8 时随同唐绍仪总理谒见袁大总统，报载：系密议关于中俄外交，及各国承认统一政府之问题，传言陆有不肯就职之意，经大总统再四婉留，最后陆氏仍申明从前所提之数条件，事事均须践约，方肯就职，大总统已经允诺。[②] 陆征祥自云：入见袁总统，言明自己对于国际公法和各国条约，缺乏研究，自己所研究的仅俄国条约一部分。袁氏答道：这个不打紧，我相帮你。袁氏又问：陆先生在国外多年，一定学了许多好东西，于今回来，给我们带来许多有用的学识。陆答说：什么好东西也没有带回，只是带来一样，就是几时办公室开门，我夹着皮包进办公室；办公室关门了，我夹着皮包回家。袁氏说：仅这一件就够了。[③]

由于陆氏结婚时许多人反对，许景澄、杨儒也不赞成，陆征祥掌外交之初几个月，交际时未带夫人培德同去。袁世凯一次问他说：陆夫人为什么不出门，连拜会总统夫人也没来，今晚总统府宴英国公使饯行，请陆夫人来陪英使夫人。陆氏说：内人一定来。这是培德夫人第一次在中国赴宴，后来袁世凯任命培德夫人做礼官处女礼官长，各国公使夫人都很满意。[④]

6 月 10 日陆征祥正式到外交部接事，[⑤] 首先安定驻外代

---

① 《陆总长晋京》，天津《大公报》1912 年 6 月 1 日，第 3 版。

② 《陆总长与大总统之谈话》，天津《大公报》1912 年 6 月 3 日，第 2 版。

③ 罗光：《访问陆征祥神父日记（一）——六十述往之一章》，台北《传记文学》第 19 卷第 2 期，1971 年 8 月，第 50 页。

④ 罗光：《访问陆征祥神父日记（一）——六十述往之一章》，台北《传记文学》第 19 卷第 2 期，1971 年 8 月，第 51 页。

⑤ 《专电》，《申报》1912 年 6 月 4、8、10 日，第 2 版。

表，报载：陆总长以外交官必须得各国之承认始能有效，拟京外各处外交官均暂仍其旧，须俟各国正式承认后，再行更动。[①] 陆氏声明不加入党会，当时各部风气，凡总长系某党之人，部员即均趋附于某党，报载：他到外交部对部员宣言，我国自共和宣布后，即有若干政党之成立，诸君必各有所持政见，非总长所及知；他自己决不加入任何党派，乃一超然党，凡一切有利益于我民国者，无不极力进行，并无专党。[②]

陆征祥接掌外交时，国内外反应都不错。4月3日《申报》刊出《外交长陆征祥之小史》，盛赞陆氏熟悉俄国情形，庚子时助杨儒办理东三省交涉，与俄外交大臣应对明快老练，第二次海牙保和会表现杰出，又与荷兰坚毅议定领约，明言依荷法入籍者，返国后仍为中国人民，此约虽不得满足之解决，但较之强迫入籍相去多矣，现中俄交涉正在棘手之时，陆氏任外交，必能胜任愉快也。[③] 6日又介绍称陆氏留欧近20年，以办理海牙保和会及荷兰强迫华侨入籍事件，见称于时，现任俄国公使，此次革命军起，陆氏独电请清帝逊位，为驻外公使主张共和之最先者。[④]

北京外交团表示热烈欢迎，陆氏自称：我回北京以前，外交团已经向袁总统等表示任陆氏为外交总长，使团非常满意，因为新外长在外国办外交多年，今后外交部办事的手续和仪式，可以改良了。[⑤] 外交团自唐总理潜逃出京后，非常惊

---

① 《外交代表更动之从缓》，天津《大公报》1912年6月12日，第3版。

② 《陆总长不入党会之宗旨》，天津《大公报》1912年6月15日，第3版。

③ 《外交长陆征祥之小史》，《申报》1912年4月3日，第6版。

④ 《新内阁人物小史》，《申报》1912年4月6日，第2版。

⑤ 罗光：《访问陆征祥神父日记（一）——六十述往之一章》，台北《传记文学》第19卷第2期，1971年8月，第50页。

疑，至 17 日续交垫款，俱由陆征祥签字，始各安慰，并欣然申贺。[1]

最让各界惊讶的是，各国驻京公使俱先后拜谒陆总理，为向例所未有。[2] 天津《大公报》载：旧例外务大臣到任，必先拜会各国使馆，虽袁总统前任外部时亦然，此次陆氏到任，以各国通例，总长抵任通知各国公使定日接见，故订期在外交部候晤，袁总统以不先拜馆为疑，陆氏对以各国通例如此，各公使自会前来，届日各国公使果皆至，陆氏分先后接晤如仪。[3]《申报》亦载：各国外交部部长班次本在各国驻使之上，故部长就任，各国驻使必先到部谒见，吾国二十年来此礼不行，率部长先往使馆拜谒，今陆征祥莅外交总长任，并未循例往拜，翌日各国驻使先后到部谒见，京中传为二十年来所未有之事，陆氏在国际上之地位可知矣，谁谓外交团之菲薄吾国，亦因人而施之也。[4]

改革外交部[5]

陆征祥接掌外交部后，颇思有所作为，在袁世凯的支持及次长颜惠庆、秘书长王广圻协助下，以专业化为最高原则，大刀阔斧革新外交部组织与人事制度。

北京政府外交部的前身为外务部，1912 年 2 月 12 日清帝

①　《专电》，《申报》1912 年 6 月 22 日，第 2 版。

②　《专电》，《申报》1912 年 6 月 22 日，第 2 版。

③　《陆总长之外交第一政策》，天津《大公报》1912 年 6 月 23 日，第 3 版。

④　《陆征祥在国际上之地位》，《申报》1912 年 6 月 29 日，第 2 版。

⑤　参见张齐显《北京政府外交部组织与人事之研究（1912~1928）》，硕士学位论文，台中：中兴大学，2000，第二章第四节"北京政府外交部的成立与改革"。

逊位时，降旨所有官制一律仍旧，即以内阁名单照会驻北京之16国公使，改外务大臣为首领，副大臣为副首领，去君臣之义，而揭共和之实。3月10日临时大总统袁世凯宣告就职后，乃改外务部为外交部，24日令改首领为总长，副首领为次长，并任命总长、次长等官。① 但在此时，外交部的组织体制尚未健全。

陆征祥就任后的第一件任务，就是把外交部重新组织，将中国的外交机构改革一新。陆氏回国就职前，坚持途经布鲁塞尔和巴黎，就地近距离考察比、法两国政府外交部的运作机制。② 抵北京就职后，即参酌法国制度，对外交部实行改革，首先厘定《外交部组织章程》，设总长一名主持部务，另设一名次长协助，日常事务则由一厅四司负责，即总务厅、外政司、通商司、交际司和庶政司。此外，还设有由四位秘书组成的秘书处和四位参事所组成的参事室，负责处理条约和有关外交部的法令、规章的实施等法律问题以及其他事务。③ 陆氏注重外交人才之培育，制定三原则：（1）外交人员均要经过考试；（2）选用标准要打破省界；（3）多选通外国语者。④ 部内外之推荐人选，不合此三原则者，绝不接受。⑤

清朝时所有出使大臣都加钦差衔，可直接上奏皇帝，不受总理衙门或外务部节制，而且出使大臣多非职业外交家出身，对使馆事务一手包办。陆征祥大力改革，驻外公使、领事及使

① 吴成章：《外交部沿革纪略》，台北：文海出版社，1987，第57~59页。
② 陆征祥：《回忆与随想》，第43页。
③ 陈体强：《中国外交行政》，商务印书馆，1943，第51页。
④ 罗光：《陆征祥传》，第84页。
⑤ 《顾维钧回忆录》第1册，中国社会科学院近代史研究所译，中华书局，1983，第99页。

领馆馆员，都要经外交部委任。1912 年 11 月 27 日，公布
《外交官领事官任用暂时章程》，驻外使节须具备以下四条件
之一：（1）曾任外交总长或现任外交次长者；（2）曾任或现
任外交部最高荐任官者；（3）曾任或现任公使者；（4）现任
驻外代表或参赞、领事之曾以使才记名者。使领馆馆员也须符
合下列四条件之一：（1）现任外交部荐任官；（2）任外交部有
荐任资格之委任官；（3）现任各馆实缺、署缺人员；（4）内外
保送于外交上有特别经验、先行调部人员。另外还须具备三条
件：（1）兼通一国以上外国语言；（2）身体健强；（3）外貌
整洁。并据此将清末使领馆中不适任馆员淘汰，让驻外人员专
业化。[1] 使领馆须按年度编造预算，按月汇发经费，并建立驻
外使馆定期汇报制度，编辑各种法令规章，考核、考试办
法，[2] 规范外交官、领事官服制，[3] 调查各国国际礼仪，[4] 让中
国之外交制度、服制、礼仪等，皆能与西洋各国接轨。

　　在外交部人事任命上，陆征祥为破除清末旧官僚沿袭的弊
病，到任后着手整顿，为使外交人才专业化，北京外交部建立
专门的考试和资格审查制度。报载：陆氏以部员多系清朝旧
人，虽有才可用，然必须全体解散，再行组织，但解散与组织
须在同一日，以免机关停滞，已定于日内发表。[5] 又载："外
交部陆总长连日会同次长秘密会议，筹划甄汰本署人员问题，

----

① 《（北洋）政府公报》第 214 号，1912 年 12 月 1 日，第 5~6 页。
② 外交部统计科刊编《外交部法令汇编》（1914 年），北洋外交部档案，
　　03-13-046-01-001。
③ 《暂行外交官领事官服制》，北洋外交部档案，03-13-046-03-001。
④ 外交部交际司刊编《调查各国国际礼仪调查录甲编》（1915 年），北洋外
　　交部档案，03-13-046-04-001。
⑤ 《外交部将另行组织》，天津《大公报》1912 年 6 月 14 日，第 2 版。

陆意就各员在署办事成绩判定优次，以决去留，暂不举行学科考试。"[1] 6月17日陆氏将原外务部旧员155名，[2] 一律免职，仅65名人员留部办事，另从他部调用部分人员。并且为去除清朝外务部的兼差问题，于19日命令，要求所有留部人员，如有兼差者，于一星期内必须决定去留。[3]

外交部组织与人事经多次变更，到10月8日外交部官制正式颁布，共设总长一人，次长一人，参事二至四人，秘书四人，司长五人，佥事每司不逾八人，主事员额最高不得逾80人。陆征祥建立了现代化的外交部，组织简单而合逻辑，责任确定而单一，使外交部与驻外使领馆间，有明确的指挥关系。尤其在建立职业外交官制度及培养外交人才上，北京政府时期外交部人才鼎盛，外交官素质整齐。至此，中国外交机构已渐完备，日后南京国民政府外交部基本上没有多大的更改。

陆征祥同时将地方外交权收归中央，清末封疆大吏多兼总理衙门大臣衔，各自办理外交，庚子义和团运动时地方大吏甚至与列强私订"东南互保"。外务部时期试图将外交权收归中央，取消督抚兼衔，但因中央衰微，成效不彰。民国成立后，陆氏努力统一外交事权，1913年1月8日公布《画一现行中央直辖特别行政官厅组织令》，规定地方办理交涉机构如交涉员、视察员、特派员等，全改为中央直属机构，与地方政府相合作而不相统属。5月21日外交部颁布《外交部特派各省交涉员及各埠交涉员职务通则》，划一各省设特派交涉员，置外

---

① 《外交部会议甄汰署员办法》，天津《大公报》1912年6月16日，第5版。
② 内阁印铸局：《宣统三年冬季职官录》，台北：文海出版社，1966，第207~222页。
③ 《（北洋）政府公报》第50号，1912年6月19日，第1~2页。

交部某省交涉署；各通商巨埠设交涉员，置外交部某埠交涉分署；两者皆向外交部负责，[1]将晚清督抚地方外交事权收归中央。

陆氏1939年对罗光说：我记着许景澄的话，起手收罗有志青年，各国的留学生都有，不分省界，培植他们做外交人才。我看见现在中国外交界，心中很欣慰，现在3位大使，14位公使，都是我当日发掘和培养的青年。凡是办政治，尤其是办外交，绝不可用外行，军人做外交官，只是一时的，我那时培养60余名青年，绝不用私人，希望养成一外交人才传统。当张作霖入京时，我的外交团体，稍被破毁，南京政府成立时，我很害怕外交界尽用外行人，结果还好，外交界都系老成练达者。[2]

1912年南京临时政府设立外交部，采纳了西洋外交组织的方法，但由于南京临时政府的运作时间尚短，加上当时南北尚未统一，而各国直接交涉，仍在北方，对于临时政府不予承认。[3]

1912年2月12日清帝退位，北京政府成立，陆征祥担任首任外交总长，陆氏长年出使国外，对于国际外交的状况和中国传统外交的弊病，有相当的认知，他愿意担任外交总长的条件之一，就是要有完全的人事权，得袁世凯同意后，陆氏一上任即对外交部进行改革。当时世界外交制度率以法国为典范，陆氏参考法国制度组建外交部，使之组织合理化、用人专业化，并建立各种制度规章，让外交部成为民初中央政府中最现

①　陈体强：《中国外交行政》，第103~105页。
②　罗光：《访问陆征祥神父日记（一）——六十述往之一章》，台北《传记文学》第19卷第2期，1971年8月，第51页。
③　参见吴成章《外交部沿革纪略》乙编，第56页。

代化的机构，并且选拔培养出一批外交人才，成为中国外交的生力军，为民国外交奠定坚实基础。陆征祥自称：许景澄以"沟通中西，介绍新旧"为陆氏一生义务，改组外交部，即略尽此义务。[①]

第三节　陆征祥与民初政争

民国初年，内外形势严峻，陆征祥回国接任外交总长，随即意外代理阁揆，陷入棘手的民初政坛纷争，至 1913 年 11 月下旬赴欧为止，陆氏历经 1 年半严峻之内忧外患考验，让他身心疲惫不堪。

担任内阁总理风波

1912 年 6 月 10 日陆征祥甫接任外交总长，15 日唐绍仪突然秘密离开北京赴天津，并辞总理职，袁世凯派人劝驾，唐氏以心神违和不堪烦剧为辞，坚拒不应。17 日临时大总统命令：国务总理唐绍仪因病呈准赴津调治，着给假 5 日，任命外交总长陆征祥暂行代理国务总理事务。[②] 报称：盖以外交部为各部之首，陆总长又无党籍之关系，以之权理此职最称相宜。[③] 陆氏之代理阁揆，得临时参议院之同意，"谓其向来不附党派，虽无赫赫隆名，然纯粹无瑕，舆论一致"。[④]

---

① 《陆征祥日记》，1938 年 1 月 15 日，陆征祥文书，T1063_01_02_0005，第 10 页。

② 《（北洋）政府公报》1912 年 6 月 18 日，第 49 号，第 1 页。

③ 《陆总长代理总理之原因》，天津《大公报》1912 年 6 月 19 日，第 2 版。

④ 《特约路透电》，《申报》1912 年 6 月 20 日，第 2 版。

21 日袁世凯正式接受唐氏辞职，并决定："将来任命总理非得有同盟会、共和党并共和统一各党之同意不可，即应广征各政党首领之意见以决取舍。任命陆征祥再续 5 日，仍代理总理。"① 报载：同盟会及统一共和党现既绝对反对徐世昌组织内阁，调和一派深恐因此相持不下，贻误大局，拟仍从原议，以陆征祥组织内阁，其理由是陆任外交名誉尚好，现在中华民国未经各国承认，得一外交上有名誉之人充当阁揆，殊于国家有益。② 陆氏以才力不胜，体弱多病力辞，袁世凯及各部长则谆谆劝驾。③ 26 日袁世凯派总统府秘书长梁士诒至参议院，与各派参议员接洽陆氏之任命，次日得回复：本院全体议员大都以国家为前提，对于大总统所主持者，已得大多数之赞同，即请正式提出本院。④

陆征祥对于当时的国家局势相当忧心，报载陆氏尚未兼署总理时，在总统府与各秘书谓：今日有危险者二，一党派恶性竞争，只用同党人士，党外无论贤愚，极端排斥；二外交困难，军事紊乱，外交欲得优胜，实以兵力为后盾，今军界紊如乱丝，漫无所统一，以之慑服外国，岂非说梦，言已长太息者久矣。⑤

27 日陆征祥投书报纸称：言论自由本国民固有之权利，惟自由之中应有所制限，报馆为指导舆论之机关，彼此党见虽

---

① 《要闻：总统府二十一日之大会议》，天津《大公报》1912 年 6 月 23 日，第 2 版。
② 《要闻：主张举陆征祥之理由》，天津《大公报》1912 年 6 月 26 日，第 2 版。
③ 《陆征祥力辞内阁总理》，天津《大公报》1912 年 6 月 28 日，第 2 版。
④ 《要闻：参议院公认陆征祥》，天津《大公报》1912 年 6 月 29 日，第 2 版。
⑤ 《要闻：咄咄陆总理之言论风采》，《申报》1912 年 6 月 23 日，第 2 版。

有不同、然大目的之所在要同以国家为前提，偶因政见不同，互相诟病，固所不能免。惟因诟病其政见，而并牵及其个人已往之毫无根据之事，似不足为训，况更变本加厉肆意谩骂乎。此次唐绍仪总理因病请假赴津缘由，早经袁大总统明令公布，乃近日报界议论愈杂，甚至连累及于他人，太不留余地，殊于国家大局不无关碍。① 显然陆氏对共和草创之初的派系恶斗，与报界之任意谩骂，已深感忧虑，然而他自己很快就成了政治斗争的焦点。

当时舆论对于袁世凯之以陆征祥任阁揆，认为主要原因为以下两点。

第一，陆氏为外交老手，有国际声誉。天津《大公报》称，闻其得名誉之种种原因如下：（1）任海牙保和会专使时，抗争中国被降为三等国，复以长电警告外务部。（2）与荷兰议定领事条约保护华侨。（3）辛亥革命时首先请清帝让政主张共和。（4）在外交部用人独能使秩序整顿，人无怨言，为各部所不及。② 北京外交团也表示欢迎陆氏，报载某公使曰："陆君于外交上颇有经验，若任为内阁总理，敝国公使等实甚欢迎，且更期贵国此后与各国日益亲睦，俾东亚永归和平。"③

第二，陆氏无党无派，组超然内阁，可避免党争。临时参议院议员主要有三派：同盟会、统一共和党、共和党，同盟会力主"政党内阁"，认为唐绍仪因不能达其所抱政见之目的，被逼而出走，希望仍由同盟会组阁，对陆氏组阁并不满意。统

---

① 《要函照录》，天津《大公报》1912 年 6 月 29 日，第 3 版。
② 《要闻：陆征祥得名誉之由来》，天津《大公报》1912 年 6 月 30 日，第 2 版。
③ 《外交团欢迎陆内阁》，天津《大公报》1912 年 6 月 30 日，第 2 版。

一共和党、共和党则多主"超然总理，混合内阁"，愿意支持陆氏。[1]

29 日上午参议院开特别会议，讨论陆征祥继任总理案，报载，参议员到者 84 人，已过半数，先由梁士诒说明任命陆氏为总理之理由云：（1）内政上之关系，共和政体乃从欧美移植而来，现在缔造伊始，为总理者必须深悉外国政治，具知共和国民精神之人乃能胜任，且国务总理不可无世界的眼光、世界的政策，此陆君所优为也。（2）外交上之关系，共和宣布以来，内地各省大体已趋于统一，悬而未决者，莫重要于东三省，以及外蒙古、西藏、新疆各问题，此数地方在外交一面与各国均有关系，当此交涉纷纭之际，必须得一望孚寰瀛、习知外事，足以博外人信用者，方可收樽俎折冲之效，陆君实最为相宜。然后投票，共和党、统一共和党及二党外者，大都投同意票，同盟会大多未出席或投不同意票，陆氏得 74 票，多数同意通过。[2]

国务员名单被否决

7 月 18 日陆征祥将拟增补之六名国务员名单咨交参议院，并赴临时参议院说明任命理由。陆氏这次发言引发很多争议，显现了他的人格特色与民初政坛氛围之扞格难入，以及当时派系竞争之复杂，而有心人士借词扭曲渲染。

陆氏演说主要内容如下：

① 《闻陆征祥继任总理感言》（东吴），《申报》1912 年 7 月 4 日，第 1、2 版。
② 《国务院之同意不同意》，《申报》1912 年 7 月 6 日，第 2、3 版。

征祥今日第一次到贵院与诸君子相见，亦第一次与诸君子直接办事，征祥非常欣幸。征祥二十年来一向在外，此次回来，又是一番新气象。……二十年中，回国难逢机会，然每遇中国人之在外洋者，或是贵客，或是商家，或是学生，或是劳力之苦民，无不与之周旋，因为征祥极喜欢本国人，在衙署时不过一小差使而已，并无了不得，厨役一层，亦要烦自己之开单。此次回来，本国朋友非常之少，尚望诸君子以征祥在外洋时周旋本国人来对待征祥，则征祥非常厚幸。二十年间第一次回国仅三个月，在京不过两星期。第二次回国还是在前年，在本国有十一月左右，回来之时，与各界之人往来颇少，而各界人目征祥为一奇怪之人物，而征祥不愿吃花酒，不愿恭维官场，还有亲戚亦不接洽，谓征祥不引用己人，不肯借钱，所以交际场中极为冷淡。此次以不愿吃花酒，不愿恭维官场，不引用己人，不肯借钱之人，居然叫他来办极大之事体，征祥清夜自思，今日实平生最欣乐之一日。在外国时，不知有生日，因老母故世颇早，此回实可谓征祥再生之日。以上所说之话不在公事之内，今且言政事，今日征祥到院，为说明提出国务员之理由。当时征祥得大总统之厚意，蒙贵院诸君子之推爱，不得不勉为担任。任职之后，国务员相继辞职，与大总统商量数四，再三挽留，未能转圜，不得已……今且说明所以拟任数君之理由……尚望贵院诸君子赞成通过，使内阁早日成立。①

---

① 《（北洋）政府公报》第95号，1912年8月3日，附录《参议院第四十一次会议速记录》（1912年7月18日），第24~25页。

次日，临时参议院否决了陆征祥提出的国务员名单。同盟会本来就不赞同混合内阁，自然抱定反对立场，其报纸严厉批评陆氏发言不当，指出陆氏出任总理后第一次至参议院宣布政见，竟不谈国家大事，而娓娓述其生活琐事，如何开菜单等等，此番演说惊呆四座，"全场面觑，心胆俱灰"。统一共和党原希望有入阁机会，但咨文中无有一席，自觉受了愚弄，当然愤愤不平投下反对票。共和党部分参议员也觉得陆征祥的演说言辞不配当总理。故陆演说后，同盟会、统一共和党当即于投票前，先提出不信任总理问题，有人连夜发出传单谓，"如此世难，如此政府，真有亡国之兆"。[1] 被提名之六名国务员，获悉参议院中的趋向后，全部具函向袁世凯辞谢，表示不愿担任。19日晨袁世凯致函参议院，要求推迟表决，参议院以袁函非正式咨文，不予理会，坚持表决。结果，陆氏所提六名阁员一律遭到否决。有学者认为：这是参议院遵循民主政治的原则，根据约法行使职权，独立做出的一次重要表决，也是参议院与行政权发生的一次严重的冲突。[2]

24日，《大公报》批评临时参议院之所为云：陆征祥之担任总理，是参议院全体议员投票通过者，如今陆氏对于参议院尚无违背之行为，对于外交尚无失败之证据，"以几句滑稽演说，激起参议员之恶感，此果全体之反对耶？抑少数人之武断耶？因不满意总理，相率而不承认国务员，因不承认国务员，相率而不信用总理……若几忘七十四票之公认者，出尔反尔，虽欲为参议员曲解而不可得矣。……鸣呼，政党专制

---

① 《民权报》1912年7月25日，转引自刘景泉《北京民国政府议会政治研究》，天津教育出版社，2006，第211页。

② 刘景泉：《北京民国政府议会政治研究》，第211~212页。

乎？议员专制乎？吾恐两肩承一喙之政党与议员，未必有此能力，适足激成政府专制而已矣。是谓亡国之政党，是谓亡国之议员。"①

名记者黄远庸称：陆氏演讲后，临时参议院分推倒、维持两派。推倒派认为陆氏言辞不当，绝无政见，不足以当总理之任。维持派主张：（1）陆氏当日系提出阁员，非发表政见，无所谓信任不信任。（2）今总理就职未久，政府空悬，并无政策失败及违反法律之可言。（3）时事阽危，陆内阁未经试验，无从判断其善恶。（4）陆氏当日言辞即嫌失当，外交上仍有其成绩及荣誉。（5）陆氏当日谈话，乍听似觉不当，然绝无矫饰。（6）陆氏久居国外，此次演说乃以西洋方式用中文表达，故国人颇不习惯。（7）不善演说，不必然不能当总理。（8）陆氏任总理时，得 74 票之高票，今以一席谈话，便谓其一文不值，当时 74 票岂非盲举。最后称："录此以供国民之公判"，② 玩味其语意，似乎认为参议员之做法过当。

20 日陆征祥鉴于参议院之不信任，以"无组织内阁之能力"为由，向袁世凯引咎辞职，袁世凯仍持"超然内阁主义"，极力支持陆氏，不准陆氏辞总理职。陆氏复辞外交总长之兼职，袁世凯以现值外交吃紧之时，总长一席势难速得相当之人，仍令陆氏暂行兼任，勉任艰巨。③

---

① 梦幻：《闲评一》，天津《大公报》1912 年 7 月 24 日，第 2 版。

② 《陆总理演讲后之政界》，黄远庸：《黄远生遗著》第 1 卷，台北：华文书局，1968，第 188~189 页。

③ 《要闻：总理仍须兼任外交部长》，天津《大公报》1912 年 7 月 27 日，第 2 版。

袁世凯一面拉拢参议员，一面嗾使北京军警联合会声讨参议院，又通电各省，北洋集团纷纷通电攻击同盟会、统一共和党，参议院成为众矢之的，处境孤危。23日袁氏提出第二次阁员增补名单，又发动舆论对参议院施压。26日参议院表决通过5人。报载：

> 参议院因不信任陆征祥一事，惹出几许风波，各省之电争，军警之激愤，三党之龃龉，新借款之停议，现因外交问题日益紧迫，该党员中亦深悔前此之失，昨开秘密会时，形式上已颇融洽，刻共和党一部分力持积极主义以联合之，同盟会、统一共和党多数党员，亦颇愿就此结局，而不信任三字已渐归自然消灭矣，至弹劾陆总理及质问大总统，仍系同盟会一部分之主持，共和党正在调处之间，观昨日投票一事即可知其结果。[1]

黄远庸也指出："揆之诸君心理，无非以大总统施行超然总理混合内阁之政策，未达诸君政党内阁之目的，故要挟全院，事事与之为难……必欲使大总统、陆总理暨国务阁员束手不能措一词，逼令自行辞职，以便诸君之攘窃权利而后已。"[2] 学界研究认为，陆内阁风潮的实质，是唐内阁垮台后，同盟会为反对袁世凯破坏责任内阁制的一次重要斗争。[3]

---

①　《要闻：参议员已信任陆征祥矣》，天津《大公报》1912年7月27日，第2版。

②　《陆总理演讲后之政界》，黄远庸：《黄远生遗著》第1卷，第192页。

③　刘景泉：《北京民国政府议会政治研究》，第214页。

弹劾总理案

第二次增补阁员名单虽然大部分通过，然而部分同盟会参议员仍愤愤不平，27 日提出弹劾总理案，谷钟秀起草之弹劾书云：

> 陆征祥就任二十余日，碌碌无所表见，组织国务员迟之又久，而杂凑成章，以致提出参议院后，因未曾得本人同意之故，纷纷辞谢不就，视国务殆如儿戏，此陆征祥之失职一也。

> 国务员提出后，陆征祥到院陈明，是为国务总理第一次出席参议院，然未闻有何政见，惟历叙其履历，能开菜单，不吃花酒，不记生日，种种支离猥琐之词，使全院面觑旁听诧骇，总理如此，实民国之羞。若谓陆征祥非发表政见而来，不过出以寻常交际之词，试问参议院为何地，国务总理为何人，国务总理第一次出席参议院为何时，以寻常交际视之，随意乱谈……此陆征祥之失职二也。

> 前次提出之国务员，既得全体不同意之结果……乃第二次提出之国务员，竟以陆军学校毕业现充陆军次长之蒋作宾，强移之为工商总长，倒行逆施，殊难索解，此陆征祥之失职三也。

> 尤可异者，本院同意国务员之权，载在约法，同意与否为本院固有之权，无论何人不得干涉，乃本院不同意之案始行议决，而隶于政府之军警即通电干涉，由此以推议院对于政府，苟有异议，政府即可利用军警以为后援，甚

至蹂躏议院，推翻民国，亦事理所必然，此等现象，无论共和国所无，即君主立宪国亦罕见，乃国务总理视若无观，经本院议员电话，尚诿为不知，若非利用有心，即属形同聋瞆，此陆征祥之失职四也。[1]

此弹劾书显现了同盟会因反对袁氏之强势行政权力，强调参议院立法权制衡之不容干涉，乃假借陆氏发言不当之题目大肆发挥。

29 日陆征祥再次提出恳辞问题，袁世凯温谕慰留，未允所请，报称：闻陆总理此次再请解职，其原因有两端，一为外交异常棘手，无法措施；一为参议员谷钟秀等极力反对，现又提出弹劾案，是以再请辞职。并闻大总统于陆氏去后，曾对某员谓，陆征祥如不能留，我实无法再举阁员，亦实无可举之人，言时颇有不悦之状。[2] 黄远庸称：袁世凯不准陆氏去职，但"现在反对党居议会多数，政府与议会感情恶劣，以后如何行政，是又将来一大疑问也"。[3]

陆氏屡辞总理，袁世凯命内务总长赵秉钧代理。报纸评论称："民国政府之首领，置如弈棋，居如传舍，谁复能尽心国事为切实之进行者，徒令大好之光阴，尽销磨于辞职、挽留、选举、组织、送旧、迎新之中而已。"[4] 此时国内党争激烈，行政权与立法权分际不清，而外交要案纷来沓至，国本有动摇之

---

[1] 《要闻：谷钟秀草定弹劾总理案》，天津《大公报》1912 年 7 月 30 日，第 2 版。

[2] 《陆总理再请辞职之提议》，天津《大公报》1912 年 7 月 31 日，第 2 版。

[3] 《陆总理演讲后之政界》，黄远庸：《黄远生遗著》第 1 卷，第 189 页。

[4] 无妄：《闲评》，天津《大公报》1912 年 8 月 22 日，第 2 版。

虞。8月孙中山进京，表态支持袁世凯，调和南北，党争稍息。

陆征祥坚持请辞，袁世凯不断给假慰留，陆氏仍然坚辞。9月4日袁氏任命梁如浩为外交总长，陆氏仍坚辞总理职，袁世凯只好准辞，但要陆氏顾念危局，担负借款责任，并任总统府特别顾问，以裨国务，陆氏复函允认。① 陆氏辞任总理、外交总长后，在金鱼胡同赁屋而居，协助善后大借款及其他外交重要问题。② 王广圻也交卸国务院秘书长，赴陆宅同居，③ 旋即出使荷兰。④

按清朝成例，凡外务部堂官到任，必须先拜公使团，然后各公使始行回拜。陆征祥任外交总长后，即按照各国通例，不先往拜，各国公使果皆破例先来，当时曾传为美谈。陆氏辞职后，梁如浩继任外长，各国公使以民国尚未得各国承认，一切交际之礼节，仍应按照清朝之成例办理，皆不往拜梁总长。梁如浩以西洋通例皆公使先来拜会，然后外交总长再行回拜，且现在民国成立，为尊重国体起见，不便再用清朝旧制，况有陆总长之成例在先，亦不肯往拜，遂致双方相持不下，外交总长未能与公使团正式会晤，一切交涉事件亦不能直接办理。⑤ 报纸评论云：

> 新任外交总长梁如浩非所称外交老手者乎，今开宗明义第一章，欲按照各国通例，不先往拜外国公使，而望各

---

① 《要闻：陆总理辞职后之责任》，天津《大公报》1912年9月20日，第2版。
② 《陆前总理交代告竣》，天津《大公报》1912年10月8日，第5版。
③ 《王广圻交卸后之责任》，天津《大公报》1912年10月11日，第3版。
④ 《王广圻将任驻荷公使》，天津《大公报》1912年10月21日，第5版。
⑤ 《外交界新发现之趣事》，天津《大公报》1912年10月29日，第3版。

公使之先施，以与陆征祥后先媲美。讵意此项体面可一而不可再，以致迁延多日，我既不往，彼亦不来，俄使遂有断绝国交之报告，国际上反生出种种误会。岂各公使之前恭而后倨耶，抑岂厚于陆而薄于梁耶，殆亦外交之得人与不得人耳，此而不能效法，则其他之所谓效法者，无非玷辱国体，断送利权而已。然后知国家之强弱存亡，不在效法不效法，而在得人不得人。①

陆氏再任外交总长

11月上旬《俄蒙协约》事发，北京政府震惊，民情激昂，外交总长梁如浩引咎辞职。报纸有抨击临时参议院者，称梁氏固然有重大失职，"然亦思拔梁于众人之中，而委任之者谁乎？多数表同意票选梁如浩者谁乎？攻倒较优于梁之陆征祥，而承认远劣于陆之梁如浩者又谁乎？准以功狗功人之例，梁如浩只可谓之罪狗，若发踪指示之罪人，固大有人在也"。②

袁世凯函商陆氏再任外交总长，请以国家存亡为念，幸勿却辞。③ 报载：陆征祥本决意不再入政界，且其夫人力阻他预闻政治，曾对人说中国若干万万人，无一人不配为总理，何苦要他担任内阁，其愤慨如此。迨《俄蒙协约》事发，袁总统力劝其任外交，陆氏坚辞不允，袁氏托人向陆夫人陈说，陆夫人深明大义，亦劝陆出山，陆始表示同意。④ 陆氏接任后，移

① 梦幻：《闲评一》，天津《大公报》1912年10月30日，第2版。
② 无妄：《闲评》，天津《大公报》1912年11月15日，第2版。
③ 《函商陆征祥再任外交部》，天津《大公报》1912年11月15日，第3版。
④ 《陆总长允任外交之原因》，天津《大公报》1912年11月18日，第2版。

居石大人胡同之外交部迎宾馆。①

11 月 15 日临时参议院开议，国务总理赵秉钧出席，提出以陆氏任外交总长，投票结果为陆氏得出席 75 人中 72 票同意。《申报》评论称：

> 使陆内阁而不倒，外交长而非梁如浩，则蒙事虽未必优胜，然而不至失败如今日，可断言也。今蒙事决裂如此，而陆氏复以参议院七十二人之同意复任为外交长，在陆氏以国事为重，当不至有所慊然，然而彼推倒陆内阁之主动者，回思前事，能勿自悔其孟浪耶。呜呼，事急则求之，事懈则弃之，专制霸朝之英辟，尚不尔尔，况共和国之主人翁哉，国民之凉德不除，欲产出良政府，终无望也。②

天津《大公报》评论云：

> 参议院之出尔反尔，儿戏误国，其罪非短言所能尽。陆之外交手段非梁如浩之比，此固通国皆知，今能牺牲一己之毁誉，复出而担膺艰巨，固由其所见者大，国家危局或者尚可挽救乎。但吾侪有所切嘱于陆者，将来出席参议院时，万不可再说不送礼，万不可再说不打麻雀，万万不可再说不吃花酒。③

---

① 《陆总长已移入南海》，天津《大公报》1913 年 5 月 27 日，第 5 版。
② 《参议院通过陆外交长感言》，《申报》1912 年 11 月 17 日，第 3 版。
③ 无妄：《闲评》，天津《大公报》1912 年 11 月 18 日，第 5 版。

黄远庸也评论道："狐埋狐掘之参议院，昔日一场演说，几薄此君不值一钱。当此之时，复隐于'上下协力举国一致'之美名之下，几乎全体一致通过此新外交总长。陆君不嫌卑不畏难，毅然就任，可谓有责任心者。"[①] 15日大总统令：特任陆征祥为外交总长。[②]

民国初年，政局动荡，阁揆屡异。天津《大公报》评论云：

> 乃自民国成立以来，竟有作内阁之梦者，热度沸腾已达极点。其始也倡政党内阁之名，冀以一举手之劳，即行攫得。及至失败，则又出其强迫手段，逼倒唐内阁，而若人政党内阁之痃又发，继而又遭失败，陆子兴以超然不党，暂承其乏，秘密运动连带人员一律否认，直将以一脚踢到顺昌耳。乃又不成，其后陆子兴终以排挤逊位，而若人政党内阁之痃又大作，事机不顺，终归失败，而赵智庵又崛起矣。迄今正式国会将近成立，若人内阁狂热更复增重，则又密用总统内阁交换之计，噫！前以激烈倒唐，后以和平挤陆，无非若人欲作内阁之梦耳，以致上下不安，国本摇动，所谓足下不死，孤不得安者，其此之谓乎。[③]

影射国民党对袁世凯之恒不信任，牵及内阁总理换置如弈棋。

第一届国会议员选举于1912年底至1913年初举行，国民

---

① 黄远庸：《黄远生遗著》卷2，第14页。
② 《（北洋）政府公报》第200号，1912年11月17日，第1页。
③ 《杂录》，天津《大公报》1913年3月10日，第9版。"若人政党"殆指国民党。

党大胜，掌握参、众两院多数席位。1913 年 3 月 20 日发生宋教仁遇刺案，国民党与袁世凯矛盾加剧。4 月 8 日第一届国会在北京正式召开，陆征祥发起于 21 日在北京北堂天主教堂举行联合祈祷，中外人士共同祈求上帝佑护中华国会及新总统，护佑民国于急难之中。① 正式国会开幕后，正式政府也将组成，陆氏极为忙碌，除外交交涉外，报载：闻拟将各事筹妥，移交给正式政府后，即请辞职出洋。②

　　5 月 1 日段祺瑞代理内阁总理，陆氏继续担任外交总长。23 日陆氏由石大人胡同之迎宾馆，移居南海之瀛台，报载：闻系有两项原因，一因与大总统密商外交政策之简便；一因暗杀风潮日甚，即陆君亦须严防之。③

　　5 月 20 日陆氏与俄库使草签《中俄协约》六条，国务会议通过后，送交国会审查。6 月 6 日众议院通过审查报告，但提出不少修正意见，请陆氏再与俄使交涉，11 日陆氏与俄使要求修改被拒。此时袁世凯与国民党矛盾越发尖锐，袁氏下令罢免柏文蔚、胡汉民、李烈钧三都督，国民党议员借题发挥，7 月 11 日参议院否决《中俄协约》。

　　随即二次革命战事爆发，陆氏坚请辞职，袁世凯极力挽留。④ 7 月 31 日熊希龄内阁成立，报载：熊总理抵京后，曾向袁总统陈述中俄关于外蒙古问题交涉万分困难，陆总长与俄使所订之约有此结果甚为满意，惜参院议员为党见所拘，一致否决，现察俄使方面，恐他人难于继续交涉。熊总理两次至陆

① 《特约路透电》，《申报》1913 年 4 月 21 日，第 2 版。
② 《陆总长预备外交案之忙碌》，天津《大公报》1913 年 5 月 21 日，第 5 版。
③ 《陆总长已移入南海》，天津《大公报》1913 年 5 月 27 日，第 5 版。
④ 《陆总长将抱病交涉》，天津《大公报》1913 年 7 月 22 日，第 5 版。

处，要求其连任。① 陆氏仍然坚决请辞，9 月 4 日大总统准辞，② 先由次长曹汝霖代理，11 日任孙宝琦为外交总长。③ 袁世凯商请陆氏充任外交顾问，协助孙宝琦交涉《中俄协约》，并筹备第三次海牙保和会，陆氏允认暂缓赴欧。④

9 月二次革命平定，10 月 6 日袁世凯当选总统，10 日就职，各国正式承认中华民国。11 月 4 日袁世凯下令解散国民党，5 日孙宝琦与俄使签署《中俄声明文件》及《中俄声明另件》。11 月底陆氏携眷赴欧。

第四节　中俄交涉功败垂成

民国初建，陆征祥面临的外交局势十分险恶，列强承认问题、善后借款交涉、蒙藏问题等，都很棘手，与陆氏关系最密切的则是中俄关于外蒙古的交涉。⑤ 此案可称是陆征祥民初内忧外患之下"弱国外交"的典型案例，他在强邻威逼与国会党争下严重损耗，生病住院，甚至萌生以身殉国的念头。

外蒙古"独立"

清末俄国及日本势力逐渐进入满蒙地区，日俄战争后，两国于 1907 年 7 月 30 日签订《日俄密约》划分势力范围，俄据北满，以外蒙古为势力范围，日据南满，以朝鲜为势力范围。

---

① 《关于改组新内阁之种种》，天津《大公报》1913 年 8 月 31 日，第 3 版。
② 《（北洋）政府公报》第 480 号，1913 年 9 月 5 日，第 1 页。
③ 《（北洋）政府公报》第 487 号，1913 年 9 月 12 日，第 1 页。
④ 《挽留陆总长暂缓出京》，天津《大公报》1913 年 9 月 9 日，第 5 版。
⑤ 参见张启雄《外蒙主权归属交涉（1911~1916）》，台北：中研院近代史研究所，1995。

俄国积极经营外蒙古，清政府为巩固边防，也在外蒙古实行新政，编练新军、兴办学校、招民垦荒、从事实业建设。

宣统年间，库伦办事大臣三多大力推动新政，而殖民、设官、驻军诸措施，严重违反蒙人权益，加以施行欠当，蒙民不堪其扰。当时革命党高唱驱逐鞑虏，恢复中华，建立民国，平均地权，蒙人对汉人疑惧愈深，再经俄人煽动，辛亥革命之前，蒙古王公就已寻求"独立"，向库伦俄国领事求援。

1911 年 7 月底外蒙古地区活佛哲布尊丹巴派遣代表秘密前往俄国，8 月 15 日抵达圣彼得堡，请求俄国援助与庇护，俄政府决定在外蒙古不脱离中国主权架构下，以外交调停方式支持蒙人，但不承担与中国武力冲突的义务。28 日俄国驻北京公使照会外务部：中国在外蒙古所采手段，有违现状，俄国不能淡然视之。并乘中国南方革命运动时机，派遣马步队 800 余人于 10 月初驰抵库伦，并提供军事援助。

10 月 10 日武昌起义后，南方各省纷纷对清政府宣布独立，11 月 30 日外蒙古也乘机宣告"独立"，并驱逐库伦大臣三多。12 月 28 日哲布尊丹巴行登极礼，称喀尔喀皇帝。

1912 年 1 月 1 日中华民国于南京成立，孙中山就任临时大总统，宣布五族共和。陆征祥 15 日会晤俄国外相沙查诺夫，对俄国政府愿意在中蒙间进行调停表示感谢，但担心其他列强也提出同样要求，故代表中国婉拒了俄国的调停。①

天津《大公报》1 月 20 日载：外蒙古库伦等处之宣布"独立"，系由俄人煽动，并非关于民军，兹闻外交界人云，

---

① 陈春华：《沙皇攫取蒙古——俄国外交文件选译》，《近代史资料》总 37 号，第 134 页。

此事已由驻俄陆征祥与俄廷开正式交涉，始则极为纠葛，昨闻陆使已有电报声称俄廷颇有转意，惟现在暂行派兵保护侨民商务，并不干预外蒙古内政及路矿等权，俟将来完全政府成立后再行撤兵。[①] 22 日载：外交团消息，中俄在圣彼得堡之谈判陆征祥对于承认外蒙古"独立"事件反对甚力，该处首席某国公使出面调停，拟将归海牙保和会公判。[②]

2 月 12 日清帝退位，诏书曰：合满、汉、蒙、回、藏五族完全领土为一大中华民国。同时中华民国提出待遇满、蒙、回、藏七条件，优待少数民族。3 月 10 日袁世凯就任临时大总统，再次强调五族共和，由内务部接管理藩部事务，并致电外蒙古活佛，劝其撤销"独立"，活佛复电反驳，并请俄国干涉。袁世凯拟对外蒙古用兵，俄国命驻北京公使警告中国：若出兵外蒙古，必酿重大交涉，袁世凯乃不敢贸然出兵。

袁氏任命陆征祥担任外交总长，陆氏因种种顾忌而推辞，其中之一就是外蒙古问题棘手。陆氏自称：当时俄国外交大臣以驻俄公使被任民国第一任外长，深引为荣，不明为何再三言辞。我告以精力才学都不足用，且回国就职，俄国马上提出外蒙古问题，将进退两难。俄外交大臣笑道，倒也不必担心，我们必有办法，可以使贵使下得台。我便乘机抓住俄国，使外蒙古问题暂时有一保证。[③]

陆征祥返国于 6 月 10 日接掌外交部，19 日举行第一次外

① 《蒙古交涉果有转机乎》，天津《大公报》1912 年 1 月 20 日，第 5 版。
② 《要闻：中俄最近之蒙古交涉》，天津《大公报》1912 年 1 月 22 日，第 2 版。
③ 罗光：《访问陆征祥神父日记（一）——六十述往之一章》，台北《传记文学》第 19 卷第 2 期，1971 年 8 月，第 50 页。

交招待会，与各国使节会晤，会中俄国新任驻华公使库朋斯基告诉陆氏俄国调停外蒙古问题的三个条件：中国不在外蒙古驻兵、不移民，外蒙古取消"独立"后蒙人"自治"。陆氏答称：北京与外蒙古谈判系中国内政，会注意到俄国的要求，但不会对俄国声明做任何答复。[①]

陆氏旋即代理国务总理，袁总统任命理由之一，即系外交上满、蒙、藏、伊犁、片马等边疆各地，与各国交涉纷纭，陆征祥望孚寰瀛，得外人之信用，可切实交涉，[②] 得临时参议院同意。报载：陆总理通告俄、英、法驻京公使，凡蒙、藏、云南地方官民与各国私立之约，概不承认，外国报界赞服陆总理外交手腕之敏捷，但各省自主，中央无力，边疆"独立"，各国不与交涉，深惜陆总理敏捷之手腕挥洒于无用之地。[③] 同时陆氏受到同盟会主导之临时参议院杯葛，先否决国务员名单，后又提出弹劾，陆氏请辞总理兼职，由内务总长赵秉钧代理。

8月2日陆氏会晤库朋斯基询问外蒙古问题，库使重申三条件。晤谈后，库使建议圣彼得堡：俄国单独与外蒙古缔约，迫使中国与俄国协商，陆氏则建议袁世凯积极出兵解决外蒙古问题。9日库使严重警告陆氏，如出兵外蒙古，俄国必将干预，建议中俄缔结协约，解决问题。[④]

8月孙中山北上与袁世凯恳谈，党争稍缓，9月陆氏坚辞外交总长职，由梁如浩继任，其后梁总长与外交团因答拜问

① 陈春华：《关于1911~1913年中俄外蒙问题交涉——俄国外交文件选译（二）》，《民国档案》1990年第1期，第67~68页。

② 《国务院之同意不同意》，《申报》1912年7月6日，第2、3版。

③ 无妄：《闲评》，天津《大公报》1912年8月2日，第2版。

④ 陈春华：《关于1911~1913年中俄外蒙问题交涉——俄国外交文件选译（二）》，《民国档案》1990年第1期，第70页。

题，彼此相持月余，外蒙古问题遂又搁置。[1] 俄国以中国拒绝其调停"中蒙纷争"，乃断然模仿英国侵略西藏的办法，先制造既成事实然后再压迫中国追认。[2] 10 月俄国派员密赴库伦接洽，19 日外蒙古政府再次宣布"独立"。11 月 3 日外蒙古与俄国签署《俄蒙协约》及《商务专条》，规定：外蒙古"自治"，接受俄国扶助，不准中国军队入境及华人殖民，俄国在外蒙古享有各种权利，外蒙古与中国或他国订立条约须得俄国允许。[3]

俄国公开支持外蒙古脱离中国，视外蒙古为对华外交之奇货，暗中仅允"自治"不许"独立"，其目的在于先向外蒙古取得重大利权，然后以外蒙古之"独立"或"自治"作为筹码，胁迫中国承认其在外蒙古的既得利益。中国对于俄国利用中国革命之际，鼓动外蒙古"独立"，造成中国领土的割裂事实当然无法接受，决定单独对外蒙古交涉，但为外蒙古所拒，对外蒙古用兵又为俄所阻，不得已只好接受俄国的调停。[4]

11 月 8 日俄使库朋斯基拜访外交总长梁如浩，送交《俄蒙协约》及《商务专条》，并表示俄国与中国商议外蒙古问题已经年余，中国始终不顾，致俄国在蒙商务及他种利权均受影响，故与库伦活佛订立条约，从速"保护"俄国所有权利，请中国政府迅速承认，以维持和平。梁总长答谓，民国继承清朝权利，外蒙古仍为中国之一部分，此次"独立"全系内政

---

① 《俄蒙协约之惊风骇浪专电》，《申报》1912 年 11 月 18 日，第 2 版。

② 张启雄：《外蒙主权归属交涉（1911～1916）》，第 81 页。

③ 程道德、张敏孚、饶戈平等编《中华民国外交史资料选编（1911～1919）》（一），北京大学出版社，1988，第 88～89 页；张启雄：《外蒙主权归属交涉（1911～1916）》，第 90～100 页。

④ 张启雄：《外蒙主权归属交涉（1911～1916）》，第 101～103 页。

问题，不便第三国出而干涉，本部日昨已经声明外蒙古与外国订约，中国断不能承认，贵国与外蒙古协约实违背国际公例，侵害中国主权，政府断不能承认为有效。俄使辩言条约中并无承认外蒙古"独立"字样，俄国承认中国对外蒙古有宗主权，建议中国政府与俄国商议外蒙古问题。[1]

《俄蒙协约》签订后，北京政府立即向俄国使馆提出抗议，9日袁世凯开临时会议，筹议如何对待外蒙古及对待俄人办法，以冀为事后之挽回。[2] 梁如浩即日提出辞呈，舆论多将《俄蒙协约》归咎于外交总长梁如浩之失职，《大公报》称："俄蒙协约发现，国人怨愤填胸，莫不切齿于梁如浩，将声其罪而讨戮之，夫梁之尸位溺职断送领土，缚诸两观，肆诸市朝，诚不足以蔽厥辜。"[3]《申报》也称："此次俄蒙协约得以成立，纯由外交总长梁如浩一人所致，俄人前所要求各条，两月以来梁氏坚持延宕主义不作答复，致今日之失败。"[4]

陆征祥再任外交总长

袁世凯以此时外交吃紧，非素有信用，熟习俄国情形如陆征祥者不足当此重任，决意再任陆氏为外交总长。15日参议院讨论外交总长案，赵秉钧总理出席称：外交最关重要，梁如浩不能称职，已准其免官，目下外交人才，在外洋者缓不济急，现在所可任命者，仅陆君一人，其才干诸君皆已深悉，务

---

① 《俄蒙协约之惊风骇浪专电》，《申报》1912年11月18日，第2版。
② 《总统府会议俄蒙密约》，天津《大公报》1912年11月12日，第2版。
③ 无妄：《闲评》，天津《大公报》1912年11月15日，第2版。
④ 《俄蒙协约之惊风骇浪专电》，《申报》1912年11月18日，第2版。

望诸君同意。随即投票，到会 75 人，同意者 72 票，通过。①

陆征祥再度出任外交总长，与库朋斯基谈判前拟定三步骤：（1）以要求取消《俄蒙协约》为第一步；（2）以我方提议条款改《俄蒙协约》为《中俄协约》为第二步；（3）以就俄人提议之条款而裁抑之，以成《中俄协约》为第三步。至若《商务专条》17 款，则摘取其与条约不相背者，以收主权。②

16 日外交部照会俄使，声明不能承认《俄蒙协约》，要求取消。③ 陆氏频频与袁世凯商议，④ 与各国公使接洽。⑤ 19 日驻俄公使刘镜人至俄国外交部请求俄国放弃《俄蒙协约》，保证中国与俄国开议，以解决外蒙古问题，俄外部表示不能取消。20 日陆征祥向库朋斯基建议改《俄蒙协约》为《中俄协约》，库使秉持俄国外交部训令，表示双方应按照《俄蒙协约》之原则来解决问题，陆征祥将俄方所提办法呈大总统及内阁讨论。23 日陆氏向俄库使提出中国政府会议结果：《中俄协约》签订，《俄蒙协约》即失效，库使表示反对。陆氏与库使不断交换意见，库使要求中国军队撤出蒙境，29 日陆氏通知库使，袁世凯已下令停止进兵外蒙古，同时陆氏也要求俄军自库伦撤出。⑥

30 日起双方展开正式谈判，陆氏首先主张取消《俄蒙协约》，库使不肯允认，另行提出俄方草案四款：

---

① 《俄蒙协约之惊风骇浪（四）：陆征祥再登舞台》，《申报》1912 年 11 月 21 日，第 2、3 版。
② 张启雄：《外蒙主权归属交涉（1911~1916）》，第 104 页。
③ 《专电：北京电》，《申报》1912 年 11 月 18 日，第 2 版。
④ 《陆总长对俄政见之陈》，天津《大公报》1912 年 11 月 19 日，第 3 版。
⑤ 《陆总长初晤俄使之声告》，天津《大公报》1912 年 11 月 21 日，第 3 版。
⑥ 张启雄：《外蒙主权归属交涉（1911~1916）》，第 104~108 页。

1. 中国担任对于蒙古种族上及历史上之行政制度，毫不更动，承认蒙古人民在其领土内自有防御及保护治安之特权，得有军备及警察之组织，并不许外国人，其中包括中国人，在蒙古境内有殖民之举。

2. 俄国担任尊重蒙古领土不受侵犯，除领署卫队外，若不先行知照中国政府，不得向蒙古派遣军队。

3. 中国愿与蒙古建立正常关系，且可宣告愿接受俄国调处，以解决此种关系之原则问题、自治蒙古领土边界问题以及因蒙古自治而产生之权利问题。

4. 俄国人民及商务在蒙古享受之权利，当列入本约之附件内。①

简言之，中方主张：中国对蒙有完全主权，并有照清朝旧制治蒙之权，外蒙古无外交权，所订《俄蒙协约》及其附约无效，惟为顾虑俄国调处，中国承诺在外蒙古不驻兵、不设官、不殖民。俄方主张：中国对外蒙古有宗主权，外蒙古"自治"，《俄蒙协约》及其附约有效。俄国由于已造成既成事实，咄咄逼人，处于强势地位。

12月4日双方会谈争论不休，7日会谈中陆氏提出中国对案：

1. 俄国政府应尊崇中华民国在蒙古之完全领土主权。

2. 俄国政府应尊崇中华民国政府办理或主办关于蒙古商务上及其他事项对外之一切交涉主权。

---

① 张启雄：《外蒙主权归属交涉（1911~1916）》，第108~109页。

3. 中华民国政府声明，其所有之治理外蒙之权，按照前清旧例办理。

4. 俄国政府担任，凡于中华民国政府为维持外蒙旧有之治体而随时举行之政策，概不干涉，亦不妨碍。

5. 中华民国政府声明，非先体察外蒙人民之意愿，不于旧例外，在蒙古地方径行驻兵设官及鼓励殖民。

由于中俄双方之主张相去甚远，俄国拒绝以中国对案为开议之基础。①

11 日双方谈判，讨论两国主张之歧异，主要争议在于：中国在外蒙古有"主权"或"宗主权"，中国在外蒙古之权力是"照前清旧例办理"或"外蒙自治"，《俄蒙协约》"无效"或"有效"，此后进入具体的商议。②

17 日俄国公使到外交部，陆氏提出修正案六款，遭库使退回。20 日俄公使往访陆总长于外交部，对中国施压。1913年 1 月 4 日，俄使馆参赞格拉卫（Grave）代表俄使至陆宅，交俄政府答复照会五款，陆氏婉转拒绝俄方条件。11 日陆氏将俄方条件略加修改，提出最后让步案，面交俄使馆参赞格拉卫。16 日刘镜人到俄外交部探询俄方意见，沙查诺夫坚持中国承认《俄蒙协约》。20 日俄使以索赔庚款对陆氏施压。29日陆、库再晤谈。经两个多月的摸底，双方谈判态度逐渐明朗，陆征祥决定以名为重，以利为轻，俄方则决定"舍名求实"，于是中国坚持在外蒙古之主权，对外蒙古之"自治"、

---

① 张启雄：《外蒙主权归属交涉（1911~1916）》，第 110~112 页。

② 张启雄：《外蒙主权归属交涉（1911~1916）》，第 115~116 页。

《俄蒙协约》有效及俄蒙《商务专条》的利权上，对俄略做让步，以后的谈判就依循这个大方向磋议。①

2月17日至3月5日双方多次会谈，陆氏强调中国最看重"主权"两字，反复争论。3月10～29日持续谈判，俄方多次以中止谈判为要挟。4月14日到5月20日争论俄蒙商务问题，双方对各问题的细节安排逐渐接近。②

4月8日正式国会召开，26日善后大借款合同签署，5月2日美国率先承认中华民国，袁世凯政权地位趋于巩固。至5月下旬，中俄经过半年协商，会议30次，陆氏与库使互做让步，中国以利权换取名分，承认外蒙古历来之地方自治制度，及承认俄蒙《商务专条》的俄国利权，换取俄国承认中国对蒙领土主权及外蒙古回归中国"向有之地方官吏性质"，双方各取所需，达成协议，草签《中俄协约》六款：

1. 俄国承认蒙古为中国领土完全之一部分，兹将担任于此领土关系之继续，不谋间断。又此领土关系上生出之中国历来所有之种种权利，俄国并担任尊崇。

2. 中国担任不更动外蒙历来所有地方自治制度，并由外蒙古之蒙古人，在其境内有防御及维持治安之责，故许其有组织军备及警察之专有权，并许其有拒绝非蒙古籍人，在其境内殖民之权。

3. 俄国一方面担任除领署卫队外，不派兵至外蒙古，并担任不将外蒙古之土地举办殖民。又除条约所许之领署

① 张启雄：《外蒙主权归属交涉（1911～1916）》，第116～128页。
② 张启雄：《外蒙主权归属交涉（1911～1916）》，第129～140页。

外，不在彼设置他项官吏，代表俄国。

4. 中国愿用和平办法，施用其权于外蒙古，并声明听由俄国调处，照上列各条之本旨，订立中国对待外蒙办法之大纲，并使该处中央长官自认有中国所属部内向有之地方官吏性质。

5. 中国政府因重视俄国政府之调处，故允在外蒙地方将下开之商务利益给予俄民（加入 17 条条文）。

6. 以后俄国如有与外蒙官吏协商关于改动该处制度之国际条件，必须经中俄两国直接商议，并经中国政府之许可，方得有效。①

简言之，中国以承认外蒙古"自治"及《商务专条》之俄国权利，换取俄方承认中国对外蒙古之领土主权及外蒙古承认回归中国"向有之地方官吏性质"。

5 月 26 日陆征祥将草约提出国务会议，获得通过，28 日咨送众议院，30 日国会开秘密审查会议，请陆征祥出席说明。6 月 3 日陆征祥出席众议院审查草案股会议，解释《中俄协约》，席间有数人质疑驳斥，惟大多数议员认为该约虽不能满意，但能得到此地步已属难能可贵。6 日众议院通过审查报告，以此约专以挽回政治上权利为主旨，其经济上权利但能牺牲者只得忍痛牺牲，但仍做出不少修正决议，请陆氏再与俄使交涉。陆氏不得已，根据众议院修正决议案与库使交涉，惟俄使态度强硬，表示不能接受。②

---

① 张启雄：《外蒙主权归属交涉（1911~1916）》，第 140~141 页。
② 张启雄：《外蒙主权归属交涉（1911~1916）》，第 142~144 页。

此时袁世凯与国民党矛盾越发尖锐，袁氏下令罢免柏文蔚、胡汉民、李烈钧三都督，国民党议员在国会中坚决反袁，牵及陆氏。报载："国会对于俄国所可承认以为解决蒙事之基础各款，均不赞成，致陆总长有进退维谷之虞，盖参众两院方面之态度执拗不变，俄使方面亦强硬难移，故舍退职之外别无善策。"① 又称："外交陆总长办理交涉事件，往往稍有端倪，正在间不容发之际，或格于议会否决，或政党极力反对，以致坐失机宜。"②

陆征祥内外交迫，进退维谷，生病住院，先请假再请辞，其辞呈云："窃征祥素体亏弱，近以感受暑热，头颈手足遍发红点，时复形寒畏风，延医诊治，据称须静养数日方能痊愈，用敢具呈，吁请仰恳鉴察下忱，准假十日俾资调治。"袁世凯批："现在外交重要，正资倚任，一俟病愈，应即视事，毋庸拘定假期。"③

众议院有议员认为陆氏系装病，强令陆氏出席 20 日院会。《申报》评论云："陆总长以俄约而病，人谓其假病也，议员乃逼之出席，逼之出席而果见其真病矣。俄约之提出，人谓其政府之手段，议员复令其重行交涉，重行交涉之后，不知果政府之手段欤，抑事实欤，故余谓凡人不可过于以小人度人。"④又报道称："陆总长自两星期以前即患疹疾，满身红点，据医云此病甚畏风寒，适前次抱病出席，已出之疹受风之后，即皆

①　《译电》，《申报》1913 年 6 月 17 日，第 2 版。
②　《要闻：内外两总辞职之未准》，天津《大公报》1913 年 6 月 19 日，第 3 版。
③　《内外两总长之称病谈》，《申报》1913 年 6 月 22 日，第 3 版。
④　无名：《杂评一》，《申报》1913 年 6 月 23 日，第 3 版。

退回，病势遂因之转剧。"①

6~7月间中俄交涉停止，传言陆氏有以身殉国之念。报载："陆总长以外交不得手，又不见谅于国民，眼见俄约不了，日后必有重祸，至欲自杀以谢国，陆总长诚可谓愚矣，然而国民亦将何以对之。"② 又称："外交陆总长对于此问题已具最后之决心，拟陈述利害再请参议院核议，务期表决，但此次无论通过与否，该总长至迟于此十日内将此约签字，自认违法之咎以维持外交上之信用，对于己身并有不忍言之计划，盖拟以身殉国云。"③

7月8日总理段祺瑞及陆征祥将《中俄协约》及交换公文再提交众议院，众议院开秘密会，计投同意票者230人，投不同意票者182人，进步、共和两党及超然议员社议员均投同意票，国民党议员投不同意票，政友会议员虽多投不同意票，而会中重要分子孙钟则又投同意票。④ 众议院通过后，送交参议院，议员中之稍顾大局者大抵皆主张忍痛承认，国民党议员则坚决反对，以贯彻其反对政府之主张。⑤ 11日参议院投票否决，同时国民党发动二次革命，12日李烈钧在湖口宣布独立，起兵讨袁。

陆征祥不得已，只好向俄方提出再交涉之要求。圣彼得堡本来就对草约中的规定很不满意，乘势决定否决草约。13日库使照会外交部：表示对此事极为遗憾，声明俄国恢复行动自

①　《仓皇中之中俄条约问题》，《申报》1913年7月12日，第3版。
②　无名：《杂评一》，《申报》1913年7月9日，第3版。
③　《要闻：关于中俄约之消息一束》，天津《大公报》1913年7月23日，第3版。
④　《要闻：段陆一再出席众议院之结果》，天津《大公报》1913年7月10日，第2版。
⑤　《仓皇中之中俄条约问题》，《申报》1913年7月12日，第2、3版。

由，取消原协议六款，另提新议约原则四款，作为以后重开会议的谈判基础，条件比原协议更为严苛，中国对外蒙古由主国降为上国，对外蒙古权利由主权降为宗主权，外蒙古实质上由中国的属藩沦为中俄"共管"，事实上由俄国单独控制。陆氏认为实无磋商余地，只得暂时停议。①

陆征祥处境十分艰难，报载：陆总长对于此事，前后与俄使交涉备经艰苦，忍痛含辛，始得今日六条之协约，名义上尚可稍有挽回，库伦之"独立"亦可冀以取消，如中国能奋发有为，未始不可补救，今国人不谅苦衷，交相责难，坐失良好之机会，已成之交涉复陷于破裂不可收拾之地步，故日来异常懊丧，并有以身殉国之思想，其悲愤可想而知矣。并称：陆总长搬入法国医院居住，病势尚不见愈，因中俄交涉日益棘手，忧病交加，曾有自杀之意，并草书遗言一篇，痛论中俄交涉始末情形，解释各方面种种之误会，并嘱其夫人如一旦身殁之后，即将此遗言遍登中外各报，以明此事之真是非，并揭出俄人强暴之实状。② 陆征祥一再请辞，袁世凯以很难找到继任者为由，极力挽留。③

7月31日熊希龄内阁成立，仍以陆氏为外交总长，陆氏决意坚辞，9月4日临时大总统准辞，由次长曹汝霖代理，11日孙宝琦任外交总长。此时，国民党二次革命失败，而外蒙古局势严重，若不从速解决，必致积重难返。孙宝琦立即与俄库使谈判，18日提出谈判宗旨：（1）中国不将外蒙古改

① 《北京政府外交总长孙宝琦具报中俄协议经过情形之呈文》（1913年10月3日），程道德、张敏孚、饶戈平等编《中华民国外交史资料选编（1911~1919）》（一），第101页；张启雄：《外蒙主权归属交涉（1911~1916）》，第145~147页。

② 《仓皇中之中俄条约问题》，《申报》1913年7月12日，第3版。

③ 《陆总长将抱病交涉》，天津《大公报》1913年7月22日，第5版。

作行省，不设官、不驻兵、不殖民，但须保全历史上应享之权利。（2）俄国在外蒙古但求通商利益，并无侵占外蒙古之意。库使主张：（1）中国承认外蒙古"自治"权；（2）俄国承认中国在外蒙古之宗主权；（3）中国不干涉外蒙古内政；惟可派大员，卫队不得超过 100 人；（4）中国承认《俄蒙协约》；（5）有关蒙案事宜，由中俄蒙三方协议。[1]

至 10 月底双方会议十次，议定声明文件五款，附件四款，孙氏报告称："虽较原议条文不同，然我国所注重者，为外蒙古为中国领土一语，几费争持，俄使送电政府，始行列入附件第一款，其关系政治土地交涉事宜，允与俄国协商一节，亦列入附件，似于土地主权，稍获挽救。"[2]

中俄对交换公文达成协议，11 月 4 日提交袁总统，袁世凯鉴于陆、库谈判失败之教训，惟恐国会再以"交换公文具有条约性质，须经国会审议表决方得有效"为理由要求审议，下令解散国会。5 日《中俄声明文件》交换，主旨为：俄国承认中国在外蒙古之宗主权，中国承认外蒙古之"自治"权，及《中俄声明另件》四款，"俄国承认外蒙古土地为中国领土之一部分"。比起陆、库会谈结果，即中方对外蒙古由主权沦为宗主权，并承诺不在外蒙古驻兵、殖民、设官，承认俄蒙《商务专条》，所得只有："俄国承认中国在外蒙古之宗主权"，"外蒙古土地为中国领土之一部分"。[3]

① 张启雄：《外蒙主权归属交涉（1911~1916）》，第 152~154 页。
② 《北京政府外交总长孙宝琦具报中俄协议经过情形之呈文》（1913 年 10 月 3 日），程道德、张敏孚、饶戈平等编《中华民国外交史资料选编（1911~1919）》（一），第 101~102 页。
③ 张启雄：《外蒙主权归属交涉（1911~1916）》，第 168~169 页。

报纸评论称："以此项条款较之从前陆子兴交涉之结果，相去不啻天壤，要可以一言蔽之，主客倒置，前此我犹得以限制俄人，今纯受俄人之限制，而徒得一宗主权之虚名，不知所谓宗主权者已为前列之九条剥削殆尽。"①

1914年9月8日中俄蒙三方在恰克图会议，11月2日达成协议：

> 1. 外蒙古承认1913年11月5日中俄声明文件及中俄声明另件。
>
> 2. 外蒙古承认中国宗主权，中俄承认外蒙古自治，为中国领土之一部分。
>
> 3. 外蒙古博克多哲布尊丹巴呼图克图汗名号，受中国大总统册封。
>
> 4. 外蒙古公事文件上用民国年历，并得兼用蒙古干支纪年。

张启雄评论云：陆征祥在此谈判中，缺乏国力为后盾，只能以外交谈判进行，依赖国际均势，先是放弃恢复清朝旧状，然后放弃撤销俄国在外蒙古权益，放弃在外蒙古驻兵、设官、殖民，交换俄国承认外蒙古属于中国领土主权之一部分，舍实求名。国家目标虽然明确，惟因国力不振，根本一失，谈判技巧即使高明，手段运用再巧妙，最后仍不免因心余力绌而逐一败退。孙宝琦既缺乏陆征祥的择善固执精神，也没有强硬的态

---

① 《断送外蒙条约之披露》，天津《大公报》1913年10月31日，第3版。

度，委曲求全之意，至为明显。① 最后，中国仅勉强维持在外蒙古的宗主权名分。

陆征祥抱病谈判，外受强邻欺压，内遭国会羞辱，痛不欲生。他自认此案为一生外交三大失败之一云："如'廿一条'之交涉，巴黎和会之无结果，中俄蒙之交涉，凡此失败均足坠名伤命。"②

第五节　主持国际法会与保和会准备会③

陆征祥在驻俄使馆时，许景澄"屡屡以公法条约为维持国际地位之基础法律"，④ 教导陆氏法律知识，并告诉陆氏日后当公使时，凡是关于世界公法、各国条约，以及外交方面的书报，尽量收集。⑤ 陆氏自称："法律这东西很要紧，我平生所交朋友，除外交家外，要算法律家最多。"⑥ 1907 年，第二次保和会中，陆征祥更深刻体会到国际公法之重要。1912 年夏，陆氏辞去国务总理及外交总长职后，9 月 28 日与张謇会面，论及国际法的重要性，表示愿牺牲一切，专事研究，使中

---

① 张启雄：《外蒙主权归属交涉（1911~1916）》，第 321~322 页。

② 《致刘符诚函》，陆征祥文书，T1063_05_06_0005，第 22~23 页。

③ 国际法会参见冯先祥《国际法会及其历史之初探（1912~1916）》，台北《政治大学历史学报》第 51 期，2019 年 5 月；保和会准备会参见唐启华《巴黎和会与中国外交》，第一章第一节。

④ 《致参加布鲁塞尔会议诸大使函》（1937 年底），陆征祥文书，T1063_01_01_0012，第 51 页。

⑤ 罗光：《访问陆征祥神父日记（一）——六十述往之一章》，台北《传记文学》第 19 卷第 2 期，1971 年 8 月，第 48 页。

⑥ 罗光：《访问陆征祥神父日记（三）——六十述往之一章》，台北《传记文学》第 19 卷第 5 期，1971 年 11 月，第 82 页。

国得在世界上占一位置，他个人亦得附于世界学者之列，即属厚幸。张謇十分敬佩陆氏的理念，决定出面邀请志同道合之士，筹组"国际法会"。30日陆征祥、张謇、王广圻、杨廷栋、雷奋、陈陶遗、张嘉森、汪有龄、孟森诸人开谈话会，以预备修改条约，及第三次保和会提议案为主要目的。①

10月上旬，陆氏在接受记者访问时自言：前在海牙保和会时，见各国公法大家上下议论世界之事，不问巨细，皆待其片言而决。论及国际关系时，各大家所著之书，所发之议论，皆被引用，与断狱之法律无异，私心窃念，学说效用乃至于此，文明国家之精髓，其在斯乎，乃有志于公法之研究，发愿以20年精力专攻国际公法，使中国得与世界各国先后驰驱。张謇来京时，深荷赞许，并得王宠惠之同意，发起"国际法会"，"愿与海内贤士大夫，共相讨论，为第三次平和会议之预备"。他自己曾参与第一、第二次会，各国代表尚多握手之交，当介绍为我国家之良友。入会资格必于外交上有关系，或在国内外大学专攻法政者，"研究之事项约分四端：（甲）国际法规，（乙）中外条约，（丙）国际政局及外交，（丁）国际金融"。②

15日《申报》刊出《国际法会章程》，社会名流纷纷加入，王宠惠邀唐绍仪入会，伍廷芳也愿列名发起，③ 马相伯、④

---

① 《组织国际法学会之先声》，《申报》1912年10月5日，第2、3版；冯先祥：《国际法会及其历史之初探（1912~1916）》，台北《政治大学历史学报》第51期，2019年5月，第59页。

② 《陆征祥诚今日之完人也：家庭之纯洁、组织国际法会、遵守法律习惯》，《申报》1912年10月10日，第2版。

③ 《王宠惠函》（1913年10月19、31日），陆征祥文书，T1063_02_05_0015，第1~2页。

④ 《马良所寄信函》，陆征祥文书，T1063_02_05_0035，第1页。

张元济等都来函参加，[①] 张謇捐款 2000 元为国际法会购书之用。[②] 然而此会活动不多，至 1916 年即告结束。[③]

保和会准备会

1912 年 9 月 4 日陆氏辞去外交总长职，10 月初报载：此时有海牙保和会预定召开会期已定之说，袁世凯拟派陆氏为该会专使。[④] 30 日外交部呈请临时大总统袁世凯派大员研究海牙保和会称："国家于该会办理之优劣，足征其所立于世界地位之等差，兹事重大，不能不先事绸缪，我国业经两次莅会，自宜及时讨论，借资因应，拟请特简位望相当之大员，先行在京筹划。"[⑤] 11 月 2 日临时大总统令：特派陆征祥令设会研究，以兹因应。[⑥]

陆征祥遂组织"保和会准备会"，指出：保和会之设，原欲弭兵免战，嗣因难以做到，遂只能就战事上讲求文明进步，而前两次开会时，各国有讥我法律不完全者，故保和会事宜与陆军、海军、司法皆有关系，[⑦] 于是外交部函请陆军、海军、司法等部，选派通达洋文者莅会研究。[⑧] 陆军部派军马司司长

---

① 《张元济所寄信函》（1912 年 10 月 12 日），陆征祥文书，T1063_02_05_0035，第 1 页。

② 《金还所寄信函》，陆征祥文书，T1063_02_05_0029，第 2 页。

③ 冯先祥：《国际法会及其历史之探（1912~1916）》，台北《政治大学历史学报》第 51 期，2019 年 5 月，第 73 页。

④ 《陆征祥赴荷消息》，天津《大公报》1912 年 10 月 4 日，第 5 版。

⑤ 《呈大总统——请派大员研究海牙保和会由》（1912 年 10 月 30 日），北洋外交部档案，03-35-002-01-001。

⑥ 《收（临时大）总统（2 日）令一件》（1912 年 11 月 4 日），北洋外交部档案，03-35-002-01-002。

⑦ 《"保和会准备会"第 26 次会议录》（1913 年 11 月 6 日），北洋外交部档案，03-35-003-01-026。

⑧ 《致陆军、海军、司法部函》（1912 年 11 月 5 日），北洋外交部档案，03-35-002-01-003。

徐树铮；司法部派参事马德润；海军部派技正吴德章；外交部也指派参事唐在复、戴陈霖，司长陈箓，秘书顾维钧，佥事熊垓、鲁宗鉴，主事王继曾、王曾思、刘符诚、李向瀗等，随同陆氏入会研究。[①] 正筹备中，陆征祥于 11 月 16 日再任外交总长。

保和会准备会为大总统特设研究机关，会长为大总统特任人员，会员由会长呈请大总统委任，所有研究成绩呈报大总统，交国务院办理。[②] 此会虽在外交部开会，参与人员以外交部为主体，一般事务也由外交部外政司（1914 年以后改为政务司）代办，但非外交部组织，经费由四部分摊。自 1912 年 12 月开成立会后，每星期开会一次，直到 1916 年 4 月结束，会长一直是陆征祥，当他交涉紧急事务，及 1913 年底到 1914 年秋请假赴欧时，则由唐在复及顾维钧等代理会务，由各会员推举主席，通常是四部轮流，各部与会人员时有变动，各次会议中以顾维钧与徐树铮发言较多。

保和会准备会于 1912 年 12 月 12 日开成立会，陆征祥报告该会宗旨云："第一、第二次海牙开会，鄙人均逢其盛，惟我国对于会中各项问题向未先事研究，临时未免竭蹶，若第三次会内我国仍守缄默，殊不足以扬民国之光，是以会同有关系各部所派之员，将下次应行提议问题互相讨论，以为他日坛坫增光之准备。"[③] 其后数次会议订定会议章程、调集卷宗、收

---

① 《（外交）部令第 85 号》（1912 年 11 月 6 日），北洋外交部档案，03-35-002-01-004。

② 《"保和会准备会"第 7 次会议录》（1913 年 2 月 20 日），北洋外交部档案，03-35-003-01-007。

③ 《"保和会准备会"第 1 次会议录》（1912 年 12 月 12 日），北洋外交部档案，03-35-003-01-001。

集相关书籍资料，并决议第一阶段先研究讨论第二次保和会签署未全各公约，再研究未行签署各公约，第二阶段研究第三次保和会提案问题。①

第二次保和会议决 14 项公约，清政府共批准第（1）（2）（3）（5）（9）（10）（13）（14）约等八公约，其中第（10）约《修正日内瓦红十字公约推行于海战条约》中保留第 21 条，第（13）约《海战时中立国及其人民之权利义务条约》保留数款。另外第二次会前签订之修订红十字会《救恤出征军队之伤者病者条约》保留第 27、28 等款，而第（4）（6）（7）（8）（11）（12）约等五公约则未签署。

首先，保和会准备会议决以审议第二次保和会签署未全各约为入手办法，讨论至 1913 年 3 月，相关各公约都研究完毕，然后起草、修改、议定呈报大总统文。② 请大总统饬下国务院、陆军部、海军部、司法部修改相关法律，由外交部与瑞士、荷兰政府接洽，取消各约保留各款。③

其次，讨论第二次会未行签署之各公约，1913 年 5 月 8 日第 15 次会，开始讨论第（4）约，即第二次保和会之《修正陆战规例》，至 6 月 5 日第 18 次会通过《修正陆战规例》应行补签呈大总统文稿。④ 7 月陆氏因《中俄协约》遭国会否

① 《"保和会准备会"第 2~4 次会议录》（1912 年 12 月 19 日至 1913 年 1 月 16 日），北洋外交部档案，03-35-003-01-002-004。
② 《"保和会准备会"第 5~14 次会议录》（1913 年 1 月 30 日至 5 月 1 日），北洋外交部档案，03-35-003-01-005-014。
③ 《呈大总统：第 3 次保和会准备会报告》（1913 年 5 月 10 日），北洋外交部档案，03-35-002-02-005。
④ 《"保和会准备会"第 15~18 次会议录》（1913 年 5 月 8 日至 6 月 5 日），北洋外交部档案，03-35-003-01-015-018。呈稿见《保和会准备会第 2 次报告》，北洋外交部档案，03-35-002-02-013。

决，坚请辞去外交总长职，随即协助孙宝琦与俄使谈判，至
11 月 5 日《中俄声明文件》交换，陆征祥即与夫人于月底赴
欧洲。

保和会准备会继续讨论补签第（6）约《战争开始时敌国
商船之地位条约》，至 10 月 23 日第 25 次会表决赞成此约应即
签署。① 11 月 6 日第 26 次会起研究第（7）约《商船改充战
舰条约》及第（8）约《敷设机械自动水雷条约》，至 12 月
18 日第 30 次会，均议决赞成签署。② 1914 年 3 月呈文拟好，
邮寄欧洲给陆氏签字，4 月底陆氏将呈文签字寄回。第 31 次
会于 1914 年 2 月 19 日讨论第（11）约《海战中限制行使捕
获权条约》，3 月 27 日第 36 次会中议决将此约签署。③ 4 月 3
日第 37 次会起讨论第（12）约《设置国际捕获审检所条约》，
讨论到 6 月 8 日第 44 次会，顾维钧指出："此约英、俄、日诸
大国均未签押"，建议暂缓签署，遂照此议决。至此第二次保
和会各约业已议定，草拟呈文，15 日第 45 次会讨论呈大总统
补签第（6）（7）（8）（11）约之公约稿，均拟请签署，至于
第（12）约，则拟请暂缓签署。至此，保和会准备会第一阶
段各约皆已议决。

保和会准备会原计划继续讨论第三次保和会提案，此时
美、荷、俄三国对筹备第三次保和会提出不同意见，正在往还
磋商中，欧战即于 7 月 28 日爆发，国际局势急转直下。8 月 6

---

① 《"保和会准备会"第 19~25 次会议录》（1913 年 6 月 12 日至 10 月 23
日），北洋外交部档案，03-35-003-01-019-025。

② 《"保和会准备会"第 26~30 次会议录》（1913 年 11 月 6 日至 12 月 18
日），北洋外交部档案，03-35-003-01-026-030。

③ 《"保和会准备会"第 31~36 次会议录》（1914 年 2 月 19 日至 3 月 27
日），北洋外交部档案，03-35-003-01-031-036。

日袁大总统公布《局外中立条规》，声明中国严守中立，然而日本对德宣战，9月初日军登陆山东进攻胶州湾德国租借地，中国划定行军区域，但日军不予尊重，超出界线占据胶济铁路沿线车站，破坏中国中立。中国无力对抗，遂有将山东问题于国际会议提出，争取参加战后和会解决此问题的构想，北京政府于是命保和会准备会研究参列战后和会，及日军进攻青岛引发的诸多复杂国际法问题。

1914 年 10 月 3 日，保和会准备会开第 48 次会，徐树铮担任临时主席，讨论日军侵占潍县车站破坏我国中立问题。[①] 同时，在欧洲休假的陆征祥接袁世凯电催兼程回国，10 月 13 日陆氏重行主持保和会准备会，致辞云：本会第一阶段研究第二次保和会各条约，已于暑假前（即 6 月 15 日第 45 次会议）讨论完毕，我国将努力征求各国同意，加入条约。今日起本会进入第二阶段，研究第三次保和会提案，首先讨论局外中立国权利义务之问题，此问题与第二次保和会条约密切相关，与我国所处地位尤为密切。[②]

17 日保和会准备会第 50 次会，陆征祥认为讨论胶济铁路问题应正本清源讨论租借地主权问题，并可准备第三次保和会提议之条件。24 日第 51 次会继续讨论租借地问题，陆氏云：租借地在国际公法中并无先例，1907 年第二次海牙保和会讨论中立国权利义务时，因认为租借地为双边条约规定事项，不应在公会讨论，因此未讨论到，决定从研究 1898 年中德《胶

---

① 《"保和会准备会"第 48 次会议录》（1914 年 10 月 3 日），北洋外交部档案，03-35-003-01-043。

② 《10 月 13 日赴平和准备会说略》，北洋外交部档案，03-35-003-02-011。

澳条约》入手。[1]

31 日第 52 次会，依据《胶澳条约》研究将来在第三次保和会如何提出此问题，租借地不致受战事波及。陆氏云：欧战后必开大会，中国若加入可提出胶澳战事问题，现研究租借地问题，以为将来开大会及第三次保和会提出之用。顾维钧提议根据条约加以限制，决议请顾氏提出议题。[2]

11 月 7 日第 53 次会讨论顾维钧所拟之议题，决定将来向战后大会或第三次保和会提出之议题大纲为："凡承租国与他国交战而出租国守中立时，租借地应由出租国一律保守中立。"14 日第 54 次会继续讨论租借地属中国领土之法理及事实理由，决定由与会各员各自承担一条研究，搜求先例，撰写理由书。21 日保和会准备会第 55 次会，继续讨论事实方面之理由各条。[3]

1915 年初陆征祥重任外交总长，负责与日本谈判"二十一条"，无暇到会。1 月 22 日晚青岛善后问题研究会在外交部迎宾馆开会，陆征祥主席，曹汝霖、伍朝枢、顾维钧等出席，研究青岛善后问题，决定由与会各员分项研究，作为将来中国在战后和会与议之根据。[4] 30 日保和会准备会第 62 次会，通过青岛问题提出和会理由书，继续讨论如何加入和会之手续及

① 《"保和会准备会"第 50、51 次会议录》，北洋外交部档案，03-35-003-01-044。

② 《"保和会准备会"第 52 次会议录》，北洋外交部档案，03-35-003-01-044。

③ 《"保和会准备会"第 53、54、55 次会议录》，北洋外交部档案，03-35-003-01-044。

④ 《青岛善后问题研究会会议录》，中国第二历史档案馆编《北洋政府档案》第 77 册，中国档案出版社，2010，第 1~39 页。

提出议案。①

中日"二十一条"交涉开始后，保和会准备会中止 3 周，当时日本外相表示中国无列席和会资格，北京政府愈积极筹划参与战后和会事宜。2 月 20 日保和会准备会开第 63 次会，此后的会议又称"保和会准备会特别会议"，主要讨论如何加入战后和平大会问题。此次会因陆征祥赴总统府讨论中日交涉问题，由外交部参事顾维钧任主席，决定就如何加入和会之手续，搜求先例及相关书籍。3 月 6 日至 4 月 3 日保和会准备会第 64~66 次会，均由顾维钧主持，调查过去国际会议开会情形与各国加入之手续，集中于 1815 年维也纳、1856 年巴黎、1878 年柏林三大会议，作为我国加入和会之参考。②

其后因中日交涉紧急，准备会停会两个半月，5 月 25 日中日签署《民四条约》。6 月 26 日保和会准备会开第 67 次会，陆征祥邀请赴欧归来之刘式训主持，刘公使云：现可研究欧洲战事后所开之大会，我国应如何设法加入，及加入后如何不致受累。经讨论后，决定总题为：加入大会问题，下分三层，第一加入手续，第二加入后如何不致受累，第三若不能加入应如何筹划，并请顾维钧起草议题。③ 会后顾维钧根据夏诒霆《加入大会之条件》，有贺长雄《媾和大会论》，陆征祥总长指定统率办事处蒋廷梓中将，政事堂参议伍朝枢，外交部司长王继

---

① 《"保和会准备会"第 62 次会议录》，北洋外交部档案，03-35-003-01-044。

② 《"保和会准备会"第 63、64、65、66 次会议录》，中国社会科学院近代史研究所藏《张国淦档案》外交部分，甲 350~222 外交：加入和平大会问题，卷 1。藏所下略。

③ 《"保和会准备会"第 67 次会议录》，《张国淦档案》外交部分，甲 350~222 外交：加入和平大会问题，卷 1。

曾、科长王鸿年及顾维钧等研究青岛议案之大纲,[1] 复参以顾氏意料所及者增加数条,汇集而成《加入大会问题之分析》议案,内容详密。其后第 68～91 次会,基本上即依据议案的纲目逐项讨论,至 1916 年 4 月 22 日讨论完毕。以后似因袁氏帝制失败,未再见有会议记录。

保和会准备会与国际法密切相关,自 1912 年 12 月 12 日成立,至 1916 年 4 月 22 日结束,共开 91 次会,陆征祥始终担任会长。此会成立之目的,原为讨论 1907 年第二次海牙保和会中国未签署及签署不全各公约,以及筹备第三次保和会预备提出之议题而设。保和会准备会议决第二次保和会各公约,除《设置国际捕获审检所条约》拟请缓签外,已签署各约皆取消保留条款,未签署各约皆补行签署,于 1915 年 1 月 30 日呈报袁世凯,[2] 由于"二十一条"交涉、洪宪帝制及护国军战事,此事暂行缓办,待政局安定后,外交部于 1916 年 12 月 6 日再将约本呈请大总统黎元洪署名用玺,11 日奉大总统指令批准。[3] 外交部将约本邮寄驻荷兰公使唐在复照送荷兰政府,[4] 1917 年 5 月 16 日接荷兰外部照复,已将加入文件存案。[5] 依规定自咨达荷兰外部之日起,经过 60 日后发生效力,于是第二次保和

① 见《伍朝枢、顾维钧等所拟"山东问题之分析"稿》,《中华民国史档案资料汇编》第 3 辑《外交》,第 161～164 页。
② 《呈大总统:呈报研究保和会关于海战各约拟请补押由》《呈大总统:呈报研究国际捕获审判条约拟请缓画由》(1915 年 1 月 30 日),北洋外交部档案,03-35-003-02-001、002。
③ 《发呈》(1916 年 12 月 6 日),北洋外交部档案,03-35-004-02-017。
④ 《致驻和唐公使函》(1916 年 12 月 26 日),北洋外交部档案,03-35-004-02-020。
⑤ 《收驻和唐公使电》(1917 年 5 月 21 日),北洋外交部档案,03-35-004-02-023。

会共 14 项公约，只有第（12）约之《设置国际捕获审检所条约》中国未加入。①

1917 年 8 月 14 日大总统布告我国对德国、奥国立于战争地位，并声明：中华民国政府仍遵守海牙和平会条约，及其他国际协商关于战时文明行动之条款，罔敢逾越。此时距中国将批准各公约咨送荷兰外交部，已届 60 日发生效力，国务院特印就第二次保和会文件汇编一书，分发京内各官署，用兹查考。②

1914 年一战爆发，第三次保和会没有召开，但因为日本进攻胶州湾，衍生出许多国际法争议，北京政府为争取山东问题有较好解决之可能，决心参列战后和会，保和会准备会转为讨论如何加入和会，及和会中与山东相关的各问题，集合当时北京政府国际法专家，研究各议题，获致多项具体成果，日后顾维钧在巴黎和会"十人会"（Council of Ten，或称"五国会议"）中有关山东问题之发言的许多论点，以及中国代表团提出和会之《山东问题说帖》中诸问题，均经保和会准备会详细讨论过。

清末民初朝野注重国际法，保和会准备会展现了当时中国的国际法知识水平颇高，并能与欧洲国际法学界保持密切联系，陆征祥在其中扮演了重要角色。

---

① 《咨交通部》（1917 年 10 月 3 日），北洋外交部档案，03-35-004-03-006。事实上批准《设置国际捕获审检所条约》的国家很少，国际捕获审检所（International Prize Court）一直未能设立。

② 《国务院公函》（1917 年 10 月 13 日），北洋外交部档案，03-35-004-03-007。

* * *

1912 年 5 月至 1913 年 11 月，陆征祥在北京面对民国初建内忧外患接踵而来的种种困难，除主持外交交涉外，还牵连到政坛波涛之中。

陆征祥以无党无派之职业外交官，因在清季有杰出表现，受袁世凯之重用，担任民国首任外交总长。陆氏参照法国制度，改革外交部，建立现代化合理的制度、规章，甄别、选用了许多外交专业人才，为民国外交奠定坚实基础。然而陆氏因与袁世凯之关系，遭到革命党敌视。民国初年袁世凯政府与革命党互不信任，同盟会（及后来之国民党）掌握南方各省都督，并在临时参议院中有相当席位，在正式国会中更是多数党，实力强劲。袁世凯虽居于总统大位，又握有北洋军力，但受《临时约法》拘束，参议院及国会权力甚大。双方自始为总理人选及阁员分配争执不断，议员每每借题发挥，给袁世凯政府种种难堪，加以其他党派也纵横捭阖，政争不断。国内政争经常影响到外交，依据《临时约法》对外条约必须送交议会审查通过，国民党议员因反对袁世凯，而借词刁难陆征祥，往往因此损害国家利益。

先是 1912 年 6 月陆征祥兼代总理，临时参议院通过后，却在提名阁员名单时，借口陆氏发言不得体，否决了袁世凯的属意人选，遭到舆论抨击后，参议院通过第二份名单的大部分，但是同盟会参议员又对陆氏提出弹劾案，陆氏愤而辞职。继任之外交总长梁如浩与外交团关系僵持，对俄国与外蒙古情况隔阂，11 月初《俄蒙协约》发布，梁氏引咎下台，陆氏临危受命，再掌外交。

陆氏参与民初各项重要交涉，其中最让他费心与痛苦的，莫过于中俄关于外蒙古的交涉，因蒙古王公离心，与俄国接洽，利用革命机会宣布"独立"，又与俄国签订《俄蒙协约》等，中国虽宣布不承认外蒙古"独立"及其与外国私订之条约，但外蒙古不与北京接触，俄国又不许中国出兵外蒙古，陆氏只能接受俄国调停与俄国谈判，并确定"舍实求名"方针，力求维持中国在外蒙古名分上的主权。几经艰辛交涉，1913年5月与俄使草签《中俄协约》，维持中国在外蒙古之主权地位，提交国会后，政客却囿于党见，否决此案，陆氏痛不欲生，坚请辞职。待二次革命失败，袁世凯乘机解散国民党，孙宝琦与俄使交换《中俄声明文件》，然而国家利益的损失已无法挽回。

陆征祥注重国际法，与张謇发起国际法会，又受命主持保和会准备会，研究补签第二次保和会未签署及保留的各公约，一战爆发后该会又研究与胶州湾相关的国际法，以及中国加入战后和会诸问题，为日后中国参加巴黎和会，与日本竞争山东权益，做了重要的法理准备工作。

陆氏为欧化程度极深之绅士外交官，与当时中国官场作风方枘圆凿。民国元年国庆日《申报》记者访问陆氏后曰："但觉谈吐清新，似一学者，全无政治臭味，可惜遭恶劣政客排斥而退。"最后云：

　　陆君为人，记者深佩之，特志晤对之词，俾一般浮薄少年嚣嚣然自命为政客而日行其奸欺手段者，读之作一服清凉散。记者曰欲发达共和民国，必先高尚共和民国人格，欲高尚共和民国人格，必自养成公共道德，遵守法律习惯始。今者为共和民国之第一纪念日，即我人勉励共和人格之始日也，愿我国民永永以陆君之言为纪念。①

民初名记者黄远庸亦云：

> 陆君恂恂下人，出言有章，盖一绝好欧西绅士之风度。然其体质既羸，一见若弱不胜衣者。又其谈吐超俗，似于吾国之社会人事不甚融解者。记者退而语吾之同人，此君涉足于中国今日政界，犹以一叶泛于波举风发之大海，未有不颠覆者。若其水波明静，则轻篙孤桨，飘飘何似神仙中人。②

陆氏旅欧十多年，回国之后，骤然卷入国内波谲云诡的政争旋涡，外与列强之高压威逼周旋，内受党派钩心斗角之攻讦，痛苦不堪。然而陆氏展现强韧坚毅的人格特质，在国力孱弱、内斗不断的恶劣处境中，毅然改革外交部，对外交涉时，坚持法理立场，运用技巧辩争，极力维护国家利益，诚可谓"弱国外交"的典范。

就陆征祥个人而言，民国元年、2 年是他 41～42 岁的人生高峰，由驻外公使而外交总长，进而国务总理，经历重要

---

① 《陆征祥诚今日之完人也：家庭之纯洁、组织国际法会、遵守法律习惯》，《申报》1912 年 10 月 10 日，第 2 版。
② 《外交总长宅中之茶会》，黄远庸：《黄远生遗著》第 2 卷，第 13 页。

交涉与政务，他自称是："中年之平地一声雷。"① 同时也饱
尝了政治外交上的波谲云诡，国家利益的争夺较量，以及党
派宣传的污蔑扭曲。这一年半惊心动魄的政局动荡与外交交
涉，让陆氏身心俱疲，至 1913 年底国基稍固，陆氏乃携眷
赴欧休养。

---

① 《陆征祥日记》，1943 年 6 月 4 日，陆征祥文书，T1063_01_03_0002，第
167 页。

第四章 一战变局中的对外交涉
(1914~1918)

一战爆发后，列强集中全力争胜于欧陆战场，远东之国际均势打破，日本借英日同盟之名，对德宣战，攻占青岛，乘势向中国提出"二十一条"要求，意欲独霸东亚，中日关系紧张。袁世凯急召陆征祥回国，1915年初任命他为外交总长，负责对日谈判，并签署中日《民四条约》，随即洪宪帝制推动，陆氏又兼代国务卿，与帝制外交有相当的关系。

中日外交激烈交锋一年半，袁氏帝制失败身亡，日本得遂称霸东亚之夙愿，北京政府转为对日亲善，陆征祥致力于鼓吹中国参战，为参与战后和会争取入场券，迨中国参战后，陆氏又受命筹备和会事宜。

第一节 历聘欧洲各国与夫人返华

陆征祥于1913年9月4日准辞外交总长，原拟10月中旬赴比、瑞两国医养旧疾，同时袁大总统商请他担任保和会专使，陆氏以此事尚有半载，应俟正式政府成立，得欧洲各国承认后再行发表不迟。① 后因协助新任外交总长孙宝琦与俄国交涉外蒙古问题，暂缓赴欧，迨10月6日袁世凯当选正式大总统，10日就职，各国正式承认中华民国，11月5日中俄就外

---

① 《陆征祥将赴比瑞两国》，天津《大公报》1913年9月27日，第5版。

蒙古的交涉也告一段落，陆征祥于 11 月下旬赴欧。[1]

陆征祥与夫人赴欧，主要在比利时与瑞士休养。陆氏在驻俄使馆任翻译时，因工作过度，健康受损，担任驻荷兰公使后，每年须去瑞士休息 1 个月，自 1907 年起一连三年去瑞士，花费实觉太大，1908 年陆氏和夫人商议在瑞士马乔列湖（Lake Maggiore）边小镇卢加诺（Locarno），花费 5 万法郎，买一小房子作为别墅。[2] 按欧洲习惯，别墅常用妻子的名字，但中国习惯母亲较妻子为尊，但陆母的中国名字本地人叫不惯，乃用岳母之名，称为"益达别墅"（Villa Ida）。[3] 此外，培德夫人娘家在比利时首都，陆氏夫妇也多次去布鲁塞尔省亲。

赴比、法赠勋

1914 年初陆征祥在瑞士，由于比利时国王业尔倍一世（Albert Ⅰ）[4] 赠袁世凯总统头等大勋章，由驻京比使呈递，袁世凯乃派陆氏为大使赍大勋章前往比京呈递比王，以酬赠勋之雅。4 月 6 日外交部电陆征祥曰："执事奉派赴比答谢比王见赠勋章，并有答赠比王勋章，希速呈递。"大勋章由外交部秘书夏诒霆赍送到比国转交。[5]

5 月 1 日陆氏赴比利时，[6] 9 日率秘书夏诒霆至比京，比

---

① 《要闻：陆征祥有特别委任》，天津《大公报》1913 年 12 月 9 日，第 5 版。

② 陆征祥：《回忆与随想》，第 83 页。

③ 罗光：《陆征祥传》，第 63~66 页。

④ 又译阿尔贝一世。

⑤ 《陆专使函一件：函报赴比呈递国书勋章暨彼国接待各情由》（1914 年 6 月 11 日），北洋外交部档案，03-10-011-06-001；《陆子欣将派充赴比大使》，《申报》1914 年 4 月 18 日，第 3 版。

⑥ 《杂件》（1914 年），陆征祥文书，T1063_05_03_0001，第 71 页。

国接待甚殷，陆氏入住旅馆，拜访比外相，10 日上午比王派马车骑兵奉迎陆氏入王宫觐见，呈递国书及勋章，比王致辞感谢，陆氏答辞。回旅馆后，比王也赠送陆氏等勋章，晚上由比后接见，并在王宫筵宴，中国驻比公使汪荣宝及馆员、比国上下议院院长、各部总长、与中国实业有关各团体代表均出席，比王致辞。11 日下午比王、比后在行宫邀请陆氏赏花，外交团及官绅到者数千人，比王与陆氏谈话甚亲切，晚餐由比国外相宴会。12 日汪荣宝公使在使馆餐宴外交团与比国官绅，13 日上议院院长宴会，14 日陆氏辞行赴瑞士。[1]

随后，陆氏又奉袁总统命致赠法国总统普恩加莱（Raymond Poincoré）民国大勋章，法国以民国第一次派遣大使，礼节甚隆，派火车专列至比京接陆氏，6 月 16 日陆氏抵巴黎，入住高级旅馆，20 日事竣赴比。[2]

第三次保和会原定 1914 年 8~9 月间在海牙召开，袁世凯拟派陆征祥及驻荷兰唐在复公使分任正副专使，并令各部派专员随同与会，外交总长孙宝琦请派湖北特派交涉员丁士源与会，以该员曾于第二次和会时充任军务议员，随同陆专使参议修正军事条约，此次应继续提议，以资熟手。[3] 然而 8 月欧战全面爆发，第三次保和会不克举行。

---

① 《陆专使函一件：函报赴比呈递国书勋章暨彼国接待各情由》（1914 年 6 月 11 日），北洋外交部档案，03-10-011-06-001。

② 《驻法胡公使 6 月 25 日函：法政府接待陆专使礼节由》（1914 年 7 月 16 日），北洋外交部档案，03-10-011-06-002。

③ 《要闻：总统府密议重要外交案》，天津《大公报》1914 年 7 月 19 日，第 5 版。

奉召回国

德国与法国宣战之时，陆氏正在法、比，[①] 袁世凯以海牙保和会既经展期，欧战事起，中国处于中立地位，外交上种种要件，自应妥为筹措，电召陆氏即束装回国，协筹中立上种种事项。[②] 陆氏复电报告启程，返国前他会见法国外交部中人，彼谓德国战备修之已久，协约诸国向爱和平未加准备，战祸一兴，前途难测，将来甚望公道和平之中国出为协约国表同情云云。[③] 陆氏自马赛乘轮，于 10 月 8 日左右回到北京，13 日重行主持保和会准备会，不久即承担中日交涉重任。陆氏一人在北京，住在外交部迎宾馆，自言："我那时单身回国，太太留欧未归，项城闻陆太太没有回来，赶紧对我说，他要打电报促陆太太归来，我答已约定归期，静看欧战发展如何，大约四五月后，太太已归来。项城说届时请告诉，他好打电报，令沿途中国使馆招待。外交部迎宾馆很大，我单身住着很寂寞，所以请夏诒霆秘书同居。"[④]

1915 年培德夫人的归乡路

陆征祥回国后，培德夫人留在布鲁塞尔娘家，8 月 2 日德国要求比国借道，被拒后德 4 日对比宣战，20 日德军进占比

① 《北京特约通信：陆征祥与本报记者谈话》，天津《大公报》1917 年 8 月 23 日，第 2 版。
② 《电饬陆征祥之内容》，天津《大公报》1914 年 8 月 31 日，第 5 版。
③ 《北京特约通信：陆征祥与本报记者谈话》，天津《大公报》1917 年 8 月 23 日，第 2 版。
④ 罗光：《访问陆征祥神父日记（二）——六十述往之一章》，台北《传记文学》第 19 卷第 4 期，1971 年 10 月，第 81 页。

京。陆氏称：德军在比利时总督福毾尔乏爵帅任侠好义，彼时夫人培德尚在布鲁塞尔，爵帅优礼之，并以专车送之往瑞士边境之巴塞尔（Basel）。①

陆征祥于 1915 年初接任外交总长，负责对日"二十一条"谈判，至 5 月 25 日双方签署《民四条约》，交涉告一段落。陆氏非常思念培德夫人，7 月请陆润庠在培德夫人照片题词，陆润庠题曰："东鳞南鹣有情人成眷属，海程云路无线电寄相思。"② 陆氏又请国务卿徐世昌为培德夫人的照片写联语，徐氏题曰："鹏图扶上九万里，鸿桉相庄十五年。"③ 陆氏将照片与联语悬挂于客厅，显见思念夫人之殷切。

陆氏急于安排夫人回北京，6 月底陆氏曾计划秋天到瑞典与夫人相会，④ 又函告驻德公使颜惠庆，请派秘书送培德夫人去斯德哥尔摩，然后由圣彼得堡派人迎接，陆氏计划自己去俄京接她。⑤ 后来因洪宪帝制发动，陆氏异常忙碌，改派夏诒霆赴欧接夫人。⑥ 然而，欧战期间跨国旅行十分麻烦，其间历经

① 《陆总长与外报记者之一夕话》，《申报》1915 年 7 月 6 日，第 6 版。福毾尔乏爵帅应系当时德国占领比利时之军事总督 Wilhelm Leopold Colmar Freiherr von der Goltz 元帅，巴塞尔为瑞士靠德国边境城市，盖礼送培德夫人至瑞士。
② 陆征祥 8 岁其父给他取名时，就参照了陆润庠的名字，1912 年陆氏归国，闻陆公尚存，充宣统帝师，特往拜之，颇受青眼，并面恳以先父、先师及夫人作相片联语以追念之，陆公欣然乐允，并愿亲到其住处，目睹相片中堂，庶得真切。见《致刘符诚函》（1947 年 7 月 21 日），《文史资料选编》第 33 辑，第 146 页。
③ 陈志雄：《陆征祥与民国天主教会》，第 60 页。
④ 《颜惠庆日记》，1915 年 6 月 29 日，第 241 页。
⑤ 《颜惠庆日记》，1915 年 7 月 9 日、8 月 2 日，第 245、256~257 页。
⑥ 《颜惠庆日记》，1915 年 9 月 18 日，第 279 页。1915 年 9 月底到 10 月底，陆征祥派心腹外交部参事夏诒霆访欧约 1 个月，会晤各国公法家，寻求以中立国加入和会之机会，夏氏此行还负有照顾培德夫人安返北京的使命。

颇多周折，才办成。

颜惠庆 7 月 10 日写信给陆夫人，询问她回国之事。[1] 培德夫人的姐姐——哈福特夫人（Marie-Henriette Bovy，嫁给英国人 Ferdinand Charles Alfred Harford），想和培德夫人同行，从瑞士经德国回布鲁塞尔省亲，但因英德为交战国，敌国人民办理护照非常麻烦。此外培德夫人随行女管家，也要办护照，还有一只爱犬随身，必须办理兽医证明，中国驻德公使馆多方联系，处理烦琐复杂的各项手续。[2]

颜惠庆屡次与德国外交次长联系，最后德国政府终于允许哈福特夫人由瑞士进入德国，转往比利时。10 月 16 日培德夫人一行启程，17 日到达柏林，培德夫人享受外交豁免权，行李免受检查，哈福特夫人从瑞士进入德国国境时，则受到严格的检查，包括要她散开头发，用长针穿刺鞋跟，检查里面是否隐藏违禁之物。[3] 培德夫人向颜惠庆抱怨德国官员和同车旅客之粗野无礼，颜氏会晤德国代理外交部部长齐默尔曼（Arthur Zimmermann）提出申诉，齐默尔曼表示甚为遗憾，他责怪大权在握的军方，并说他曾接到无数抗议，但是敌国间谍很多，而妇女总是同情她自己国家的。齐默尔曼在颜氏要求下，向培德夫人投刺致歉，并打电话给通往瑞典的港口华纳蒙德（Warnemunde）和萨斯尼茨（Sassnitz），礼遇培德夫人。颜氏并和参谋总长毛奇（Ludwig von Moltke）通了电话，又为培德夫人的爱犬打电报给驻丹麦公使翟青松；颜氏还赠送培德

---

① 《颜惠庆日记》，1915 年 7 月 10 日，第 246 页。

② 《颜惠庆日记》，1915 年 9 月 17、19 日，第 279、280 页。

③ 《颜惠庆自传：一位民国元老的历史记忆》，第 129 页。

夫人一只手提皮包和一些糖果。[①]

　　18 日培德夫人一行搭火车前往哥本哈根，哈福特夫人则去布鲁塞尔，[②] 最后培德夫人由瑞典转到俄京圣彼得堡，经西伯利亚铁路回到北京，[③] 培德夫人返国之行动用了许多中国驻欧使节。

图 4-1　1915 年培德夫人返华

---

①　《颜惠庆日记》，1915 年 10 月 17 日，第 293 页。
②　《颜惠庆日记》，1915 年 10 月 18 日，第 293～294 页。
③　《颜惠庆日记》，1915 年 11 月 8 日，第 303 页。

1915 年 11 月初培德夫人回到北京，当时洪宪帝制正如火如荼展开，徐世昌因不赞成帝制，10 月 27 日称病请假，由外交总长陆征祥暂兼代理国务卿。陆氏自称：洪宪帝制时，我辞职去天津，袁世凯派人来津劝我复职，我们争辩至天明，我妇问我何事？我告之情形，我妇突然骂我，"你们这些中国人做事畏首畏尾，大丈夫要做就做，何怕这怕那？"我被一激，即跟来人同进京。照例内阁辞职，署理总理应由内务总长担负，但项城要我代之，所以内阁劝进帝制签呈由我签名。①

第二节　"弱国无外交"：中日"二十一条"交涉

1914 年 8 月欧战全面爆发后，日本欲乘机称霸东亚，袁世凯则初步巩固国基，方思大展宏图，1915 年 1 月至 1916 年 6 月之间中日"二十一条"及洪宪帝制交涉，可谓东亚国际关系及中国外交史关键的急遽变化阶段，陆征祥系当时中国外交核心人物，承袁世凯之命与日本及列强交涉，亲身参与这一年半惊心动魄的外交斗争。

"二十一条"的提出

1914 年 7 月 28 日奥匈帝国对塞尔维亚宣战，各国相继卷入，战事迅速蔓延全欧。8 月 6 日袁世凯下令：本大总统欲维

---

① 郑揆一：《追忆陆征祥神父——并记与二十一条有关的一席话》，台北《传记文学》第 47 卷第 6 期，1985 年 12 月，第 83 页。

持远东之平和与我国人民所享受之安宁幸福，对于此次欧洲各国战事，决意严守中立。并宣布中立条规 24 条，第一条即云："各交战国在中国领土领海内不得有占据及交战行为，凡中国海陆各处均不得倚之为根据地以攻敌人。"①

然而欧战仍然蔓延到远东，日本于 15 日对德国发出最后通牒，要求：（1）立即撤退日本及中国海上之一切德国军舰，不能撤退者立即解除武装。（2）在 9 月 15 日以前，将全部胶州湾租借地，无偿无条件交付于日本帝国官宪，以备将来交还中国。同时声明，如至 23 日正午不得德国政府无条件接受之答复，日本将被迫采取认为必要之手段。②

届期德国并无答复，日本遂对德宣战，同时日本驻华公使日置益与北京外交部交涉，要求将黄河以南之山东省划出中立区外。外交部答以：行军路线宜限在潍县以东平度一带离中国军队较远的地点，胶济铁路由中国尽力保全。9 月 2 日，日军登陆山东龙口，3 日中国划定战区，外交部照会各国使馆，声明不负完全中立之责任。日军登陆后，对战区各县人民大肆骚扰，并越出战区范围，占据胶济铁路沿线，进一步破坏中国之中立地位，衍生出棘手外交及国际法问题。外交部向日本公使抗议，日置益答称：胶济铁路系《胶澳租借条约》所发生，纯系德国政府产业，为租借地之延长，当与胶澳一并占领，故按战占领"管理""营业"，俟战后问题解决，即全行撤退。10 月 7 日外交部再向日使提出抗议。11 月 7 日，日军占领青岛，战事结束，1915 年 1 月 7 日，

---

① 《中国大事记》，《东方杂志》第 11 卷第 3 号，1914 年，第 21 页。
② 王芸生编著《六十年来中国与日本》第 6 卷，三联书店，2005，第 42 页。

外交部照会英、日公使，声明取消山东战区，日置益 10 日照复：不承认取消战区。[①]

欧战爆发后，陆征祥接到袁世凯急电召回，立即赴马赛港乘船返华，10 月 8 日抵达塘沽，换乘专车过津勾留片时，即赴北京，谒见袁大总统。[②] 报载陆氏谒见时，面呈秘密报告一件，系为此次各国外交决裂之种种原因，及所目睹战事上之情状，与中国外交之关系，于目下国际交涉上极有裨益，已蒙大总统留阅。[③]

此时盛传陆氏将被任命为外交总长，报载，10 日大总统曾特召外交密议，孙宝琦总长及陆征祥均参与，会议后孙总长曾自行声明：年衰多病，外交无才，以致诸多失败，请即辞职，以让陆君。陆氏亦极为谦让，最后则由大总统告以将另有相当办法。[④] 不久，陆氏被任命为总统外交最高顾问，每星期二、四、六等日上午入值。[⑤]

日本政府欲乘列强陷于欧战及日军攻占胶州之有利时机，一举巩固日本在华优越地位，召驻北京公使日置益回国述职，交与对华种种要求。日置益返回北京任所后，于 1915 年 1 月 18 日谒见袁世凯，以非常之手续向袁总统提出要求条款。"二十一条"要求分列五号：第一号 4 款，日本要求继承德国在

---

① 王芸生编著《六十年来中国与日本》第 6 卷，第 44~68 页。

② 《陆征祥北上》，天津《大公报》1914 年 10 月 10 日，第 5 版。

③ 《要闻：陆子兴晋谒大总统》，天津《大公报》1914 年 10 月 12 日，第 4 版。

④ 《要闻：孙陆两君之互相推让》，天津《大公报》1914 年 10 月 14 日，第 5 版。

⑤ 《要闻：陆子兴就任高等顾问官》，天津《大公报》1914 年 10 月 19 日，第 5 版。

山东之一切权利。第二号 7 款，延长旅大租借地及南满、安奉铁路之期限，并扩大日本国臣民在南满、东蒙之杂居权、土地所有权、农耕权、司法管辖权等优越地位。第三号 2 款，要求中日合办汉冶萍公司。第四号要求中国沿海港湾及岛屿，概不让与或租借与他国。第五号 7 款，中国中央政府聘用日本人为顾问；中国内地所设之日本病院、寺庙、学校等，概允其土地所有权；必要地方之警察中日合办；采购日本军械或合办中国军械厂；允日本在长江流域修数条铁路；福建筹办铁路、矿山及整顿海口时，优先向日本借款；允认日本人有在中国布教之权。其中第二号第 6 款及第五号诸款，要求在满蒙地区及中央政府聘用日本顾问，与 1904 年 8 月 22 日第一次《日韩协约》相似，颇有将中国纳为"保护国"之意味。

20 日，日置益正式递交"二十一条"给外交总长孙宝琦，坚嘱严守秘密，并与之交换意见。孙宝琦于谈判方针尚未确定时，未经允许即将政府内部意见告知日本公使，可能拘束中国谈判空间，处置显有失当，加以孙氏被日本视为亲德派，对日交涉有所不便，而陆征祥外交资历完整，对外交涉谈判不轻易让步，表现称职，又不谙日语，可借翻译问题延长谈判时间，袁世凯乃于 27 日任命陆征祥为外交总长，孙宝琦调升为审计院长。[①]

陆征祥自称：袁世凯要他与日本谈判，陆氏答以对日本情形不熟悉，能力有限，不能胜任。袁氏说："这不要紧，你不

---

① 《（北洋）政府公报》第 978 号，1915 年 1 月 28 日，第 11 页；吕慎华：《袁世凯政府与中日二十一条交涉》，第 14~21 页。

懂日本情况，但我熟悉。"① 陆氏又表示精力不足，袁氏说："精力不足，无关重要，你可在会议席上睡觉，我告诉曹次长如遇你睡觉，即告知日使不必见怪，因陆先生精力素弱，其余我本人帮你的忙。"陆氏乃答应负责主谈。日使要求陆氏每天开会，星期日也开，陆氏以外交总长须接见别国使节、商谈蒙藏等要案，遂决定每周一、三、五下午谈判。②

中外舆论对陆氏再掌外交、主持谈判，皆谓任用得人。③ 驻京各国公使以陆氏为外交专才，嗣后所有各国与中国之外交必均当得最适当之解决。④ 某英报驻京记者云：陆君今兹重履斯任，值日本之棘手交涉发生，当此险象环生之际，既经毅然担任，只可认为陆君之热心爱国，其胆量实现在官僚中所罕觏。⑤《大公报》云："近来因外交极为困难，遂又特任陆子欣充任外交总长，闻大总统对于陆总长极为优遇，日前觐见曾温慰良久，略称目下外交紧迫，务须莫惮繁难以济时艰。"⑥

陆征祥到任后，决定所有各部员部务均仍照常进行，并无更动，以免纷扰，惟调用王广圻、魏宸组、李盛铎、伍朝枢4人到部办事。⑦ 传闻陆氏商请于大总统，以目下异常困难，无

---

① 郑揆一：《追忆陆征祥神父——并记与二十一条有关的一席话》，台北《传记文学》第 47 卷第 6 期，1985 年 12 月，第 83 页。

② 罗光：《访问陆征祥神父日记（二）——六十述往之一章》，台北《传记文学》第 19 卷第 4 期，1971 年 10 月，第 81~82 页。

③ 《东方通信社电》，《申报》1915 年 1 月 29 日，第 3 版。

④ 《外交团之与陆总长》，天津《大公报》1915 年 1 月 31 日，第 5 版。

⑤ 《英报记者属望陆总长》，《申报》1915 年 2 月 6 日，第 6 版。

⑥ 《要闻：大总统优遇陆总长》，天津《大公报》1915 年 2 月 1 日，第 3 版。

⑦ 《要闻：陆总长新邀之外交人才》，天津《大公报》1915 年 2 月 4 日，第 4 版。

论如何解决，必须大费纠葛，请将各无关紧要之寻常交涉暂行停止，以便专注于中日交涉，而免贻误。①

谈判方针

陆征祥与袁世凯仔细审查日本之要求，决定谈判根本方针，认为日本要求绝对损害我主权者有四：

1. 日本及中国政府为保全中国领土目的，中国允准所有沿岸港湾及岛屿概不让与或租与他国（原提条款第四号）。

2. 中国中央政府须聘用有力之日本人充为政治、财政、军事等各顾问（原提条款第五号第一条）。

3. 中国必要地方之警察作为中日合办，或于警察署须聘用多数日本人（原提条款第五号第三条）。

4. 中国向日本采办一定数量之军械，即全国军械半数以上，或在中国设立中日合办之军械厂，聘用日本技师，采买日本材料（原提条款第五号第四条）。

有害中国内政者有三：

1. 日本在内地设立病院、寺院、学校等，允其土地所有权（原提条款第五号第二条）。

2. 允认日本人在中国有布教权（原提条款第五号第七条）。

---

① 《要闻：寻常交涉暂行停止》，天津《大公报》1915年2月4日，第5版。

3. 日本欲在南满洲、东部内蒙古享有优越地位（原提条款第二号前言）。

破坏机会均等主义及违背中外条约者有四：

1. 将南满洲、东部内蒙古各矿开采权允与日本臣民（原提条款第二号第四条）。

2. 所有汉冶萍公司之附近矿山不准公司以外之人开采，及无论直接间接对该公司有影响之举，须得公司同意而后措办（原提条款第三号第二条）。

3. 建造接连武昌与九江之铁路，南昌杭州、南昌潮州各铁路（原提条款第二号第五条）。

4. 吉长铁路委任日本管理经营，以九十九年为期（原提条款第二号第七条）。

审议后决定谈判方针：

以民国肇兴，自当竭力巩固主权，保障我内政，苟有害我主权内政者，必出全力以与抵抗。又以立国首重信用，国际信用之能否维持，即视乎国际成约之能否保守，我既与列国有成约之关系，无论如何困难不能不保守已成之信约。……日本原案之第四号、第五号各条，非侵我主权内政，即害及他国成约，自维虽弱，然区区保守主权内政维持国际信用之苦心，谅必为强邻所谅察。①

————————

① 《参政院中外交当局之报告》，《申报》1915 年 5 月 31 日，第 2、3 版。

陆氏接受德国记者访问时，表达谈判之基本态度称：民国屡经变乱，今方在休养时代，势不能以武力抗日，各问题均将和平解决。今各省民心颇安，信任政府，乱党首领皆已安处，绝无内乱之虞，财政也无困难，交涉必非一时可了，仍望妥善解决各问题，而无害中国国体。中国对于日本之要求，定须承认数款，惟凡损碍中国主权者，决加拒绝。①

中日谈判

2月2日双方在外交部迎宾馆进行第一次会议，陆征祥表示：第四、第五号绝对不能商议，第三号汉冶萍公司纯系商人产业，政府无权干涉，故亦不能为国际之商议，其余各条件逐条讨论再定可允与否。日使反对逐条讨论，坚持做整体讨论表示接受与否。双方再三争辩，决定谈判手续为：先行表示对于全案之意见，再行逐条讨论。②

5日第二次会议，陆氏发表对全案之意见。对于第一号，第一条日本继承德国山东权益，认为虽属预先约定，然日德交战状态尚未停止，中国立于中立地位，不便先与预为约定，应俟日德讲和时，中国加入讲和会议，同时处断。第二条中国政府允诺山东土地与岛屿概不让与或租与他国，认为有害中国主权，不便对日本单独做声明。第三条允许日本修建烟台连接胶济路之铁路，认为民国成立以来，与他国只有借款造路之成例，不能以建筑权许与外国，且烟潍铁路与德国已有借款之成议，不能再订。第四条中国允诺速开山东各

---

① 《译电其二（德人德文报专电）》，《申报》1915年2月5日，第2、3版。

② 《参政院中外交当局之报告》，《申报》1915年5月31日，第2、3版。

地为商埠,认为山东业已宣布之自开商埠尚未开放,应俟日后再议。对于第二号,第一条旅大租借地,南满、安奉铁路期限展至 99 年,认为旅顺、大连为清朝所租借,应俟期满续商;南满、安奉两铁路性质不同,年限亦不同,应分别商议。第二、第三条两款日本国臣民在南满、东蒙可租借拥有土地、居住往来、经营商工业,认为有碍中外条约,因重视日本政府之意,可于不违背条约范围内另行提议,惟东部内蒙古不能与南满洲相提并论。第四条允许日本国臣民在南满、东蒙开采各矿,认为妨碍机会均等,应为不违背开放门户主义之修正。第五、第六条两款允准他国在南满、东蒙筑路借款、聘用顾问必先与日本商议,认为有碍中国主权行使,不能允许须经日本同意。第七条吉长铁路由日本经营 99 年,认为原系半借款造路,不能允委任日本政府管理及以 99 年为期。其余各款,以有妨碍主权、内政及与各国之成约,均不允商议,并恳切说明理由,切望日本政府谅察中国政府为难情形,速表同意,以速进行。日使要求 4 日内中国提出第一号、第二号之修正案,以便讨论,陆氏同意。[①]

在这两次会议中,陆征祥充分表达对于日本要求各条款之看法,引用中外间成约、国际惯例、中日过去交涉经验,质疑日本要求的法理地位,坚持须不与成约相抵触始可考虑进行谈判。并依据袁世凯批示精神,提交第一次修正案,除删去第五号外,其余各款均经增补、删订,希望将中国损失最小化。日本方面对于中方不愿商议第五号很不满意,双方

---

① 《参政院中外交当局之报告》,《申报》1915 年 5 月 31 日,第 2、3 版。

激烈争执。① 日置益会后报告日本外相加藤高明称：2 日第一次会议时，双方互相试探底线，日置希望陆征祥先就全案发表意见，陆征祥反而以胶澳归还问题试探日本态度，迫使日置不得不略过敏感的胶澳问题；日置对陆征祥的谈判技巧颇为称道。②

8 日，日使奉政府训令至外交部声称：日本政府以只提议第一号、第二号修正案不能满意，须对于五号全行提出修正案，方能开议。陆氏不得已允将第三号作为主义之声明，即将来如汉冶萍公司愿与日本商人有合意之办法，而不背中国法律者，中国政府可不加反对。第四号本于本国尊重领土之意，在主权范围以内，允由中国自行宣言，不能为国际的声明。第五号仍难商议，坚请撤回。日使不允，且坚称非将第五号同意不可，彼此争执至舌敝唇焦，日使态度强硬，谓如中国政府坚执不允，恐生不测危险之结果，陆氏惟请日使速行开议。③

由于陆氏始终坚持，日方不得不以中方第一次修正案为蓝本，参照日本原案，修正拟订成新案，于 16 日通过阁议，同意先开议，声明第五号保留至他日再讨论。④

22 日起双方展开正式会议，日本希望能速谈速决，逼迫中国全盘接受条件，陆征祥坚持以尊重中外成约、不损及中国

---

① 《会议二十一条事——中日第 1 次会议问答》（1915 年 2 月 2 日），北洋外交部档案，03-33-084-02-002；《会议二十一条事——中日第 2 次会议问答》（1915 年 2 月 5 日），北洋外交部档案，03-33-084-02-003。吕慎华：《袁世凯政府与中日二十一条交涉》，第 25 页。

② 「在中国日置公使ヨリ加藤外务大臣宛（电报）」（1915 年 2 月 6 日）『日本外交文书』大正 4 年第 3 卷上册、134—136 頁；吕慎华：《袁世凯政府与中日二十一条交涉》，第 26 页。

③ 《参政院中外交当局之报告》，《申报》1915 年 5 月 31 日，第 2、3 版。

④ 吕慎华：《袁世凯政府与中日二十一条交涉》，第 51~52 页。

领土主权完整、不违反门户开放与机会均等为原则进行谈判，事实上是逐条讨论，并对日本所提各款要求再三辩驳。经 20 余次会议讨论，进展有限。

双方争议最激烈的是第二号，日使坚持南满须与东蒙议同样之条件，且要求承认日本在该处享优越地位。陆征祥以优越地位有碍我内政，坚不承认，争论激烈，几至决裂。陆氏鉴于日本对于旅大、南满、安奉之延期，朝野一致，如不达目的即战争亦所不惜，中国虽不愿租借地及铁路之延期，然既受清朝条约之拘束，复顾及日本舆情之激昂，不得不同意日本原案。对于南满、东蒙内地杂居及土地所有权问题，陆氏坚称此不但与条约相抵触，且妨碍我领土主权完整，不断予以各种限制，日本政府认定此点最为重要，中国必须允诺，日使辞意决绝，几无磋商之余地，同时在山东、奉天，借口换防名义，增派大量军队，致使中国举国惶惑。适日使坠马受伤，遂移会议于日本使馆，陆氏殚精竭虑，一再磋商，日使最后允认内地杂居之日人可服从中国警章税课，惟须由日本领事承认，并允关于土地之诉讼，即日本人为被告，亦可按照中国法律及习惯，由两国派员会审，土地所有权可改为永租。陆征祥对此犹不能满意，于 4 月 9 日提出改正内地杂居修正案，坚请日使同意。日使报告日本政府，但未得回电。[①]

对于第五号，日使屡次强迫中国商议，陆氏则始终声明不能商议，再三拒绝，并提出不能商议之详细坚实理由。4 月 17 日第 24 次会议时，日置益察觉到陆氏态度趋于强硬，无意对日本要求做出让步，尤其是对第五号始终坚持无法商

---

① 《参政院中外交当局之报告》，《申报》1915 年 5 月 31 日，第 2、3 版。

议，遂声言讨论已毕，在收到政府训令前，会议中止。日置益见中国民间普遍仇日，在华外人同情中国处境，英、美对第五号也多有意见，情势对日本不利，便建议加藤外相斟酌英美意见，尽速向中国提出具体修正案，展现决心，俾交涉迅速解决。[①]

袁世凯于交涉期间，派遣顾问有贺长雄赴日向元老疏通，请尽力维持中日交涉和平解决。元老与加藤素有心结，山县有朋自始怀疑加藤是否有能力完成交涉，有贺来访后决心介入，联合其他元老与加藤协商，迫使加藤采取较温和方式对待中国。4 月 20 日，日本政府举行阁议，决定提出最后让步案，于双方争执最烈之第二号关于日人杂居权、土地所有权、农耕权、司法管辖权等均参酌中国意见而有所让步，日本优越地位亦予删除；第三号汉冶萍公司独占矿权一款亦予以撤回；第四号沿岸不割让，同意由中国自行宣言，惟仍坚持东部内蒙古问题需另以其他方式约定；第五号除警察一款已经撤回外，其余六款亦坚持至少需采取以双方在议事录上签字约定方式通过。此外亦提出归还胶澳具体办法，希望以此诱使中国接受修正案。加藤将修正案内容告知山县有朋、松方正义、井上馨三元老，皆无异议后，训令日置益尽速向中国提出。26 日，日置益向陆征祥提交日本最后让步案 24 款，并提示归还胶澳办法，希望中国尽快接受。陆氏详细阅读两遍后，仍对东部内蒙古、汉冶萍公司以及第五号各款表示无法同意，仅承诺于 30 日提

---

① 「在中国日置公使ヨリ加藤外务大臣宛（电报）」（1915 年 4 月 17 日）『日本外交文书』大正 4 年第 3 卷上册、331—332 頁；吕慎华：《袁世凯政府与中日二十一条交涉》，第 90 页。

出答复。①

　　日本之最后修正案比较符合中国之期望，袁世凯数度召集会议，以其中数款仍有损国权，做出诸多修正，并坚持不商议第五号各款。5 月 1 日陆征祥对日置益提出新修正案，表示此为让至极点之最后答复，日使明确表示日本政府无法满意。4日山县、松方、大山三元老与阁臣共同会议，讨论最后通牒事宜。6 日举行御前会议，元老、阁臣一致同意除公布交涉始末令列强了解日本立场外，决定将第五号要求除福建一款外悉数撤回，以此为日本政府最后立场。日置益于 7 日下午 3 时将最后通牒及附属说明书七款致送陆征祥，要求中国须于原则上完全接受 4 月 26 日日本最后修正案内容中第一至四号，及第五号福建不割让条款，并限令于 9 日下午 6 时以前答复，否则将执行必要之手段。同时附加七款说明书，表示对于福建不割让、南满土地权、东部内蒙古事项以及汉冶萍公司等条文，可酌情采用中国 5 月 1 日修正案内容。②

　　收到日本最后通牒后，袁世凯彻夜召集会议进行讨论，8日复召集重臣会议商讨应否接受，开议时外交总长陆征祥却未到场，以电话催请，云与英国公使朱尔典（John Jordan）会晤，迟了 30 分钟才到。陆氏报告朱尔典云：今日大会关系重大，日本因列强不遑东顾，提出最后通牒，意在挑衅，中国目前只能暂时忍辱；朱尔典要求陆氏保证务必避免开战，陆氏答应必以去就力争。③ 袁世凯表示日本将最严苛之第五号各款保留不提，已非亡国条件，而内外情势对中国不利，为避免开

　　① 吕慎华：《袁世凯政府与中日二十一条交涉》，第 89~91 页。
　　② 吕慎华：《袁世凯政府与中日二十一条交涉》，第 93~96 页。
　　③ 《曹汝霖一生之回忆》，第 99 页。

战，乃接受日本条件。随即令外交部参事顾维钧起草复牒，在袁世凯指示下详细辩驳日本通牒所述。陆征祥认为若日本无法接受复牒文字，届时反而多生枝节，表示复文以简短为宜，与会各人赞同，遂重拟复文，并先行将复文于8日下午派员送交日本使馆。日置益对复文大致满意，但坚持复文中需表明"第五号除福建一款外日后另行协商"一句。中国政府为免横生枝节，决定采用日本意见，9日晚11时，陆征祥、曹汝霖、施履本赴日本使馆，将复牒面交日置益。①

曹汝霖称：5月9日半夜和陆征祥送最后通牒之回复文到日本使馆，他心感凄凉，若有亲递降表之感。陆征祥说：前在驻俄使馆时，俄财长维特为租借旅大问题，与杨儒钦使磋商不洽，竟将条约摆在公案，令杨钦使签字，杨答以未奉皇帝命令，不能签字。维特拍案咆哮，出言不逊，骄横无礼，情形比这次凶狠得多，余为传译，犹觉心悸。②

此后，双方即分别准备签约事宜，在条约文字上仍有不少折冲。最后，于5月25日在北京外交部签署中日《民四条约》，包括2个条约及13件换文。即《关于山东省之条约》及附属换文2件、《关于南满洲及东部内蒙古之条约》及附属换文8件，另有《关于汉冶萍事项之换文》《关于福建事项之换文》《关于交还胶澳之换文》等3件换文。

26日陆征祥、曹汝霖赴参政院报告中日交涉始末，陆氏提纲挈领讲数句后，由曹氏做详细报告两小时，总结云：

①　吕慎华：《袁世凯政府与中日二十一条交涉》，第94~97页。
②　《曹汝霖一生之回忆》，第101页。

我政府对于此次交涉历时至三月有余，正式会议至二十五次，始终尊重友睦之意，委曲求全，冀达和平解决之目的。……惜日本或借词要挟，或托故增兵，终为武装之谈判，致不能达此目的。虽最后通牒日本政府承认将第五号脱离此次交涉，并备文声明将来以胶州湾交还中国，于我主权内政及列国成约幸得保全，然南满洲方面之利权损失已巨，政府一再筹商，如始终拒绝……迨一经决裂，必无幸胜，战后之损失，恐较之现在所要求重加倍蓰，而大局糜烂，生灵涂炭，更有不堪设想者。在京友邦驻使亦多来部婉劝，既与〔于〕中国主权内政无损，不可过为坚执，政府反复讨论，不得不内顾国势，外察舆情，熟审利害，以为趋避。①

6月8日，中国驻日公使陆宗舆与日本外相加藤高明在东京换约。

由"二十一条"原案与中日《民四条约》约文比较，可知中国完全接受者仅第一号总纲及第一条日本继承德国在山东权利一款，其余各款或由日本自行撤回，或改以换文方式约定，或将原案修正语气、限制范围。中国虽于南满、东蒙部分损失甚多，然迫使日本将于中国主权损害最重之第五号条文除福建一款外全数撤回，使中国损失相较于原案已尽可能减至最低程度。②

---

① 《参政院中外交当局之报告》，《申报》1915年5月31日，第3版。
② "二十一条"原案及中日《民四条约》内容比较，参见吕慎华《袁世凯政府与中日二十一条交涉》，第145~162页。

对中国而言，权利方面的损失既已成定局，乃积极谋求事后的补救。由于条约将于 3 个月后（即 8 月 25 日）实施，袁世凯指示参政院于 6 月 11、19 日两日会议讨论制定《惩办国贼条例》，并于 22 日正式公布实施，规定："私与外国人订立契约，损害本国之国家权利者，处卖国罪，死刑。"以法律规定吓阻人民与外国人订立契约。此外，袁世凯师法日俄战争后召开"会商东三省事宜会议"之先例，指示外交部自 6 月 24 日至 7 月 31 日召开"中日满蒙条约善后会议"，于关系最深之商租地亩、任便居住往来营生、东蒙合办农工业、日人服从中国警察法令及课税等四款，预先规划相关配套法令及措施，并划定东部内蒙古范围，力图将日本在南满、东蒙所得权利尽可能限制于最小范围。① 这种以颁布国内法规，限制日本所得条约权益的方式，日后张作霖、张学良父子也效仿之，陆续订定各种排日法规，拘束日本在南满、东蒙的扩张。

陆征祥在"二十一条"交涉中的角色

此次交涉，中方决策者是袁世凯，陆征祥是主要执行者。日方提出要求后，袁氏多次召开政府高层会议，决定政策方针，陆氏在会议前，先拟具谈判意见送交袁世凯审核，袁氏批复意见后，由陆氏执行。每次会议结束后，陆氏立即写成会议录，连夜进呈总统府，袁氏详阅会议录并逐条批阅意见，作为陆氏下次谈判之准绳。遇有问题，袁世凯常召陆征祥入总统府

---

① "中日满蒙条约善后会议"之经过情形，见吕慎华《袁世凯政府与中日二十一条交涉》，第 116~133 页。

面商，或召集会议，主要参加者有黎副总统、徐国务卿、陆征祥、外交次长曹汝霖、交通总长梁敦彦等。

图 4-2 1915 年"二十一条"交涉
（从前后往，左一曹汝霖、左二陆征祥、右二日置益、右三小幡酉吉）

此外，外交次长曹汝霖除参与正式谈判，并于会外与日置益保持密切接触，驻日公使陆宗舆则与日本外务大臣加藤高明及政界高层不断沟通。袁世凯派遣总统府顾问有贺长雄赴日，与日本元老交换意见，并派总统府礼官蔡廷干、顾问莫理循（G. E. Morrison）及外交部参事顾维钧，与英、美在北京之外交官及记者联系，传递散布消息，希望与"二十一条"利益相关的列强介入。同时操纵舆论引发对日本的种种抵制运动，采取多头并进方式，以加强中国政府抗拒日本要求之立场。①交涉结束后，陆氏接受外报访问，记者以陆总长应变之才，表示钦佩之诚，陆氏答以：此届会议悉承总统之命而行，记者之

---

① 吕慎华：《袁世凯政府与中日二十一条交涉》，第 134 页。

所誉，惟大总统足以当之。① 袁世凯与陆征祥共同尝试着将中国的损失降到最低程度。

陆征祥在"二十一条"交涉中，是中方主谈代表，在与日本公使日置益谈判中，承受强大压力，始终坚持。王芸生1933 年在《六十年来中国与日本》第 6 卷中评价称："综观'二十一条'交涉之始末经过，今以事后之明论之……陆征祥之磋磨……蔡廷干、顾维钧等之活动，皆前此历次对外交涉所少见者。"又称："及'二十一条'要求提出……自兹以往，中国外交……在技术上亦多可取之处。"② 1948 年报纸也评论称："观其与日置益每次谈判的详细记录，反复十数万言，勾心斗角，舌敝唇焦，轻重先后之序，随机应付，其细心与才力，岂是庸碌人所能。"③

当时在美国留学的胡适，1915 年 5 月 10 日在日记中写道："吾国此次对日交涉，可谓知己知彼，既知持重，又能有所不挠，能柔亦能刚，此则历来外交史所未见。吾国外交，其将有开明之望乎？"④ 6 月 3 日写道："报载昨日日本议会中在野党提出不信任政府之议案，谓政府之对华政策为完全失败，既损害对华友谊，又引起列强嫉视，实大损帝国之威信，且种下将来恶因。此为晚近新闻中之最足鼓舞吾之乐观者。"⑤

---

① 《陆总长与外报记者之一夕话》，《申报》1915 年 7 月 6 日，第 6 版。
② 王芸生编著《六十年来中国与日本》第 6 卷，大公报社，1933，第 398~400 页。
③ 《谈陆征祥（下）》，《申报》1948 年 4 月 16 日，第 7 版。
④ 《胡适日记全集》第 2 册，台北：联经出版事业股份有限公司，2004，第103~108 页。
⑤ 《胡适日记全集》第 2 册，第 125 页。

　　日本京都大学奈良冈聪智教授于 2015 年"二十一条"
交涉百周年，出版『対華二十一カ条要求とは何だったの
か——第一次世界大戦と日中対立の原点』一书，得到学界
肯定，获得该年"三得利学艺赏"。该书指出中日"二十一
条"交涉过程中，中国方面强硬抵抗，并泄露第五号内容，
酿成中国舆论反日，欧美列强对日高度警戒。而日本外交
拙劣，交涉陷入僵局，到 4 月下旬强硬派主张不惜开战，
政府受到内外压力，5 月 4 日元老阁僚会议，山县有朋强
硬主张删除第五号，同日深夜收到英国要求第五号删除之
电报，加藤决定第五号事实删除，7 日发出最后通牒，中
国为避免与日本武力抗争，9 日接受。以条约结果看，日本
虽达到"满洲"权益安定化的目的，但招致中、英及其他欧
美各国强烈反应及批判，代价太大。1924 年加藤成为首相，
推动国际协调外交，有过"二十一条"要求是"世纪之失政"
的反省。[①]

　　"二十一条"交涉最让国人痛心的，就是袁世凯为了称
帝，接受日本要求，换取日本支持帝制之说，而中日《民四
条约》签署施行后，帝制运动即加紧筹备，时程上之巧合，
似乎坐实了这个说法。然而也早有学者质疑此说，[②] 近年笔者

---

① 奈良冈聰智『対華二十一カ条要求とは何だったのか——第一次世界大
戦と日中対立の原点』314—323 頁。

② 早年如王芸生编著《六十年来中国与日本》（1933 年版）第 6 卷，就力
辟此说。张忠绂《中华民国外交史（1911~1921）》，也认为王芸生之说
有道理（第 180~181 页）。近人如戚世皓《袁世凯称帝前后（1914~
1916）日本、英国、美国档案之分析与利用》，指出"二十一条"与洪
宪帝制无确切关联（台北《汉学研究》第 7 卷第 2 期，1989 年 12 月）。

也在论著中指出袁氏施行帝制失败之主因，就是日本政府决心"倒袁"。[①] 陆氏自云："此项谈判完全项城亲自主持，逐条朱批，事后亦发愤欲图强，希一战雪年，以雪此耻，但过后病狂，帝制自为，终而灭亡。"[②] "二十一条"交涉与洪宪帝制若有关联，有可能是袁世凯在交涉中对日本外交有了轻视之念，得意忘形，推动帝制运动。[③]

对于谈判历程，陆氏自称：义和团运动之后，杨儒与俄国谈判交收东三省时，他担任翻译，尝过俄方高压手段的滋味，增长许多经验，后来在"二十一条"交涉时，不致慌张失措。[④] 谈判时，经过不懈的坚持，耐心周旋，陆氏终于驳回了日方最苛刻的第五号中的六款要求，其他条款则为形势所迫，不得不做了暂时的屈从。[⑤]

陆征祥自认为接受最后通牒，签署中日《民四条约》，是自己外交生涯的一大污点，自言："回溯三十年来，一误于'廿一款'交涉，再误于巴黎之败北，既无以对民国，复无以对自己，良心上积此二大罪，亦足为一世之罪人。"[⑥] 又称会议结束后，他入见袁世凯总统，袁氏说："陆先生累了，可是结果很好。"陆氏说："精神倒也支持得了，不过我签字即是

① 参见唐启华《洪宪帝制外交》，第 3~8 页。
② 郑揆一：《追忆陆征祥神父——并记与二十一条有关的一席话》，台北《传记文学》第 47 卷第 6 期，1985 年 12 月，第 83 页。
③ 王芸生编著《六十年来中国与日本》（1933 年版）第 6 卷，即指出袁氏之失误为"事后之忘形"（第 397 页）。
④ 《致刘荩忱先生函》（1935 年 5 月 25 日），《本笃会修士陆征祥最近言论集》，第 193 页。
⑤ 陆征祥：《回忆与随想》，第 46 页。日本撤回第五号 7 款中的 6 款。
⑥ 《致夏诒霆函》（1923 年 11 月 6 日），陆征祥文书，T1063_02_01_0038，第 14 页。

签了我的死案。"袁氏说:"不会。"陆氏说:"三四年后,一辈青年不明如今的苦衷,只说陆征祥签了丧权失地的条约,我们要吃他的肉。"袁氏问外交上有何补救办法,陆氏说:"只有参战,到和会时再提出,请各国修改,不过日本能否阻挡,现在尚不可知。"①

第三节 洪宪国务卿与帝制外交②

洪宪帝制与全球及东亚外交密切相关,袁世凯早有称帝之野心,欧战爆发后,欧洲列强对华压力减轻,到1915年战局僵持,交战双方都想拉拢中国加入己方阵营,对袁氏之帝制多表示支持,尤其是英国,希望中国参加协约国对德宣战,多方笼络袁世凯。日本在"二十一条"交涉后,对华的野心基本达成,首相大隈重信9月也暗示赞成帝制,袁世凯认为对内对外皆有把握,遂决心推动帝制。然而日本陆军及大陆浪人视袁世凯为心腹大患,坚持干涉中国帝制,伺机"倒袁",中、英、日三方展开激烈外交竞争。

陆征祥不赞成帝制,但希望袁氏能振兴中国,加以袁氏此前多次重用他,故愿竭力辅助。③ "二十一条"交涉结束后,某外报记者至外交部迎宾馆与陆氏晤谈,问及:会议而后总长将有大更动乎?陆氏答称:此时身处欧战方酣,中国多难之

---

① 罗光:《访问陆征祥神父日记(二)——六十述往之一章》,台北《传记文学》第19卷第4期,1971年10月,第81~82页。

② 参见唐启华《洪宪帝制外交》。

③ 罗光:《陆征祥传》,第92~93页。

日，苟有离大总统而远适者，是不忠也，是不爱其国也。① 同时，袁氏认为陆征祥是没有党派色彩的外交专才，对他在民初外交中的表现极为赏识，帝制运动期间，任命陆氏为国务卿兼外交总长，参与重要政务及对外交涉。

陆征祥与帝制外交

袁氏对外交十分重视且颇有经验，"当他任总统时，实际上同时又是外交总长"。② 洪宪帝制外交之决策，由袁世凯亲自主持，重要外交收发电，都要呈览，主要的执行者是：陆征祥、梁士诒、曹汝霖、陆宗舆、顾维钧等。

陆征祥是民初袁世凯主要的外交助手，对外交涉时，颇能坚守国家主权与尊严，但因他对帝制若即若离，在帝制运动期间并未参与最机密的外交活动。帝制对英国之秘密交涉，主要由税务督办梁士诒负责，对日机密交涉由外交次长曹汝霖主持，交驻日公使陆宗舆与日本高层磋商，驻美公使顾维钧则在美国为帝制做宣传工作。总而言之，陆氏虽非帝制运动之核心人物，但他得袁世凯之信任与重用，参加了与帝制相关的高层会议，以国务卿之名签署了所有命令，并负责公开的外交活动，无法推卸与洪宪帝制的关联。

过去学界论及帝制运动，一般认定从 1915 年 8 月 14 日"筹安会"成立之日开始，9 月梁士诒成立"请愿联合会"后，即如火如荼展开。但从外交史角度观之，至迟从 7 月顾维钧出使墨西哥，旋改使美国鼓吹帝制，帝制外交已然启动。袁

---

① 《陆总长与外报记者之一夕话》，《申报》1915 年 7 月 6 日，第 6 版。
② 《顾维钧回忆录》第 1 分册，第 390 页。

世凯表面上对帝制运动不置可否，台面下则积极运作，主要担心日本反对，迨9月24日陆宗舆电告：日本首相大隈重信表示支持袁氏帝制，帝制运动遂公开加速进行。10月6日参政院议决《国民代表大会组织法》，启动变更国体之法律解决程序，以国民代表大会体现国民全体之公意，自10月25日至11月22日各省区陆续完成选举国民代表，再由代表进行国体投票。①

国务卿徐世昌对帝制态度消极，10月中旬称病请假，报载：大总统以目下政务殷繁，赞襄之人不可一日或缺，将暂派人代理其职，至代理之人物，内定为外交总长陆征祥，或内务总长朱启钤。②此时陆征祥因脑病发作，精神颇为衰颓，本拟请假休息，因国体将决，各项外交正在紧要时期，未便延搁，仍力疾视事。③27日袁世凯策令：徐世昌现在因病请假，特任陆征祥暂兼代理国务卿。④

28日上午8时陆征祥谒见袁世凯，相谈1小时多，至9时50分到政事堂视事。⑤当时报纸对于帝制实行后的第一任总理大臣有种种臆测，陆征祥列在最热门人选之首，⑥主要原因是：（1）国体变更后最重要莫过外交，非有外交名望素著之人不能胜任；（2）陆征祥办事慎重，素无政派之关系，颇为当

① 《（北洋）政府公报》第1254号，1915年11月4日，第21~22页。
② 《要闻：代理国务卿之人物》，天津《大公报》1915年10月14日，第3版。
③ 《陆总长力疾任事》，天津《大公报》1915年10月15日，第5版。
④ 《（北洋）政府公报》第1247号，1915年10月28日，第1页。
⑤ 《国务卿交替纪》，《申报》1915年11月1日，第6版。
⑥ 《组织君宪内阁人物之预志》《第一任君主内阁之首席》《君主确定后组织内阁之人物》，天津《大公报》1915年10月25、27、31日，第3版。

局所欢迎。① 陆氏甫兼代国务卿，立即面临棘手外交交涉。

图4-3 1916年1月，左起司法总长章宗祥、国务卿陆征祥、
农商总长周自齐、内务总长朱启钤、外交次长曹汝霖于中山公园

三国劝告

1915年夏秋，帝制运动进行顺利，然而日本朝野之反袁意见在10月不断增强，逐渐转向积极干涉，领导协约列强进行劝告，帝制运动遭遇强大阻力。28日下午五点半，日本代办小幡酉吉偕同英国公使朱尔典、俄国公使库朋斯基至外交部，由外交总长陆征祥、次长曹汝霖接见，参事伍朝枢任翻译。小幡首先以友善态度，口述日本政府之训令称：中国变更国体之计划，今似有急遽发展实行之势，顾欧洲大战尚未平定，一般之不安犹多，袁大总统过去四年之施设，已使国内秩序渐复，地方不安之状态逐日消灭，然今如有突建帝制之举，

---

① 《陆征祥有责任国务总理之耗》，天津《大公报》1915年11月1日，第6版。

可能惹起意外之扰乱。中国如果一旦发生扰乱，则与中国有深切关系之各国，都会受直接、间接之影响，东洋之和平亦有陷于危殆之虞，日本帝国政府本防祸未然，维持东洋和平之衷心，决以友谊，劝告大总统善顾大局，推迟其变更国体之计划，而固远东和平之基础。① 接着英使云：受英国政府训令与日本同僚共同劝告，询问中国政府是否自信帝制计划进行不会发生任何不好的事件。② 俄使也表示：受训令与日、英同僚一同建议暂缓帝制。

陆征祥答以："此系完全中国内政，且全出乎民意，政府亦未有速办或缓办之权，至地方秩序，各将军、巡按来电均称，若从民意解决，完全担保治安之责。国体改革原出于人民公意，且多数有实力人亦主张之，若强为遏制，必致扰乱，有碍东方和平。"③ 最后表示会将三国之劝告报告大总统及国务院。随后，法国、意大利公使也向陆征祥提出类似之劝告。

三国劝告后，袁世凯反应颇强硬，他要维持国家颜面及对内威信，不肯有听从列强劝告而推迟帝制的意味，帝制派则以各地实力派热心推动，国体投票正如火如荼进行中，力主把握时机，一鼓作气登峰造极。日本政府则坚持要中国明确表示帝制将延期到何时，驻日公使陆宗舆一再建议暂缓帝制，最好延至战后举行，不要给日本有任何介入之借口。北京连日会议讨

---

① 「駐華小幡代理公使電石井外相」（1915 年 10 月 28 日）『日本外交文書』大正 4 年第 2 册、97—98 頁；王芸生编著《六十年来中国与日本》第 7 卷，第 9~10 页。

② Jordan to Grey, Oct. 29, 1915, *British Documents on Foreign Affairs*, Part Ⅱ, Series E, Asia, Vol. 22, pp. 107–108.

③ 《发驻日本陆、英施、俄刘公使电》（1915 年 10 月 29 日），北洋外交部档案，03-13-032-02-001。

论对策，帝制派及军人皆持强硬拒绝态度，保证变更国体绝无发生内乱之虞，31 日议决以婉曲之辞令，谢绝诸国之劝告。[①]

11 月 1 日下午，曹汝霖分别口头答复日、英、俄三国公使，强调改变国体完全系中国内政，基于民意，"至贵公使所询一节，本国政府无论何时，按照国际法律习惯，皆有维持秩序之责，国体改革之实行，政府自信无何等变故"。并命驻日、英、俄公使同样转达驻在国政府。[②]

日本认为中国拒绝劝告，对中国持续施压，要求明确表明是否接受劝告之态度。4 日小幡拜访陆征祥，确认中国是否接受各国劝告，随后报告东京称：陆总长云国民大会代表选举已在进行，但为慎重起见，不会如外间猜测般于短时间内举行帝制，同时中国政府尊重日本及他国劝告，会慎重处理，希望日本能体谅中国政府苦衷。依陆氏所言，此时帝制问题宗旨已定，只是实行时间的问题。[③]

北京坚决不愿与日本商议延期之事，各省国体投票陆续完成，劝进之声日高一日，改革国体势难中止。日本政府则坚持中国必须暂缓帝制，至少应与日本商量改制期程，否则就是蔑视日本。北京决定稍做妥协，私下表示本年内不改制。11 日下午陆征祥会见英、法、俄公使及小幡代办，面谈以当答复云：本政府原无激急变更国体之意，现在各省国民代表投票，已有 20 处之多，赞成君主立宪票数已达过半数，

---

① 《要闻一：今后外交之形势如何？（东京通信社社员飘萍 11 月 3 日东京发）》，《申报》1915 年 11 月 10 日，第 3 版。

② 《发驻日陆、英施、俄刘公使电》（1915 年 11 月 1 日），北洋外交部档案，03-13-043-04-001。

③ 「駐華小幡代辦電石井外相」（1915 年 11 月 5 日）『日本外交文書』大正 4 年第 2 冊、116—117 頁。

国体改革为大多数国民所决定，连日与各部院再三考校解决国体之后应行各事，头绪纷繁，必须筹办齐备方可举行，大典亦有不能不稍缓之势，特为密告。万一在本国突出意外之事变，无论何时，本政府之权力，足以随时消除之，亦本国维持秩序应尽之责任。[1]

中国参战案[2]

总统府顾问莫理循建议以中国参战牵制日本，11 月上旬梁士诒与英国公使朱尔典秘密交涉此事，得到伦敦支持，英国外交部与法、俄联系后，12 日提交备忘录给日本驻英大使井上胜之助，建议日本政府与三国共同要求中国提供协约国军火，进而参战，驱逐德国在华势力。

袁世凯及帝制派提出中国参战建议，主要动机在于：联好英、俄、法三国，得其支持袁氏帝制，牵制日本主导之帝制延期劝告。协约三强之支持中国参战，则是希望能驱逐德国在华势力，去除远东反协约国阴谋之根源，打击德国战志，并可取得中国军火与兵工厂，还可增强对华影响力，防止日本独霸。日本为确立其在华主导地位，坚决反对中国参战。英国主导之中国参战与日本主导之劝告推迟帝制正面冲撞，东亚外交主导权激烈交锋，11 月中旬东京阁议决定：暂缓联络协约国进行第二次之劝告。

---

① 《发日本陆、俄刘公使电：并转英、法两馆》（1915 年 11 月 11 日），北洋外交部档案，03-13-043-04-001。王芸生编著《六十年来中国与日本》第 7 卷，第 20 页。

② 详见唐启华《洪宪帝制外交》，第 136～147 页。

袁世凯的参战计划与帝制紧密结合，自信可获成功，其对当时形势之判断与谋略可由如下手片显示：

> 西引入战团东不允。
>
> 东劝缓西不助。
>
> 联恐德先承认绝其所望，不敢迟认。
>
> 西先认东自不能独异。①

意指：英、俄、法欲将中国引入协约国参战，日本不允许。日本劝告中国推迟帝制，英、俄、法不帮助。协约国害怕德国先承认中国帝制，不敢晚于德国承认。英、俄、法先承认，日本不能独自不承认。袁世凯企图用参战问题离间英、俄、法与日本，并利用协约国与同盟国之间的矛盾互相牵制，以达成各国承认帝制的目的。

中国参战案属于秘密外交，陆征祥涉入不深。陆氏兼代国务卿之后，事务繁忙，除了应付外交问题每晚必入总统府密议外，② 更为筹备帝制之宪法、皇室制度、朝仪、礼制等问题十分忙碌。③ 由于列强劝告，帝制进行稍缓，陆氏持稳健态度。④ 12 月初驻北京德国公使辛慈（Paul von Hintze）赴外交部会晤

---

① 《时局手片二纸》，北洋军阀史料编委会编《天津市历史博物馆藏北洋军阀史料：袁世凯卷》第 2 册，天津古籍出版社，1996，第 408 页。

② 《要闻：饬交外交部议复之三要案》，天津《大公报》1915 年 11 月 5 日，第 3 版。

③ 《朝仪礼制之旧派优胜》，天津《大公报》1915 年 11 月 5 日，第 3 版；《详核四项参考要案》，天津《大公报》1915 年 11 月 12 日，第 2 版；《秘密筹商之七大要件》，天津《大公报》1915 年 11 月 12 日，第 2 版。

④ 《要闻：关于帝制延期实行之种种消息》，天津《大公报》1915 年 11 月 15 日，第 2 版。

陆征祥，传言即为质问中国加入协约国问题。[①]

　　就在此洪宪帝制成败的紧要关头，日本发动强烈反英新闻战，东京突然盛传英中同盟之说，日本舆论大哗，英日关系紧张。而11月下旬英国在加里波利（Gallipoli）战场遭到重挫，英、澳及新西兰撤军，并导致保加利亚加入同盟国，与奥匈帝国夹击塞尔维亚，塞国全境沦陷，协约国在巴尔干半岛大败。英国政府对日妥协，决心在远东追随日本，修补对日关系。12月6日，日本否决了英、法、俄三国让中国参战的建议，确立其东亚霸主地位。[②]袁世凯之"联英制日"失去支撑，弄巧成拙，反而更坚定日本朝野除去袁世凯的决心。但就帝制运动而言，中国参战案将日本之第二次劝告延迟半个月，其间国体投票得以完成。

国体投票与推戴

　　11月下旬，各省区之国民代表及国体投票陆续完成，各省代表齐集北京。12月初帝制筹备加速进行，[③]报载："政府公报业已开始登载奏件称帝称臣，惟总统之批令仍如其旧，闻将以此试劝告各国之态度。"[④]2日大典筹备处成立，朱启钤为办事员长，假中央公园来今雨轩开会。[⑤]

　　10日北京国民代表大会开会，进行国体投票，全国各省国民代表1993人，一致赞成变更国体实行君主立宪，并恭戴

---

① 《要闻：德使会晤陆总长》，天津《大公报》1915年12月4日，第3版。
② 唐启华：《洪宪帝制外交》，第161~190页。
③ 《要闻二：劝诱风说发生后之京讯》，《申报》1915年12月2日，第6版。
④ 《东方通信社电：北京电》，《申报》1915年12月3日，第2版。
⑤ 《要闻二：大典筹备处开会纪》，《申报》1915年12月6日，第6版。

袁大总统为皇帝。11 日上午，参政院代行立法院开会，起草推戴书，通过后，下午呈递给袁世凯，被袁氏咨回。参政院再次开会，上第二度推戴书，列举袁氏：经武、匡国、开化、靖难、定乱、交邻等，12 日袁世凯接受推戴，[①] 13 日袁世凯在中南海居仁堂接受百官朝贺。

袁氏接受推戴，改变国体问题的法律程序完成，对内有绝对把握，但尚不能一鼓作气随即登基，惟一担心的是外交。虽然各国多表示愿意承认帝制，惟因日本反对，必须小心因应，于是以筹备事繁并尊重友邦为由，落实对列强本年内不改制之口头承诺。日本则一方面阻止中国参战，并联络列强再次提出劝告；另一方面军方及大陆浪人加紧策动援助各方反袁势力，制造中国内部事端，5 日上海即发生肇和舰起事。

陆征祥试图修补中日关系，13 日接受日本报社记者访问时称：中日两国之于东亚，唇齿相关，固宜亲睦提挈，以维东亚大局之平和，现两国政府关系圆满，而两国民间关系亦需使之圆满，端赖报界诸君之力。陆氏言及帝制问题云：敝国四年共和之结果，一般民众体验到共和之害，而思享君宪之利，惩前毖后，万众一致，遂成帝制，然新帝国之正式成立，尚需若干时日，新皇帝即位之日，尚未决定，将来中华帝国一切规模，尽可取范日本帝国。[②]

---

① 《（北洋）政府公报》第 1292 号，1915 年 12 月 12 日，第 1~2 页。

② 《要闻一：东报述陆总长之帝政谈》，天津《大公报》1915 年 12 月 20 日，第 3 版。

列强第二次劝告

12月上旬，日本取得东亚外交主导权，决心贯彻干预中国帝制之政策，15日下午5时，驻北京日、英、俄、法、意五国公使同至外交部会见陆氏，日置益首先发言云："前中国政府既已通知五国政府，允将恢复帝制政策暂行延搁，并屡次声明担任在中国境内维持治安，保守秩序之完全责任，今五国政府对于将来形势如何转移，仍旧持其静观厥后之态度。"英、法、俄、意代表也依训令发言。陆征祥答以："中国帝制问题，前已向各公使详细说明，现国民投票表决业已完竣，惟政府尚须有筹办，尚未正式宣布实行，本总长甚盼望各友邦政府，仍持本来之宗旨及其宣言，注意于尊重中国之独立与主权。"① 日使对最后一句话的意思有疑虑，请陆氏说明。陆氏云："中国接受友邦劝告，各国也应对中国之独立与主权充分尊重。"日使云："如果中国政府对本件相关日本的行动有任何侵害中国独立与主权之处的感想，是大误解，日本政府丝毫无此意志，特此声明。"各国公使也做同样之陈述。②

中国舆论对此次劝告似乎不觉得严重，此时登基之准备已完成，只要未发生大动乱，即可实行。袁世凯未受列强第二次劝告影响，16日大总统令：筹备帝制；19日政事堂奏准正式设立大典筹备处；20日大总统申令：徐世昌、赵尔巽、李经

---

① 《发驻日本陆公使电》（1915年12月15日），北洋外交部档案，03-13-032-03-001。

② 「駐華日置公使致石井外相电」（1915年12月15日）『日本外交文書』大正4年第2册、170頁。

羲、张謇为嵩山四友。[①] 21 日袁世凯封爵，并成立正式内阁，任命陆征祥为国务卿，仍兼外交总长。[②] 31 日下令以明年为洪宪元年，预备登基。

袁世凯外交初步见效，五国第二次劝告语气缓和，然而弄巧成拙，日本确立东亚代言人地位，其朝野对袁氏之无诚意及政治手腕忌恨甚深，反袁呼声日益高涨，军方及志士加紧援助中国各派反袁势力，伺机摧抑心腹大患。袁世凯为安抚日本，对日表示愿意亲善"提携"，日本政府乃与列强商议袁氏登基日期，参谋次长田中义一也对袁氏表达善意，然而在此敏感时刻，陆宗舆错解石井外相语意，北京自行与各国接洽 2 月初登基事宜，日本政府感到受愚，严厉谴责，中日外交事实上已然破裂，日本军方决定自行其是。[③]

护国军起义

12 月 25 日云南护国军起义讨袁，帝制派认为影响不大，继续准备登基事宜。日本公使日置益赴外交部谒见陆征祥，询问云南反对帝制之事。陆氏答以：恐系乱徒借名所发，或少数下级军官所为，此际尚未得其真相。[④] 另有某国驻京公使赴外交部谒见陆征祥，询问政府对滇政策，微露欲联合某国出面调停，以期和平解决。陆氏答以：滇事不过少数乱徒负隅反抗，

---

① 《（北洋）政府公报》第 1301 号，1915 年 12 月 21 日，第 1 页。

② 《（北洋）政府公报》第 1302 号，1915 年 12 月 22 日，第 4 页。

③ 唐启华：《洪宪帝制外交》，第 217~235 页。

④ 《要闻一：日公使谒陆相国于外交部》，天津《大公报》1915 年 12 月 29 日，第 3 版。

与大局尚无关系，中央自有方法以平定之。[①]

1916 年 1 月是洪宪帝制成败的关键期。护国军势力虽不强大，但因地势偏远，交通不便，政府军无法立即镇压，反帝制声势渐起，强邻日本虎视眈眈，伺机而动。同时云南起事也加速了帝制运动，帝制派势如骑虎，知延迟登基危险甚大，联络各地军人纷纷上书请速正大位。袁世凯于 1915 年 12 月 31 日议决颁行洪宪年号，预备 2 月上旬登基。

北京急于排除对帝制的所有外交反对，集中于镇压内部反对力量。1916 年初袁世凯召陆征祥、曹汝霖入总统府，讨论列强承认帝制问题，指示对于此事之方针谓：国体变更后，为使地方安谧如故，外人商业不受影响，各国如稍顾邦谊，当乐为承认，但我国对于此事不可失之过热过冷，盖过热则启外人条件之要求，过冷则恐失外交上之好机会。[②]

此时各国多表示支持袁氏，准备承认帝制，传言驻北京德、奥两国公使，已用非正式之公文照复外交部，以中国政府对于滇乱问题所申明之政策，该两国均甚满意，相信中国政府确能达到预计之目的，俟中华帝国大皇帝举行正式登基时，该两国当首先正式承认以敦邦交。[③] 英、法、意、俄等协约列强为防止中国倒向德、奥，也都愿意承认帝制，不让德、奥独着先鞭，惟受限于日本之坚决反对，必须征询日本意见。

此时日本政府仍在观望，而军方及志士、大陆浪人等强硬

①　《要闻：谢绝某国公使调停滇事》，天津《大公报》1916 年 1 月 8 日，第 3 版。

②　《要闻一：将宣示对新帝国承认问题之方针》，天津《大公报》1916 年 1 月 5 日，第 2 版。

③　《要闻：德奥两国首先承认之述闻》，天津《大公报》1916 年 1 月 13 日，第 3 版。

派加紧援助反袁势力。袁世凯准备派遣农商总长周自齐为特使赴日，并要陆宗舆与日本交涉 2 月初登基，但仍不肯交换利益。袁氏认为各国都愿意承认帝制，日本受到强大压力，不会独自长期拒绝，但他低估了日本各界对他的敌意，犯下致命错误。

日本政府内部反对与袁世凯妥协者颇多，1 月 12 日首相大隈重信遭到警告性之暗杀，15 日日本政府辞谢中国特使周自齐之访日计划。19 日东京阁议议决不承认 2 月上旬中国实行帝制，次日御前会议，决定警告中国推迟帝制，不听则准备"自由行动"。王芸生称："日本一面压迫北京政府，一面参与西南行动，至谢绝特使之后，日本作法已至图穷匕见之时，更有自由行动之准备。"①

21 日晨，北京以内外不利，决定 2 月初登基作罢，当日上午，曹汝霖要求日本使馆书记官高尾亨到外交部，转达外交总长陆征祥如上意旨，② 陆氏也告诉英国公使朱尔典此事。③ 同日，日本政府也宣布：纵使中国强行帝政，日本在动乱平定以前不会承认。此为帝制运动一大顿挫，日本政府继两次劝告之后，议定策反对中国帝制，并力排列强之众议，强力主导不承认 2 月上旬之登基。袁氏暂缓登基的主因是日本反对，并非内部动乱，云南起事一个月之内，并无响应者，但给了日本干涉的大好借口。帝制运动功亏一篑，自此帝制派人心涣散，反

---

① 王芸生编著《六十年来中国与日本》第 7 卷，第 36 页。

② 「駐華日置公使電石井外相」（1916 年 1 月 21 日）『日本外交文書』大正 5 年第 2 册、17—18 頁。《石井外相 22 日电伦敦日本大使，25 日日使交白厅》，*BDFA*，Part Ⅱ，Series E，Asia，Vol. 22，p. 143。

③ Jordan to Grey, Jan. 21, 1916, *BDFA*, Part Ⅱ, Series E, Asia, Vol. 22, p. 140.

袁势力声势高涨。

袁世凯决定暂缓登基，专力于平定内乱，列强取形势观望态度。然而日本大力支持各地反袁力量，1月27日贵州宣布独立，袁世凯见局势不利，2月23日正式宣布缓正大位。此时北洋军主力到达川南，护国军战事重挫，唐继尧已准备流亡海外，袁世凯希望取得军事胜利后，可安排有利条件。然而3月7日东京阁议决定实力干预，大力援助护国军，坚决倒袁，致使反袁派声势大涨，15日广西宣布独立，广东不稳，并危及四川。[1]

撤销帝制

至此，袁世凯知道不能同时对抗日本与内部叛乱，22日宣布撤销帝制，退还参政院前递之人民推戴书，取消筹备事项。[2]

陆征祥以兼职繁重，恳请专任外交总长，21日奉策令：陆征祥应准开去国务卿，特任徐世昌为国务卿，即日视事。[3]陆氏虽辞去国务卿职，袁世凯仍然倚重，特颁手谕：现值内乱外交异常棘手之时，非集合全力以谋进行，难期迅速就范，因特准该总长对于紧要国务仍行参与，并饬于政事堂附近设立办事室，所有重大外交均在内筹办，以便与徐世昌随时磋商。[4]

---

① 唐启华：《洪宪帝制外交》，第304~313页。

② 《专电：北京电》，天津《大公报》1916年3月23日，第2版。

③ 《（北洋）政府公报》第77号，1916年3月23日，第1页。

④ 《要闻二：陆子欣总长仍参预国务》，天津《大公报》1916年3月25日，第6版。

当时有列强意欲调停南北，3月下旬徐世昌邀集段祺瑞、陆征祥、曹汝霖等，迭开密议讨论，决定仿照辛亥革命之例，列强"只能以个人名义不能以国家名义，只能担任疏通意见，不能有何公断之权，亦无何项之报酬"，否则绝对不能承认。① 陆征祥奉谕对于调停办法随时参与，然而陆氏以南北协商条件，意见相违，愈去愈远，终恐不能成议，面谒袁总统，力辞参与调停之任。②

4月1日驻北京某两国公使，至外交部拜会陆征祥，提出口头质问四端：（1）目下中国乱事系为和平解决？抑仍为武力解决？（2）袁大总统系仍继续任事？抑有辞职之举？（3）中央政府能否以最短时间弭平乱事？（4）中央政府能否维持各地方不至再有乱事？陆总长答谓：第（1）（2）两款现正在会议之际，尚无所解决；第（3）（4）两款亦为政府所最希望之要款，已经筹有头绪。③ 袁总统交谕陆总长，"外交团对于调停乱事之询问，如弛出范围，一律毋庸答复，免启干涉之渐"。④

西南独立各省逼迫袁世凯退位，北京决定改组内阁，4月22日徐世昌准免本职，特任段祺瑞为国务卿，⑤ 陆征祥仍任外交总长。⑥ 报载：外交总长陆征祥及次长曹汝霖以目下政局困难，外交危机四伏，一触即发，实无能力支持以致贻误，均有

---

① 《要闻一：外人参预调停之讨论》，天津《大公报》1916年3月30日，第3版。

② 《要闻一：陆总长谢却调停责任》，天津《大公报》1916年4月2日，第3版。

③ 《要闻二：某某公使质问中国之时局》，天津《大公报》1916年4月3日，第6版。

④ 《专电：北京电》，天津《大公报》1916年4月4日，第2版。

⑤ 《（北洋）政府公报》第108号，1916年4月23日，第1页。

⑥ 《（北洋）政府公报》第109号，1916年4月24日，第1页。

将自请辞职之耗，拟俟政局稍有变更，即行提出辞表。①

袁世凯对内停战媾和，希望能维持总统权位，并以日本乘中国内乱谋取渔利，号召国人合力御外，同时对日谋求妥协，表示愿意出让部分利益。然而内则独立各省坚持袁氏退位，帝制派人心溃散，外则英美虽支持袁氏继续当总统，以维持全国秩序，日本却运用各种手段逼迫袁氏，支持反袁各派，并运作五国银行团停止支付盐余给北京政府，务必要让袁世凯完全退出政坛。

袁世凯政府因筹备帝制耗费甚大，内战延长军费急剧增加，只能挪用中国银行及交通银行之发行准备金，并迫使两行大量增发钞票充作军费，引起通货膨胀，挤兑情况严重。银行团突然停付盐余，袁世凯政府为保存有限的现银，5 月 12 日下令中国、交通两银行兑换券停止兑现，存款停止付现，引起金融市场剧烈波动，物价飞涨，财政崩溃实为压垮袁世凯政府的最后一根稻草。

5 月中旬，由于南方提出"苛刻"办法，坚持袁世凯退位，袁氏决定不退位，如南军仍尚坚持，即以武力解决。驻京美、德、法三公使，曾以非正式公函致外交部，强烈主张不宜再战，并提出种种警告，希望迅速以和平手续平定乱事，陆征祥颇有不负责任之意，于接到后，即转呈内阁查照。②

南方各省要求惩治帝制祸首，报载：外交总长陆征祥，在帝制进行之际正任国务卿，所有关于帝制及痛斥党人各项命

---

① 《要闻二：两外交要人引退之传闻》，天津《大公报》1916 年 4 月 22 日，第 6 版。

② 《要闻一：外人对于时局不宜再战之警告》，天津《大公报》1916 年 5 月 17 日，第 3 版。

令，皆由陆氏署名，其关系较朱启钤、周自齐诸人尤深，现闻陆氏将于日内提出辞表，段国务卿刻正在挽留之中。① 又载：5月10日陆氏提出辞呈，即日通知部中各厅司勿将公事送阅。② 又称：近因中国、交通两银行不兑换钞票，外交总长陆征祥恐外交团发生特别质问，遂于15日以久疾不愈，难胜繁剧为词提出辞表。③

17日大总统令：外交总长陆征祥呈称因病辞职，着给假一月，安心调理，假满即行视事，交通总长曹汝霖兼署外交总长。④ 报称：据陆氏之亲友云，俟假满后仍当辞职，不达目的不止。⑤ 又称：陆征祥素以能敷衍对付著名，故屡为伴食宰相而不辞，乃今毅然辞职，可见外交之困难重重。政府乃改为请假，以曹汝霖代理外交，陆氏不满意，拟日内将再行呈请，即不邀允准亦决必出京，大约又偕其洋夫人出洋矣。⑥

袁世凯在局势十分不利之时，一度有流亡美国的规划，随即于6月6日病死。"筹安六君子"之一的严复，同日致函熊纯如云："此番洹上之死，亦死于日本人耳，南北诸反对，皆不成问题，须知。"⑦ 袁氏之死，消解了棘手的出处问题，各

① 《帝制人物之升沉》，《申报》1916年5月1日，第6版。
② 《外交总长辞职之里面》，《申报》1916年5月16日，第6版。
③ 《外交界最近之要题》，《申报》1916年5月22日，第6版。
④ 《（北洋）政府公报》第133号，1916年5月18日，第1页。
⑤ 《要闻二：二号院令与孙陆两阁员》，天津《大公报》1916年5月20日，第6版。
⑥ 《要闻二：陆子欣已不可复留矣》，天津《大公报》1916年5月22日，第6版。
⑦ 《与熊纯如书》，1916年6月6日，王栻主编《严复集》第3册，中华书局，1986，第639页。

方一致支持黎元洪接任大总统职。

陆氏自称：南方代表提出惩办洪宪帝制罪魁，把陆氏排在首位，送交黎元洪时，"他拿笔把我名圈掉，说陆某是好人"。[①] 7 月 14 日大总统黎元洪申令："自变更国体之议起，全国扰攘，几陷沦亡，始祸诸人，实尸其咎，杨度、孙毓筠、顾鳌、梁士诒、夏寿田、朱启钤、周自齐、薛大可，均着拿交法庭，详确讯鞫，严行惩办，为后世戒，其余一概宽免。"[②] 陆氏自言："项城复辟自为，小兄充国务卿不在通缉之列，此更可异，而更可感主矣。"[③]

从 1915 年 1 月中日"二十一条"交涉始，至 1916 年 6 月袁世凯逝世止，中日激烈交锋一年半。中国在"二十一条"交涉之结果不尽如人意，又因袁氏对共和制度及国会党争强烈不满，个人私心被身边群小怂恿，误判欧战形势，贸然推动帝制，让日本陆军及志士有去除心腹大患的可乘之机，结果日本强压英国，取得东亚外交发言权，而国基初固的中国，却因帝制失败，中央政府权威失坠，陷入动荡纷扰、内忧外患接踵而来的困境。笔者认为，必须将"二十一条"交涉到洪宪帝制做连贯的考察，并与全球外交形势相联结，才能对东亚及中国外交之发展脉络有较全面的理解。陆征祥亲身经历这两个与中国国运密切相关的交涉，他的视角有可供参考之处。

陆征祥辅佐袁世凯帝制，得袁氏之重用，虽自称不赞成帝制，但他以为袁氏可以领导中国强大，故忠心耿耿、尽心尽

---

① 郑揆一：《追忆陆征祥神父——并记与二十一条有关的一席话》，台北《传记文学》第 47 卷第 6 期，1985 年 12 月，第 83 页。

② 《（北洋）政府公报》第 190 号，1916 年 7 月 15 日，第 1 页。

③ 《致刘符诚函》（1940 年），陆征祥文书，T1063_05_06_0005，第 22~23 页。

力，自言："这是我外交生涯中最痛苦的时期，我曾想全心全力为外交政治服务，我也曾期待袁世凯先生能一力承担其领导中国之历史使命，然而他却走向了失败，而以一己之微薄力量，我无力挽回国家的命运。"又称："经过长时间痛苦的思考，我决定继续跟随总统，除了外交部的职位，我还将接受袁复辟的新帝制下的国务卿一职。在我的内心深处，已为自己的行为定下了十分明确的原则：担起一切与我的职责相符的责任，我也决心拒绝接受一切试图贿赂我的个人好处。"①

陆氏担任帝制时期的外交总长兼国务卿，地位甚高，然而主要是台面上的人物，并未参预帝制的核心机密运作，自称：袁世凯帝制自为，与他关系甚少。② 陆氏可能不知道关键机密，但他统筹全局，应该知道袁氏与日本外交交锋的梗概，明白日本之粗暴干预中国内政，强硬倒袁，加以陆氏由于支持袁氏，遭革命党的敌视，饱尝国会党争之苦。他为中国及袁氏不计个人毁誉，鞠躬尽瘁，最终看到的却是悲惨结局，其对袁世凯自挽联"为日本去一大敌，看中国再造共和"，想必感慨万千，刻骨铭心。

第四节　接洽参与欧战

陆征祥自中日《民四条约》签署后，即主张中国加入协约国阵营参战，以取得参加战后和会资格，挽回欧战以来中日各问题，并在保和会准备会中做了大量的准备工作。然而因重

---

① 陆征祥:《回忆与随想》，第47页。
② 《致魏宸组函》（1936年2月13日），陆征祥文书，T1063_01_01_0011，第74页。

新召集的旧国会中民党议员视陆氏为帝制帮凶，强力反对他担任外交总长。陆氏受段祺瑞之命，只能以外交顾问身份与协约列强公使接洽中国参战之事。迨张勋复辟失败，旧国会解散，陆征祥才又担任外交总长，处理参战及日本在山东设立民政机构、中日借款、防敌协定诸问题。迨中国于1917年8月14日对德、奥宣战，成为协约国团体之一员，陆氏积极筹备参与和会事宜。

提名外长遭国会否决

1916年6月6日袁世凯过世后，黎元洪继任总统，29日宣布恢复《中华民国临时约法》和第一届国会，8月1日两院议员519人举行开会仪式，是为第二期常会，10月30日国会选举冯国璋为副总统。黎元洪总统虽有国会中居多数的国民党议员支持，段祺瑞总理则以北洋大团结为号召，获掌控多省的实力派军人拥护，实力雄厚，加以《临时约法》富有责任内阁精神，段氏姿态较高，与黎总统时有冲突，府院相争，政局不稳。

黎元洪就总统职后，就想召陆征祥回任外长，当时陆氏在北戴河避暑，奉电召后，于6月24日乘京奉路晚车回京。[1]陆氏自称：黎总统见面后表示袁总统去世时其总统任期尚未满，按民元约法应由他暂代，但自觉力薄，须各部长帮忙，故愿以外交职托给陆先生。陆氏回答：政府有用我之处，自当遵命，不过我主张参加协约国团体，如不能实行，决不能接受外

---

[1]　《京兆：陆子欣总长奉召回京》，天津《大公报》1916年6月26日，第7版。

长职。黎总统说这万办不到，于是陆氏坚辞外长职。①

随即黎总统任命唐绍仪为外交总长，但遭北洋军人强大阻力，唐氏声明不就职，并称病屡次请辞，② 黎总统挽留，暂由财政总长陈锦涛兼代外交，因唐氏态度坚决，9 月 29 日黎总统准唐氏辞职。③ 黎、段又力邀陆氏出任外交，陆氏表示同意，④ 30 日国务院将此案咨送众议院。10 月初陆氏回北京，觐见大总统后，还居金鱼胡同私寓。⑤

10 月 3 日段祺瑞总理到国会报告，遭到国民党议员抵制。报载：当天有支持唐绍仪之国民党议员在议院中喧哗，云陆征祥之为人，前在 1913 年《中俄协约》发生之时，即丧权辱国，而于袁氏帝制时，彼继徐世昌为国务卿，襄赞帝制首先称臣，其丑史昭昭在人耳目，何用国务总理说明。段总理到会场后，登台说明谓：陆君久任公使，并三次为外交总长，极有经验，外交上声望极重，心思极细，实为外交上不可多得人才，现在外交紧急，故任为外交总长，以济时艰，望贵院即予同意。说明毕，又有议员故意询问：此一陆征祥是否即洪宪时代首先代表劝进之国务卿？投票结果：同意 189 票，不同意 198 票，废票 1，提名被否决。记者评论云："此次拒陆，与其谓为选择人才，毋宁谓为报复之计也……意气之争，结果每出于此……诸丑态议员，腐败至此，真不可救药，犹欲得社会之信

① 罗光：《访问陆征祥神父日记（二）——六十述往之一章》，台北《传记文学》第 19 卷第 4 期，1971 年 10 月，第 83 页。
② 参见杨凡逸《折冲内外：唐绍仪与近代中国的政治外交（1882～1938）》，东方出版社，2016，第 157～158 页。
③ 《（北洋）政府公报》第 266 号，1916 年 9 月 30 日，第 2 页。
④ 《专电》，天津《大公报》1916 年 10 月 2 日，第 2 版。
⑤ 《京兆：陆征祥业已到京》，天津《大公报》1916 年 10 月 3 日，第 6 版。

仰，其可得哉，议员奈何不知自省。"①

有报纸指出，进步党议员虽大多支持陆氏，但国民党议员支持唐绍仪、伍廷芳、王宠惠、温宗尧等人，坚决反对陆氏。② 外报报道：陆氏娴于西学，久为使臣，前数年曾任外交，且长国务，熟悉外情，善于礼际，以之承乏今日之外交，为位择人，又奚不可者，可惜被否决。并评论云："外交尤为今日唯一之要职，其重要为何，如今各方面对于此项之任命既各以其人之才智品性为后，而以其党派权利之私见为先，人才既如此其缺乏，而党派又如此之倾轧，则中国岂复有可用之人才，政府岂复有可整之部务。"③ 陆征祥本不乐就外交总长，复遭国会之否决，愈加灰心，拟不再插足政界。黎总统以其为中国外交界"有数人物"，决定聘之为总统府最高级顾问，陆氏坚词辞谢。④

其后段祺瑞提名汪大燮任外交总长，又被国会否决。10月24日大总统令：以外交次长夏诒霆代理部务。⑤ 国会议员提出质疑：外交重要，仅以夏次长代理部务，既未经国会同意，是否能得邻邦信任，能否对国会负责，为一大疑问，请政府提出外交总长咨交国会同意，以遵约法重外交而完成责

① 《众议院纪事》，天津《大公报》1916年10月5日，第7版；《春明珍闻二十四》（湛存通信），《申报》1916年10月10日，第3版。
② 《要闻一：众议院否决陆征祥之索隐》，天津《大公报》1916年10月6日，第2版；《专电》，天津《大公报》1916年10月5日，第2版。
③ 《论今日政府得人之难》（译《北京晚报》 李佳白著），《申报》1916年10月11日，第17版。
④ 《要闻一：陆子欣力辞顾问》，天津《大公报》1916年10月12日，第3版。
⑤ 《（北洋）政府公报》第290期，1916年10月25日，第1页。

任内阁。① 11 月 13 日大总统令：特任伍廷芳为外交总长。②

陆征祥与参战交涉

陆征祥自"二十一条"交涉后，一直主张中国参战，除在保和会准备会中讨论与胶州湾相关的国际法诸问题，以及中国如何参与战后和会外，也对欧洲战局保持密切注意。1914 年底陆氏派遣驻巴西公使刘式训到欧洲考察 3 个月，与驻欧各使会商，并与欧洲各公法家接触，寻求中国参加战后和会的机会。1915 年 9 月底，陆征祥又派外交部参事夏诒霆访欧一个月，会晤各国公法家，谋求以中立国加入和会的可能。③

1917 年 1 月 31 日德国宣布无限制潜艇政策，美国率先提出抗议，随后于 2 月 4 日对德绝交，并号召其他中立国家仿效，美国驻华公使芮恩施（Paul Samuel Reinsch）游说中国对德抗议并绝交，英、法亦劝说中国加入，德国公使辛慈则力劝中国保持中立。

国务院连日会议讨论，陆征祥受命参与。④ 9 日中国对德提出抗议，并称若抗议无效则将绝交。⑤ 同时国务院设立外交

---

① 《要闻一：众议院质问不提外交总长之理由》，天津《大公报》1916 年 11 月 1 日，第 3 版。

② 《（北洋）政府公报》第 310 期，1916 年 11 月 14 日，第 1 页。

③ 参见唐启华《巴黎和会与中国外交》，第一章第二节。

④ 《要闻一：中国亦将继美国而起矣 吾国应付之方针》，天津《大公报》1917 年 2 月 8 日，第 2 版；《要闻一：中国表示态度》，天津《大公报》1917 年 2 月 10 日，第 2 版。

⑤ 《发驻京德辛使照会》（1917 年 2 月 9 日），北洋外交部档案，03-36-024-05-030。

办事处，由陆氏为主任。① 陆征祥频频进出东交民巷与协约国公使接洽对德绝交后事宜。② 15 日陆征祥访俄、法各使，谈及中德邦交如果不得不决裂，应如何护送德使等回国，又谈及届时须做种种准备，财政当益形困难，拟请延期交付庚子赔款、提高关税，盼望各国同意。协约各国公使会议后，报告本国政府请示，各国回复谓：劝告中国加入协约国，"各国意见一致，惟所有办法，应与日本熟商"。③

陆氏提出中国参战之具体要求：（1）逐步提高关税，中国方面改订货价表后，关税由原来之值百抽 5 增为值百抽7.5，裁撤厘金后，再增为值百抽 12.5。（2）缓付庚子赔款，除德国赔款永远撤销外，协约国赔款缓付 10 年，在此期间内不加利息。（3）废止《辛丑条约》关于军事的部分，即废止天津周围 20 里不得驻扎中国军队、中国不得在大沽口修建炮台、各国得在使馆区域及京奉路马家堡至山海关之段驻兵等条款。中国以原料及劳工供给协约国，但不派兵到欧洲。④ 20 日驻北京英、法、俄、日、意五国公使在法使馆开会，接到东京外交团意见，对于赔款缓期、改正税则，均愿为好意的援助。⑤

① 《紧要新闻：外交办事处之组织》，天津《大公报》1917 年 2 月 19 日，第 6 版。

② 《要闻一：对德提出抗议后之时局》，天津《大公报》1917 年 2 月 17、18日，第 2 版。

③ 《要闻一：日本与中德问题之关系》，天津《大公报》1917 年 2 月 23 日，第 3 版。

④ 佚名：《中德绝交始末及其利害》，章伯锋、李宗一主编《北洋军阀（1912～1928）》第 3 卷，武汉出版社，1990，第 58～60 页；陶菊隐：《武夫当国：北洋军阀统治时期史话（1895～1928）》第 2 册，海南出版社，2006，第 181、185 页。

⑤ 《箭在弦上中德交涉问题：协商国方面之举》，天津《大公报》1917 年 3月 2 日，第 2 版。

中国是否对德绝交与宣战问题，引发北京政坛绝大风波。段祺瑞为首的国务院主张绝交、宣战，加入协约国团体，与日本亲善，可得援助振兴国家，得到部分实力派军人支持。黎元洪为首的总统府对段氏不信任，怕他乘机扩张势力，主张维持中立，得到西南各省及国会中国民党议员之支持，总统府与国务院争执激烈。外交总长伍廷芳年老多病，不胜繁剧，事务多由其子外交部参事伍朝枢处理，此时以外交紧急请辞，黎元洪慰留。① 报载：伍廷芳辞职，政府初拟以陆征祥继任，嗣总统恐国会不能通过，力挽梁启超继任，也有阻力，总统只好请伍氏暂行留任。②

3 月 3 日段祺瑞提出对德绝交咨文及加入协约国条件节略，国务会议通过，但黎总统不同意发表。段氏主张责任内阁，绝交之事不必通过国会，但黎氏主张宣战媾和为大总统特权，段氏愤而辞职，出走天津。③ 黎氏派人至津挽留，段氏回京，14 日中国宣布对德绝交。④

北京政府因对德问题紧急，特在国务院组织临时国际政务评议会，以国务总理段祺瑞为会长，外交总长伍廷芳为副会长，聘请十多名评议员，陆征祥列名其中。⑤ 13 日上午开第一次评议会，段总理演说谓：自甲午以来，国势不振，事事为强国牵掣，虽有图强之心，不能自由发展，此次外交方针既定，

---

① 《外交总次长辞职问题》，《申报》1917 年 3 月 7 日，第 6 版。
② 《要闻一：伍总长还得留任》，天津《大公报》1917 年 3 月 4 日，第 3 版。
③ 《段总理辞职赴津情形》，《申报》1917 年 3 月 7 日，第 3 版。
④ 《发战、中立国各公使照会》（1917 年 3 月 14 日），北洋外交部档案，03-36-013-01-007。
⑤ 《紧要要闻：对德绝交实行后之计划披露》，天津《大公报》1917 年 3 月 14 日，第 3 版。

似于无可发展之中，放一线之光明，不可错失此自强之机会，政策既定，所有进行方法不可不详细讨论，以求至当，并望举国一致赞助政府，切实进行。① 该会于每周一、三、五会议，讨论外交问题。

任外长再遭杯葛

伍廷芳屡请辞去外长职，报载：政府仍拟以陆征祥继任，惟以此际若将陆氏提出，恐仍难得国会同意，且于同一会期内同一议案提出两次，亦属违法，故决意暂缓。与此同时，则令陆氏专任加入协约国条件之协商事宜，将来以其协商结果报告国会，或可唤起多数议员之信任心，故对于伍总长辞职，恳切挽留，伍氏已正式销假视事。②

段总理认为当此外交紧急之际，无一直接负责之人，失机误事贻讥邻邦，实属不成事体，仍拟提出陆征祥掌外交，但公文屡送总统府，黎元洪不予盖印，敷衍延宕。段总理甚为焦急，24 日上午特邀国会各政团至国务院疏通意见，以期提出陆征祥不致再遭否决。会商结果，各政团拟请政府先行备文咨询参众两院，谓陆征祥前虽经国会否决，惟现在外交吃紧，不可一日无人，伍总长去志既坚，无能挽留，陆征祥在协约国方面颇著信用，此次对德交涉，陆征祥又甚得力，现拟再提陆征祥继任外交总长，两院可否破除成见，予以通过等情。俟咨文到后，各政团分头接洽，若国会大会公决咨复允许再提，自断无不予通过之理由，若仍坚执同一会期不能重提同一人之规

① 《国际政务评议会开幕纪》，《申报》1917 年 3 月 16 日，第 3 版。
② 《伍总长已消假视事》，《申报》1917 年 3 月 18 日，第 6 版。

定，则政府亦可不必多费一番周折。①

　　国务院依议咨询国会，29 日参议院表决，出席 179 人，同意者仅 63 人，于是咨询案被否决，陆征祥担任外交总长之机会再次遭到抵制。②

对德宣战问题与内争

　　3 月底，德、美形势紧急，中国却因外交无人负责，国际政务评议会多次讨论宣战问题，以反对者众皆未有结果，致使 4 月 6 日美国对德宣战，中国未能同时动作。报载：协约国某公使谓中国坐失时机，大为可惜，从前陆征祥虽非以外交总长资格与外交团接洽，然其人明达外事，故各事均易商量，此人既不为国会欢迎，中国外交益无人可以负责，外交团欲向中国谈判，势有不能。③

　　北京政府对是否对德宣战未能形成共识，4 月伍廷芳列出赞成参战之理由有：（1）宣战后可以增加税率、延缓赔款；（2）战局终了时，中国可以加入战后和会；（3）在华 16 国公使，加入者 10 国，中国若不加入，与协约国交涉很不方便；（4）招募华工、出口原料可名正言顺；（5）拥护公法、维持人道，义正词严，态度光明正大。反对参战之理由有：（1）德国若获胜，必然复仇；（2）对德宣战，势必失和于奥；（3）德人在华商务繁盛，停止运营影响商务，不停止难于处置；（4）内

---

①　《北京特约通信：段总理与各政团代表之接洽》，天津《大公报》1917 年 3 月 25 日，第 2 版。
②　飘萍：《我国与世界战局（十八）》，《申报》1917 年 4 月 2 日，第 3 版。
③　《北京特约通信：某公使之谈话》，天津《大公报》1917 年 4 月 6 日，第 2 版。

地愚民、土匪将受德人蛊惑闹事；（5）各省长官、名流反对者甚多。简言之，参战在外交上利益较多，但担心会因而发生内乱。[①] 中国对参战问题犹豫不决，与协约国接洽参战条件之谈判也因而中止。

5 月 1 日国会再讨论对德宣战问题，段祺瑞力主宣战，黎元洪则借口国会反对拖延，府院之争激化，23 日黎元洪免去段氏总理职务，28 日任命李经羲为总理，段系各省督军纷纷宣布"独立"，黎元洪召安徽督军张勋入京调停。6 月 7 日张勋由徐州领兵北上，8 日在天津致电各方，提出调解黎、段条件，并要求限期解散国会。12 日黎元洪发布解散国会令，此时李经羲尚未入京，代理国务总理伍廷芳拒绝副署命令，黎元洪免去伍氏职，任命步兵统领江朝宗暂代国务总理，副署解散国会命令。14 日李经羲与张勋入北京，24 日李经羲就总理职，陆续发表阁员名单。7 月 1 日张勋拥宣统复辟，李内阁瓦解。12 日段祺瑞指挥"讨逆军"攻入北京，宣统退位，14 日黎元洪通电去职，以冯国璋代理大总统，段祺瑞为国务总理，汪大燮任外交总长。

8 月 6 日国务会议，讨论战时国际事务委员会组织办法，决定聘请外交界及陆、海军有声望人员为该会会员。[②] 7 日战时国际事务委员会开会，各机关选派会员到会者 50 余人。[③] 8

---

① 《伍廷芳报告中国对德宣战利弊函》（1917 年 4 月），王建朗主编《中华民国时期外交文献汇编（1911~1949）》第 1 卷，中华书局，2015，第 1304~1305 页。

② 《北京特约通信：昨日国务院会议之所》，天津《大公报》1917 年 8 月 7 日，第 2 版。

③ 《北京特约通信：参战国际事务委员会开会》，天津《大公报》1917 年 8 月 8 日，第 2 版。

日举定正会长陆征祥、副会长刘崇杰，其所议事件，由国务会议决定大纲，交该会妥议详细办法，呈请施行。① 9 日战时国际事务委员会开会，正会长陆征祥未到，副会长刘崇杰主席，决定议事及审查办法。② 13 日委员会开会，陆征祥仍未出席，多数赞成对德、奥宣战，即以结果报告国务会议，③ 14 日中国对德、奥宣战。15 日会长陆征祥到会，将所筹备之各种案件议妥，交由各部执行，并决定此后不开大会，由各部主任委员到会，如有重大事件发生，临时再开全体大会。④ 同日，陆氏迁入国务院居住，以便随时接洽一切。⑤

8 月下旬《大公报》记者访问陆征祥，陆氏云：此次实行宣战可谓最得机宜，近可以联日本之欢，远可以结协约诸国之好，增进国际地位，实千载未有之机，我国内政诸待整理，或因此次行动促进内部之整饬，和平会议一开，我国当然列席，此次大战惨无人理，各国经此苦痛，今后将益爱和平，国际公断或益有力。⑥ 10 月间，陆征祥忙于处理中国加入巴黎经济同盟会议问题，研究讨论相关条文及有关联诸问题。⑦

---

① 《北京电话》，天津《大公报》1917 年 8 月 9 日，第 2 版。
② 《北京电话》，天津《大公报》1917 年 8 月 10 日，第 2 版。
③ 《北京电话》，天津《大公报》1917 年 8 月 14 日，第 2 版。
④ 《北京电话》，天津《大公报》1917 年 8 月 16 日，第 2 版。
⑤ 《北京特约通信：陆征祥迁居国务院》，天津《大公报》1917 年 8 月 16 日，第 3 版。
⑥ 《北京特约通信：陆征祥与本报记者谈话》，天津《大公报》1917 年 8 月 23 日，第 2 版。
⑦ 《昨日补开阁议记闻》，天津《大公报》1917 年 10 月 4 日，第 2 版；《公府要闻汇纪》，天津《大公报》1917 年 10 月 5 日，第 3 版。

南北分裂与陆氏再任外长

段祺瑞平定复辟后，不肯恢复旧国会，坚持重新选举。孙中山 7 月率海军南下广州，揭橥护法，得到西南军人部分支持，号召旧国会议员南下。8 月 25 日非常国会在广州开幕，选举孙中山为大元帅，9 月 10 日孙氏就职，军政府成立，中国南北分裂。

冯国璋主张南北和平统一，段祺瑞则力主武力统一，8 月派两师南下湖南，引起各界不满。9 月 18 日湖南宣布自主，10 月护法战争开打，护法军于 11 月 18 日占领长沙，22 日段氏因战事失利辞职，南北停战，由汪大燮暂行兼代国务总理。[①] 30 日汪大燮辞职，冯国璋总统任王士珍署国务总理，12 月 1 日任陆征祥为外交总长。[②] 2 日段氏策动天津督军团会议，6 日电请冯国璋明令讨伐西南，坚决反对恢复旧国会，冯氏妥协，18 日任命段祺瑞"督办参战事务"，次年春成立参战督办公署，[③] 北军准备再攻湖南。

陆征祥于 12 月初到外交部履任，[④] 当时因日本在山东设立民政署，民众感愤，政府责令陆氏速与驻京日本公使严重交涉，以免迁延时日，激成意外之变。[⑤] 10 日战时国际事务委员

---

① 《（北洋）政府公报》第 666 号，1917 年 11 月 23 日，第 1 页。

② 《（北洋）政府公报》第 674、675 号，1917 年 12 月 1、2 日，第 1 页。

③ 《北京特约通信：参战事务进行记》，天津《大公报》1917 年 12 月 23 日，第 2 版。

④ 《北京特约通信：新阁员之情形如此》，天津《大公报》1917 年 12 月 4 日，第 2 版。

⑤ 《北京特约通信：鲁省中日交涉近讯》，天津《大公报》1917 年 12 月 8 日，第 3 版。

会开大会，陆征祥主席，通过先行加入巴黎经济同盟中之粮食会议，讨论俄国革命退出协约国与德俄媾和问题，禁制与德奥通商交易，禁阻运送军用品或原料品至荷兰、瑞典、挪威、丹麦转运入德境案，没收敌船交涉等紧急问题。①

　　11日陆氏向国务会议提出诸案之报告，并晋谒大总统报告各问题。② 报载：近来我国南北和战问题尚未解决，而俄国十月革命爆发及德俄单独媾和，世界形势发生大变化，连日陆外交总长因外交事甚为劳苦。③ 26日陆征祥在外交大楼接见驻京协约各国及中立国公使，宣示中国参战之准备。④ 1918年初陆氏身体不适，请假数日。⑤ 1月17日国务会议，陆征祥销假出席，讨论战时国际事务委员会提出之《禁止通敌通商条例》8款，议决通过。⑥ 此时日本在山东设立民政署之交涉棘手，⑦ 3月3日德俄签署《布列斯特条约》（Treaty of Brest-Litovsky），陆征祥颇为忙碌，报纸传言他有出使法国之意。⑧

① 《昨日国际委员会记闻》，天津《大公报》1917年12月11日，第3版；《十日国际委员会开会再志》，天津《大公报》1917年12月12日，第3版。

② 《国务会议之所闻》，《申报》1917年12月15日，第6版。

③ 《北京特约通信：呜呼外交上之大事件》，天津《大公报》1917年12月16日，第2版。

④ 《北京特约通信：宣示参战准备》，天津《大公报》1917年12月25日，第3版。

⑤ 《陆外交总长之病况》《陆外交之去志》，天津《大公报》1918年1月6、10日，第3版。

⑥ 《北京特约通信：昨日阁议纪闻》，天津《大公报》1918年1月18日，第3版。

⑦ 《紧要新闻：民政署交涉终要失败》，天津《大公报》1918年1月22日，第3版。

⑧ 《外交总长更迭说之由来》，天津《大公报》1918年3月2日，第3版；《陆征祥愿任外使》，《申报》1918年3月7日，第3版。

王士珍以内外交逼，无法维持，屡辞总理职，冯国璋慰留给假，2月20日由内务总长钱能训兼代总理。① 3月23日任命段祺瑞为总理，29日大总统派任各阁员，陆氏继续任外交总长。②

《中日共同防敌换文》交涉

1917年11月俄国革命之后，与德国单独媾和，日本军方以西伯利亚德军战俘十余万人一旦解放有东侵之危险为借口，要求中日两国合作进行军事干涉，实则目标对准苏俄，并可进一步扩大日本对华影响力。1918年2月初驻日公使章宗祥报告外交部此事，同时总统府军事顾问青木宣纯也为此谒见冯国璋，冯氏告以："华境内事宜中国自行处理，华境外事宜可与日本共同处理。"青木建议由中国先非正式向日本政府声明，再由两国陆军当局规定办法，冯总统谕令外交部办理，经国务会议公决后，22日陆征祥指示章使本冯总统之方针向日本政府声明。③ 23日章使复电：日本外相本野一郎表示军事上由两国军事当局协定，中国不应疑忌日本，对境内境外有所区隔。④

27日国务会议，陆征祥发言：日本借口防俄，意图假道北满，我国要有筹划，一旦俄乱蔓延，我军可独力抵御，不让日本插手，万一日本借口保护权利，强我共同防卫，惟有密商

---

① 《（北洋）政府公报》第747号，1918年2月21日，第1页。
② 《（北洋）政府公报》第778、784号，1918年3月24、30日，第1页。
③ 《俄事——发驻日章公使电》（1918年2月22日），北洋外交部档案，03-32-078-01-004。
④ 《俄事——收驻日章公使电》（1918年2月24日），北洋外交部档案，03-32-078-01-006。

协约各国共同干预俄事，以牵制日本。① 陆氏担心日军假道山东之事重演，3月2日指示章使："此次事体重大，必须先与地方接洽妥协，方免将来发生误会，又前次青岛之役，日军在山东有种种违法举动，所有此次因行军发生之一切事宜，自不能不预定详细办法，以免民间受累。"② 显示陆氏对日本的意图充满戒心，处处防范。

章宗祥与本野磋商，日方要求保密，避免与英日同盟、协约国义务有抵触，并决定用换文方式进行。陆征祥指示章使：商定军事布置换文，应抱定须得外交当局认可后俟机再订之宗旨，又此次商定各节，其有效期间自以欧战期间为限，以上两节，极有关系，应切向日外部声明。③ 陆氏之用意在于：军事当局磋商之结果仍要由政府核定，协定是暂时的、有期限的，是对德而非对俄。本野对限定有效时间，及中方迟疑拖延表示不满，最后决定：有效期间由军事当局商定。④

3月22日段祺瑞内阁成立，25日章宗祥与本野一郎在东京作《中日共同防敌换文》《撤退军队换文》，前者以敌国实力蔓延于俄境，为维护远东和平，中日两国海、陆军就共同防敌之战略范围、协力之方法及其条件，进行协定。后者指明协定之有效期间由两国军事当局商定，日军因共同防敌在中国境

---

① 程道德、张敏孚、饶戈平等编《中华民国外交史料选编（1911~1919）》（一），第392页。

② 《俄事：发驻日章公使电》（1918年3月2日），北洋外交部档案，03-32-078-01-010。

③ 《俄事：发驻日章公使电》（1918年3月11日），北洋外交部档案，03-32-078-01-015。

④ 《俄事：收驻日章公使电》《共同防敌事：收驻日章公使电》（1918年3月13、19日），北洋外交部档案，03-32-078-01-020、029。

内者，战事终了后，应一律撤退。章使报告云：本野对于中国政府"必使声明有效期间一节，殆有此事了结，便不欲与我握手之意"，表达不满。[1]

陆征祥对共同防敌协定换文，慎之又慎，小心防范各种流弊。此后之具体陆、海军协定内容，由中日双方之军事委员商讨，中方由皖系军人主导。中日磋商时，对于协定效力终止之时间有争执，中国委员主张欧战结束后，协定之效力即行消灭，日本委员主张欧战完了后，未必即达到防敌之目的，应到目的达成后终止。5月上旬陆征祥与日本使馆参事芳泽谦吉讨论时，力主以欧战结束为期限，表示：两国初次协同做事，如果彼此办理妥协，欧战完了后日本欲继续办理延长数月，中国当亦乐从，此时似无须计较时间之长短。[2] 陆氏对于协定有效期限十分坚持，认为此节关系重大，必须切实声明，否则将来共同防敌之目的消灭，日本方面以他项问题借口协定仍继续有效，又致发生枝节。[3]

中日秘密磋商协定，外界颇多流言，各国公使多次向陆氏探询，外报也有许多影射，国内各界反应激烈，传言中日正缔结新密约，条件比"二十一条"第五号还严酷，全国商会、教育会等纷纷电请外交部严加拒绝。[4] 留日学生也纷纷返国，

---

[1] 《共同防敌事：收驻日章公使电》（1918 年 3 月 26 日），北洋外交部档案，03-32-078-01-039。

[2] 《密件：收总长会晤日本芳泽参事西田参赞问答》（1918 年 5 月 11 日），北洋外交部档案，03-32-078-02-010。

[3] 《声明换文之有效时间事：发国务院函》（1918 年 5 月 15 日），北洋外交部档案，03-32-078-02-018。

[4] 参见侯中军《中国外交与第一次世界大战》，第 261~262 页。

宣传拒日，陆氏处境尴尬，4月中旬屡有辞职传言。[①] 西报报道：段总理亲告陆征祥以中日交涉真相，并谓华洋各报所载皆系言过其实，近来中日交涉中并未牵及 1915 年之"二十一条"，交涉未决之前必不轻泄民间，一俟议决之后，中日两国即可宣布一切。[②] 5 月间陆氏辞职之说仍然不断，报载：陆氏因各省对于中日交涉，多责备外交部无抵抗能力，以致丧失国权，其实此中情形殊有难言之苦感，故不免又萌退志。[③]

5 月 16、19 日，《中日陆军共同防敌军事协定》《中日海军共同防敌军事协定》在北京签署，30 日陆征祥与日本公使林董在外交部迎宾馆，互换两国政府承认中日军事委员所订之共同军事协定批准书，并公布 3 月 25 日换文内容。[④] 陆征祥认为外界对协定内容多有疑虑，应该公布条文以释群疑，日本政府则反对公布协定内容，但到 6 月中下旬，国内各报都刊出军事协定全文，应系由北京政府流出者。[⑤]

陆、海军防敌协定中都明文规定：本协定俟中、日两国与德、奥战争状态终了时，即失其效力。然而陆征祥认为 3 月 25 日换文中有协定之有效期间"由军事当局商定"之语，将来仍可能会有流弊，于 5 月 22 日训令章宗祥与日本外相声明：

---

① 《北京特约通信：阁内外要人消息》，天津《大公报》1918 年 4 月 15 日，第 3 版；《纷扰中之政界人物：陆征祥又萌退志》，《申报》1918 年 4 月 17 日，第 3 版。

② 《要闻一：外报之中日交涉记》，天津《大公报》1918 年 4 月 20 日，第 3 版。

③ 《两日之中央政纪》，《申报》1918 年 5 月 14 日，第 3 版。

④ 《北京特约通信：中日军事协定照会正式公布》，天津《大公报》1918 年 5 月 31 日，第 3 版。

⑤ 参见侯中军《中国外交与第一次世界大战》，第 262~265 页。

协定签署后，原换文失其效力，① 可惜没有成功，后来协定终止期限果然发生了问题。②

段祺瑞内阁与日本亲善"提携"，通过财政部、交通部及参战处等商定多笔巨额借款，编练军队，对西南用兵推动武力统一，外交部对借款并不知内情，陆征祥态度消极，加以陆氏拟与梵蒂冈通使，7月双方正式任命公使，遭到法国以保教权以及教廷亲德为由强烈反对，被迫取消，③ 陆氏不时有辞职传言。7月16日报载：陆总长辞职要旨，系对某借款不表同情，故先借避暑为名，实际上即乘此下台。④ 20日又载：陆氏此次求去，系缘种种借款不表同意。⑤ 27日载：外交总长陆征祥由避暑而辞职，政府仍专人往留，仍令陆氏以总长名义在北戴河养摄。⑥

此时，段氏派遣大军南下，攻占岳阳、长沙、衡阳，7月

---

① 《密件：发驻日章公使电》（1918年5月22日），北洋外交部档案，03-32-078-02-030。

② 巴黎和会期间，1919年2月5日陆军次长徐树铮在东京与日方签署《关于陆军共同防敌协定战争终了之协定》，规定"对德奥战争状态终了之时，指中日两国批准和约，两国军队由中国境外及协约各国军队撤退之时而言"，延后了防敌协定的终了日期，陆氏自巴黎向总统、总理表达强烈抗议，不惜与皖系军人冲突。最后《中日共同防敌军事协定》于1921年1月27日才废止。

③ 参见张乐《第一次世界大战期间中国与罗马教廷通使问题再考察》，《近代史研究》2021年第2期。教廷改于1922年8月9日在北京建立宗座代表公署，12日任命刚恒毅主教（Celse Costantini）为首任驻华代表，法国接受这一现实，但直到1927年才最终放弃在华保教权。见陈志雄《陆征祥与民国天主教会》，第35～36页。

④ 《北京政闻纪要：陆征祥有辞职之说》，《申报》1918年7月16日，第3版。

⑤ 《北京政闻纪闻：陆征祥外任不确》，《申报》1918年7月20日，第6版。

⑥ 《外交近闻：外交之当局者》，《申报》1918年7月27日，第6版。

前敌指挥吴佩孚对段氏发表张敬尧为湖南督军不满，与南方桂系、滇系议和罢战，8月2日通电撤兵。

安福国会

8月12日安福国会正式成立，陆氏11日晚车自北戴河来京，12日参列新国会开幕式，下午即赴府学胡同晋谒段总理，谈次仍以体气亏弱虑旷职守，坚请开去本缺，段总理殷殷慰留，并与商遣使教廷交涉案。13日陆氏未到部，是晚乘快车赴北戴河。①

9月4日国会选举徐世昌为大总统，冯、段相约共同下野。报载：总统选出后，内阁尚须照例正式总辞职，故陆征祥已回北京，照常办公，以为辞职预备。② 又载：外交总长陆征祥前有引退之意，嗣经各方面劝告，在阁议席上表示在过渡内阁时代，仍当尽力担任。③

24日驻日公使章宗祥与日本外相后藤新平作《山东问题换文》，并与兴亚银行副总裁小野英二郎签署《济顺及高徐两铁路预备合同》，垫借日金2000万元。28日章宗祥与朝鲜银行总裁美浓部俊吉签署《参战借款合同》，借日金2000万元。④

10月10日徐世昌就任大总统，准段祺瑞免去本职，由内务总长钱能训暂行兼代内阁总理。⑤ 当时欧战已近尾声，和会

① 《政局中人之行动：陆征祥之外交总长》，《申报》1918年8月16日，第6版。
② 《专电》，《申报》1918年9月2日，第2、3版。
③ 《京华短简》，《申报》1918年10月9日，第6版。
④ 《外交部公表各密约：参战借款合同》，《东方杂志》第16卷第7号，1919年，第166~171页。
⑤ 《（北洋）政府公报》第973号，1918年10月12日，第1页。

图 4-4　1918 年 10 月 10 日徐世昌总统就职
（前排左起，总理钱能训、总统徐世昌、外交总长陆征祥）

不久即将召开，但中国南北分裂，内战不断，各省督军任意跋
扈，未尽参战国义务，协约国各公使非常不满，中国能否参加
战后和会，颇有悬念。[1] 19 日徐世昌在总统府居仁堂设宴款待
外交团，代理国务总理钱能训、外交总长陆征祥、交通兼财政
总长曹汝霖等陪宴，徐世昌于席间表明：中国政府正在急谋南
北之统一，各国忠告惟有谨谢好意。各公使各将本国政府意旨

---

① 《紧要纪事：欧战议和时之我国地位是否有发言权　美总统之忠告》，天津
《大公报》1918 年 10 月 19 日，第 3 版。

分别发言，希望中国早日回复统一。①

协约国公使说帖

由于中国参战之后，并未善尽参战国义务，对外未出兵助战，对内有亲德官员包庇德、奥侨民未受拘禁或驱逐，德、奥产业未遭收管，反而因参战造成南北分裂，内战不休，协约各国公使决定提出抗议，拟于谒见徐世昌时当面正式提出。陆征祥探知其情，急向各公使声明，对敌参战各事中国政府于力所能及者，正在积极进行，无待各友邦之敦促，10 日以内必有足令友邦相当满意之处置，此项说帖乃改为非正式提出。②

10 月 30 日北京协约国领衔公使朱尔典以协约国全体名义，面交陆氏《说帖——中国为参战国》，指出：中国政府一年以来，全力以武力解决内争，对于协约国之义务未尝专一进行，胪列如下：

1. 展缓庚子赔款及海关提拨各款，未尝用于建设事业，襄助战事，而以此项财款用诸党派纷争阴谋利己之浪费。

2. 以参战处作为党派争斗机关，且以隶属该处之军队作内战之用。

3. 纵容土匪任意阻滞津浦、陇海两铁路，损害协约国利益及资本。

4. 中国政府未与协约国商议，即派使教廷，似有敌

---

① 《总统府十九日之大宴会》，《申报》1918 年 10 月 23 日，第 6 版。

② 飘萍：《北京特别通信（216）协商国对我之态度》，《申报》1918 年 11 月 8 日，第 3 版。

人运动之情。

5. 处理井陉矿局、德华银行等敌人产业，有敌人会同管理，仍获其进款之事。

6. 天津警察厅长、察哈尔都统及上海护军使未约束监视敌国人民，反而阻挠协约国利益。

7. 禁止与敌通商条例既非从严且未实行。

8. 北京警察未将顺利饭店封闭，尚有敌侨某人受特别之优遇。

9. 黑河道尹有备饷帮助过激派及敌国俘虏之情。

10. 延误收容显有阴谋或有危险之敌侨。

11. 协约国人民控诉敌国人民各案，迄未认真办理。

12. 对于协商国条约上之义务，并未妥为照办。①

31 日国务会议，陆征祥报告外交团说帖内容，会后并报告总统。② 11 月 1 日京津各报刊出说帖内容，舆论哗然。记者邵飘萍感慨云：

> 如政府不勤于内战，外交上有远大之眼光，上述各事何必待各国责言而始有所预备。今则半由被动，而非自动，国家地位与主权又几降至零度，推其因果，北洋武人之贻误国家，岂不大可慨叹乎。夫我国对于参战亦不可谓

---

① 《领衔朱使面交说帖：责难中国不实行参战义务》（1918 年 10 月 31 日），北洋外交部档案，03-36-177-02-05。

② 《北京特约通信：昨日阁议之外交 陆外长特请提前会议 报告外交团送来说帖 长久时间之重要讨论 张家口辟商埠案交部》，天津《大公报》1918 年 11 月 1 日，第 2 版。

为尽属无功，然使友邦之但见其过不见其功者，则勤于内
讧之政府自然应受他国轻视之结果。①

13 日外交部函国务院云：英使以协约领衔名义，面交外
交部说帖一件，内容大致可分为三项：（1）中国未能以国力
资财用于建设事业，俾实力襄助协约国战争事项。（2）拘禁
敌侨不力事项。（3）杂案事项。查我国自与德、奥宣战加入
协约国方面以来，对于协约国方面战事有益之事，无不直接、
间接为种种便利之协助，以尽参战国之义务，惟因财政及各种
困难，对于出兵各事尚未实行。其拘禁敌侨一节，现为勉副各
国期望起见，已将嫌疑敌侨分行拘禁。至关于杂案事项，查各
国交涉案件，未能即时办结，现各使既以为言，我国正在分别
办理。以上三项，外交部业经派员将中国困难情形，向领衔英
公使详为解释矣。②

外交次长陈箓对协约说帖签注意见云：揆各国之意，其目
的似别有所在，盖自欧战以来，各国对于华事无暇兼顾，每出
以漠视之态度，迨至近日时势变迁，协约各国对于战事渐次达
于胜利之目的，于是以其余暇注意于远东之大局，是前项节略
不特为各国对于我国视线转移之肇端，亦即美、英方面为恢复
各国均势之准备，此项节略固不啻为对日本而发，在我因地位
关系，颇有进退为难之势。若因日本之关系，而置各国之劝告
于不顾，恐影响及于和议后国际上之地位。若借各国之力以为

① 飘萍：《北京特别通信（216）协商国对我之态度》，《申报》1918 年 11
月 8 日，第 3 版。
② 《函国务院秘书厅：关于协商国说帖之质问函送答复案》（1918 年 11 月
13 日），北洋外交部档案，03-36-177-02-015。

抵制日本之计，当此国家多难之秋，日本在在足以致我之死命而有余。枢机所在，存亡攸系，似应通筹大局，妥慎应付。① 陈箓语重心长，忧心一战之后列强在远东再起竞争，中国前途堪虞。

11月11日欧战停火，北京政府面对协约国列强责难，紧急将教廷遣使、封闭顺利饭店、收容重要敌侨、失职官员解职等事，数日内办完。② 但对是否能顺利参加和会，仍不确定。12月2日，法、英、意、日、美五国公使面谒徐世昌总统，劝告中国早日统一，并谓对于南方要人，亦由驻领团等劝告，惟声明并非承认之云云。3日阁员督军联席会议，议决即日推动南北调和，以上海为接洽地点，将来实行裁兵。③

* * *

一战期间中国外交发生重大变化，陆征祥是外交核心人物，始终参与其事。日本乘列强集中全力于欧洲战场，无暇东顾之机，对德宣战攻占胶州湾，有独霸东亚之雄心。中国在袁世凯击败国民党二次革命后，统一南北，国基稍固，也想乘机有所作为，随即发生"二十一条"、洪宪帝制等重大交涉。

"二十一条"交涉中，日本遭到中国的顽强抵抗，中国方面步步坚持，日本被迫用最后通牒威逼，并撤销原提条款第五

---

① 《领衔朱使面交说帖：责难中国不实行参战义务》（1918年10月31日），北洋外交部档案，03-36-177-02-05。
② 《电驻美顾使：电告说帖内容及办结各项案件情形》（1918年11月14日），北洋外交部档案，03-36-177-02-016。
③ 《外交部来电：英美等5国公使谒见总统劝南北统一事》（1918年12月3日），北洋外交部档案，03-12-001-08-001。

号，才勉强取得"胜利"。日本学者奈良冈聪智在近著中指出，日本参战后积极扩张权利，外交环境急遽恶化，对中国提出"二十一条"要求，让中国自此视日本为侵略者，对日抵制，并引发五四运动，成为日后中日对立的原点。同时英、美对日本不顾信义扩张之戒心加深，支持中国牵制日本，对日本之欧美外交也是一大转变。①

笔者认为远东外交真正的实质转变应在洪宪帝制期间。"二十一条"交涉中，日本取得了表面上的"胜利"，迫袁氏推动帝制，日本乘机干涉，袁世凯用参战问题对抗，然而适逢英国在巴尔干战事重挫，对日本依赖加深，决心承认日本在东亚外交的主导权，日本遂以全力支持中国反袁势力，贯彻倒袁政策，去除其大陆扩张之最大障碍。从 1915 年 1 月中日"二十一条"交涉始，至 1916 年 6 月袁世凯逝世止，中日激烈交锋一年半。陆征祥是洪宪帝制期间的国务卿兼外交总长，统筹内政、外交事务，他虽然没有深度参与机密外交，但仍要面对各国的咨询与劝告，维持国家体面。

袁世凯逝世后，北京政府对日本虚与委蛇，中日关系转为亲善。1917 年初美国对德国绝交、宣战，并邀请中立各国共同行动，陆征祥受段祺瑞之命，与协约各国公使交涉中国参战事宜，关于中国是否对德宣战，引发府院之争、张勋复辟、南北分裂等政治风暴。段祺瑞平定复辟，三造共和之后，即对德宣战，又力主武力统一，大借日款、购买日械，编练参战军，用之于内战，国内兵连祸结，而日本在华势力

---

① 奈良冈聪智『対華二十一ヵ条要求とは何だったのか——第一次世界大戦と日中対立の原点』323—325 頁。

大幅扩张。

　　陆征祥由于与袁世凯的关系，遭国民党议员敌视，旧国会恢复之后，数次被提名外交总长遭到否决。陆征祥一向主张中国应该参战，段祺瑞商请陆氏与协约列强交涉中国参战条件，并筹备参与战后和会。迨安福国会开幕之后，陆氏再掌外交，然而因防敌协定、借日款购日械，陆氏与皖系多有扞格，态度比较消极。欧战停火之际，协约国公使提出谴责中国参战不力说帖，外交暗潮汹涌，中国是否能参加和会，颇成问题，陆氏努力应对。

　　一战期间的中国外交，波涛汹涌，跌宕起伏，先有两次帝制复辟，继以南北分裂，内战不断。民国初建，内忧外患，陆征祥亲历其事，必然痛彻心扉。

第五章　陆征祥与巴黎和会（1919）

巴黎和会是中国外交史上重要的里程碑，也是陆征祥外交生涯的高峰。迄今国人多认为中国在和会"外交失败"，引发国内五四运动，并将此"外交失败"相当程度上归咎于陆氏的懦弱无能、领导无方，好在有顾维钧、王正廷的奋战坚持，才能拒签对德和约。陆氏自己也认为"巴黎之败北，既无以对民国，复无以对自己"。[①] 然而，近年学界对巴黎和会中国外交的研究成果，[②] 可让吾人对和会外交及陆征祥的表现有一些新的认识。

巴黎和会的国际外交背景复杂，美国总统威尔逊（Woodrow Wilson）主张的新外交，遭遇英、法、意各国依循的旧外交之抵制，而美、日在远东矛盾重重，协约五强彼此利益冲突，钩心斗角。中国最关心的山东问题，在和会并非主要议案，其命运随五强间其他重要利益之折冲而转移，中国代表的表现不是关键因素。

当时中国南北分裂，派系斗争激烈，徐世昌总统刚上任，对外倾向"联美"，对内主张南北停战、和平统一，借列强之督促召开上海南北和议。段祺瑞对外亲日，虽因南征失利不再担任总理，但他透过安福系控制国会、编练参战军，握有兵权，又有多省督军支持，实力雄厚。冯国璋卸下总统职位，仍

---

① 《致夏诒霆函》（1923年11月6日），陆征祥文书，T1063_02_01_0038，第14页。

② 主要如邓野《巴黎和会与北京政府的内外博弈》，社会科学文献出版社，2014；唐启华《巴黎和会与中国外交》。

是直系领袖，影响力不可小觑。研究系在国会选举失利，但在知识界、舆论界仍有相当影响力。反段诸势力集结于徐世昌左右，堪与皖系相颉颃。而西南政府另有怀抱，利用上海和议舞台，与北京主和势力相呼应，让中国政情更加错综复杂。各政党派系多利用报纸宣扬己方观点，攻讦政敌，散布谣言混淆事实真相，加以巴黎与北京间电报传递不稳，时有延搁，中外各报纸、通讯社之报道常参差矛盾，国人无从确切掌握和会情势。当时国民外交大盛，民气激昂，国内舆论常对巴黎中国代表团形成压力，中国和会代表动辄得咎，如履薄冰。

国际情势复杂，国内政情纠葛，各方利益竞争，外交决策与执行因而暧昧微妙。徐世昌在国内超然主持，陆征祥担任中国代表团团长，身居国际、国内各种矛盾冲突之磨心，坚持国家利益至上，相机决断并执行诸多机密接洽，面对各方指责无法表白吐露，只有忍辱负重，尽力维护国权。

第一节　和会前的筹备工作

一战爆发后，日本出兵山东攻占胶州湾，对华提出"二十一条"要求，逼迫中国签署《民四条约》。其后袁世凯推动洪宪帝制，日本领导协约列强干涉，袁世凯"联英制日"，却功败垂成，身死名毁，日本取得东亚主导权。段祺瑞采亲日政策虚与委蛇，借日款、购日械编练参战军，推动武力统一，乘协约国干涉俄国革命之机，出兵海参崴、外蒙古，收回中东路区的主权。同时，美国总统威尔逊发布"十四点和平原则"（Fourteen Points），中国朝野亲美的呼声日高。

陆征祥与筹备和会

中日"二十一条"交涉后，北京政府寻求参加战后和会的可能，历经对德抗议、绝交、宣战，先后设立相关机构，邀集专家名流研议因应之道，并筹备战后和会事宜，诸如总统府"保和会准备会"、国务院"国际政务评议会"、"战时国际事务委员会"等，陆征祥在其中都扮演重要角色。

1917 年 12 月陆征祥再任外交总长，议和筹备趋于积极。1918 年 1 月威尔逊发表"十四点和平原则"，陆氏一方面命令驻外使节探询和议相关消息，并提出议和建议；一方面征询各外籍顾问对和会及威尔逊"十四点和平原则"与英、美领袖对战后和议相关言论，尤其是国际联盟之意见，于春夏之交做一系列演讲，整理出版小册子，并频频开会讨论。

1918 年 4 月，议和筹备处正式成立于外交部，定期开会。从 4 月初到 7 月中，共开 15 次会，由外交总长陆征祥、次长高而谦及参事们参与。[1] 5 月 10 日陆征祥在第五次会称：我国已非与国际事务隔绝之时代，如欲在世界生存与竞争，必须研究国际重要问题，事先准备好，把握和会良机提出，此事关乎我国国际地位，必须全力以赴。[2] 6 月 10 日第九次会，段祺瑞总理提醒注意所有与筹备和会相关之事务，如国际联盟、关税自主及民族自决等问题。[3] 会中讨论范围包括：修改《辛丑条

---

[1] Zhang Yongjin, *China in the International System*, *1918-1920*: *The Middle Kingdom at the Periphery*, London, Macmillan, 1991, p. 43.

[2] CA 1039-373-2《第五次会议纪录》，引自 Zhang Yongjin, *China in the International System*, *1918-1920*: *The Middle Kingdom at the Periphery*, p. 43。

[3] CA 1039-373-2《第九次会议纪录》，引自 Zhang Yongjin, *China in the International System*, *1918-1920*: *The Middle Kingdom at the Periphery*, p. 44。

约》、收回胶州、废除治外法权、要求关税自主等，直到 1918
年 8 月，对和会提出要求诸案尚未形成最后决定。10 月徐世
昌就任大总统，欧战已近尾声，朝野更加重视筹备议和，10
月下旬报载德、奥有求和消息，议和筹备处逐日开会，筹商
办法。①

　　11 月 11 日欧战停火，报载政府已内定陆氏赴欧，但陆氏
以为各国列席代表有派首相者，若中国仅以外交总长出席恐地
位不相称，故主张由段祺瑞前总理为首，其自身充任副使，惟
政府商究结果仍推陆氏为首席。② 14 日内阁会议，决定派遣陆
征祥为中国参与和会代表，③ 其外交总长职务由次长陈籙代
理。④ 由于和会开幕在即，陆氏必须处理代表团经费、赶订船
票、准备档案卷宗、选定代表团成员等要务。⑤

　　当时舆论认为陆氏为合适人选，报称：以陆君之干练有
识，必能于坛坫间为我国家生色，但恐和会要解决的问题既多
且杂，亟宜由政府调查过去、现在之情势，预立计划，俾为列
席会议时之腹案。⑥ 11 月下旬陆氏紧锣密鼓准备出发，最后决
定 12 月 1 日启程，赴欧路线由京奉路经过朝鲜至日本，与日

① 《要闻二：欧战变化与中国时局关系　政府亦以胡使警告为念乎》，《申
报》1918 年 10 月 19 日，第 6 版；《要闻一：欧战议和与中国》，《申报》
1918 年 10 月 24 日，第 3 版；《要闻二：欧战和议与我国关系》，《申报》
1918 年 10 月 27 日，第 6 版。

② 《紧要纪事：讲和会议与中日两国》，天津《大公报》1918 年 11 月 18
日，第 3 版。

③ 《中国特约电》，《申报》1918 年 11 月 16 日，第 6 版。

④ 《组阁问题与阁议》，《申报》1918 年 11 月 20 日，第 6 版。

⑤ 《陆子欣使欧之消息》，《申报》1918 年 11 月 18 日，第 6 版。

⑥ 冷观：《论评：参列和议之注意点》，天津《大公报》1918 年 11 月 20
日，第 2 版。

本政府接洽，然后放洋赴美西岸，再到东岸赴巴黎。[1]

与美国、日本之接洽

由于 10 月 30 日驻北京协约国公使指责中国参战不力，陆征祥担心会影响到中国参列和会之资格，指示驻外使节与各国政府接洽，尤其是争取美国支持中国参加和会，并试探其在和会支持中国提案之程度。

11 月 3 日驻美公使顾维钧电询外交部协约国说帖之事，[2] 6 日顾使又电称：往见美国副外部，彼谓协约国此举实无必要，美国政府事前一无所闻。[3] 11 日欧战停火，陆氏电告顾维钧：近日驻京各使动辄以协约国全体名义提出要求，迹近挟制，此殊与美国总统宣言不合，现正设法破此先例，希密与美外部接洽，设法援助。[4] 12 日顾使复电云：与副外部接洽，切商协约国全体对我挟制行为，彼首肯援助，并谓已屡电芮恩施公使，一俟复到，详情既悉，易为设法，并谓欧战既停，全球视线当在远东，美政府此后益拟加注意。[5]

14 日顾使电告陆氏：加入和会一层，副外部言，如协约国意图挨阻，美当协助中国以达目的，中国经对德、奥宣战，若

---

① 《陆魏赴欧之行程》，《申报》1918 年 11 月 23 日，第 6 版。

② 《收驻美顾公使电：报载联邦各国不满意中国》（1918 年 11 月 6 日），北洋外交部档案，03-36-177-02-006。

③ 《收驻美顾公使电：报载协约国公使面致说帖》（1918 年 11 月 8 日），北洋外交部档案，03-36-177-02-008。副外部指美国务次卿（Assistant Secretary of State）菲利普（William Phillips）。

④ 《外交部来电》（1918 年 11 月 11 日），北洋外交部档案，03-12-008-02-027。

⑤ 《电外交部》（1918 年 11 月 12 日），北洋外交部档案，03-12-008-02-031。

不加入和会，无从议和。国务卿蓝辛亦谓和会应议问题必有关系中国利益者，协约国有何理由可阻华加入，美政府素以助华为政策，协约国果拟拦阻，中国自可信托美国出主公道。[1] 此电明确指出美国愿大力协助中国，抵制协约国干涉，并支持加入和会，这对陆征祥应是期盼已久的及时雨。

同时，陆氏电令顾使与美政府秘密接洽中国拟于和会提出的要求。顾使 15 日与蓝辛晤谈，告以中国提案内容，10 天后顾使致送中国拟提议案非正式英文备忘录，分为：领土完整、主权完整、经济财政独立等三项，作为中国重新调整中外关系的希望纲目。[2]

11 月 9 日陆氏也命驻日公使章宗祥与日本政府接洽，协助中国参列和会。[3] 13 日又电告章使，表示欲请美、日介绍加入和会。[4] 14 日章使会晤内田康哉外相后报告称：内田以为凡参战之国当然可以列席。章使告以中国政府极盼能与日本一致，而关于两国利害诸事，尤望彼此不相冲突。内田颇以为然，对于青岛问题，亦谓彼此应事先接洽，以免临时主张相反，惟青岛之交还中国，法律上无问题，或须由德国先予日本以胜利国之权利，再由日本还诸中国，现正研究等语。[5] 章使于电末

---

① 《收驻美顾公使电：密陈美政府协助中国意向》（1918 年 11 月 14 日），北洋外交部档案，03-36-177-02-018。

② Zhang Yongjin, *China in the International System*, *1918-1920*: *The Middle Kingdom at the Periphery*, p. 45.

③ 《发驻英施公使、日本章公使》（1918 年 11 月 9 日），北洋外交部档案，03-13-067-01-001。

④ 《发驻日章公使电》（1918 年 11 月 13 日），北洋外交部档案，03-13-067-01-001。

⑤ 《收驻日章公使 14 日晚电》（1918 年 11 月 15 日），北洋外交部档案，03-13-067-01-001；章宗祥：《东京之三年》，《近代史资料》总 38 号，中华书局，1979，第 57~58 页。

询问北京与美国接洽情形如何，务请详告，以便应付而免两歧，显然此时章宗祥不知道顾维钧与美国政府的接洽情形，对北京政府之转向"联美制日"一无所知，事后颇多抱怨。①

16 日章使电陆征祥云：报载陆氏被任命为议和正使，拟经由日本、美国赴巴黎与会，如确定请电知以便准备，过东京时能与日本当局交换意见，似亦有益。② 19 日陆征祥复电云：抵日后拟谒总理及外务大臣，元老如有在东京者亦拟谒见，至亲见日皇一层，应否举行，请章使酌定，事竣拟赴西京瞻仰，陆氏因精力有限，一切酬应极拟减少。③ 可知陆征祥拟在日本停留约八九日，并请章使安排与日本当局接洽。

确定联美方针

11 月 21 日北京国务会议，陆征祥提出关于欧洲和平会议重要说帖，内分收回治外法权、青岛等问题，以及调查欧战后各国经济状况，讨论结果，决定均照陆氏的建议，命其将相关文件携带赴欧，随时酌核办理。④ 会后，陆氏发送很长的极密电给顾维钧交美国国务卿转陈威尔逊总统，告以中国决定与美国一致行动，依恃为惟一援手，要求协助废除《辛丑条约》。⑤ 此电显示了北京政府对美国期盼之殷切。

---

① 章宗祥：《东京之三年》，《近代史资料》总 38 号，第 58~59 页。

② 《收驻日章公使 16 日电》（1918 年 11 月 18 日），北洋外交部档案，03-13-067-01-001。

③ 《发驻日章公使电》（1918 年 11 月 19 日），北洋外交部档案，03-13-067-01-001。

④ 《北京特约通信：昨日之国务会议》，天津《大公报》1918 年 11 月 22 日，第 1 版。

⑤ 《陆总长 21 日电》（1918 年 11 月 21 日），北洋外交部档案，03-12-008-02-053；《顾维钧回忆录》第 1 分册，第 168~169 页。

同日，陆氏电驻英施肇基、驻美顾维钧、驻法胡惟德三公使称："此次和议，一，实为树立世界永久和平之基础，无论大小强弱各国自应一律与会；二，中日同为东亚大国，凡日本国可以列席，中国亦应列席，以昭平等。"① 可知陆氏似已倾向联美与日抗衡之方针。

就在此时，中美友好关系突有变化，22 日顾维钧电告陆征祥：美国务次卿密告，接芮恩施密电，称中国赴和会人员内有英、日人各一，非但使美在会助华诸多不便，且恐有损中国之国际地位，彼又询问北京近日密派某要人赴日公干，颇堪注意。② 同时，美国驻北京公使芮恩施也向陆氏表示，若中日继续合作，美国在和会中无法全力援助中国。

当时，日本政府曾暗示以有贺长雄为中国代表团顾问，北京政府没有接受。③ 段祺瑞心腹徐树铮于 1918 年 11 月初赴日，名义上参观日本陆军大演习，实则催促日本履行军械借款，并将防敌协定期限延长，以便继续编练边防军。④ 25 日陆氏电复顾使称：随同赴和会人员中并未聘请外国顾问，所带参随只有外交部顾问比利时人狄谷（Henri de Codt）一名，芮恩施密电所称系误会；日前徐树铮赴日本阅操，并非密派，亦无何项公干，以上各节希向外部说明为要。⑤

---

① 《发驻英施、美顾、法胡公使电》（1918 年 11 月 21 日），北洋外交部档案，03-37-002-03-069。
② 《电陆总长电》（1918 年 11 月 22 日），北洋外交部档案，03-12-008-02-061。
③ 波赖：《最近中国外交关系》，曹明道译，正中书局，1935，第 42 页。
④ 温世霖：《段氏卖国记》，中华书局，2007，第 285 页。
⑤ 《陆总长 25 日来电》（1918 年 11 月 26 日），北洋外交部档案，03-12-008-02-069。

26 日威尔逊总统启程赴欧前，顾维钧晋见密谈 15 分钟，威尔逊保证在和会尽全力支持中国，困难是有许多与中国及列强有关的密约，使他的"十四点和平原则"较难适用于远东。① 28 日陆氏电顾使，请美国国务卿转陈威尔逊总统，再次请求美国协助在和会中倡议废止《辛丑条约》。② 29 日顾维钧电陆氏称：往见蓝辛，将我国拟提大会问题 3 款再秘密接洽，蓝辛对我国在和会拟提各问题深表同情，允为协助，并言我国全权到法后可与美国全权随时秘密接洽，惟望中国时局能于开会前南北调停就绪，庶在会收效较易。③ 12 月 1 日顾维钧乘船离美，启程赴欧。④

拟定和会代表团训令

陆征祥一直主持和会筹备工作，北京政府给和会代表团的训令，应是陆氏拟定的。陆氏自称："凡尔赛和会开会时，中国派代表参加，段祺瑞总理命外交部预备条件，我那时任外交总长，对于和会的提议已早有准备，我当时想设法把不平等条约取消。"⑤

中国代表团训令的形成经过大致如下：1918 年 1 月美国宣

---

① 《电外交部》（1918 年 11 月 26 日），北洋外交部档案，03-12-008-02-074。
② 《发驻法胡公使电——密转顾公使》（1918 年 11 月 28 日），北洋外交部档案，03-13-067-01-001。
③ 《电外交部》（1918 年 11 月 29 日），北洋外交部档案，03-12-008-02-085。
④ 《收驻美顾公使 30 日电》（1918 年 12 月 1 日），北洋外交部档案，03-13-005-05-001。
⑤ 罗光：《访问陆征祥神父日记（续完）》，台北《传记文学》第 19 卷第 6 期，1971 年 12 月，第 62 页。

布"十四点和平原则"后，外交部议和筹备处讨论如何援引威尔逊原则，以公理战胜强权之主旨，在和会提出摆脱条约束缚之希望条件，以及收回胶州湾的可能。8月中旬，该处拟定第一份中国提出和会问题草案，包括：（1）修改1901年的《辛丑条约》；（2）收回前德、奥租界；（3）废除治外法权；（4）收回胶澳。① 基本上就是对德、奥条件，希望条件及收回胶澳三大项。

10月中旬外交部指示顾维钧试探"联美"，得到美国善意回应，并要中国将希望提出和会之问题先期见告。11月初中国准备提出和会条件大致为三类：（1）关于土地之完全；（2）关于主权之恢复；（3）关于经济之自由，范围相当广泛，主要包括收回租界及租借地，取消驻兵权、领事裁判权，自主关税，退还庚款等。北京政府请顾使与美先行秘密接洽。② 美国对中国的试探，反应迅速而明确，北京政府大受鼓舞。事实上，中国对欧战贡献很有限，而拟在和会提案的范围却很广泛，固然展现中国朝野对追求平等自由国际地位之愿望，但牵涉太多战胜国在华之特权，相当"不切实际"。

24日陆征祥告知英、美公使中国对于德、奥之条件：（1）和约中应落实对德、奥宣战时废除中德、中奥条约，尤其是永久废除1901年的《辛丑条约》及租界；（2）有关损失与伤害，中国追随协约国原则；（3）最终与德、奥议定新约时，必须基于国际权利平等互惠之原则。陆征祥并表达北京政府之

① CA 1039-373-2《中德宣战紧要文及议和筹备处第一至第十五次会议纪录》附件，Zhang Yongjin, *China in the International System, 1918-1920: The Middle Kingdom at the Periphery*, p. 44。

② 《陆总长2日来电》（1918年11月3日），北洋外交部档案，03-12-008-02-016。

愿望：相信友邦在和会以符合新的友好国际关系新精神，安排有效保障中国之完整与独立，结束列强在华之利益与影响。①

26 日顾维钧电告外交部，威尔逊总统对中国预备在会提出之三大纲，表示愿意协助。② 威尔逊对自己的理想主义外交信念十分坚定，对中国表达甚多善意，致使北京政府产生"不切实际"的期许。同日，在巴黎之施肇基、胡惟德电请指示外交部提出会议各款。③ 28 日外交部将议和筹备处拟定之议和宗旨，训令代表团执行，分为普通原则、希望条件及对德、奥条件三部分。普通原则是：追求平等国际地位、与美国保持一致、欧洲问题追随协约国多数意见。希望条件是：土地之完全、主权之恢复、经济之自由。对德、奥条件，除与各国一致外，要求：废止旧约、补偿战事损失、依公法原则平等订新约。④ 与美国保持一致应是中国和会外交主要策略，然而当时尚无与日本对抗的想法，训令中没有要在和会中针对胶州湾及《民四条约》提案，可见当时北京政府在山东问题上，仍打算依据中日成议解决，更没有废除《民四条约》的想法。

基本上，北京政府的和会方针原本是"亲日联美"，希望能依赖日本善意，收回胶州湾；依赖美国善意，提出"希望

---

① Jordan to Curzon, Nov. 25, 1918, F. O. 371/3693；另见 Reinsch to Lansing, Nov. 24, 1918, *FRUS*, PPC, Vol. Ⅱ, p. 507；Zhang Yongjin, *China in the International System, 1918-1920: The Middle Kingdom at the Periphery*, p. 46. 陆征祥所称，即给代表团训令中对德、奥部分。

② 《电外交部》(1918 年 11 月 26 日)，北洋外交部档案，03-12-008-02-074。

③ 《收驻英施法胡公使 26 日电》(1918 年 11 月 27 日)，北洋外交部档案，03-13-067-01-001。

④ 《发法京中国使馆电》(1918 年 11 月 28 日)，北洋外交部档案，03-13-067-01-001。

条件"并废除《辛丑条约》。然而，美国真正想要的是利用中国钳制日本在东亚的扩张，挑战它不承认的《民四条约》及日本在中国的影响力，对于中国的希望条件，充其量只是同情，而美国不允许中国"脚踏两条船"，既"亲日"又"联美"。11月下旬是北京改变政策的关键期，收到顾维钧22日电报后，陆征祥在启程前夕，必须在美、日之间做出抉择。

组织代表团

陆征祥在欧战停火前就积极筹组代表团，当时认为协约列强在中国参战时曾承诺给予大国地位，在和会应可有五席全权。10月30日陆氏电驻美顾维钧、驻意王广圻、驻丹颜惠庆、驻比汪荣宝等四公使邀约为全权。[1] 11月9日、13日又联络驻法胡惟德、驻英施肇基二公使。[2]

14日北京政府决定派遣陆征祥为中国参与和会代表，15日陆氏令施、胡二使参加巴黎预备会议，[3] 16日陆氏电顾维钧请先行赴欧接洽。[4] 20日陆征祥电告汪、颜、王使，以中国在和会只有3席，无法任命他们为全权代表，请见谅，届时仍盼匡助。[5] 至此，北京政府认定所派全权至多三人，以陆征祥、

---

[1] 《发意、丹、比馆密电》（1918年10月30日），北洋外交部档案，03-13-067-01-001。

[2] 《发驻法胡公使电》《致驻英施公使电》（1918年11月9、13日），北洋外交部档案，03-13-067-01-001。

[3] 《发驻英施（法胡）公使电（极密）》（1918年11月15日），北洋外交部档案，03-13-067-01-001。

[4] 《陆总长来电》（1918年11月16日），北洋外交部档案，03-12-008-02-040。

[5] 《发比、丹、意馆电》（1918年11月20日），北洋外交部档案，03-13-067-01-001。

胡惟德、施肇基为全权大使，另以顾维钧、魏宸组为全权大使兼专门委员。

25 日大总统发下陆征祥等委任令五件，由国务院函送外交部转发。[1] 是则陆征祥离北京启程前，国务会议决定中国全权为：陆征祥、胡惟德、施肇基、顾维钧、魏宸组等五人。[2] 此外还征召外籍顾问、各部专家、外交部参事秘书等随行赴欧，又召驻欧各使馆公使、参事秘书到巴黎襄助，加上驻法军事代表团，最后中国代表团共有六十二人之多，在与会二十七国中人数排名第九。

12 月 1 日陆征祥离北京启程，魏宸组与随员另自上海搭船，在美国与陆氏一行会合，一同赴欧。11 日施肇基、顾维钧抵巴黎，[3] 会合胡惟德，组成中国代表团之先遣部队。

当时中国南北分裂，遭协约各国驻华公使联名劝告，各驻外使节频频建议速谋南北统一，北京政府除筹备上海南北和议外，也希望代表团中有南方成员，以示中国对外一致，但是不愿出诸南北政府间之接洽，而是以个人名义邀请。广州军政府为谋协约国承认其交战团体地位，1918 年派王正廷、郭泰祺等赴美磋商南方出兵欧洲之事，[4] 然而 10 月中旬王氏一行抵美时，协约国已无须中国出兵。11 月 6 日陆征祥致电在美国

① 《收国务院秘书厅函》（1918 年 11 月 25 日），北洋外交部档案，03-37-007-02-001。

② 见中国社会科学院近代史研究所《近代史研究》编辑室主编《秘笈录存》，中国社会科学出版社，1984，第 68 页按语。

③ 《顾公使 19 日来电》（1918 年 12 月 19 日），北洋外交部档案，03-12-008-03-027。

④ 金问泗：《我与谟亚教授的师生关系》，《从巴黎和会到国联》，台北：传记文学出版社，1967，第 4 页。

之王正廷、郭泰祺,①及广州军政府外交次长伍朝枢,②邀请出席和会。10日伍朝枢复电婉拒,表示南北分裂,主要因法律问题,应恢复法律效力实行民主,先开国内和平会议,再谋列席国际和会。③王正廷、郭泰祺于13日复电陆征祥云:当局应本民主政治之精神,以民意为向导,以法律为依归,速筹统一,共救危亡,④也没有接受北京政府的邀约。

11月中下旬北京政府组织和会代表团,并发布委任令,广州军政府十分不满。12月10日军政府主席总裁岑春煊电北京政府抗议,⑤同日伍朝枢致总理钱能训电,建议南北会同派遣代表。⑥13日军政府向非常国会提出咨文,拟任伍廷芳、孙文、王正廷、伍朝枢、王宠惠为中华民国全权大使,赴欧洲和平会议,缔结和约。⑦北京政府坚拒由南北双方协派代表,但仍不断与伍朝枢联系,力劝他参加代表团。⑧12月下旬伍朝枢

---

① 《陆总长来电》(1918 年 11 月 6 日),北洋外交部档案,03-12-008-02-020。

② 《致伍梯云电》(1918 年 11 月 6 日),北洋外交部档案,03-13-067-01-001。伍朝枢字梯云。

③ 《收英馆转来伍梯云 10 日电》(1918 年 11 月 13 日),北洋外交部档案,03-13-067-01-001。

④ 《电陆总长》(1918 年 11 月 14 日),北洋外交部档案,03-12-008-02-033。

⑤ 《西南力争派欧专使之骇闻:岑西林来电》,《晨报》1918 年 12 月 21 日,第 2 版。

⑥ 《伍朝枢赴法问题》,《晨报》1918 年 12 月 14 日,第 2 版。

⑦ 《广州军政府咨参议院》(1918 年 12 月 13 日),"中华民国"史事纪要编辑委员会主编《中华民国史事纪要》,台北:"国史馆",1971 年起,1918 年 7~12 月,第 701~702 页。

⑧ 《伍朝枢由政府委派赴欧》,天津《大公报》1918 年 12 月 26 日,第 1版;《政府加派王正廷为赴欧专使》,天津《大公报》1918 年 12 月 29日,第 1 版;《西南力争赴欧专使再志》,《晨报》1918 年 12 月 22 日,第 2 版。

到上海，北京政府派施愚南下与他接洽，但仍未获共识，伍氏南返。[①]

陆征祥从欧战爆发后就密切观察战局，"保和会准备会"长期讨论与中国相关的国际法问题，拟定好对待方案，并两次派员赴欧考察。中国参战后，陆氏主持筹备和会，积极针对威尔逊"十四点和平原则"的精神与要点，做了相当多的预备工作。欧战停火后，陆氏受命代表中国出席和会，立即准备档案、预订船票、拟定训令、与各国联系、制定和会方针、组织代表团，于短短一个多月内，完成所有工作。

第二节　从"亲日联美"到"联美制日"

北京政府于11月下旬体认到"联美"与"亲日"不可兼得，而此时美国对华态度远比日本友善，且深获中国朝野的景仰，徐世昌与陆征祥都倾向于联美。然而段祺瑞等亲日势力在国会及军方占据主导地位，陆氏也已安排好与日本政界高层在东京会面，洽商两国在和会合作事宜，于此仓促之间，陆氏必须在途经日本及美国时相机做出抉择。陆征祥于1918年12月1日启程，1919年1月11日抵达巴黎，在此途中逐步向"联美制日"方针倾斜，并组建完成中国代表团。

[①] 《北京特约通信：西南派员赴欧问题》，天津《大公报》1918年12月25日，第1版；《北京特约通信：伍朝枢承命赴欧》，天津《大公报》1918年12月31日，第1版。

陆征祥的日本行[①]

日本学界认为中国原来决定在和会与日本合作，陆征祥途经日本时再次做出承诺，但到达巴黎后，陆氏受顾维钧、王正廷等人的影响，改采"联美制日"政策，和会开幕后中国即与日本全面对抗，因而谴责陆氏背信。事实上，这个转变应该是陆征祥赴巴黎途中路过日本及美国时发生，到达巴黎后与美国代表团做最后敲定，陆征祥是这个转变主要的决策者。

1918 年 12 月 1 日下午陆氏"入府觐辞总统，与密谈甚久，闻因某国提出议案与我有关，嘱为注意"，[②] 可能就是商谈如何相机拿捏"联美制日"之事。晚上陆征祥偕夫人、养女礼立、[③] 女教席、参随 5 人，书记 2 人，外交部顾问狄谷夫妇及仆役等，乘京奉铁路列车附挂花车出京。徐世昌、段祺瑞都派代表送行，外交部全体人员至车站恭送，英、法、俄、日、比之驻京公使亦同至车站与陆氏握手作别，钱能训代总理及诸阁员亦到，又有警察总监、步军统领率军乐队及警兵在站保护，一时车站上车水马龙，道路为梗。[④]

2 日陆征祥抵达奉天，接受日本赤塚总领事晚宴，席间表示中日友好，在和会必尽力提携，以维持东洋参战国之面目，

---

① 参见唐启华《巴黎和会与中国外交》，第二章第二节。

② 《中国各电：北京电》，《申报》1918 年 12 月 2 日，第 3 版。

③ 陆氏与培德夫人没有子嗣，于民国初年从北京仁爱会修女所办的育婴堂收养了一位混血女童，取名陆礼立（Lilly Lou），1918 年时约 11 岁。

④ 《发驻日本章公使、朝鲜富总领事电》（1918 年 11 月 27 日），北洋外交部档案，03-13-010-03-001；《陆子欣出发续志》，《申报》1918 年 12 月 5 日，第 6 版。

并树立对应列强之策。① 当晚，陆氏在奉天到汉城夜车上受寒，3日自汉城电告驻日公使章宗祥：中途受凉，旧病复发，背脊及颈后筋络疼痛异常，两腿亦酸痛，不便走动，不得已即在马关停留，暂息治病，西京礼节已派刘崇杰参事前往代表。② 另随行之刘崇杰也电告章使：总长因风湿病，背脊及其他部分颇觉疼痛，东京所约定各集会不克前往，请公使转向各方面代为辞退，轮船开行前，总长拟往东京一行，奉访外务大臣。③

4日陆征祥一行搭夜船从釜山到马关，5日电告章使：已抵马关，背脊及筋络仍疼痛，步履甚难，西京参拜事，祥万难躬亲，派刘参事前往代递花圈，今晚勉强乘7点车赴横滨，天皇递书事，俟到横滨后，只期能勉强走动，即商觐递办法，内田外相处，顷已发明电致意，并道不克如期赴东京之歉忱。④ 显示陆氏此时拟不去东京，尽量推辞一切应酬接洽，径赴横滨搭船赴美。

章宗祥对陆氏事前安排与日本政要周旋，途中临时变卦，因微恙取消觐见天皇、参谒明治天皇陵等极重要之应酬，只令随员轻率致意，让他过于难堪，即日致电国务总理钱能训请辞。同时由使馆参事庄景珂出名致电刘崇杰云：

① 《陆征祥经过奉天详情》，《晨报》1918年12月7日，第3版；《陆子欣抵奉之情况》，《申报》1918年12月10日，第6版。

② 《发东京章公使电》（1918年12月3日），北洋外交部档案，03-13-067-03-001。

③ 《代总长致公使电》（1918年2月3日自汉城发），北洋外交部档案，03-13-067-02-001。

④ 《发东京章公使电》（1918年12月5日），北洋外交部档案，03-13-067-02-001。

"日本当局准备接待极为周到，本馆及外务省暨各处宴会本已定期，只得由弟商同馆员婉为辞退；再亲笔信及花圈之递送，业已公告外务、宫内两省，现在是否仍照原电办理，并乞速将西京及东京日期预示，手续较繁，迟恐不及。"经钱总理强力慰留，章宗祥以事关国家对外，势难过于决裂，只得销假从公。①

6日钱能训电陆征祥请力疾赴东京一行云：

> 详察章电语意，似未悉此中内容，留心，尊处已派刘参事先行，想可详述一切。此次假道东瀛，原期有所接洽，兹因特别情形，未能悉依前议，则对于日本方面，一切如前，应请我公详慎审，期无窒碍。日内如尊体有奇愈，可否力疾一往，但使克日西期，望当可无误船期，详情如何，希卓筹见示，并径与章使商洽为盼。②

此电颇有玄机，隐约透露陆氏赴日因特别原因改变原定计划，而章宗祥不知内情，北京政府希望陆氏仍能赴东京一行，总以能顺利赴欧为重。

7日陆征祥电外交部云：抵横滨后痛楚渐松，今晨已派刘崇杰先赴东京，与章公使接洽一切，祥拟明日午后勉强先赴东京使馆，与章公使会晤内田外相，日本政府此次接待甚为优厚，祥以负病在身，不能遵照原定计划，莫名抱歉。章公使事前与日本政府及各方面接洽，至为可佩，渠之苦衷，

---

① 章宗祥：《东京之三年》，《近代史资料》总38号，第60~62页。
② 《收国务院6日来电》（1918年12月7日），北洋外交部档案，03-13-067-02-001。

俟与握晤即可释然。祥于痛定时，每思此行职任太重，政府既已委任，祥事前亦未审度孱弱多病，遽然担任，未免太不自量力，殊深歉疚。又电云："祥此次路过日本，原可遇事接洽，然并无谈判公事之性质，且负病在身，谒见内田外部时，亦不能久坐，彼若谈及两国问题，祥当格外注意，以抒廑念。"①

7日钱能训急电陆氏："闻已抵横滨，尊体愈为慰，觌递一节，先经商定，我公既至东京谒晤外部，似仍宜亲见事递书，免留痕迹，即盼电复。"② 8日，国务院电陆征祥：

　　奉总统谕，此次执事由日赴欧，本为『 』接洽起见，表示亲善之意，日皇定期觌见，政府按日接待，业已商定在先，临时变更，谢绝酬应，最易滋误会，恐伤国际感情，与在『 』商定计划不符，执事既定由滨赴京，务望力疾即行，现期甚迫，只可望酌减酬应，仍应以『 』期觌见，事关国际，务望慎重将事，以副委任等语。③

陆征祥在日本因病取消应酬，到底是真病还是装病？或是借微恙而小题大做？迄今尚无确证，但上述诸电字里行间透出几许装病的意味。当时国内报纸也有揣测云："陆总长何以称病不至东京，章公使何以因陆总长不到东京便愤而辞职，个中

---

① 《发外交部电》（1918年12月7日途次横滨），北洋外交部档案，03-13-067-02-001。

② 《收国务院来电》（1918年12月7日），北洋外交部档案，03-13-067-02-001。

③ 《收国务院来阳电》（1918年12月8日），北洋外交部档案，03-13-067-02-001。『 』为原文如此。

内幕，本报亦微有所闻，特以事关外交，未便轻予登载。"①
几经折冲，陆氏最终仍决定赴东京，做最低限度之接洽应酬。

8 日下午，日本外务省派汽车到横滨陆征祥住处，接陆氏
及刘崇杰、严鹤龄两位参事赴东京，入住内务省官舍，与章宗
祥会晤，陆氏称：已将一切事互相接洽。② 章使则称：陆氏见
到他亦不谈外交问题，但言痛风，真不能忍。似谴责陆氏不肯
告诉他内情。9 日上午 10 点陆氏偕章使会晤内田外相，晤谈
良久，并将大总统亲笔书信及照片，面交内田请转呈日皇，然
后赴皇宫签名致礼。下午 2 点拜访日本和会全权代表牧野伸
显，4 点内田到陆氏住处回拜，晚上回横滨。章宗祥报告称：
觐见及宫中宴会已于 6 日晚决定辞退，不及挽回，亲笔书信及
总统照片，即由内田外相代递，日皇复书据闻由驻华公使小幡
酉吉带往北京。③ 10 日陆征祥一行自横滨乘"诹访丸"放洋
赴美，刘崇杰则回北京报告后，再与梁启超一行赴欧。

陆征祥在日行程中，最关键的是与内田康哉外相之会谈，
其内容如何？是否对中日两国在和会（尤其是山东问题）之
合作有所承诺？陆氏 9 日当晚报告称，上午与内田晤谈良久，
气氛融洽，关于废除《辛丑条约》事，内田云：如果和会商
议到，自当尽力，惟撤退驻军当以中国治安良好为先决问题；
至青岛问题，俟与德国交涉清楚后，按照原议归还中国，请中
国勿听德人或他方之挑拨，致生异议。陆氏答以：两国原议自

① 《陆总长与章公使：外交上将有大问题》，《晨报》1918 年 12 月 8 日，第
2 版。
② 《发外交部电》（1918 年 12 月 9 日），北洋外交部档案，03-13-067-02-
001。
③ 章宗祥：《东京之三年》，《近代史资料》总 38 号，第 62~63 页。

应按照办理，将来两国代表在和会，仍愿彼此遇事接洽。内田深以为然。[1] 10 日陆氏登船后又电称：

> 东京会晤后详细情形，除昨晚电达外，已托刘参事面陈。祥窥察各方面情形，每遇提及问题，必先注意于我国内政，即如昨日所谈废除辛丑条约一事，玩内田外部口气，已可概见。将来赴会时所提问题，恐各方面看法大致相同。前接顾使电，美政府亦有中国须速谋国内融洽之法，可知大会中之关系，实视乎内政之如何进行，诸祈筹划。[2]

章宗祥则称："内田力言中日两国务宜步调一致，陆答甚含糊。谈次偶及交还赔款问题，内田顾余曰：日本政府愿将赔款退还中国，从前业向贵公使声明，经贵公使报告贵国政府来电致谢，此事无须再向和会提议矣。陆闻之，亦不置词。"[3] 又致电国务院，称陆氏来东京：

> 会晤内田及牧野二人，略交换意见，内田颇主张两国步调一致，对于中国希望各节，口气间尚无拒绝之意。至青岛问题，内田谓日政府将来必照前定交还中国之精神进行，惟照法律手续，形式上须俟日本向德国取得后，再行

---

① 《发外交部电》（1918 年 12 月 9 日），北洋外交部档案，03-13-067-02-001。

② 《发北京外交部电》（1918 年 12 月 10 日舟中），北洋外交部档案，03-13-067-02-001。

③ 章宗祥：《东京之三年》，《近代史资料》总 38 号，第 62 页。

交还中国。此外对于中国极望早日统一，自有行维持秩序之力，庶中国希望之撤兵问题，提议时较为有力。又谓会议时各国不免利用新闻政策，极望中国不用素持反对日本主义之新闻家，以免届时挑拨两国感情云云，牧野则颇注重国际联盟。[①]

日本学者认为，9日下午内田与陆氏对于媾和会议交换意见，内田告知内阁决定之方针是：日本取得胶州湾后，再还给中国。陆征祥表示感谢，并称：中国报纸所刊登无条件退还青岛等所谓中国的媾和条件，是无稽之谈，中国参战但无实际战斗，故无意在和会中多做要求，只想提出庚子赔款、京津驻军问题，陆氏赞成日本意见，并表示将与日本合作，使日本对和会放心。[②]

此次会晤，中方多强调陆征祥未对内田做任何承诺，只是"漫应之"。日方则认为陆征祥已答应中日在和会步调一致，承诺青岛问题依中日成约办理，不会于和会提出，对陆氏后来在和会中之背信，十分气愤与不谅解。

过去研究已指出陆征祥在赴日前夕政策有转变，如王芸生称：陆征祥等奉命出席巴黎和会，国务会议议决，关于东方之事，中日两国代表应互相协商，取同一步调。迨登轮启程之后，陆征祥等之态度有转变，过日本时日方表示两国代表应遇事协商之意，陆氏则唯唯诺诺，不做确切表示。[③] 但对于关键

① 章宗祥：《东京之三年》，《近代史资料》总38号，第62~63页。
② 臼井胜美：《中日关系史（1912~1926）》，陈鹏仁译，台北：水牛出版社，1990，第200~201页。
③ 王芸生编著《六十年来中国与日本》第7卷，第365页。

之细节，则交代不清。

笔者认为，欧战停火后，北京政府之外交方针趋于联美，但并不反日，美、日也都拉拢中国，陆征祥原拟于路过日本时与各方接洽，但在陆氏启程之前，接到美方强烈信息，遂改变方针。事后陆宗舆向日本驻北京公使小幡酉吉透露：陆征祥出发前，持和会"中日提携"保持协调方针，欲乘过日机会，与日本当局达成十分之谅解；美国公使知道后，表示如果这样，美国在和会中无法绝对全力援助中国，有威胁之意味，陆征祥遂生恐怖，过日装病，与日本当局敷衍交换意见，并在和会中受王正廷、顾维钧二人之左右。[①] 是则当时陆征祥被迫在美日间做出抉择，为了拉拢美国，途经日本时不想与日方有亲密接洽，只能生病推辞应酬。在不得不与内田晤谈时，含混表示中日友好，希望日本助中国提出希望条件，然而在山东问题上，陆征祥确实承诺依中日成议办理。可见陆氏虽然已确定联美，对日保持距离，但是当时联美主要是希望确保中国列席和会，并能提出希望条件，尚未涉及在山东问题上与日本对抗。陆征祥之急遽转向"联美制日"，决定在和会中提出山东问题及废除《民四条约》，应是他抵达美国以后的事。此后陆征祥极力否认在东京曾与内田有过承诺，并试图消除档案文件中相关的痕迹。

巴黎和会期间，陆氏对日本做过承诺之说传布甚广，早在1918年12月31日，在巴黎的胡惟德、施肇基、顾维钧联名

---

① 「駐北京小幡公使致内田外務大臣電」（1919 年 6 月 3 日）『日本外交文書』大正 8 年第三册上卷、333 頁。必须注意，陆宗舆此话是在和会决定由日本取得德国之山东权益，中国联美政策失败，北京政府试图修补中日关系时说的，或有推脱责任的可能。

电询在纽约之陆征祥称：伦敦《泰晤士报》载，日外相宣言关于巴黎和会，中日业已彼此商妥，所有中日在会方针，利害与共，合力进行。"事关重大，外交各界闻之骇然，究系如何相商情形，盼急详复。"① 1919 年 1 月 5 日陆氏随员自大西洋舟中复电云：东京记者专电所称各节，并无其事，此次总长道出东京，小留一日，与内田外相仅为国际上之周旋，并无何等商榷，除密托《纽约时报》记者电美更正外，请先为设法辩明，余俟总长日内抵法，当能面达。②

　　1919 年 1 月 28 日巴黎和会十人会中中日竞争山东问题后，双方提交中日间条约、协定给最高会议，2 月 15 日严鹤龄将中国欲提出之《济顺及高徐两铁路预备合同》《山东问题换文》《满蒙四路预备合同》等 3 件，往商日本牧野全权，并称此为"礼貌"。伊集院收件后称："礼貌二字，不能赞同，此是商量，两方互相接洽，均为应受之拘束，陆总长必知之。"③ 中午中国代表团第 18 次会议，严鹤龄报告此事，顾维钧问道：究竟政府有无与日本约定之事？陆征祥答以："未必有。"顾使又称：前月英法报上载有总长过日本时，曾与日本政府接洽，对于和会之事中日两国一致进行，此必系日本私嘱报馆登载，用意甚深，想美国报纸上亦必有此说。陆氏答以："过日本时与彼政府往来，全属礼节上之周旋，并无何种接洽，此时人方欲助我，

①　《收驻法胡公使等 31 日电》（1919 年 1 月 4 日），北洋外交部档案，03-13-071-001。

②　《发驻美顾法英施公使电——报载事》（1919 年 1 月 5 日），北洋外交部档案，03-37-007-03-001。

③　《陆代表密电》，王芸生编著《六十年来中国与日本》第 7 卷，第 286～287 页。

横竖不能向日本讨好。"① 午后牧野秘书吉田茂来，由严鹤龄会见，吉田谓：贵国欲送三件，敝国全权不反对，伊集院全权不同意礼貌二字。严参事云：陆总长对于伊集院全权所谓商量、拘束，总长必知之等语，颇为诧异，或因过东京晤贵国外务大臣时，偶谈及我两邦于和会中遇事互相提携，此种宣示平日容或有之，若谓送文件时须受商量、拘束，绝非意中所有。②

《颜惠庆日记》载：据严鹤龄说，陆氏在东京时曾三次重申，中国希望修改 1900 年议定书与免除庚子赔款，尽管内田再三询问，但他并没有提青岛问题或山东问题。③ 又载：据顾维钧说，他听到魏宸组和陆征祥说，当内田提出山东问题时，陆氏确实曾对内田说，"是的，按照成议办理"。④ 又称：刘崇杰告诉胡惟德说，北京政府为陆氏对内田的讲话事不满，他确实同意了"二十一条"的有效性与山东条约，陆氏曾下令不得写出会谈详情。⑤

3 月 17 日巴黎和会中国代表团第 48 次会议，收到巴黎中国留法学生平和促进会来函，询问中国对日交涉及对刘崇杰来欧之事，主席王正廷问刘崇杰：陆总长过日本时与日本外交当局究竟所言何语？刘氏答：日本内田外相言对于青岛问题日本守向来之精神，依据大正 4 年中日条约办理。王正廷问：总长

---

① 巴黎和会中国代表团《第 18 次会议录》（1919 年 2 月 15 日），张一志编《山东问题汇刊》上册，台北：文海出版社，1986，第 160 页。"此时人方欲助我"中的"人"，应指美国。
② 《陆代表密电》，王芸生编著《六十年来中国与日本》第 7 卷，第 286～287 页。
③ 《颜惠庆日记》，1919 年 2 月 22 日，第 828 页。
④ 《颜惠庆日记》，1919 年 2 月 23 日，第 828 页。
⑤ 《颜惠庆日记》，1919 年 2 月 28 日，第 831 页。

何以答。刘氏答：记忆不及，似无答已受约束之词。王正廷问：闻说谈话有记录，记录并有中国人签字，确否？刘氏答：当时并无记录，既无记录，签字亦不成问题。[①]

综上所述，陆征祥在东京与内田谈话之内容，陆氏本人及严鹤龄、刘崇杰两位参事对承诺"中日提携"、山东依成议办理，都表示否认或含混其词。然而档案记载确凿，陆氏当时对内田做了承诺，但因事后改变政策，遂否认此事，甚至试图遮蔽相关档案。[②]

此外，当时国内有陆氏在日本遗失重要公文箱的传言，各报言之凿凿。依据外交档案，陆征祥一行是在1919年1月10日抵达法国布雷斯特（Brest）港时，发现丁字号公文箱失踪，研判应是在纽约遗失，多次派人在纽约码头、仓库搜寻都找不到，最后不了了之。

陆征祥的美国之行[③]

陆征祥一行于12月10日自横滨搭乘"诹访丸"启程，24日抵达西雅图，当天晚上7点搭乘美国政府安排火车专列，经圣保罗、密尔沃基，29日到达纽约，停留至1919年1月1日，[④] 会合魏宸组一行八人，一同乘轮赴法。

---

① 巴黎和会中国代表团《第48次会议录》（1919年3月17日），张一志编《山东问题汇刊》上册，第181~182页。

② 笔者认为，这一点可能就是《陆总长在和会专电》为何置于03-13"驻比使馆档"，而不是置于外交部03-37"巴黎和会档"的主要原因。

③ 参见唐启华《1918年12月陆征祥的美国之行》，张俊义、陈红民主编《近代中外关系史研究》第11辑，社会科学文献出版社，2021。

④ 《严鹤龄英文便签》（1918年12月24日），北洋外交部档案，03-13-067-02-001。

**图 5-1　1918 年 12 月陆征祥赴法参加巴黎和会途经日本，
与驻日公使馆全体人员合影**
（前排左一章宗祥；左二陆征祥）

原来陆征祥一行在美国的安排比较简单，启程前于 11 月
18 日电顾使：请代订由美赴欧舱位。① 21 日收顾使电复：舱
位拟先行向法公司预订今年底或明年初之船，如陆氏拟假道英
国，请示悉，俾另定，并请见示陆氏抵美之船名，俾与美政府
接洽照料事宜。②

21 日陆氏电顾使：赴欧前，请以徐大总统名义，代备银
质花圈一座，留在馆中，待陆氏抵美后，亲送于华盛顿墓上
致敬，并为陆氏预拟简短祝词。陆氏抵美时拟谒国务卿，如

① 《发驻美顾公使电》（1918 年 11 月 18 日），北洋外交部档案，03-13-
067-01-001。
② 《收驻美顾公使 19 日电》（1918 年 11 月 21 日），北洋外交部档案，03-
13-067-01-001。

威尔逊总统已返华盛顿亦拟觐见，请接洽。[①] 顾使复电：花圈、祝词暨谒觐各节，遵即分别接洽办理。[②] 24 日收顾使电：陆氏抵美后拟觐谒美总统与国务卿暨赴华盛顿墓各节，业与美外部当局接洽。彼言陆氏声望久所欣仰，极愿识晤，届时如威尔逊总统已回美国，定乐延见，否则美当局中亦必有人代表接待。[③]

27 日外交部电驻美使馆：魏公使宸组偕随员暨眷属共 8 人，11 月 24 日由沪乘 China 轮赴旧金山，请达美外部于登岸时优待，并饬总领事照料，代订车票及赴欧最早之船位。[④] 驻美使馆通知驻旧金山总领事朱兆莘。29 日朱氏电告使馆：此间警探已联络，届期再与接洽，必能加意卫护，请告知船名及到埠确期，以便布置一切，魏公使东行火车房位当代预订，但赴欧船位乞饬纽约领事办理。[⑤] 28 日魏宸组电驻美使馆：抵美国时请旧金山海关勿稍留难，闻纽约赴欧船少人多，递补或需数旬，恳务设法代留 8 人赴英或赴法船位。[⑥]

29 日顾维钧电陆氏云：赴欧船位业经代订，再美副国务卿言，此次中国全权莅美，美政府拟特备车位，派员至边界迎

① 《发驻美顾公使电》（1918 年 11 月 21 日），北洋外交部档案，03-13-067-01-001。

② 《收驻美顾公使 21 日电》（1918 年 11 月 23 日），北洋外交部档案，03-13-067-01-001。

③ 《收驻美顾公使 22 日电》（1918 年 11 月 24 日），北洋外交部档案，03-13-067-01-001。

④ 《外交部 27 日来电》（1918 年 11 月 28 日），北洋外交部档案，03-12-008-02-084。

⑤ 《金山领馆来电》（1918 年 11 月 29 日），北洋外交部档案，03-12-008-03-005。

⑥ 《魏公使 28 日来电》（1918 年 11 月 29 日），北洋外交部档案，03-12-008-03-006。

来华盛顿，请告知参随姓名。① 陆氏 12 月 7 日于横滨电驻美使馆：确定 10 日乘日本邮船"诹访丸"放洋，约 21 日可抵西雅图，因身体不适，拟径赴纽约候船，谒见美总统与赴华盛顿墓礼节只得俟和议事竣后举行，希先婉告美外部致歉，并告知同行者名单。② 顾维钧赴欧后，由使馆参赞容揆代办使事，安排陆征祥一行接待事宜。③

陆氏一行 23 日抵加拿大维多利亚（Victoria），美国政府派 Lan Horne Sawyer 及 Mosby 两位国务院官员接待，海军代表亦到，24 日午后 2 点抵西雅图，海军提督来谈，7 点乘美政府安排的火车专列，沿途有官员伴送，照料周至，安抵纽约。④

陆氏在美国主要是火车旅程，活动不多。陆氏回忆称：在西雅图登岸时，周围汽车甚多，我很奇异，后知因前不久汤化龙在该处被刺，美政府乃派多数密探，沿途保护我们，美国招待很好，各处都派专车迎送。⑤ 报载陆氏路过蒙太拿（Montana）适逢圣诞夜，致圣诞节祝词于美国华盛顿国务院云：欣逢圣诞良辰，临此快乐之地，同申庆贺实为荣幸，又代中华民国恭贺美国。⑥

---

① 《电陆总长》（1918 年 11 月 29 日），北洋外交部档案，03-12-008-03-001。
② 《电驻美使馆》（1918 年 12 月 7 日），北洋外交部档案，03-12-008-03-015。
③ 《顾公使电》（1918 年 12 月 17 日），北洋外交部档案，03-12-008-03-025。
④ 《发外交部电纽约》（1918 年 12 月 29 日），北洋外交部档案，03-13-067-02-001。
⑤ 罗光：《陆征祥传》，第 111 页。
⑥ 《路透欧美电：中国和使贺美国（华盛顿二十八日电）》，天津《大公报》1918 年 12 月 31 日，第 2 版。蒙太拿，陆征祥自西雅图乘专列赴纽约，圣诞夜途经此处。

美国政府安排陆征祥一行在纽约住市中心 Madison Avenue 及 43rd Street 路口之豪华 Biltmore Hotel，[1] 驻美使馆原定之旅馆取消。[2] 使馆原来订好 1 月 5 日船票赴法国，12 月 29 日陆征祥一行抵达纽约后，电告外交部：美国政府已备好 58000 吨之专轮，准于 31 日开往法国，在纽约只有 1 天勾留。[3] 陆征祥也自纽约旅馆发电华盛顿，感谢美国国务卿蓝辛派员接待，并致歉不能赴华盛顿拜会。[4] 事实上蓝辛早于 12 月 4 日随威尔逊启程赴巴黎。

陆氏在纽约有对报界发言，据日本通讯社消息，陆氏对于和会问题声明如次：（1）交还青岛；（2）置中国于各国同等地位；（3）改正国际通商条约。[5]《申报》报道：陆征祥在纽约声明要求修改国际通商条约，此间人士之解释，以为即顺应列国战后经济政策，将此项条约加以修改，至其他问题当与各国保持协同之步调也。[6]《京报》报道：在陆征祥乘华盛顿轮船自纽约出发赴法之前一日，曾向某记者谈及中国将在和会主张之大概，曰中国自从改造共和以来，进步实出人意料，幸得和会之机，中国切望能得各国平等待遇，维持领土主权完整，然后可以言和平，以及开放中国与世界同享实业之利益。记者

---

① 《纽约州领事来电》（1918 年 12 月 23 日），北洋外交部档案，03-12-008-03-030。

② 《电周领事》（1918 年 12 月 24 日），北洋外交部档案，03-12-008-03-031。

③ 《发外交部电纽约》（1918 年 12 月 29 日），北洋外交部档案，03-13-067-02-001。

④ 《电 Lansing》（1918 年 12 月 29 日），北洋外交部档案，03-13-067-02-001。

⑤ 《陆使对于和议之声明》，《晨报》1919 年 1 月 6 日，第 2 版。

⑥ 《各通信社电》，《申报》1919 年 1 月 6 日，第 3 版。

问曰：君意殆谓退还胶州乎？陆氏答曰：然，君须知吾人深信此领土必有归还之一日，因其有成约在先，不可弃也。记者又问：君等知列强对于此事之态度何如，能确信胶州复归中国统治乎？陆氏曰：此当听之和会，吾人不能预断，但中国之主张自是有效。[①] 若以上报道内容属实，则陆氏那时似已决定要在和会提出山东问题了。

王正廷加入代表团

陆征祥在美国时，王正廷加入了中国代表团。北京政府一直希望代表团中有南方成员，以示中国对外一致，但是不愿出诸南北政府间之接洽，而是以个人名义邀请，陆征祥邀请过伍朝枢及在美国之王正廷、郭泰祺，都遭拒绝。

王正廷之加入中国代表团，应系美国方面大力协调的结果。王氏自称：他向美国政府活动对于南北两方务当等量齐观，不加歧视，煞费周旋，进而要求中国简派代表赴参和会，应兼南北两派，卒承美政府之赞同，北京政府添派他为议和专使，偕陆征祥前赴巴黎和会。"彼北京政府终肯让步者，友邦调停之力为多。"[②] 顾维钧认为王氏是通过世界基督教青年会（YMCA）总会长穆德（Charles R. Mott）的协助，建议美国驻华公使芮恩施劝说徐世昌接受王氏为和会代表。[③]

当陆氏一行抵达纽约时，收到北京国务院 12 月 27 日电：

① 《要闻一：陆使在美谈话补志》，《京报》1919 年 2 月 10 日，第 3 版。

② 《王正廷致吴景濂等函》[1 月 5 日大西洋舟次（2 月底到）]，北洋军阀史料编委会编《天津市历史博物馆藏北洋军阀史料：吴景濂卷》第 3 册，天津古籍出版社，1996，第 278~279 页。

③ 《顾维钧回忆录》第 1 分册，第 177 页。

"此次赴欧议和，关系綦重，主座以王正廷法律外交夙著才望，特加委为专门全权大使，已电由顾使就近转知王君，其委任令亦寄美馆转交，并希我公转与接洽，谆劝担任为盼。"①28日驻美使馆代办容揆电告顾维钧："国务总理电，赴欧议和，主座加派王正廷为专门全权大使云云，陆总长明日下午抵纽约，揆明早往接，当就近访王转达。"② 陆征祥与王正廷接洽顺利，30日晚电告巴黎使馆："祥已与王君约定明日同行，将来究竟如何分配列席，诸容面商办法。"③ 后又称："此次赴欧参加议会，全赖国内统一，庶可免外人歧视，所以祥毅然决然允以所请，克日同行。"④

准此，王正廷的任命应是徐世昌接受美方意见的结果，要陆征祥到纽约后与王氏接洽敦促。过去的相关研究认为，王正廷的任命是陆氏与王氏联系后，于途经美国时正式敲定，然而在档案中看不到陆、王接洽的记载，而陆征祥在纽约停留的时间很短，此说应不能成立。

由于王正廷擅自接受北京政府的邀请，参加中国代表团，违背了广州军政府与北京对等协商合组代表团的立场，广州政界非常愤慨。12月30日王正廷致电广州外交部，自称系经美国安排，并传闻广州已同意，才答应与陆征祥同行，若广州不

---

① 《收国务院27日来电》（1918年12月30日旅次纽约），北洋外交部档案，03-13-067-02-001。主座指徐世昌总统。

② 《电公使》（1918年12月28日），北洋外交部档案，03-12-008-03-032。

③ 《发法馆电》（1918年12月30日旅次纽约），北洋外交部档案，03-13-067-02-001。

④ 《收法京陆总长14日电》（1919年2月19日），北洋外交部档案，03-13-071-04-001。

同意，他将不列席。① 广州军政府后来在美国政府劝诱之下，变相追认了王正廷的地位。

当时报纸就指出王氏不是广州军政府的代表，1919 年 1 月 9 日《申报》载："王正廷现以媾和委员之资格，首途赴法，闻王氏此次赴法，并非为南方政府之代表，实因陆征祥与王正廷会见之结果。"② 12 日又载："王氏由美随陆赴欧，本未得南方之同意，旧国会中人闻之大不谓然，以王为旧参议院议长，此次因公赴美任务未终，乃受北京政府委任并随陆等欧行，未免太失南方体面，于是有议将王氏除名者。"③

1919 年 1 月 2 日陆征祥一行 13 人，魏宸组一行 8 人，加上王正廷一行 3 人（调驻美使馆两名秘书随行），共 24 人，同搭乘美国政府安排之豪华运轮"乔治华盛顿号"（USS George Washington）启程赴法国布雷斯特。④ 陆氏日记中回顾称：1919 年 1 月 2 日"乔治华盛顿号"自纽约放洋赴法，同行有王、魏两代表，狄谷夫妇及随从各员、仆役等；美国方面乘客中有美国海军助理部长（Assistant Secretary of the Navy）罗斯福（Franklin Delano Roosevelt）夫妇，共计搭客 108 人。⑤

---

① 《王正廷致军政府外交部电》（1918 年 12 月 30 日），《天津市历史博物馆藏北洋军阀史料：吴景濂卷》第 3 册，第 274 页。

② 《京华短简》，《申报》1919 年 1 月 9 日，第 6 版。

③ 《伍梯云赴欧之决定 有十五日放洋说》，《申报》1919 年 1 月 12 日，第 6 版。

④ 《电公使法馆转》（1919 年 1 月 2 日），北洋外交部档案，03-12-008-03-035。该轮为排水量 3 万余吨的豪华客轮，系威尔逊总统 1918 年 12 月 4 日赴法时的坐舰。

⑤ 《陆征祥日记》，1939 年 1 月 31 日，陆征祥文书，T1063_01_02_0006，第 20 页。小罗斯福当时赴法国处理海军事务，后于 1933～1945 年担任美国总统。

10 日陆征祥一行抵达法国布雷斯特，次日到巴黎，会合顾维钧、施肇基，以及驻法公使胡惟德等，中国代表团基本成员到齐，18 日和会开幕。

陆征祥一行在大西洋旅次时，1 月 7 日北京众议院开会，钱能训总理提出阁员名单，并说明阁员略历，对陆氏介绍称："历任驻外公使、海牙平和会专使，于外交界夙著成绩，此次参战计划及议和准备，均由其一手经理，以之续任外交总长最为相宜。"[1] 结果阁员全体通过，外交总长陆征祥得同意票 271 张，票数最多，随即参议院也通过。[2] 11 日大总统令：特任陆征祥为外交总长，未到任以前，着次长陈箓代理部务。[3]

北京政府在巴黎和会前规划将山东问题依据中日成约处理，同时希望美国协助中国在和会中摆脱条约束缚，这个"亲日联美"的外交方针，在 11 月下旬遭到美国质疑，北京政府的和会外交方针必须调整，陆征祥经过日本及美国的旅途，有其重要意义。

当时威尔逊声望甚高，多次宣称不承认中日成约，主张公理正义，反对秘密外交，激发中国朝野的勇气与期望，加以威尔逊与顾维钧晤谈时，表示愿在和会全力支持中国，北京政府遂决定依恃美国善意，与美合作提出希望条件，摆脱条约束缚，甚至希冀在和会收回青岛、废除《民四条约》，摆脱日本的羁控。

---

[1] 《北京特约通信：昨日之众议院 阁员全体通过 即日咨付参院》，天津《大公报》1919 年 1 月 8 日，第 3 版。

[2] 《各通信社电》，《申报》1919 年 1 月 10 日，第 6 版。

[3] 《命令》，天津《大公报》1919 年 1 月 12 日，第 2 版。

陆征祥路过日本时，担心美国不悦，尽量避免与日本太过亲近，但那时尚不确定美国支持中国的力道如何，陆氏仍对内田外相表示中日在和会中友好合作，尚无在和会提出山东问题之意。陆征祥道经美国时，虽未与美国政要有直接接触，但受到高规格的礼遇款待，安排居住纽约高级旅馆，及赴法国的舒适运轮船位，美国友人又促成王正廷加入中国代表团，营造南北对外一致形象，在在显现美国朝野拉拢中国之殷切，加强了陆氏与美国进一步合作的决心。

1919 年 1 月 6 日陆征祥将"乔治华盛顿号"舟次电告胡惟德：我们一行预定 10 日早上抵布雷斯特港，决定搭第一班火车赴巴黎，请通知法国政府及美国大使馆。[①]其中"通知……美国大使馆"一语值得注意，或可理解为陆征祥此时已然决心"联美制日"，至少已经不避形迹地与美国亲近了。

陆征祥之决定在巴黎和会"联美制日"，日本全权牧野伸显的说法值得参考。和会结束后牧野返日，9 月初途经上海，他在船上对在沪日人演说云：和会前日本政府认为中日应在巴黎协同合作，陆征祥经过日本时，内田外相特与陆氏接洽，牧野也与陆氏交换意见，都认为陆氏完全了解日本政府的意思。及至巴黎，中国全权之态度竟全然出乎意料。牧野认为中国全权之取此态度者，绝非一朝一夕之故，亦非出于二三少壮派之意志，盖发此行动之感情已浸润于中国一般国民，积数年之久酝酿而成，今特借欧洲讲和会议之机会以发泄之耳。[②]

---

① 《发法馆电》（1919 年 1 月 6 日），北洋外交部档案，03-13-067-03-001。

② 《紧要纪事：牧野氏之又一谈话 高论中日关系》，天津《大公报》1919年 9 月 13 日，第 3 版。

第三节 代表团内争

陆征祥一行于 1919 年 1 月 11 日清晨 7 点到达巴黎，他和王正廷、魏宸组及随员即入住中国代表团总部 Hotel Lutetia，Telep，Fleurus 16-61；另外顾维钧及其随员居于 5 rue Charles Lamoureux，Telep，Passy 23-76；施肇基与随员住在 40 Avenue du President Wilson，Telep，Passy 70-41，而施、顾在总部各保留一个房间。[①]

和会开幕

18 日下午 3 点巴黎和会行开幕礼，陆征祥与王正廷代表中国出席。[②] 美国总统威尔逊首先致辞，主张将国际联盟列为和会首要工作，英国首相劳合·乔治（David Lloyd George）、法国总理克里孟梭（Georges Clemenceau）、意大利首相奥兰多（Vittorio Emanuele Orlando）等相续发言表示赞成，陆征祥亦手执原稿朗诵中国赞成大会宗旨之意，旁听席中颇有人赞其法语纯熟者。[③]

巴黎和会除全体大会外，最高权力机构为最高会议（Supreme council），由英、美、法、意、日等协约国五强各派

---

① 《代表团及大会人名录》，北洋外交部档案，03-37-019-02-001。Hotel Lutetia 是 1910 年开幕的有名大饭店，现属巴黎第 6 区，施、顾的住处现属巴黎第 16 区。

② 《发外交部电》（1919 年 1 月 18 日），北洋外交部档案，03-13-010-05-001。

③ 《巴黎特约通信：平和会议之光景（续）》，天津《大公报》1919 年 4 月 24 日，第 2 版。

图 5-2　1919 年巴黎和会中国代表团合影

两名全权参加，又称"十人会"，后来改由美、英、法、意元首组成"四人会"（Council of Four）决策。另设五股：

1. 国际联盟股（Commission on the League of Nations）

2. 赔偿损失股（Commission on Reparation）

3. 惩罚战事祸首股（Commission on the Responsibility of the Authors of the War and on Enforcement of Penalties）

4. 劳动法律股（Commission on International Labor Legislation）

5. 海口及水陆交通股（Commission on International Control of Ports，Waterways and Railways）

除赔偿损失股由特定国家参加，其余各股由英、美、法、意、日五国各派两名代表，再由其余各国公推五名代表组成。开幕大会中，比利时、塞尔维亚、波兰、希腊诸代表，相续发言抗议此办法，要求各派代表加入各分委员会。陆征祥亦起立发言，主张凡一问题有关系各国得随时派员赴各分会发表意见。主席克里孟梭起而致答，坚持五强主导，不理会小国意见。①

25 日第二次大会，陆征祥发言争取中国加入一、四、五等三股。27 日开审查会选举股员，中国由陆征祥、魏宸组出席，国际联盟股 17 国投票，中国得 14 票当选，海口及水陆交通股中国得 13 票当选，分别由顾维钧及王正廷担任委员。3月 3 日五国会议决定另组财政、经济专股，7 日开选举会，经济股中国当选，最后由五大国决定，中国加入经济股，由施肇基担任委员。②

日本东京《中央新闻》记者对陆氏在会议上的发言印象深刻，称：当列国代表会议开幕讨论国际联盟之际，吾人但见继英、法、意及加拿大各首相之演说而起者，陆征祥也。国际联盟股、海口及水陆交通股组织国际委员会案讨论时，继比利时代表之抗议演说而起者，又陆征祥也。操巧妙之法语，表强硬之态度，主张加入中国代表于委员会，指出中国地大人多，为世界海岸线最长之国，而国内之铁路、港湾及水路与世界各国有密切关系，此次更运送大量华工至欧洲战场参战，故国际联盟股和海口及水陆交通股之国际委员会不可无中国位置。于是一经小国代表协议会之结果，中国卒得贯彻其主张，于上述之二委员会中各得委员之位置。③

---

① 《巴黎特约通信：平和会议之光景（续）》，天津《大公报》1919 年 4月 24 日，第 2 版。

② 《参与欧洲和平大会分类报告一：力争全权人数》，北洋外交部档案，03-12-008-04-021。

③ 《特别纪载：日人心目中之我国专使》，《京报》1919 年 4 月 12 日，第 2 版。

全权次序问题

巴黎和会中国代表团自始内部矛盾重重，国内各种派系竞争与南北分裂，都影响到代表团的运作，导致风波不断。现有研究一般多将代表团的问题归咎于陆征祥懦弱无能，对全权次序问题的处置失当。其中固然有陆征祥个性过于谦恭温良，欠缺强势领导决断魄力，拙于处理人事之因素，但还有更多复杂的因素。

陆征祥离开北京启程前，国务会议决定中国全权为：陆征祥、胡惟德、施肇基、顾维钧、魏宸组等五人。陆征祥抵达巴黎后，13 日电告外交部，为了南北融洽，他已答应王正廷为第二位全权。① 14 日陆征祥电驻丹颜惠庆、驻西戴陈霖二公使，请速来法襄助。② 又与王正廷联名电郭泰祺：来法襄助。③由于中国在和会大会只有两个席位，而陆征祥已经邀请了七八人，引发全权排名次序问题，人人竞逐，陆氏处境尴尬。

和会开幕前陆征祥召集代表团开会，决定中国参加和会的正式代表，以便呈请大总统任命，有人建议由总长决定，陆氏情绪激动、踌躇不决，最后宣布为国家全局利益，并鉴于需要美国、英国及法国的帮助，拟请大总统任命五位代表：王正廷第二、顾维钧第三、施肇基第四、魏宸组第五。经顾维钧固辞后，陆氏调整次序如下：陆征祥、王正廷、施肇基、顾维钧、

---

① 《发北京外交部电》（1919 年 1 月 13 日），北洋外交部档案，03-13-010-05-001。

② 《发驻丹颜日戴公使 14 日电》（1919 年 1 月 14 日），北洋外交部档案，03-13-010-05-001。当时将西班牙译为日斯巴尼亚。

③ 《发美馆郭复初电》（1919 年 1 月 14 日），北洋外交部档案，03-13-010-05-001。

魏宸组。① 陆征祥即将此名单次序正式开送大会，并于 17 日电外交部依此顺序呈请大总统，正式命令任为议和全权委员。②

　　18 日巴黎和会开幕，由陆征祥及王正廷代表出席。由于胡惟德未能列入全权代表，当天陆氏电外交部："请大总统命令发表特派驻法公使胡惟德襄办议和事宜。"③ 23 日国务院复电称：请胡公使襄办一节，查赴会各国无此先例，我国似不宜独异，且对外亦难措辞，已径电胡使嘱其随时相助。④

图 5-3　1919 年巴黎和会时之陆征祥

① 《顾维钧回忆录》第 1 分册，第 173~174 页。
② 《发外交部电》（1919 年 1 月 17 日），北洋外交部档案，03-13-010-05-001。
③ 《发外交部 18 日电》（1919 年 1 月 19 日），北洋外交部档案，03-13-010-05-001。
④ 《收国务院 23 日电》（1919 年 1 月 24 日），北洋外交部档案，03-13-006-01-001。

北京政府接到陆征祥建议全权顺序的电报后，徐世昌批交外交委员会讨论。该会系徐世昌接受梁启超、林长民两人建议，1918 年 12 月在总统府设立，作为外交政策辅助决定机构，由汪大燮任委员长，林长民任事务主任，熊希龄等任委员，林氏门人叶景莘、梁敬镎等为事务员，研究系色彩颇浓，主要使命是：为总统和政府提供有关巴黎和会的政策、方针、措施等咨询及建议，并处理某些外交事务。外交委员会不愿让王氏居第二全权，调整了次序。① 1919 年 1 月 20 日国务院电陆氏："奉大总统令：特委陆征祥、顾维钧、王正廷、施肇基、魏宸组充赴欧参与和会全权委员。"②

北京政府变更了陆征祥建议的全权顺序，让他处境尴尬，24 日陆氏电北京称：18 日和会开幕，先已开送全权陆、王、施、顾、魏五人名单，是日陆、王出席，现在和会名单因王氏业已出席，难于改动。③ 于是陆氏又将全权顺序改成：陆、王、顾、施、魏，正好大会函请校对代表名单，陆氏就将修改后的全权顺序以公文送出。④ 代表团内部多不知道有这些变化，但流言不胫而走，暗潮汹涌。王正廷以南方代表自居，处处要与陆氏力争对等，气焰甚高，加以顾维钧与美国代表团关系密切，又就山东问题发言一鸣惊人，更让施肇基、王正廷眼

---

① 叶景莘：《巴黎和会期间我国拒签和约运动的见闻》，《文史资料精选》第 3 辑，中国文史出版社，1990，第 551 页。

② 《收国务院 20 日来电》（1919 年 1 月 21 日），北洋外交部档案，03-13-006-01-001。

③ 《发外交部电》（1919 年 1 月 24 日），北洋外交部档案，03-13-010-05-001。

④ 《发外交部电》（1919 年 2 月 27 日），北洋外交部档案，03-13-011-01-001。

红，而胡惟德身为驻法公使却被剔除于全权名单，很不满意。代表团内暗斗严重，特别是王正廷与施肇基为一方，陆征祥与顾维钧为另一方，两方纠纷冲突不断。[1] 由于北京政府尚未发表明令，2月1日陆氏电外交部：请国务院再来一电，大意谓送交大会名单次序已定，即请照此办理。[2]

14日陆征祥再电外交部云：全权次序问题近日颇形困难，请由国务院来电说明即照会中全权次序列席，以释疑虑，否则他应付竭蹶，各使均有去志。[3] 18日陆征祥电驻罗马公使王广圻："近因办事无人提总，以致进行迟滞，今公决请兄来法主持会务，一切由兄便宜行事，盼速来。"[4] 颜惠庆18日在日记中写道：解决全权代表之间内讧的办法似乎是召王广圻来此。[5] 王广圻是陆征祥清季出使荷兰、出席海牙保和会时的心腹，民初陆氏任外交总长、国务卿时，王氏都任秘书长，一直是陆氏的左右手，此时陆氏想要他来担任中国代表团秘书长，然而碍于胡惟德关系，不得不由驻法使馆秘书岳昭燏担任。[6]

梁启超考察团

同时，徐世昌接受林长民建议，派梁启超以"欧洲考察

---

① 《顾维钧回忆录》第1分册，第180~181页。

② 《发外交部电》（1919年2月1日），北洋外交部档案，03-13-067-03-001。

③ 《收法京陆总长14日电》（1919年2月19日），北洋外交部档案，03-13-071-04-001。

④ 《发罗马使馆》（1919年2月18日），北洋外交部档案，03-13-011-01-001。

⑤ 《颜惠庆日记》，1919年2月18日，第825页。

⑥ 《巴黎特约通信：外交人物之写真（胡政之）》，天津《大公报》1919年5月18日，第2版。

团"的名义赴欧，带有全套外交案卷，随员有：政治张君劢、军事蒋方震、外交刘崇杰、经济徐新六、科学丁文江等各方面的人才，于1918年底自上海起程。1919年1月19日陆氏电外交部称病请辞云："务请大总统续选素负（孚）元老重望、精力强健之大员来法与会，并不为迟，祥愿为帮手，期于大局有裨。"① 有将代表团长让贤于梁启超之意。北京外交部复电慰留云："元老一层，事实上万办不到，此电未呈总统，恐因此又生枝节，想元首此时亦决不肯允公放任。"②

1月底外交部电告陆氏：外交委员会与梁启超关系颇密，总统亦颇重视，梁氏到法后，遇有可以接洽之处，似不妨面谈，万一有极困难之问题，电达首座时亦不妨与商，并约联衔，庶内外一致。③ 陆氏回电：对梁氏素所敬佩，俟其到法后，自当密与接洽，共图大局。④ 2月9日因代表团内外受困，陆征祥再次请辞称："请大总统速为全局筹思，另派声望素孚之大员在欧参与议会，祥愿从旁襄助，不拘地位。"⑤ 13日国务院复电慰留。⑥ 18日梁启超抵巴黎，受到法国政府高规格接待，陆征祥的压力更加沉重。

---

①　《发外交部19日电》（1919年1月20日），北洋外交部档案，03-13-010-05-001。

②　《收外交部21日电》（1919年1月23日），北洋外交部档案，03-13-006-01-001。

③　《收外交部27日电》（1919年1月28日），北洋外交部档案，03-13-006-01-001。

④　《发外交部电》（1919年1月28日），北洋外交部档案，03-13-010-05-001。

⑤　《法京陆专使电》（1919年2月9日），《秘笈录存》，第78~79页。

⑥　《国务院致陆专使电》（1919年2月13日），《秘笈录存》，第79页。

代表团内争的爆发与解决

2月20日代表团第21次会议中爆发严重冲突，颜惠庆日记载：会上王正廷提出了排列顺序问题，在王、陆、施三人之间引起争吵，施肇基毫不留情地逼陆征祥拿出密电来，指责他说假话，陆氏最后眼泪汪汪地被迫拿出最后一道电报了事，施氏发泄了他一肚子怨气，顾维钧以健康不佳为由退出。陆氏对王氏已有承诺在先，改变和会公报上的排列顺序有困难，顾使反对执行总统关于更改名字顺序的命令，因为这样做容易使人误解，并妨害他的地位。王正廷说：可以肯定顾在幕后操纵，想名列第二。施肇基准备在陆氏的书面道歉基础上让步，把第二位让给王，陆的软弱是一切纠纷的根源。①

21日北京国务院电称："此次全权人数及次序，系在临时更定，远道未及接洽，明令致出两歧，各员皆一时茂选，同受国家付托之重，自必一心一德，无分畛域，应即照送会单开全权次序列席。"② 国务总理并分电施肇基及顾维钧安抚。③ 北京政府虽然依照陆征祥的意思发电，但是代表团内部风波不断扩散，谣言纷飞，24日陆因消化不良而病倒。④

27日陆征祥致电外交部转呈总理钱能训，要求再将全权次序明白确认。⑤ 3月4日国务院复电："全权委员次序，既经

---

① 《颜惠庆日记》，1919年2月20日，第826~827页。

② 《收国务院21日电》（1919年2月23日），北洋外交部档案，03-13-006-02-001。

③ 《国务总理致施专使电》《国务总理致顾专使电》（1919年2月21日），《秘笈录存》，第79页。

④ 《颜惠庆日记》，1919年2月24日，第829页。

⑤ 《发外交部电》（1919年2月27日），北洋外交部档案，03-13-011-01-001。

尊处斟酌改列，即照尊议，便宜办理。"① 于是全权次序确定为：陆、王、顾、施、魏，然而裂痕已深，王正廷、施肇基联手对付陆征祥及顾维钧，引起其他公使的反击，要求参与代表团会议时有表决权。② 6 日晚代表团第 37 次会议，军事委员团唐在礼提议：专使会议讨论事件与军事各机关密切相关，应准军事各机关委员等轮派一员到会以资接洽，出席大会时，军事委员也应轮流出席。③ 是则皖系军人也要参与代表团的讨论与决策。

　　7 日陆征祥突然独自离开巴黎去瑞士，引起轰动，代表团商议到凌晨 3 点。④ 8 日陆征祥电外交部云："山东问题法文节略及向德奥要求所拟英法文件于前晚送交大会，至日本二十一款与其余希望问题，亦正赶紧预备，已有眉目，祥乘美总统未回巴黎前，暂赴瑞士休养数日。"⑤ 10 日王正廷等电告北京："陆总长近因体倦，于前晚赴瑞士休息，倘有辞职电报到京，请缓递，廷等已推魏使前往慰问，并促早日回法，今晚又嘱朱秘书官前往，特此密闻接洽。"⑥

　　《大公报》记者胡霖正在巴黎采访，他评价各全权代表称："陆征祥谦谨和平而绌于才断，王正廷悃愊无华而远于事实，顾维钧才调颇优而气骄量狭，施肇基资格虽老而性情乖

---

① 《收国务院 4 日电》（1919 年 3 月 7 日），北洋外交部档案，03-13-006-03-001。

② 《颜惠庆日记》，1919 年 3 月 4 日，第 833 页。

③ 巴黎和会中国代表团《第 37 次会议录》（1919 年 3 月 6 日 8 时 3 刻），张一志编《山东问题汇刊》上册，第 176~177 页。

④ 《颜惠庆日记》，1919 年 3 月 7 日，第 834 页。

⑤ 《发外交部电》（1919 年 3 月 8 日），北洋外交部档案，03-13-011-02-001。

⑥ 《法京王专使等电》（1919 年 3 月 10 日），《秘笈录存》，第 114 页。

乱，魏宸组口才虽有而欠缺条理。"对于代表团内争及陆氏之出走瑞士，他的看法是：中国人办事必闹意见、必生党派，此次王正廷奉命来法，受政府之重托，为人民所属望，却暗潮迭起，令陆征祥不得已而出于辞职，"真可为太息痛恨者也"。陆氏"才具太短"，左右又缺乏人才，代表团办事漫无组织条理。除陆氏用人不力外，又因代表席次问题掀起轩然大波，代表间感情破裂无法恢复，陆氏本非才具开展之人，遇此难题穷于应付。更加对日军械借款、参战借款之类，从前本非外交部经手，而日前政府来电嘱陆氏在和会解说，陆氏受诸种刺激，乃独自出走瑞士。① 他的一手观察相当有参考价值。

总统府秘书长吴笈孙电告上海和议北方总代表朱启钤云："中日密约"将陆续公布，陆征祥忽来电辞职，经府、院坚切电留，据闻系因前过日本与其外相谈话，曾有"中日两国在会，当亲密爱助共图进行"之语，日人用为话柄，到处传布，又有某公使等要求有议事表决权，两事交相逼迫，因思走避。② 可见当时陆氏有种种不能明言的苦衷与压力，内外交迫之下，不得不出走瑞士。

北京政府收到电报后，十分惊讶，极力慰留陆氏。10日外交次长陈箓电陆氏称："尊体违和万分驰念，会事正在吃紧，极峰信倚方深，中外舆论对于我公均极推重，此时政府断不肯听公引退，致生各方面误会，鄙见不妨在瑞静养数日，俟

---

① 《巴黎特约通信：外交人物之写真（胡政之）》，天津《大公报》1919年5月17、18日，第2版。

② 《吴笈孙致朱启钤电》（1919年3月16日发，17日到），朱启钤存《南北议和文献》，中国社会科学院近代史研究所近代史资料编辑组编辑《一九一九年南北议和资料》，中华书局，1962，第199页。

稍痊再赴法。"①

11 日总统府秘书长吴笈孙电严鹤龄："顷接兴老 9 日自瑞士来电辞职，主座甚为愕然，前辞职已挽留，何以今又拟辞，又何以由瑞士来电，现会议吃紧，兴老断难透卸，除专电慰留外，嘱兄竭力代留，并将详情剖示为盼。"② 13 日胡惟德电总理钱能训称："和议关系綦重，若任陆总长辞去，一恐外人误会政府信任不专，从前提案更难顺手；二恐顾公使难以久留；三恐来法各使无法补救，相率引去；四恐别生枝节，牵动全国大局；德焦灼万分，公明烛万里，切恳硕画维持，无任企祷。"③

代表团派魏宸组及朱诵韩秘书赴瑞士，敦请陆氏回巴黎，经多日苦劝，陆征祥稍释怀，13 日魏宸组电告巴黎代表团：顷与总长商定办法，回法后面达。④ 同日魏氏电告北京：和会重要问题已渐次提出，照目前情形论，列强感情尚有多数赞同，惟内部无意识之争论，层见日出，总长此次猝然赴瑞，中途辞职，原因即在于此，经他与朱多方劝解，意稍释然，首肯数日内回法。⑤ 魏宸组返巴黎后，将内情密电告诉吴笈孙。⑥

① 《收外交部 10 日电》（1919 年 3 月 12 日），北洋外交部档案，03-13-006-03-001。

② 《致严参事真电》（1919 年 3 月 11 日），北洋外交部档案，03-13-067-03-001。

③ 《法京胡公使致国务总理电》（1919 年 3 月 13 日），《秘笈录存》，第 114~115 页。

④ 《收魏公使瑞士来电》（1919 年 3 月 14 日），北洋外交部档案，03-13-006-03-001。

⑤ 《收魏专使瑞士 13 日来电》（1919 年 3 月 17 日），北洋外交部档案，03-13-071-05-001。

⑥ 《收法京朱秘书 28 日电》（1919 年 3 月 31 日），北洋外交部档案，03-13-071-05-001。

13 日陆征祥复电巴黎代表团称："祥多病才疏，不胜繁剧，公等所共见，此次猝然赴瑞，中途辞职，深恐贻误国民委托，公等亦可共谅；顷经魏注使、朱秘书先后来述公等盛意，深为可感，切盼公等以国事为前提，勿以鄙人为念，祥未奉大总统另派替人以前，必返法京一行。"[①] 14 日王正廷、施肇基、顾维钧联名电陆氏云：威尔逊总统已抵巴黎，德国亦派代表，和约即将签字，"政躬贤劳过甚，确应稍事休养，不过会期迫促，只能盼望早日回巴，俾诸事秉承有自；国务院外交部来电，大总统恳挚留公，实以国家安危关系太大，且忌我者方蹈瑕伺隙之不暇，廷等均同此意见，愿与我公共任艰巨，全始全终"。[②]

16 日国务院电陆征祥云：巴黎和会为我国存亡所关，公为国人推重，此行责任至重，当此紧要关头，公离开巴黎赴瑞士，和会乏人主持，情形至为可虑。"元首嘱切电我公以国家大局为重，克日力疾回法，始终其事，一切庶有补救，否则国步拈危，载胥及溺，政府固当任责，公亦何能恝然。"[③] 魏氏返回巴黎，传达陆氏意思，17 日王正廷等电陆氏称："魏氏昨日回法，尊意各节极表同情，总可遵办，务恳不日命驾，愈速愈幸。"[④]

陆氏于 21 日离瑞士，22 日抵巴黎。[⑤] 28 日朱诵韩电北京

---

① 《收陆总长瑞士来元电》（1919 年 3 月 14 日），北洋外交部档案，03-13-006-03-001。魏宸组字注东。

② 《发陆总长 14 日电》（1919 年 3 月 14 日），北洋外交部档案，03-13-011-02-001。

③ 《收外部转国务院 16 日来电》（1919 年 3 月 24 日），北洋外交部档案，03-13-006-03-001。

④ 《致瑞士陆总长 17 日电》（1919 年 3 月 17 日），北洋外交部档案，03-13-011-02-001。

⑤ 《收法京朱秘书 28 日电》（1919 年 3 月 31 日），北洋外交部档案，03-13-071-05-001。

称：陆氏回法后，近日代表团内部困难稍减，陆氏已照常主持，他力劝陆氏，无论如何总须和约签字后再定去就，已承陆氏允可。① 惟依据会议录，陆氏回巴黎后一直未参加代表团会议，直到 4 月 7 日下午第 63 次会陆才出席一次，再隔半个月，于 22 日参加第 72 次会及其后诸次会议。

3 月 28 日国务院依照陆氏意见，电代表团称："奉大总统谕，派陆征祥为全权委员长，所有和会事宜，即由该委员长主持一切，务当悉心妥筹办法，以副倚任。"② 又电代表团云：奉大总统谕，着派胡惟德、汪荣宝、颜惠庆、王广圻均参与和会事宜，在内部讨论时，准其一律列席，发抒意见，加入可决否决之数，所有各该使权限职务，即由陆委员长酌量支配，呈明备案。讨论事件多关重大，未经讨论决定以前，委员长得便宜行事外，在会人员概不得以个人名义对外擅行发表，以昭慎重。③

30 日外交部电陆氏，转大总统面谕：此次会议全局倚重钧座一人，应如何筹划进行，钧座有完全全权，完全信用，如有困难之处，尽管直陈，必力为帮忙，无论如何，务必始终其事，维持到底。④ 4 月 7 日陆征祥电复大总统云：奉谕派征祥为全权委员长，愧悚之深，匪言可罄，祥惟有鞠躬尽瘁，仰答主座忧勤之意。⑤ 奉明令为全权委员长后，陆征祥在代表团中

① 《收法京朱秘书 28 日电》（1919 年 3 月 31 日），北洋外交部档案，03-13-071-05-001。
② 《收国务院 28 日来电》（1919 年 4 月 1 日），北洋外交部档案，03-13-068-01-001。
③ 《收国务院 28 日电》（1919 年 4 月 1 日），北洋外交部档案，03-13-068-01-001。
④ 《收外交部 30 日电》（1919 年 4 月 2 日），北洋外交部档案，03-13-068-01-001。
⑤ 《法京陆专使 7 日电》（1919 年 4 月 7 日），《秘笈录存》，第 117 页。

的权威地位确立，代表团内部成员的讨论权限，也得到确认，自此纷争稍减。

南北之争

此外，代表团内部还有南北之争。广州军政府一直坚持与北京政府对等协商合组代表团，不满于北京径自任命全权，结果在美国斡旋下，王正廷以南方代表自居，随中国代表团赴欧，并以南北对外一致之象征，取得第二全权的地位。广州内部反对此事之声浪颇高，但在美国关切及大局考虑之下，勉强追任王正廷之地位，另外又派遣伍朝枢赴巴黎。

1919 年 1 月 18 日巴黎和会开幕，27 日军政府特任伍廷芳、孙文为赴欧和平会议全权大使，王正廷、伍朝枢、王宠惠为全权特使。[①] 伍朝枢以广州军政府所派全权特使名义，于 2 月 3 日启程，携傅秉常、伍大光、黄凯等三随员赴欧，[②] 3 月 13 日抵达巴黎。

得知伍朝枢将要抵达，3 月 3 日陆征祥电外交部，询问伍氏到后的待遇，是否加派为全权，[③] 北京对于加派伍朝枢为全权表示种种疑虑。[④] 13 日伍朝枢抵巴黎，以广州军政府所派全权名义，自认为是应北京政府邀请而来。那时陆氏还在瑞士，陆军部代表唐宝潮致段祺瑞督办电称：陆氏因各国颇难于应

---

① 蔡鸿源、孙必有、周光培编《南方政府公报》第 1 辑《军政府公报》，河北人民出版社，1987，修字第 43 号，1919 年 1 月 29 日，第 17 页。

② 蔡鸿源、孙必有、周光培编《南方政府公报》第 1 辑《军政府公报》，修字第 110 号，1919 年 9 月 18 日，第 39~40 页。

③ 《法京陆专使等电》（1919 年 3 月 3 日），《秘笈录存》，第 115~116 页。

④ 《收国务院 9 日电》（1919 年 3 月 12 日），北洋外交部档案，03-13-006-03-001。

付，遽往瑞士，会事多由王正廷主持，陈友仁、郭泰祺、伍朝枢均在法，南北形势若变，恐南方或利用王正廷之地位有所活动，应多注意。徐树铮批复：随时留意，遇事赞襄顾维钧。① 由此可概见当时南、北之间的心结。

27 日伍朝枢电总统府秘书长吴笈孙及国务院秘书长郭则沄，表示他此行由钱能训总理及徐世昌总统再三敦促，是应北京政府邀请而来，坚持要加委为全权。② 此时陆征祥已回巴黎，并奉命为代表团全权委员长，26 日陆氏电北京云：伍君现既来法，与王正廷等再四讨论，拟请明发任命，或由元首特电以伍君为参与和议，除对外仍由五全权列席外，其内部一切，同以全权待遇。③

伍朝枢的名义，经多方折冲协调，31 日国务院复电，奉大总统谕：派伍朝枢参与欧洲和会事宜，除对外全权人数业经派定，应仍由各全权列席外，所有内部讨论，伍朝枢应与胡、汪、颜、王诸使一并列席，加入可决否决之数，与各全权视同一体。④ 伍氏对此结果虽不满，但恐力争而两败俱伤，勉强接受了这样的安排。⑤ 他因抵欧较晚，对于中国在和会之外交，

---

① 《唐宝潮密报关于陆征祥因各国难于应付遽往瑞士会事多由王正廷主持恐南方或利王地位有所活动致陆军部等电》（1919 年 3 月 13 日），《中华民国史档案资料汇编》第 3 辑《外交》，第 404 页。

② 附录《伍朝枢与府院秘书长电》（1919 年 3 月 22 日），《秘笈录存》，第 116～117 页。然电尾押"感"字，应系 27 日电。

③ 《收法京陆总长 26 日电》（1919 年 3 月 29 日），北洋外交部档案，03-13-071-05-001。

④ 《收国务院 31 日电》（1919 年 4 月 2 日），北洋外交部档案，03-13-068-01-001。

⑤ 《赴欧议和全权特使伍朝枢呈报由法回粤陈述和议情形并附政见请察核文》，蔡鸿源、孙必有、周光培编《南方政府公报》第 1 辑《军政府公报》，修字第 108 号，1919 年 9 月 20 日，《公文》9 月 9 日，第 17～19 页。

没有发挥多大作用。

至此，中国代表团内部因全权次序，以及南北代表引发的纷争，总算告一段落。陆征祥地位巩固，除全权代表可列席和会之外，又增胡惟德、汪荣宝、颜惠庆（未到）、王广圻及伍朝枢可加入内部讨论，有投票权，其中南北势力的平衡显然是北京政府考量的重点。

研究系与代表团之纷争

2月18日梁启超一行抵达巴黎，受到法国政府高规格接待，会晤了最高层的大人物。[1] 当时中日正为了山东问题及公布密约，关系紧张，梁启超对山东问题的发展颇为注意，与北京外交委员会汪大燮、林长民等互相呼应，抨击新交通系。3月6日梁启超电北京，将中国与日本竞争山东外交之弱点，归咎于《济顺及高徐两铁路预备合同》授日本以口实，等于作茧自缚，尤其归罪于订约之曹汝霖、陆宗舆、章宗祥等人，建议处罚他们，以摆脱中国之困境。[2]

就在梁氏风光参访演说并抨击新交通系诸人卖国之时，梁氏亲日卖国的传言也在各地哄传。3月7日陆征祥离开巴黎赴瑞士，三度请辞，有传言陆氏即受梁启超之压力。[3] 3月中旬

---

① 巴斯蒂：《梁启超1919年的旅居法国与晚年社会文化思想上对欧洲的贬低》，李喜所主编《梁启超与近代中国社会文化》，天津古籍出版社，2005，第222~223页。

② 《收法京梁任公先生电》，1919年3月11日到，中研院近代史研究所编《中日关系史料——巴黎和会与山东问题（中华民国七年至八年）》，台北：中研院近代史研究所，2000，第63~64页。

③ 《收外部转国务院16日来电》（1919年3月24日），北洋外交部档案，03-13-006-03-001。

谣言更盛，王正廷自巴黎电上海报界谓：吾辈于和会主张废止"二十一条"及其他密约，不遗余力，但吾国中有因私利而让步者，此实卖国之徒也，望全国舆论对于该卖国贼群起而攻之，然后吾辈在此乃能有讨论取消该条件之余地，[①] 影射梁启超卖国。上海有报纸指责梁启超在欧干预和会，倾轧专使，难保不受某国活动。[②] 随梁氏到巴黎的刘崇杰被留学生质疑是亲日派，让陆征祥不安于位，骤然离法。[③] 梁启超也被谣传将代陆征祥任代表团团长，破坏中国代表团在和会之对日交涉，外交部为此发电辟谣。[④]

27 日王正廷电广州众议院副议长褚辅成等云：若逼陆征祥太甚，则继任者即为段氏豢饵驻此伺隙而动之某氏是已，前次"中日密约"发表，北京某派忌陆氏甚，陆氏之辞职而走瑞士，皆与某氏有关，某氏为某国利用之走狗，中外皆知，倘陆去某继，则国事殆矣。[⑤] 此处某氏殆影射梁氏，某国即指日本。

4 月上旬研究系在报端为梁启超辩白，[⑥] 11 日陆征祥、顾维钧也电外交部称："任公来欧，言论主张均与本会一致，外间谣传各节，毫无根据，恐有误会，特电奉达，请宣布各界，

---

① 《王正廷专使致上海报界电》，吴天任编著《民国梁任公先生启超年谱》第 3 册，台北：台湾商务印书馆，1988，第 1406~1407 页。

② 《异哉卖国之骇文》，《晨报》1919 年 3 月 23 日，第 2 版。

③ 巴黎和会中国代表团《第 46、48 次会议录》（1919 年 3 月 15、17 日），张一志编《山东问题汇刊》上册，第 179~182 页。

④ 《收国务院函：函送金山报馆来电请查照酌办由》（1919 年 3 月 22 日），北洋外交部档案，03-37-008-01-017。

⑤ 《王正廷就伍朝枢列席巴黎和会事致褚辅成等电》（1919 年 3 月 27 日发，31 日到），《天津市历史博物馆藏北洋军阀史料：吴景濂卷》第 3 册，第 294~296 页。

⑥ 《梁任公与我国讲和问题》，《晨报》1919 年 4 月 6 日，第 2 版；《各方面为梁任公辩诬》，《晨报》1919 年 4 月 7 日，第 2 版。

并转上海朱代表转知商学各会。"① 12日梁启超电国内报界自辩其诬。② 同日蒋百里、张君劢也发电国内，为梁启超声辩。14日陆征祥电外交部称："前祥赴瑞小憩，实与刘参事毫不相关，且该员到法以来，一切异常谨慎，外间谣诼，实属毫无根据，乞注意解释。"③

梁启超与其弟梁仲策书称：3～4月谣言之兴，皆出于巴黎代表团中之一人，其人亦非必特有所恶于我，彼当3～4月兴高采烈，以为大功告成在即，欲攘他人之功，又恐功转为他人所攘，故排顾排陆。排顾者，妒其辞令优美，骤得令名。排陆者，因其为领袖，欲取而代之。又恐陆去而别有人代之，于是极力诬陷梁氏，一纸电报，满城风雨。④ 迨中国代表团内部权力确定，谣言逐渐止息。

中国内部政争影响到和会外交表现，首先是南北之争。北京政府派遣全权参加和会，邀请南方代表加入，广州军政府坚持对等合组代表团，最后在美国友人大力斡旋之下，北京政府任命王正廷为全权，一同与陆征祥出发赴法，解决了问题。广州军政府内部对王正廷擅自接受北京政府任命虽多不谅解，最后仍是追认了王氏的任命，另外派伍朝枢赴法，但抵达巴黎时机已晚，没有发挥作用。

其次有徐世昌与段祺瑞之争。待中日因山东问题辩争进而

① 《发外交部电》（1919年4月11日），北洋外交部档案，03-13-068-02-001。

② 《梁任公最近之来电》，天津《大公报》1919年4月20日，第1版。

③ 《发外交部电》（1919年4月14日），北洋外交部档案，03-13-067-03-001。

④ 《与仲弟书》（1919年6月9日），丁文江编《梁任公先生年谱长编初稿》，台北：世界书局，1962，第560页。

公布"密约"后，更浮上台面。代表团内的军事委员团，可视为皖系力量，发挥监督牵制的作用，研究系与新交通系的争执，也可视为徐、段之争的一环。

代表团全权次序与南北问题相纠缠，由于中国在大会只有两个席位，使第二全权位置愈发重要。陆征祥私自承诺王正廷位居第二，但遭北京外交委员会改动，加以陆氏会前邀约诸多公使担任全权，到会后向隅者众，陆征祥无法安置，焦头烂额，而陆氏处置全权次序之手法笨拙，引起轩然大波，代表团分歧内讧。陆氏请辞径赴瑞士，经北京政府提升陆氏地位权限，并增加参加代表团内部讨论与表决公使的数量，勉强解决了代表团内部的权力关系，但是仍然暗潮汹涌，谣言不断。

代表团外的梁启超考察团，身份暧昧却位望崇隆，与徐世昌关系非比一般，又与北京外交委员会内外呼应，不断有梁氏将出任代表团团长之传言，一方面让陆氏不安于位，多次请辞；一方面也让王正廷心怀疑虑，加上国民党与研究系之旧怨，报章渲染不断，在在都损耗了中国代表团的力量。陆征祥应付外交之外，还要耗费更大的心力处理内部纷争，实在艰辛难堪。

第四节　山东问题

一战期间日本出兵山东，并对华提出"二十一条"要求，双方交涉后签订《民四条约》，其中《山东条约》第一条规定："中国政府允诺，日后日本国政府向德国政府协议之所有德国关于山东省依据条约或其他关系对于中国享有一切权利、利益让与等项处分，概行承认。"① 日本取得战后继承德国山东利益的法律基础。中国参战后，日本对华大举借款，订定一连串条约、合同，获取在华许多经济利益，包括 1918 年 9 月《山东问题换文》和《济顺及高徐两铁路预备合同》，进一步强化继承德国权益的法理立场。②

北京政府在巴黎和会之前，规划山东问题依据中日成议办理，即日本取得原德国山东权益后，再由日本有条件转交中国，主要担心日本是否会遵守承诺归还青岛，以及归还条件如何。陆征祥给巴黎与会代表的训令中，没有要在和会提出山东问题的想法，赴巴黎途中经过日本时，担心美国不悦，不愿与日本太过亲近，在与日本内田外相晤谈时，仍承诺山东问题依据中日成议办理。巴黎和会开幕前夕，中国代表团态度剧变，与日本激烈竞争山东权益。

提出山东问题之转变过程

1918 年 11 月 28 日北京政府颁发训条给在巴黎之胡惟德、施肇基、顾维钧，12 月 20 日胡、施、顾三使回复意见，表示：对日胶州山东各问题，以及 1915 年 5 月与日所订各种条约换文，均系由欧战发生，损害我国主权领土尤多，是否届时相机提出，③ 委婉地建议应将山东问题与《民四条约》在和会提出。

① 王铁崖编《中国旧约章汇编》第 2 册，第 1112 页。
② 参见唐启华《"中日密约"与巴黎和会中国外交》，《历史研究》2019年第 5 期。
③ 《法馆 20 日电》（1918 年 12 月 29 日），北洋外交部档案，03-13-067-02-001。

　　陆征祥路过日本及美国时，逐渐向"联美制日"倾斜，陆氏尚未抵达法国时，美国五位全权之一的蓝辛就询问顾维钧有关胶济铁路中日成议之事。[①] 陆氏对山东方针之转变，应与美国态度密切相关。美国学者指出：自巴黎和会开始，美国代表团就承担了中国保护者的角色，支持中国索回山东的要求，对中国要求废除不平等条约的希望给予鼓励。[②]

　　1919 年 1 月 11 日陆氏抵达巴黎后，蓝辛立即询问：日本近向中国政府要求允许山东问题仍照 1915 年原条约办理，勿在和会提出讨论，彼方面允在会支持中国收回领事裁判及关税自由。陆氏电询外交部：此事确否，乞速电复。[③] 表明此时陆氏之态度已有较大变化。

　　18 日巴黎和会开幕，同日陆氏电外交部：山东问题即须提出，但最近与日本在东京所签字之铁路借款条约未将抄稿带来，无从措辞，请速将逐条意义详电，一面仍托妥人迅速将全稿带欧。[④] 是则中国代表团在和会开幕当天，已准备提出山东问题。22 日中国代表团内部第 2 次会议，议决在和会提出：废除"二十一条"、要求德国将山东权益直接归还中国。[⑤] 自此中国代表团确定"联美制日"，在和会中引用美国新外交主

---

① 《发外交部电》（1919 年 1 月 27 日），北洋外交部档案，03-13-010-05-001。

② Jerry Israel, *Progressivism and the Open Door: American and China 1905-1931*, Pittsburgh, Pa., 1971, p. 169.

③ 《发北京外交部电》（1919 年 1 月 13 日），北洋外交部档案，03-13-010-05-001。

④ 《收法京陆总长电》（1919 年 1 月 19 日到），《中日关系史料——巴黎和会与山东问题（中华民国七年至八年）》，第 30 页。

⑤ 巴黎和会中国代表团《第 2 次会议录》（1919 年 1 月 22 日下午 3：00），张一志编《山东问题汇刊》上册，第 142~143 页。

张，不再受中日成约之束缚，要求原来德国在山东的租借地及各项权益直接交还中国。

23 日代表团收到外交部复电，告知两路借款预备合同及《山东问题换文》主要内容。[1] 当天代表团第 3 次会议中，陆征祥报告了济顺、高徐铁路案以及《山东问题换文》之经过与内容，顾维钧并做了详细的国际法解说。最后议决：将关于因战事而发生之中德、中日问题先在大会提出纲要。[2] 可见中国代表团此时已知道 1918 年 9 月之"中日密约"，而顾维钧已有充分之准备。

25 日巴黎和会第二次大会，陆氏对日本牧野伸显全权透露中国态度不变，并答应不日过访对方，共商远东情势。[3] 陆氏后来解释称，中国代表团那时仍在观望日本是否会实践交还青岛之承诺，而日本 27 日在和会最高会议中要求青岛等权益时，完全没提到要归还中国，是日本背信在先，中国才在次日提出直接归还中国的要求。[4]

中日竞争山东问题

27 日上午，十人会讨论原德国殖民地之处置问题，日本全权牧野主张将太平洋岛屿与胶州湾一并讨论，试图把中国排

---

[1] 《收外交部 21 日电》（1919 年 1 月 23 日），北洋外交部档案，03-13-006-01-001。

[2] 巴黎和会中国代表团《第 3 次会议录》（1919 年 1 月 23 日），张一志编《山东问题汇刊》上册，第 143~144 页。

[3] Russell H. Fifield, *Woodrow Wilson and the Far East: The Diplomacy of the Shantung Question*, Archon Book, 1965, p. 140.

[4] 《收法京陆总长 5 日电》（1919 年 2 月 7 日到），《中日关系史料——巴黎和会与山东问题（中华民国七年至八年）》，第 43 页。

除在胶州问题的协商之外，威尔逊表示不理解日本处置胶州与中国无关之主张，坚持邀请中国代表出席。[①]

中午，美国代表团顾问威廉士（Edward T. Williams）[②] 预先通报中国代表团：十人会将邀请中国代表出席下午会议。[③]中国代表团 1 点收到邀请函，[④] 决定由王正廷及顾维钧出席，并由顾使代表发言。[⑤] 2 点 30 分王正廷、顾维钧先赶去与蓝辛会晤，表明需要时间准备胶州问题发言，询问要求准备时间是否恰当？并询问美国是否支持中国要求归还胶州？蓝辛对这两个问题都给予肯定的回复。[⑥]

下午 3 点十人会继续讨论青岛问题，牧野提出日本政府宣言书，要求德国政府无条件让与胶州湾租借地、铁路及德人在山东所有他种权利，强调日本出兵攻占青岛铲除德国势力，维持远东和平，保护商业航行，事实上占领胶州湾，并得英、法、意、俄四国秘密谅解之支持，法理及事实依据都十分充分，[⑦] 完全未提及交还中国一层。日本发言后，王正廷对主席克里孟梭说，将由顾维钧答复日本声明，但需要时间准备，主

---

① Minutes of the Council of Ten, Jan. 27, 1919, *FRUS*, PPC, Vol. Ⅲ, pp. 735 - 737.

② 威廉士（或译卫理、威廉斯），长期在中国，1887 年起在中国传教，之后进入美国驻北京公使馆工作，数度出任驻华代办，该年底他回到华盛顿任国务院远东司司长。

③ 《顾维钧回忆录》第 1 分册，第 183 页。

④ 《发外交部电》（1919 年 1 月 27 日），北洋外交部档案，03-13-010-05-001。

⑤ 《顾维钧回忆录》第 1 分册，第 183~184 页。

⑥ Zhang Yongjin, *China in the International System*, *1918 - 1920*: *The Middle Kingdom at the Periphery*, pp. 52 - 53；金问泗：《山东问题之我见》，《从巴黎和会到国联》，第 16 页。

⑦ 王芸生编著《六十年来中国与日本》第 7 卷，第 264 页。1917 年 2~3 月，日本与英、法、意、俄会作秘密换文，协约国列强保证支持日本在战后和会要求德国在山东及北太平洋之权利。

席说十人会将很高兴能在明天听取中国方面的声明，随即宣布休会。① 根据日方理解，陆征祥曾多次应允将在和会与日本提携，27 日十人会讨论山东问题时，陆氏并未到场，中国由顾、王两人出席，日本代表团颇感意外，判断陆氏之意见被顾、王两人压倒。②

散会后，陆征祥偕顾维钧拜访威尔逊，面呈徐世昌总统亲笔书信及照片，威尔逊称今日日本之提议不惟可惊，且甚可痛。顾使即将山东关系中国领土痛陈利害，陆氏恳请将来讨论山东问题时，请威尔逊发言支持，美总统允诺。③

晚上顾维钧约威廉士晚餐，与陆征祥等密谈。威廉士担忧日本态度，屡询胶济铁路与日本有无成议，陆征祥告以实情，威廉士称："我辈即以此为顾虑，今悉果有此事，我辈之帮忙，譬如脚下踏板已经抽去，何以措词，'二十一条'之签字，为强力所迫，世界共知，至胶济铁路之成议，出于中国自愿，势难更改等语，临别太息不已。"陆征祥建议北京政府：现在只有一面在和会提出胶州湾、胶济铁路以及一切附属权利，须归中国政府管理；一面由政府将山东铁路合同提出国会，与议员接洽令勿通过，以民意为后盾，将来争辩时易于措辞，即美国帮忙，亦较易为力。④ 餐后陆氏等在顾维钧寓所商

① 《发外交部电》（1919 年 1 月 27 日），北洋外交部档案，03-13-010-05-001。《顾维钧回忆录》第 1 分册，第 185 页。

② Russell H. Fifield, *Woodrow Wilson and the Far East: The Diplomacy of the Shantung Question*, p. 140；陈三井：《陆征祥与巴黎和会》，第 222 页。

③ 《发外交部电二》（1919 年 1 月 27 日），北洋外交部档案，03-13-010-05-001。

④ 《发外交部电一》（1919 年 1 月 27 日），北洋外交部档案，03-13-010-05-001。

讨对策，顾使就平素搜集的资料，做透彻的钩稽，深宵写稿。[①]

28 日上午十人会中顾维钧代表中国发言，主张：（1）山东因历史、人种、宗教、风俗、语言、国防等关系，应令德国将所租青岛与胶济铁路及附属权利，完全直接归还中国。（2）所有中日在欧战期内所订条约、换文、合同等，因中国对德宣战后，情势变迁，该项条约等均为临时性质，须交大会决定。威尔逊总统询问日本全权，所有中日从前接洽各协议，可否提交大会，牧野回复须请示政府。威尔逊再询问中国愿否交出，顾使答以中国并无反对交出之意。[②]

顾维钧的发言，融合保和会准备会长期筹备的成果、他自己的研究与学养，以及部分美国代表团不承认"中日密约"的观点，依据国际法指控日本使用种种非法手段，迫使中国签署条约承认日本继承山东原来德国权益，否认日本的法理立场，主张原德国山东权益应直接归还中国，并同意将所有"中日密约"提交十人会，让中国形同原告，日本成为被告，接受列强之国际审判。[③] 顾使精彩的表现获得各国代表的激赏与喝彩，日本大失颜面，日本报纸质疑："陆氏对于日本有关系之问题，必使顾、王二副当其冲，自则退居于后，陆氏之意果何在耶。"[④]

十人会主席克里孟梭表示，他希望能在两三天内得到一份

---

① 金问泗：《山东问题之我见》，《从巴黎和会到国联》，第 17 页。

② 《发外交部电》（1919 年 1 月 28 日），北洋外交部档案，03-13-010-05-001。

③ 此为日本政治家加藤高明之说法，见 Alston to Curzon, June 20, 1919, *BDFA*, Part Ⅱ, Series E, Vol. 2, p. 302。

④ 《特别纪载：日人心目中之我国专使》，《京报》1919 年 4 月 12 日，第 2 版。

刚才所述中国观点的书面声明，顾使表示需要时间准备，还要加上相关中日协定等内容，约定一周后交稿。[①] 当时中国代表团并不知道到底有多少"中日密约"，陆征祥立即电外交部称：山东现正提议吃紧，请将1918年9月章宗祥签订济顺、高徐借款合同全稿详电，此外关于山东问题如有类似此种之合同或条件，亦请彻查电知。[②] 另一密电称："散会后美国全权示意，将我国战时内与日本所订种种条约换文合同，无论秘密与否，全数电来，以便对付"，[③] 透露出美国代表团的关键角色。

30日，中日在和会辩论山东问题的消息传回国内，正值农历小年夜，朝野大为兴奋，咸认中国全权表现杰出，外交胜利在望。外交部电告陆氏云徐世昌总统很欣慰，认为："欧战期内，中日所订条约原须俟日德协议后中国承认，自中国挤入战团宣告德约无效，是中日条约之目的物已归消灭，顾使在会中陈述各节，洵为探骊得珠，条约等件交会决定，尤属扼要。"[④]

31日代表团收外交部电达《济顺及高徐两铁路预备合同》全文，[⑤] 并在次日代表团第7次会议中，宣读预备合同的文本。[⑥] 2月3日代表团电外交部：合同全文已悉，惟关于解决山东悬案之换文，来电尚未详尽，请将此项换文全稿速详

---

① 《顾维钧回忆录》第1分册，第186页。

② 《收法京陆总长28日电》（1919年1月29日到），《中日关系史料——巴黎和会与山东问题（中华民国七年至八年）》，第35页。

③ 《收法京陆总长28日电》（1919年1月29日到），《中日关系史料——巴黎和会与山东问题（中华民国七年至八年）》，第35页。

④ 《收外交部30日电》（1919年1月31日），北洋外交部档案，03-13-006-01-001。

⑤ 《收外交部30日2号电》（1919年1月31日），北洋外交部档案，03-13-006-01-001。

⑥ 《颜惠庆日记》，1919年2月1日，第816页。

细电示。① 4日收外交部电达关于山东问题章宗祥与日本外相换文全文，包括章使复文之"欣然同意"四字。② 5日陆氏收代理部务之外交次长陈篆复电称："胶济铁路合同交两院秘密否决一层，总理云 2000 万元借款早已用罄，事实上恐办不到，仍由会中交涉较易为力。"③

2月2日（大年初二）下午3时许，日本驻北京公使小幡酉吉拜会陈篆，强烈抗议巴黎和会中国代表团的言行，要求加以约束，改变其对日态度，未得日本同意前，中国不得单方面公开"中日密约"，并有军事威胁、占据山东、停止支付参战借款等恫吓之暗示，引发国内舆论强烈之反日风潮。④

提出《山东问题说帖》

2月6日中国代表团开第11次会议，议决电询北京：各项秘密文件所指何几项？胶济铁路与日换文是否包括矿产？高徐、济顺之正式合同曾否续行签字？如果成立，请将全文电传。⑤

7日劳合·乔治约陆征祥、施肇基午餐，英国首相建议：中国应抱定宗旨，将中日问题交会定夺，凡有中日各项"密

① 《发外交部电》（1919年2月3日），北洋外交部档案，03-13-011-01-001。
② 《收外交部3日6号电》（1919年2月4日），北洋外交部档案，03-13-006-02-001。
③ 《收外交部3日电》（1919年2月5日），北洋外交部档案，03-13-006-02-001。
④ 参见应俊豪《公众舆论与北洋外交——以巴黎和会山东问题为中心的研究》，台北：台湾政治大学历史系，2001，第四章"小幡酉吉恫吓事件"。
⑤ 巴黎和会中国代表团《第11次会议录》，张一志编《山东问题汇刊》上册，第153~155页；《发外交部17号电》（1919年2月7日），北洋外交部档案，03-13-011-01-001。

约"，统应速交大会，并务于美国总统未动身返美以前交出为要，因为美国未受任何密约束缚。① 同日代表团电外交部："威总统于 2 月 13 日以前回美，各国均主张我国应将关于山东南北满及其他一切秘密文件，于威总统未动身以前交出，除已电此处各件外，其余望火速将原文电告。"②

宣布"中日密约"之争议，以中日皆同意提送而解决，7日下午日本代表团将准备提交和会的"密约"4 种交给中国代表团审阅，计有：

1. 1917 年英、法、俄、意承认将来议和时对于山东问题允助日本之秘密换文。

2. 1915 年关于山东中日秘密换文。

3. 1918 年胶济铁路换文。

4. 1918 年满蒙四路换文。

陆氏电告外交部："查 2、3 两种此处已有案，惟第 4 种无案可查，火速将原文电告，彼既择要交出，则在我自以全交为宜，务将所有关于中日秘密事件，除已电此处者外，概行将原文火速电告。"③

是否在巴黎宣布"中日密约"一事，牵动国内敏感政治神经，各派系激烈角力，英国驻北京公使馆报告伦敦称：3 日

---

① 《发外交部 21 号之 2 电》（1919 年 2 月 7 日），北洋外交部档案，03-13-011-01-001。

② 《发外交部 16 号电》（1919 年 2 月 7 日），北洋外交部档案，03-13-011-01-001。

③ 《发外交部 20 号电》（1919 年 2 月 7 日），北洋外交部档案，03-13-011-01-001。

内阁倾向于接受日本压力，不公开"中日密约"，但总统坚持，力排内阁、外交官及军人之压力，于是总理钱能训6日电令巴黎代表团在和会公开"中日密约"。美国驻北京公使芮恩施也报告华盛顿称：内阁不愿意公布"中日密约"，徐世昌则大力支持公布"密约"。①

《山东问题说帖》主要由顾维钧起草，颜惠庆协助修改。②11日晚上中国代表团第14次会议，讨论顾使拟好之说帖稿，和提出"二十一条"、满蒙铁路等事，以及说帖附件，将中日关于山东问题之条约、换文及日本违反中立各种密件，均择要提交大会。③但此时中国代表团对于到底有多少"中日密约"并不清楚，深恐提出时或有遗漏，12日陆氏急电外交部：去年除合同及换文外，是否另有协定，请火速电示。④13日收外交部4份长电：1918年9月28日《满蒙四路预备合同》、⑤1918年8月2日《吉黑两省金矿及森林借款合同》、⑥1918年8月2日《中华汇业银行函达吉黑两省金矿及森林借款合同及致日方三银行声明》、⑦1918年8月2日《中华汇业银行复

---

① Bruce A. Elleman, *Wilson and China: A Revised History of the Shandong Question*, M. E. Sharpe, New York, 2002, pp. 62~63.

② 《颜惠庆日记》，1919年2月11、12日，第821~822页。

③ 巴黎和会中国代表团《第14次会议录》（1919年2月11日晚），张一志编《山东问题汇刊》上册，第156~157页。

④ 《收法京陆总长12日电》（1919年2月14日到），《中日关系史料——巴黎和会与山东问题（中华民国七年至八年）》，第47页。

⑤ 《收外交部10日16号电》（1919年2月13日），北洋外交部档案，03-13-006-02-001。

⑥ 《收外交部10日17号电》（1919年2月13日），北洋外交部档案，03-13-006-02-001。

⑦ 《收外交部10日18号电》（1919年2月13日），北洋外交部档案，03-13-006-02-001。

函》，并称："其中日共同出兵条约等项，业经抄呈钧座携去，毋膺再电，此外亦无他项密约。"①

同日中国代表团密送《山东问题说帖》英文本一份给美国，美方对所提文件之看法，谓为理由充分，措辞得体，语气平和，阅之颇为满意。14 日和会通过《国际联盟盟约》（Covenant of the League of Nations）草案，威尔逊总统即返美向国会报告，中国代表团又直接送威尔逊 1 份说帖，备携至返美船中阅看。②

14 日中国代表团将说帖附件送交日本代表团审阅，由于日本送来者，仅系有关秘密之件，并非提出之全案，故中国方面亦仅检出济顺高徐预备合同、解决山东悬案换文、满蒙四路预备合同 3 件，派员交给日本代表团。③ 15 日中午中国代表团第 18 次会议，讨论是否等待日本答复后再送大会，陆征祥称此事"不能向日本讨好，现在会中协商各国均与我极表同情，若我不能坚持，半途软化，是人方欲助我，而我自己束缚，失国际上之自由，将来对于协商更有何面目请其援助，两害权其轻，总以送去为是"。④ 恰好下午四点半日本牧野全权派秘书来，表示不反对提出，⑤ 傍晚中国代表团遂将《山东问题说帖》送交最高会议。

---

① 《收外交部 10 日 19 号电》（1919 年 2 月 13 日），北洋外交部档案，03-13-006-02-001。

② 《发外交部 38 号之 2 电》（1919 年 2 月 14 日），北洋外交部档案，03-13-011-01-001。威尔逊于 2 月 14 日返美三周。

③ 《收议和全权大臣办事处 3 月 1 日函》（1919 年 5 月 12 日到），《中日关系史料——巴黎和会与山东问题（中华民国七年至八年）》，第 141 页。

④ 巴黎和会中国代表团《第 18 次会录》（1919 年 2 月 15 日），张一志编《山东问题汇刊》上册，第 159～160 页。

⑤ 《发外交部 39 号电》（1919 年 2 月 15 日晚），北洋外交部档案，03-13-011-01-001；巴黎和会中国代表团《第 18 次会议录》（1919 年 2 月 15 日），张一志编《山东问题汇刊》上册，第 159～160 页。

　　说帖提出的过程，显现中国代表团到最后一刻仍在犹豫，到底是依赖美国支持，与日本决裂，提出十人会裁决，还是与日本妥协。① 北京则由徐世昌拍板支持陆氏，17 日国务院电陆氏："我国抱定宗旨将中日问题交会解决，所有中日各项密约当一律交会，照来电办理。"② 至此北京政府确定"联美"，将山东问题提交和会，不与日本直接交涉之方针。

　　《山东问题说帖》英文本有附件 19 件，地图 2 份。附件 1～3 是中德胶澳相关条约；附件 4～11 是日本出兵山东相关交涉文书；附件 12～16 是"二十一条"交涉相关通牒及条约；附件 17～19 为事先送交日本代表团之所谓"中日密约"，即：

　　　17. 1918 年 9 月 24 日《济顺及高徐两铁路预备合同》。
　　　18. 1918 年 9 月 24 日《山东问题换文》。
　　　19. 1918 年 9 月 24 日《满蒙四路预备合同》。③

　　值得注意的是，中国代表团此时尚不知有 1918 年 9 月 24 日之《济顺高徐两路换文》《满蒙四路换文》两件，并将 28 日签订之两份预备合同误植为 24 日。

"中日密约"内容的扩大

　　2 月 15 日提交英文说帖后，最高会议请加送法文本以便

① 《收议和全权大臣办事处 3 月 1 日函》（1919 年 5 月 12 日到），《中日关系史料——巴黎和会与山东问题（中华民国七年至八年）》，第 141 页。
② 《收国务院删电》（1919 年 2 月 17 日），北洋外交部档案，03－13－006－02－001。
③ 《收议和全权大使办事处 2 月 28 日函》（1919 年 4 月 26 日到），《中日关系史料——巴黎和会与山东问题（中华民国七年至八年）》，第 101～113 页。

分送，加以中国代表团陆续知道还有其他协定、合同、换文等，尤其是《中日共同防敌军事协定》及《军械借款》等件，于是一面准备法文稿，一面加紧催询是否还有其他"中日密约"。

由于日本代表送阅四密约中有1918年9月24日《满蒙四路换文》，此件却未见北京外交部传送。16日陆氏电询："满蒙四铁路借款合同外，是否另有中日两政府换文，请速电复。"①22日收外交部电：无此换文。②26日陆氏电："满蒙四铁路借款合同外之换文，日本代表已将原文送来阅过，仍请迅将换文电示，俾免贻误。倘部中无此稿，请向交通部索抄，或电驻日章公使，嘱令将此项换文速电示。"③

有关《中日共同防敌军事协定》，18日陆氏电询："中日共同防敌军事协定第10条及海军第7条载，本协定并附属详细事项等语，所称详细事项如已订立，祈将全文电告。"④25日收外交部电称：陆军部说并未订定详细事项，但参战督办称1919年2月5日陆军次长徐树铮在东京与日方签署《关于陆军共同防敌协定战争终了之协定》，规定"对德奥战争状态终了之时，指中日两国批准和约，两国军队由中国境外及协约各国军队撤退之时而言"。相当程度地延后了防敌协定的终了日

---

① 《发外交部40号电》（1919年2月16日），北洋外交部档案，03-13-011-01-001。

② 《收外交部20日电》（1919年2月22日），北洋外交部档案，03-13-006-02-001。

③ 《发外交部53号电》（1919年2月26日），北洋外交部档案，03-13-011-01-001。

④ 《发外交部43号电》（1919年2月18日），北洋外交部档案，03-13-011-01-001。

期，外交部强调：此项条件事前并未与部接洽。①

26 日陆氏再电请彻查各部与各国所有密约，以便 3 月 8 日提出大会。② 27 日收外交部电："迭电各合同外，现闻尚有参战军械借款合同，连日向财、交、参战处询，均无底稿，现已由院电东京章公使检稿电复。"③

28 日陆氏电外交部，强烈抗议《延长防敌协定战争终了日期之协定》云：

> 查共同防敌协定原仅本于防范德势东侵，以欧战为限，乃现续订之解说，似已迁改对俄，漫无了期，变本加厉，流弊可虑。且此次商订既事关外交，而未先与部接洽，手续殊属欠合，法律恐难发生完全效力。即言参战，此间既有议和机关，亦不令先知，办事尤生障碍。务祈详呈大总统总理核夺，各机关如此举动，万不能承认，否则外交前途不堪收拾。④

由于最后提送十人会之期限将届，却不断发现前所未知的"中日密约"，代表团对皖系军人签订之防敌协定及参战借款，尤其对径自签署延长战争状态终了之时的协定十分不满，陆征

---

① 《收外交部 22 日 37 号电》（1919 年 2 月 25 日），北洋外交部档案，03-13-006-02-001。

② 《发外交部 54 号电》（1919 年 2 月 26 日），北洋外交部档案，03-13-011-01-001。

③ 《收外交部 25 日 40 号电》（1919 年 2 月 27 日），北洋外交部档案，03-13-006-02-001。

④ 《发外交部 59 号电》（1919 年 2 月 28 日），北洋外交部档案，03-13-011-01-001。此电另发上海交涉员抄送南北议和委员。

祥与段祺瑞正面冲突，并与上海和议及代表团内争互相牵动。①《颜惠庆日记》载："胡惟德对致北京的电报表示十分愤慨，他说这将使段祺瑞成了陆征祥的敌人，在我看来施肇基要陆征祥下台。"②

3月1日代表团发外交部、国务院电："军事协定应行披露，惟与参战借款、军械借款既有牵连，请将两借款条件全文迅速电示，又欧战终了之时之解释条文，亦请电示底本全文。"③ 3~4日代表团收外交部电达参战处送到之泰平公司购械合同。④ 4日收外交部电达《满蒙四路换文》、⑤《济顺高徐两路换文》。⑥ 5日收外交部电达1917年11月第2次购械合同。⑦ 7日收外交部电达参战借款合同。⑧

7日中国代表团第38次会议，顾维钧报告提交十人会山东问题之法文节略及附件等。⑨ 当晚，中国代表团对十人会提

---

① 参见唐启华《五四运动前之公布"中日密约"问题》，《近代史研究》2021年第1期。

② 《颜惠庆日记》，1919年3月2日，第832页。

③ 《发外交部转国务院电》（1919年3月1日），北洋外交部档案，03-13-011-02-001。

④ 《收外交部1日47号之1、2、3电》（1919年3月3、4日），北洋外交部档案，03-13-006-03-001。

⑤ 《收外交部1日48号之1电》（1919年3月4日），北洋外交部档案，03-13-006-03-001。

⑥ 《收外交部1日48号之2电》（1919年3月4日），北洋外交部档案，03-13-006-03-001。

⑦ 《收外交部1日47号之4电》（1919年3月3日），北洋外交部档案，03-13-006-03-001。

⑧ 《收外交部3日51号电》（1919年3月7日），北洋外交部档案，03-13-006-03-001。

⑨ 巴黎和会中国代表团《第38次会议录》（1919年3月7日），张一志编《山东问题汇刊》上册，第177页。

出《山东问题说帖》法文节略，附件 23 件，与山东"密约"相关者为：

> 19. 济顺高徐两路换文。
>
> 20. 济顺及高徐两铁路预备合同。
>
> 21. 山东问题换文。
>
> 22. 满蒙四路换文。
>
> 23. 满蒙四路预备合同。

比 2 月 15 日提交十人会之英文说帖增加附件 18、22 两件，此五件即巴黎和会中所谓"中日密约"。① 但未包括与山东问题无直接关系之《中日共同防敌军事协定》及《军械借款》各件。②

7 日晚陆征祥突然离开巴黎，独自去瑞士休养。陆征祥之突然离开巴黎，应与代表团内部全权顺序争执有关，加以梁启超一行抵达巴黎后不断有取代陆氏为代表团团长之传言，令陆氏处境艰难。此外，也应该与日本质疑陆氏违背承诺，公布"中日密约"，与段祺瑞正面冲突有关。3 月初知道有参战借款及购械合同，严重削弱中国在山东问题上的法理立场，则可能是压垮陆氏的最后一根稻草。提交《山东问题说帖》法文节略及《德奥条件说帖》后，他就悄然离开巴黎。

山东问题决议

中国提出《山东问题说帖》后，原期望十人会能尽快决

---

① 《发外交部 81 号电》（1919 年 3 月 20 日），北洋外交部档案，03-13-011-02-001。

② 徐世昌希望将《防敌军事协定》《军械借款》各件一并提交和会解决，日本及段祺瑞则极力反对。

议，但因威尔逊于 2 月中旬到 3 月上旬返美游说国会接受《国际联盟盟约》草案，返回巴黎后又集中精力于《国际联盟盟约》草案之修订工作，至 4 月 11 日才告完成。[①]

4 月中旬，十人会要对山东问题做出最后决定。此时，威尔逊主张之公开外交、公理正义、民族自决等崇高理想，不断遭英、法、意、日等国抵制，而意大利则因为阜姆（Fiume）问题不遂己愿，断然退出和会，并扬言不加入国联。日本则在《国际联盟盟约》中坚持列入"人种平等"条文，威尔逊为了保全国际联盟，让和会不致破裂，对日本态度逐步软化。

在山东问题上，日本提出强有力之法理依据，尤其是战时协约国列强与日本之秘密换文，坚持中日间 1915 年及 1918 年之成约有效，应将胶州湾先交给日本，再由日本转交中国。中国主张"中日密约"无效，应将胶州湾直接交还中国。美国虽不承认"中日密约"并同情中国，但因英、法必须支持日本立场，威尔逊多方试图找寻妥协办法。

蓝辛于 15 日及 17 日两度在五国外长会议中建议由"五强"托管德国海外领地，遭到日本反对。[②] 18 日四人会中，劳合·乔治提议将胶州租借地比照德属殖民地处置方式，由五大国共同托管，[③] 日本仍坚决反对。内田外相训令全权代表：青岛处分方针为无条件从德国手中获得，再依据中日成约归还，

① 有关巴黎和会《国际联盟盟约》之制定过程，参见唐启华《北京政府与国际联盟（1919~1928）》，台北：东大图书公司，1998，第 25~39 页。

② Zhang Yongjin, *China in the International System*, *1918-1920*: *The Middle Kingdom at the Periphery*, p. 68.

③ "Mantoux's Notes of A Meeting of Council of Four", April 18, 1919, Arthur S. Link ed., *The Papers of Woodrow Wilson* (*PWW*), Princeton University Press, 1966, Vol. 57, p. 454.

此为帝国政府最终决定，务必贯彻。[①] 21 日陆征祥建议北京：由总理迅即邀约驻京英、美、法、意各使到国务院面托，表示中国不反对胶州由五大国"暂收"，惟务必在和约内加入"为交还中国"一层，请各使立即电其政府及和会代表。[②]

21 日威尔逊将四人会有关五大国托管之决议，面交日本全权，珍田坚持德国先将胶州湾让与日本，日本再依成议有条件归还中国，条件是：青岛开辟为国际商港、设立日本租界、设立国际租界、山东铁路中日合办、借日款另建 2 条联络山东的铁路等等。[③] 同日，日本牧野及珍田两全权拜访威尔逊，坚持依据中日成约处理山东问题，五国托管有损日本的信誉与光荣，对日本来说毫无意义；指责陆征祥失信，一到巴黎就撕毁他在东京的承诺，不与日本合作，并散播充满敌意的文字攻击日本；若日本要求被拒绝，日本将拒签和约。[④] 21 日下午四人会中，威尔逊转述日本态度，会议决定明天上午听取日本代表陈述意见。[⑤] 当此美日僵持之际，意大利威胁退出和会。

22 日上午四人会（意大利首相不出席，事实上是三人会）中，1918 年"中日密约"之有效性成为争论的焦点，牧野强调中日 1915 年、1918 年成约之有效性，中国宣称因对德宣战而废除胶澳租借条约，在国际法上不能成立，租借性质等同割

①　外务省编纂《日本外交文书—巴黎讲和会议经过概要》，东京：外务省，1971，第 40 页。

②　《发外交部电》（1919 年 4 月 21 日），北洋外交部档案，03-13-068-02-001。

③　"Viscount Sutemi Chinda to Robert Lansing", April 21, 1919, *PWW*, Vol. 57, pp. 597-598.

④　「在法国松井大使致内田外务大臣（电报）」（1919 年 4 月 22 日）『日本外交文书』大正 8 年第三册上卷、244—247 页。

⑤　Zhang Yongjin, *China in the International System, 1918-1920: The Middle Kingdom at the Periphery*, p. 69.

让，只是有 99 年的期限，国际惯例宣战不能废除割让或其他有关领土安排的条约。而 1918 年中日换文系在中国对德宣战以后，中国政府"欣然同意"中日对山东问题之协定，以获得日本贷款。日本坚信基于其"牺牲"与战果，事实占领以及国家名誉，其要求是正当的。并以与英、法、意之间的战时密约，迫使英、法领袖支持日本之主张。[①] 珍田舍己则强调：日本政府训令，除非贯彻其对中国之"义务"，否则拒签和约。而当天意大利宣布退出和会，使日本拒签和约不加入国际联盟的威胁更加有力度。威尔逊孤掌难鸣，只能与日本代表讨论将胶州湾归还中国之条件。[②]

22 日下午四人会听取中国的意见，陆征祥与顾维钧出席，顾使极力为中国立场辩护。威尔逊表示受限于战时密约，英、法、意支持日本主张，认定中日间成约，尤其是 1918 年之换文为有效。顾维钧解释 1915 年之约是日本以最后通牒胁迫，中国不得不退让，1918 年换文及合同系根据前约而来。威尔逊询问当时停战在即，日本不能再强迫中国，何以又有"欣然同意"之换文。顾维钧答以：是时日本在山东军队既不撤退，又设有民政署，置警察课税，地方不胜其扰，非常愤懑，政府深恐激生事端，以致有此项换文。顾使引用国际法"情势变迁"（clausula rebus sic stantibus）条款，主张该换文只有临时之性质，日英、日法等各密约，亦均因战事发生，有待和

①　"Hankey's and Mantoux's Notes of A Meeting of Council of Four", April 22, 1919, *PWW*, Vol. 57, pp. 599–608;「在法国松井大使致内田外务大臣（电报）」（1919 年 4 月 23 日）『日本外交文书』大正 8 年第 3 册上卷、248—250 页。

②　Zhang Yongjin, *China in the International System, 1918–1920: The Middle Kingdom at the Periphery*, p. 69.

会时做出最后决定。① 英、美、法三国领袖则坚持"条约神圣
原则"（Sanctity of treaties），指出欧战的发生，就是为了维持
条约的神圣，如果将条约视为废纸，世界秩序将会崩溃。②

最后，英国首相劳合·乔治询问：有关山东问题处置，中
国是要依据中日成约，还是将原来德国利益转让给日本？顾维
钧回答两者都无法接受，相较之下，德国从前所得，尚无铁
路、军警等特权，但即使日本仅继承德国权利，对中国已经很
危险了。会议最终决定：将中日对山东之主张，交由美、英、
法三国专家做进一步的检视。③ 中国代表离开会场后，英、
美、法三国领袖继续讨论山东问题，威尔逊表示必须尽一切努
力使日本签署和约加入国联，否则它将在远东为所欲为。④

23 日"三巨头"与日本全权讨论，日本保证会在合理条
件下归还青岛。⑤ 24 日陆征祥向英、美、法三国提出中国最后
让步办法：（1）为胶州湾由德国交还中国起见，先交五国暂
收；（2）日本承认于对德和约签字日起，一年内实行交还；
（3）中国重视日本因胶州军事所有费用等等，愿以款项若干
作为报酬，其数额由四国公决；（4）胶州湾全部开作商埠，

---

① 陆征祥：《参与欧洲和平大会分类报告》，北洋外交部档案，03-12-008-
04-021，报告二，第 4 页下。参见唐启华《论"情势变迁原则"在中国
外交史的运用》，《社会科学研究》2011 年第 3 期。

② "Hankey's and Mantoux's Notes of A Meeting of Council of Four", April 22,
1919, *PWW*, Vol. 57, pp. 624-625.

③ "Hankey's and Mantoux's Notes of A Meeting of Council of Four", April 22,
1919, *PWW*, Vol. 57, pp. 615-625；陆征祥：《参与欧洲和平大会分类报
告》，北洋外交部档案，03-12-008-04-021，报告二，第 4 页下~5 页上。

④ "Hankey's and Mantoux's Notes of A Meeting of Council of Four", April 22,
1919, *PWW*, Vol. 57, pp. 626-627.

⑤ Bruce A. Elleman, *Wilson and China: A Revised History of the Shandong
Question*, Armonk, N. Y. & London, M. E. Sharpe, 2002, pp. 80-81.

如有必需之处，亦可划一区域作为专区，任订约国人民居住通商。① 日本则坚持在对德和约中将胶州湾交给日本自由处分，否则绝不签字并不加入国际联盟。② 陆征祥报告北京称：意大利代表团退出和会，日本也威胁要退出，局势对中国十分不利。③

25 日四人会开议，威尔逊、劳合·乔治、克里孟梭 3 人确认由日本继承德国在山东权利，对日本承诺归还中国之条件进行讨论，中国之妥协方案被认为没有讨论的必要。威尔逊坚持日本所得不能超出原先德国享有者，不承认 1915 年及 1918 年中日成约之安排。④ 威尔逊对山东问题态度改变的主要原因，是英日密约使得美日摊牌时英国必须站在日本一边，若日本退出和会，英国或许也会退出，加上已退出之意大利，如此和会及国联都将告失败，威尔逊希望能找出维持日本面子并保有国联的妥协方案。⑤ 失去威尔逊的支持，中国毫无胜算。

威尔逊建议日本代表，自愿担任将山东半岛连同完全主权交还中国，仅保留原来德国的经济特权。⑥ 英国外交大臣巴尔

---

① 陆征祥：《参与欧洲和平大会分类报告》，北洋外交部档案，03-12-008-04-021，报告二，第 5 页下。英文本见"From Lu Cheng-hsiang to Woodrow Wilson"，April 24，1919，*PWW*，Vol. 58，pp. 68-70。

② 陆征祥：《参与欧洲和平大会分类报告》，北洋外交部档案，03-12-008-04-021，报告二，第 5 页下；《发外交部漾电》（1919 年 4 月 24 日），北洋外交部档案，03-13-068-02-001。

③ 《收法京陆总长 24 日电》（1919 年 4 月 30 日），北洋外交部档案，03-13-071-01-001。

④ "Hankey's and Mantoux's Notes of A Meeting of Council of Four"，April 25，1919，*PWW*，Vol. 58，pp. 129-133.

⑤ "From the Diary of Dr. Grayson"，April 25，1919，*PWW*，Vol. 58，pp. 111-113. 按：对德和约必须有至少三大国之签字才能生效。

⑥ President Wilson's Proposal，见《日本外交文书——巴黎讲和会议经过概要》，第 68 页。

福（Arthur Balfour）为让美国满意并安抚中国及日本，扮演调停者角色，起草建议案交日本代表在四人会中声明。[1] 29 日四人会对于胶州问题仍未定案，[2] 会后日本全权开会讨论，决定接受巴尔福的调停。[3]

30 日最高会议决定：德国前在胶州及山东省所有各项权利一概放弃，交与日本。日本依据英国建议，由牧野做半官方口头声明：日本自愿担任将山东半岛连同完全主权交还中国，惟保存原来德国之经济特权及在青岛设立特别居留地之权利。各铁路业主，专为保护营业安宁起见，可用特别警队，以华人充之，各路所选日本教练人员由中国政府委派。日本军队应尽快撤退。威尔逊对此声明表示满意，"三强"决定将日本建议条款纳入对德和约第 156~158 条。[4] 美日做了重大妥协，巴尔福称：日本的发言，除了中国代表之外，大家都很满意。[5] 会后，威尔逊派员前往中国代表团解释。陆征祥报告北京称：美国派员来述美总统对于决议本问题之种种为难情形，虽经连日坚持，而最后究不能不稍迁就。[6]

---

[1] Balfour's Proposal，见《日本外交文书——巴黎讲和会议经过概要》，第 68 页。

[2] 陆征祥：《参与欧洲和平大会分类报告》，北洋外交部档案，03-12-008-04-021，报告二，第 6 页上。

[3] 《日本外交文书——巴黎讲和会议经过概要》，第 69~71 页。

[4] 罗伊·沃森·柯里：《伍德罗·威尔逊与远东政策》，张玮瑛、曾学白译，社会科学文献出版社，2014，第 266 页；《日本外交文书——巴黎讲和会议经过概要》，第 73~77 页；陆征祥：《参与欧洲和平大会分类报告》，北洋外交部档案，03-12-008-04-021，报告二，第 6 页上。

[5] Doc. 24, Balfour to Curzon, May 8, 1919, *BDFA*, Part Ⅱ, Series E Asia, Vol. 23, pp. 46-47.

[6] 《收法京陆总长 1 日电》（1919 年 5 月 10 日到），《中日关系史料——巴黎和会与山东问题（中华民国七年至八年）》，第 131 页。

中国代表团从美国方面大致知道日本全权口头声明的内容。[①]
5月1日陆氏电外交部，对四人会之决议表达不满，提出3种办
法：（1）照意大利全体离会回国；（2）不签字；（3）签字而后将
山东条款声明不承认。指出：三国决议办法中，保障日本会交还
山东半岛完全主权，日本军队撤退，日本所得权利只是德国以前
所得之经济权利，较之1915年及1918年中日各约文条款，究尚
稍有修正加以限制。如果我国声明不承认《对德和约》中有关山
东的条款，而中国与日本签订的1915年、1918年各条约、合同并
不能作废，则舍弃山东条款而保留中日各约，对中国更加不利。[②]

3日又电，此次和会大国专制情形，史所罕见，中国不应
签约，惟要考虑：（1）对日关系，和约虽不签字，而日本仍
可根据1915年条约，向我国要求再订约完全承认德国所允日
本之条件；（2）对德关系，倘单独与德国订和约，则所得权
利能否比和约所许为优？（3）对英、法、美关系，此次经三
国讨论多日，结果在我虽属不平，而在彼亦有种种之苦衷，难
免会伤害彼此感情，影响到日后之关系。[③]

当时有谴责美国改变态度不再协助中国者，[④] 陆征祥认为
美国并非背叛，中国也非外交失败，5月6日电外交部称：质
疑美国改变立场并非事实，若非美国协助，1月27日十人会

---

① 陆征祥：《参与欧洲和平大会分类报告》，北洋外交部档案，03-12-008-
04-021，报告二，第6页上。

② 《收陆专使1日来电》（1919年5月12日到），《中日关系史料——巴黎
和会与山东问题（中华民国七年至八年）》，第134~135页。

③ 《收法京陆总长3日电》（1919年5月13日到），《中日关系史料——巴
黎和会与山东问题（中华民国七年至八年）》，第146页。

④ 《收驻和唐使29日电》（1919年5月2日），北洋外交部档案，03-13-
068-03-001。

中日本要求取得胶澳早就通过了。现在我国胶州直接交还之目的虽未达到，但各国对我国之理由大都同意，日本帝国主义也更暴露于世界。或有人说胶州问题有今日之结果，当时不如不提，不知此次中国提出山东问题，一方面固然希望能挽回利权，另一方面也因为日本先动作，而且山东问题因为有对德关系，才能优先讨论，并非因为对日关系；如果中国不提胶州问题，则在和会所得更少，各国的同情也会更少。至于说若不提胶州问题，其他希望条件或许可早日解决，事实上根本不可能，何况胶州问题虽不因提出和会而有所挽回，也未因提议而增加负担条件。至于日本交还胶州一层，经过我国全权辩论后，日本才当众声明会交还，现在更于四人会中切实口头声明，以对三国信用问题，交还中国更多一层保障。据美国总统及英国首相所见，现在的解决办法区分政治权利与经济权利两方面，政治权利看似虚名，实际上仍是最重要的。① 此电显示陆氏的形势观察与判断相当全面与平衡。

国内反应

中国代表团向和会最高会议提交"中日密约"一事，让皖系军人与新交通系签订的中日借款与军事协定逐一曝光，牵动国内敏感政治神经，各派系激烈角力。徐世昌力排内阁及军人之压力，坚持公布，同时上海南北和议之南方代表也与北京主和派呼应，坚持公布密约。外交委员会中汪大燮、林长民诸人，利用研究系及《晨报》宣传，鼓吹废止诸密约，各派系

---

① 《收法京陆总长 6 日电》（1919 年 5 月 17 日到），《中日关系史料——巴黎和会与山东问题（中华民国七年至八年）》，第 158 页。

借报纸推波助澜，舆论激昂，事态复杂棘手。

3 月 14 日起"中日密约"在国内逐一公布，尤其是 4 月 9 日《济顺及高徐两铁路预备合同》和《山东问题换文》公布，舆论哗然。4 月中旬巴黎和会最高会议对山东问题进行最后讨论，情势对中国日趋不利，国人十分焦虑，又受研究系宣传影响，多将山东"外交失败"归咎于两铁路合同以及换文之"欣然同意"四字，影射卖国贼之说四起。北京学生在外交失败恐慌之下，为展现国民反对与山东有关之密约，将责任归诸签约之卖国贼，"外争主权，内除国贼"，希冀扭转不利局势，乃有五四学生爱国运动之爆发。①

五四运动中曹汝霖成为众矢之的，6 日国务院电告陆氏云：此次各校学生聚众滋事，实因青岛问题多所误解，其远因在"二十一条"要求，近因在济顺、高徐铁路换文，"二十一条"交涉时，曹氏悉力应付，始克将第五号取消。至济顺、高徐铁路合同内，并无承认日本继续德国权利之文，与"二十一条"尤无关系，外间不明真相，以致并为一谈，群斥曹氏为卖国贼，群疑众谤皆由误会而起，希酌量宣布以祛隔阂。② 10 日陆征祥复电云：

> 历次中日交涉，润田协助之劳，至今感念，即济顺高徐借款，祥虽初未与闻其事，亦甚深知其不得已之隐衷。此次会中情形，全由日本一方提议，济高两路借款合同亦由日

① 参见唐启华《五四运动前之公布"中日密约"问题》，《近代史研究》2021 年第 1 期。
② 《收国务院 6 日电》（1919 年 5 月 10 日），北洋外交部档案，03-13-068-03-001。

本先提大会，借为中国自愿予以继承德人权利最新之证，并以掩饰其"二十一条"经过交涉强迫之情。英法为1917年与日密约所拘束，遂亦顺水推舟，引以为口实，我虽百方辩解，终不见谅于人。且有人密语顾使谓：姑勿论祥为"二十一条"签约之人，且明明为济顺高徐两路商订合同时阁员之一，词多指责，外人不知我国内容，我亦无从一一剖辩。祥迭长外交，惭同聋愦，折冲乏术，覆辣常形，只有自负责任，决不诿过贤达。[①]

显见陆氏当时之百感交集。

巴黎和会中日竞争山东问题，顾维钧是中方表现最耀眼的明星，然而绝不能忽略幕后决策者陆征祥的角色，他从北京启程到抵达巴黎决定提出山东问题，在外交第一线相机决策，由"亲日联美"转向"联美制日"，借美国之助力向最高会议要求德国山东权益直接归还中国，中日激烈竞争。顾维钧是出色的执行者，与美国保持密切联系，对抗日本，陆征祥除在巴黎与列强周旋外，还要承担日本谴责背信、国内各派系的压力，并面对代表团内外的纷扰。

中国全权在和会依据威尔逊新外交之国家主权独立、领土完全原则，控诉日本战时种种不公正武力胁迫手段，诉诸国际法"情势变迁"原则，主张1915年《民四条约》不能作为日本取得德国山东权益之依据，原德国山东权益应直接归还中国，并以门户开放主义抵制日本专擅中国利权，吁请列强主持

---

① 《发外交部电》（1919 年 5 月 10 日），北洋外交部档案，03-13-068-04-001。曹汝霖字润田。

公道。中日法理争执之焦点应在于 1918 年之"中日密约"是否有效？中国代表团事先不知 1918 年密约之详情，随着"中日密约"不断曝光，得知许多垫款及借款已花完等内情，陆征祥及代表团十分震惊。中国在法理上有自相矛盾、扞格之处，只能诉诸民意之反对。

美国虽支持中国的立场，但因英、法、意支持日本，而中国对 1918 年"中日密约"很难自圆其说，加以和会情势变化，美国势单力孤，为了签署对德和约、建立国际联盟，只能与日本妥协。最后四人会决定不谈 1915 年、1918 年"中日密约"是否有效，而让日本继承德国在山东之经济权利，日本全权则做口头声明：恪守门户开放主义，从速将山东半岛连同完全主权交还中国。

山东问题交涉过程中，陆征祥、顾维钧等维护国家权益的表现，相当不俗，经列强调停后，日本不能再依据中日成议单独处置胶州湾，必须将政治权利交还中国。但中日两国都有国家体面及民族主义激情的考虑，日本只愿做口头半官方之声明，内容保密不能写入对德和约。从法理而言，这个结果对中国并不差，但国内学生不知详情，又受报纸宣传影响，在民族主义激情下引发轩然大波。

第五节　拒签对德《凡尔赛和约》

1919 年 4 月底和会最高会议议决山东条款，对中国冲击甚大，民间兴起五四运动，示威抗议不断，舆论激昂。北京政府内部段祺瑞系的影响力上升，政潮汹涌，6 月中旬钱能训内阁总辞，龚心湛内阁代之而起。在外交上，许多国人对美国之期许幻灭，有人主张应回到与日提携，有人则转而寄望于新兴的苏俄。当时国内及代表团都密切关注对德和约签字与否问题。

代表团初步反应

山东外交失败之后，中国代表团初步反应是：（1）自请处分；（2）向北京请示和约签字与否；（3）向最高会议要求提供会议记录，然后抗议表达中国之不满。

1. 自请处分

5月2日陆氏致电国务院引咎请辞。[①] 3日全权代表全体请辞，并请付惩戒，以重责任。[②] 五四运动爆发后，6日外交部电告陆氏："本日阁议，佥以此次青岛问题交涉失败，至起内讧，如于必能维持时，全体阁员将一致辞职。"[③] 8日陆氏见国际国内险象环生，再电请辞。[④]

13日国务院致电陆氏慰留云：和会经过备历艰辛，我辈同膺艰巨，惟有坚忍痛苦，渡此难关。并奉总统谕：时事多艰，诸赖擘画匡持，所请未便照准。[⑤] 15日国务院致电慰留全体专使，徐世昌总统也谕令："该专使等艰难为国，倚畀夙

---

① 《发外交部转国务院电》（1919年5月2日），北洋外交部档案，03-13-068-04-001。

② 《发外交部电》（1919年5月3日），北洋外交部档案，03-13-068-04-001。

③ 《收外交部6日电》（1919年5月8日），北洋外交部档案，03-13-068-03-001。

④ 《发外交部电》（1919年5月8日），北洋外交部档案，03-13-068-04-001。

⑤ 《收国务院13日电》（1919年5月17日），北洋外交部档案，03-13-068-03-001。

深，此后补救斡旋，正资群策，务当勉任其难，勿萌退志，是所切盼。"① 17日外交部电告陆氏："阁员辞职业经全体慰留，近日政府趋向变更，尊电虽经代呈，阁揆势难照准。"②

2. 请示是否签字

4月30日晚代表团第74次会议决议：电中央请示办法。③ 5月1日陆氏电外交部，表示对是否签署对德和约左右为难。④ 北京政府外交委员会紧急会议，决定不签字，由汪大燮、林长民将致专使电稿亲呈徐世昌，徐氏令国务院拍发，5日国务院指示陆氏：不签字。⑤

收到电令后，陆征祥复电请给予更明确的指示云：所谓不签字者，是否全约不签，抑仅不签胶州问题一条；倘胶州条文外不妨签字，亦似以就近另派人员专任签字全权，较为适宜。⑥ 国务院发电各省疆吏，征询对德和约是否签字之意见，并召集两院议员开谈话会，决定通电各省主张不签字，并于12日电告陆征祥。⑦

---

① 《收国务院15日电》（1919年5月19日），北洋外交部档案，03-13-068-03-001。

② 《收外交部17日电》（1919年5月22日），北洋外交部档案，03-13-068-03-001。

③ 巴黎和会中国代表团《第74次会议录》（1919年4月30日），张一志编《山东问题汇刊》上册，第199页。

④ 《发外交部电》（1919年5月1日），北洋外交部档案，03-13-068-04-001。

⑤ 《收国务院5日电》（1919年5月8日），北洋外交部档案，03-13-068-03-001。

⑥ 《发国务院电》（1919年5月8日），北洋外交部档案，03-13-068-04-001。

⑦ 《收国务院外交部12日电》（1919年5月16日），北洋外交部档案，03-13-068-03-001。

3. 要求会议录与抗议

中国代表团致函和会最高会议，请告知决议案之正式文件。5月1日英国外交大臣巴尔福与施、顾两使谈话，告以山东问题议决之大致办法，经济权利给日本，政治权利交还中国，而日本在会中切实声明交还，由中日商洽办法，谅中国必可满意，施、顾二使表示中国很失望。[①]

然而和会一直未将4月30日会议记录交给中国代表团，[②] 5月4日陆征祥访晤法国外长毕勋（Stephen Pichon），询问三国会议决定之办法，彼答：三国会议无甚记录。陆氏问：既无文据，凭何保证？彼称：日本既在三国会议声明，将来四国政府自可保障。陆氏称：此次山东问题，结果如此，我实不能不为抗议。[③] 同日陆氏致函最高会议，声明和约草案山东条款偏苛中国，竟令照日本之愿，此次和会专制办法实为历史所罕见。[④] 6日下午和会公布对德和约草案，陆征祥偕王正廷出席，陆氏在会中宣言抗议，对山东条款提出保留，并请将声明列入记录中，主席允为照列。[⑤]

10日陆征祥与施肇基会晤巴尔福，再请抄示三国会议录

---

① 《发外交部转国务院电》（1919年5月1日），北洋外交部档案，03-13-068-04-001；王芸生编著《六十年来中国与日本》第7卷，第315~316页。

② 《发外交部转国务院电》（1919年5月2日），北洋外交部档案，03-13-068-04-001。当时电报梗阻，此电11日才到北京。

③ 《发外交部电》（1919年5月4日），北洋外交部档案，03-13-068-04-001。

④ 陆征祥：《参与欧洲和平大会分类报告》，北洋外交部档案，03-12-008-04-021，报告二，第7页下。抗议书内容见王芸生编著《六十年来中国与日本》第7卷，第319~323页。

⑤ 《收法京陆总长电》（1919年5月16日到），《中日关系史料——巴黎和会与山东问题（中华民国七年至八年）》，第154页。

稿底，彼称：与某专员商洽后再复。① 15 日陆征祥电外交部称：收到英外相复函，词意仍非常含混，但于日本将胶澳租借地连同完全主权交还中国一层，语尚切实。②

力争保留山东条款

当时中国朝野都希望能在对德和约中明文规定：青岛交还中国，然而日本坚持不肯写入和约。5 月 4 日，日本牧野全权在巴黎声明：（1）日本完全将山东半岛主权付还中国；（2）为增进中日两国之利益，诚实遵守缔结之一切协议；（3）日本协助中国停止庚子赔款及关税改正并一切有利事项。③

14 日陆征祥发长电，再请国务院指示是否签字，指出国内舆论反对签字，但不签字影响太大，而国际局势严峻，保留不易办到，并称："祥 1915 年签字在前，若再甘心签字，稍有肺肠当不致此，惟未奉明令免职以前，关于国际大局当然应有责任，国人目前之清议可畏，历史将来之公论尤可畏，究竟应否签约？倘签约时保留一层亦难如愿，则是否决计不签？"请北京政府迅即裁定电示，俾有遵循。④ 代表团中王广圻、胡惟德、戴陈霖 3 位公使相继私下致电北京政府，建议签署和约。民间则舆论激昂，坚持不可签字。

---

① 《发外交部电》（1919 年 5 月 10 日），北洋外交部档案，03-13-068-04-001。

② 《发外交部电》（1919 年 5 月 15 日），北洋外交部档案，03-13-068-04-001；陆征祥：《参与欧洲和平大会分类报告》，北洋外交部档案，03-12-008-04-021，报告二，第 9 页上。

③ 《日本牧野代表在巴黎之声明》（1919 年 5 月 4 日），《秘笈录存》，第 211 页。

④ 《发外交部电》（1919 年 5 月 15 日），北洋外交部档案，03-13-068-04-001。

此时北京政坛发生重大变化，政府以和会"联美"失败，决定修补对日感情。14 日总统府开紧急会议，徐世昌、段祺瑞，以及两院议员、全体阁员出席，段氏对于和会之"联美"外交方针，伤害日本感情，招致山东问题的失败感到遗憾，主张早日签署和约，以和衷共济精神与日本直接商议山东问题。① 会后外交部电陆征祥称："为国家前途计，和约不可不签字，而为国家一时安宁计，和约又绝对不能签字，本日公府召集会议，段督办、两院议员、全体阁员出席，决定签字。"② 15 日国务院指示陆征祥签字，但声明保留山东条款。③ 同时日本政府再次声明必将归还山东主权。④

北京外交部与列强接洽，各国多表示保留很难办到，20日外交部指示陆氏：如不能保留则签字。⑤ 21 日又电云：连日与各方疏通解释，当可达到政府主张签字之目的。⑥ 同日国务院指示，日本外相声明付还山东主权，因此保留不成则签字。⑦ 24 日段祺瑞通电各省，指出学生之爱国心为人利用，他

---

① 「小幡致内田」（1919 年 5 月 17 日）『日本外交文書』大正 8 年第 3 卷上冊、254 頁。

② 《收外交次长 14 日电》（1919 年 5 月 18 日），北洋外交部档案，03-13-068-03-001。

③ 《收国务院 15 日电》（1919 年 5 月 20 日），北洋外交部档案，03-13-068-03-001。

④ 《收驻日本庄代办 18 日电》（1919 年 5 月 18 日），《秘笈录存》，第 210-211 页。

⑤ 《收外交部陈次长 20 日电》（1919 年 5 月 24 日），北洋外交部档案，03-13-068-03-001。

⑥ 《收外交部 21 日电》（1919 年 5 月 26 日），北洋外交部档案，03-13-068-03-001。

⑦ 《收国务院外交部 21 日电》（1919 年 5 月 29 日），北洋外交部档案，03-13-068-03-001。

主张和约非签字不可。[①] 同日国务院通令各省，说明主张签字情形。[②] 至此，北京政府方针进一步明确，由保留签字到"如不能保留则签字"。

在巴黎之代表团仍极力争取保留，26 日陆征祥告诉法国外长，奉命山东条款不保留则不签字，[③] 同日陆氏正式致函克里孟梭抗议。[④] 27 日陆征祥与顾维钧会晤威尔逊，威尔逊表示同情中国，保留不成则拒签，允诺致函最高会议秘书长英籍汉基（Maurice Hankey）抄示日本之保证内容。[⑤] 随后中国代表团也在威尔逊授意下致函最高会议，要求胶州及山东问题发言记录。[⑥]

27 日国务院、外交部电陆征祥指示：其间第一步仍主保留，如实难办到，只得签字，派陆氏与王正廷出席，倘王氏坚辞，则派顾维钧会同签字，若顾使已回美，则改派施肇基。最后称：事关国家大计，政府自当与公等同负其责。[⑦] 国务院又指示：我国全权在和会对于日本方面似亦应稍表联络，勿过冷

---

① 《请看段合肥主张签字通电》，《晨报》1919 年 5 月 28 日，第 2 版。

② 王芸生编著《六十年来中国与日本》第 7 卷，第 352 页，称此为 6 月 24 日电。邓野则指出此电应是 5 月 24 日电，见邓野《巴黎和会中国拒约问题研究》，《中国社会科学》1986 年第 2 期，第 132 页。笔者依据前后历史脉络考察，认为邓野之说为是。

③ 陆征祥：《参与欧洲和平大会分类报告》，北洋外交部档案，03-12-008-04-021，报告二，第 9 页下；《发外交部电》（1919 年 5 月 26 日），北洋外交部档案，03-13-068-04-001。

④ Zhang Yongjin, *China in the International System*, *1918-1920: The Middle Kingdom at the Periphery*, p. 92.

⑤ 《发外交部电》（1919 年 5 月 27 日），北洋外交部档案，03-13-068-04-001。

⑥ Doc. 39, Mr. Balfour to Earl Curzon—June 11, 1919 (Received June 12), *BDFA*, Part Ⅱ, Series E Asia, Vol. 23, p. 56.

⑦ 《发法京陆总长电》（1919 年 5 月 27 日），《中日关系史料——巴黎和会与山东问题（中华民国七年至八年）》，第 189 页。

淡为宜。① 陆氏复电：遇有机会未尝不设法力与周旋。②

28 日中国代表团开秘密会议，讨论对德和约若不能保留山东条款时，签字或不签字问题。10 位有表决权的代表，除汪荣宝、颜惠庆不在巴黎，其余 8 人皆出席发言，意见纷歧。③ 会后陆征祥密电报告各代表之看法称：保留一层苟能办到，自必竭力，保留手续最好能于和约内注明，现时力争向各大国接洽疏通，惟各大国表示之意见，迄无把握。代表团内意见为：王正廷坚持非保留不签字；顾维钧、施肇基倾向于不签字；陆氏奉训令保留不成则签约。陆氏表示已抱定为国牺牲宗旨，自当遵照，但另一签字全权王正廷态度坚决，请北京政府训示如何处置。④ 6 月 3 日国务院复电称：签字与否互有利害，为两害取轻计，只有先从保留设法进行，如实办不到，只得签字，如王全权坚执不签，届时即可由委员长以全权便宜指定，电呈备案。⑤ 北京政府决定签署对德和约，最在意的是对于归还胶澳主权及日本继承山东德国经济利益的限度，要有明确的保障，不论是来自日本还是英、法、美三国。⑥

6 月 5 日最高会议秘书长汉基致函陆征祥称：最高会议授

---

① 《收国务院外交部 27 日电》(1919 年 5 月 30 日)，北洋外交部档案，03-13-068-03-001。

② 《发外交部电》(1919 年 5 月 31 日)，北洋外交部档案，03-13-068-04-001。

③ 《5 月 28 日午前 11 时开秘密会议》，张一志编《山东问题汇刊》上册，第 200~203 页。

④ 《收法京陆总长电》(1919 年 6 月 2 日到)，《中日关系史料——巴黎和会与山东问题 (中华民国七年至八年)》，第 203~204 页。

⑤ 《收国务院外交部 3 日电》(1919 年 6 月 6 日)，北洋外交部档案，03-13-068-05-001。

⑥ 《收外交部 31 日电》(1919 年 6 月 4 日)，北洋外交部档案，03-13-068-05-001。

权我通知您，供中国代表团在严格保密之下，使用日本关于最终归还租借地及山东权利之备忘录。① 并附上备忘录英文全文。② 6日陆征祥电告外交部此事云：一个多月来，百方设法欲取得三国会议日本声明之会议录，几经催询，彼始称除非担保严守秘密，碍难设法，经陆氏面允除密报政府外，绝不泄漏，该秘书长始以三国会议名义送到会议录节要一份。③

7日晚陆征祥电告北京，日本在三人会中声明之内容：日本政策系将山东半岛完全主权归还中国，仅留业经给予德国所有经济权利，暨按照通常情形，在青岛设立租界之权，并提出具体明确的说明与担保。中国代表团对日本声明的初步意见是：（1）中日1915年及1918年各约，虽无作废字样，但业已不复完全有效。（2）铁路所在之土地，仍为中国完全主权，路旁之地更不待言。（3）中国对于各路完全为合办性质，与他路之借用外资者地位相同。（4）日本不得将德国所筑炮垒之地，划入租界范围。（5）以后商订各项办法时，如有不在经济范围内者，尽可与之坚持，至最后之时，可交国际联盟评断。（6）除以上各节指明者外，如前为德人所有之供给材料资本等优先权，及烟潍兖开等线借款权，均未提及，日后我仍有操纵之余地。④ 11日晚陆征祥电称：原来要求的文书上保

---

① Doc. 40, Sir Mr. Hankey to Mr. Lou Tseng-Tsiang—June 5, 1919, *BDFA*, Part Ⅱ, Series E Asia, Vol. 23, pp. 56-57.

② Doc. 41, Inclosure in Doc. 39, Memorandum......, *BDFA*, Part Ⅱ, Series E Asia, Vol. 23, pp. 57-58.

③ 《发外交部电》（1919年6月6日），北洋外交部档案，03-13-068-06-001。

④ 《发外交部电》（1919年6月7日晚），北洋外交部档案，03-13-068-06-001。

证，三国会议录节要似已妥善。[1]

由此观之，日本代表在三国会议上的声明，对于北京政府在意的归还胶澳主权及日本继承山东德国经济利益的限度，都做了相当明确的保证，并得到英、法、美三国的确认，中国月来力争之保留对德和约山东条款，担心会发生的种种问题，事实上已有一定的保障。

政府与民意之分离

然而，国内学生反日情绪炽烈，罢课演说，要求罢免三亲日官员，北京政府"六三大逮捕"，引起上海罢市支持学生要求，日本公使馆向北京政府抗议排日行动，结果火上浇油，舆论反日更加沸腾，天津商界决定罢市，北京学生计划到总统府抗议。北京政府面临重大危机，国务会议决定接受曹汝霖、章宗祥、陆宗舆三人辞呈，6月10日发布3人之免职令，上海及各地之罢市随即结束。

11日国务总理钱能训引咎辞职，内阁并提出总辞。12日徐世昌大总统亦咨行国会辞职，通电各省军民长官云：自己虽欲以民意为从违，而熟筹利害，又不忍坐视国步之颠踬，只有辞职。[2] 参众两院将咨文退回。13日徐世昌准钱能训辞职，任命财政总长龚心湛代理阁揆。此际北京政府面临之重大难题，厥惟对德和约是否签字？徐世昌偏向于全约签字，以保持我国际之地位，然此非"五四"以后全国激昂民意所能苟同。

6月中旬北京政府决定签署对德和约，训令陆征祥无条

---

① 《发外交部转院电》（1919年6月11日晚），北洋外交部档案，03-13-068-06-001。

② 沈云龙：《徐世昌评传》，台北：传记文学出版社，1979，第504页。

件签字,① 签字后再与日本交涉收回胶澳事宜。此时，巴黎中国代表团逐渐解体，施肇基借口陪同梁启超访英，返回伦敦，其他驻欧各使也相继离开。② 剩下陆征祥与顾维钧继续做最后的努力。中国代表团虽知道了日本保证之内容，但因前此已向最高会议抗议并坚持提出保留，此时不容自行取消。加以国内五四运动持续升温，国民不知外交机密与复杂内情，极力抵制日货，拒签和约之说高唱入云，认定签约即等同亲日卖国，中国代表团不断接到国内及海外电报，一致强烈要求力争保留，若保留不成绝不可签约，而北京政府改组，弱政府不可依恃，代表团必须尊重民意舆论，③ 于是仍继续争取对山东条款之保留，即签约后中国有权重行将山东问题提请各国政府复议。

保留与拒签

此时陆征祥身心交瘁，不能支持，14 日赴巴黎郊区山克鲁（St. Cloud）疗养院养病。④ 陆氏不希望由他在和约上签字，面对千钧重任，致电北京政府推荐胡惟德接任外交总长，并在和约签字。⑤ 16 日外交部复电称，奉大总统面谕：钧座系全权首席，中途更换，于国家体面万不可办，且政府现已决定全约签字，近日国民方面亦渐了解，英、法、美三国也支持，签字

---

① 《收国务院外交部 11 日电》（1919 年 6 月 13 日），北洋外交部档案，03-13-068-05-001。

② 祝丹：《北洋政府在巴黎和会上的外交策略研究》，硕士学位论文，东北师范大学，2006，第 30 页。

③ 参见邓野《巴黎和会中国拒约问题研究》，《中国社会科学》1986 年第 2 期。

④ 陆征祥：《参与欧洲和平大会分类报告》，北洋外交部档案，03-12-008-04-021，报告二，第 10 页上。

⑤ 《发外交部电》（1919 年 6 月 9 日），北洋外交部档案，03-13-067-03-001。

一事对内对外均可不必瞻顾。[①] 17 日陆氏又以住院休养为由，建议：我国对于山东问题与各国商议保留办法，似已有把握，届时祥如果不能行动，拟即派顾使在会签约。[②] 19 日国务院、外交部电陆氏指示：签约不必保留。[③]

有关对德和约签署与否问题，北京政府给代表团训令的转变历程是：5 月 5 日"不签字"；15 日"和约大体签字，惟山东问题应提出声明"（即保留签字）；27 日"第一步仍主保留，如实难办到，只得签字"（即保留不成则签字）；6 月 11 日"签字"；19 日"签字不必保留"。过去学界有 6 月 23 日北京政府电令代表团"相机办理"之说，然而档案中找不到相关记录，应无其事。

中国代表团在美国协助下仍力争保留，然不断遭拒。24 日陆征祥、顾维钧往见和会秘书长杜塔斯塔（Paul Dutasta），商量保留问题，晚上得到回复：已转会长，据云势不能行，只有签字或不签字办法。[④] 25 日最高会议简短讨论中国保留案，[⑤] 傍晚和会秘书长招顾维钧往晤，云：会长嘱告贵使，各种保留俱不能行，无论何国均无此举，只有签字与否两种办法。[⑥] 当晚

---

① 《收外交部 16 日电》（1919 年 6 月 23 日），北洋外交部档案，03-13-068-05-001。

② 《发外交部电》（1919 年 6 月 17 日），北洋外交部档案，03-13-068-06-001。

③ 《发外交部电》（1919 年 6 月 25 日），北洋外交部档案，03-13-068-06-001。

④ 陆征祥：《参与欧洲和平大会分类报告》，北洋外交部档案，03-12-008-04-021，报告二，第 10 页下。金问泗：《从巴黎和会到国联》，第 22 页。

⑤ Zhang Yongjin, *China in the International System, 1918-1920: The Middle Kingdom at the Periphery*, p. 93.

⑥ 《发外交部电》（1919 年 6 月 25 日），北洋外交部档案，03-13-068-06-001。

顾维钧会晤威尔逊，略陈中国政府苦衷，告以国内人民对于山东问题主张绝对不能签字，美总统表示同情，但也不主张在和约上保留，可另筹转圜之法。[①]

26日上午11点法国外长毕勋告诉顾维钧，允将中国保留之义，报告四人会。[②] 27日上午10点顾维钧会见蓝辛，商量美国总统交代的将来可保证复议之声明书，惟不知最高会议能否同意。[③] 下午五点半顾维钧往晤法国外长毕勋谈保留事，法外长云：会长嘱告中国当在签字后酌备一函交会，并劝中国签约。顾使云：若不能保留而签字，我全国民心必益忿激，万一中国委员不签约，中国政府不能负责，其责任当在和会。[④]

陆征祥电告外交部："德约签字在即，近一星期国内来电数十处，对于签字保留一致坚持，异常激愤，祥卧病在床，至为焦急。"[⑤] 27日晚顾维钧去山克鲁疗养院向陆氏报告情况，遭侨胞留学生包围恐吓，顾使告诉他们："不允保留，中国当然不会签字，由于未得到任何支持，保留看来已无可能，因此签字一事便亦不复存在，诸位可不必为此担忧。"侨胞们听了这番话后便散开了。[⑥]

28日下午3点举行对德《凡尔赛和约》签字礼，中国代表

---

① 《发外交部电》（1919年6月25日），北洋外交部档案，03-13-068-06-001。

② 《发外交部电》（1919年6月26日），北洋外交部档案，03-13-068-06-001。

③ 《发外交部电》（1919年6月27日），北洋外交部档案，03-13-068-06-001。

④ 《收法京陆总长27日电》（1919年7月4日），北洋外交部档案，03-13-071-08-001。

⑤ 《发外交部电》（1919年6月25日），北洋外交部档案，03-13-068-06-001。

⑥ 《顾维钧回忆录》第1分册，第206~207页。

团争取在签字前分函各国声明保留，若不成则不签，早上顾维钧会见杜塔斯塔交声明函稿。[①] 杜塔斯塔拒绝接受。[②] 中国代表团不得已，遂共同决定不往签字，即备函于两点半通知会长：中国不出席签字礼，声明保留我政府对于德约最后决定之权等语，于3点钟送至会场，一面缮就宣言分送公布。[③] 宣言曰：

> 中国全权之此举实出于不得已，惟于联合国团结上有所损失，殊觉遗憾，然舍此而外，实无能保持中国体面之途，故责任不在中国，而在于媾和条款之不公也。媾和会议对于解决山东问题，已不予中国以公道，中国非牺牲其正义公道爱国之义务，不能签字，中国全权愿竭诚布陈，静待世界公论之裁判。[④]

中国代表没有出席签字礼，陆征祥电告外交部云：我国对于山东问题，5月6日提出抗议声明保留，26日正式通知大会，其后竭力争取保留，步步退让，最初主张注入约内，不允；改附约后，又不允；改在约外，又不允；改为仅用声明不

---

① 王芸生编著《六十年来中国与日本》第7卷，第353页。

② Zhang Yongjin, *China in the International System*, *1918-1920*: *The Middle Kingdom at the Periphery*, p. 94. 顾维钧所交声明函见 *The China Year Book*, *1921-1922*, p. 712. 另有一说，28日晨陆氏托胡惟德往和会，商改临时分函声明办法，并将函稿带会，候至午间，和会秘书长以函稿送还，仍完全拒绝。见陆征祥《参与欧洲和平大会分类报告》，北洋外交部档案，03-12-008-04-021，报告二，第13页上。

③ 陆征祥：《参与欧洲和平大会分类报告》，北洋外交部档案，03-12-008-04-021，报告二，第13页上；Zhang Yongjin, *China in the International System*, *1918-1920*: *The Middle Kingdom at the Periphery*, p. 95.

④ 王芸生编著《六十年来中国与日本》第7卷，第353页。当时称协约国为联合国。

用保留字样，又不允；不得已改为临时分函，声明不能因签字而有妨将来之提请重议云云，最后都遭拒绝，此事与我国领土完全及前途安固，关系至巨；代表团始终不敢放松者，固欲使此问题留一线生机，亦免对所提他项希望条件生不良影响。"不料大会专横至此，竟不稍顾我国家纤微体面，曷胜愤慨，弱国交涉，始争终让，几成惯例，此次若再隐忍签字，我国前途将更无外交之可言。"不得已决定不往签字，并请辞职，请交付惩戒，另简大员筹办补救事宜。①

下午5时，签字礼之后2小时，陆征祥收国务院27日电："万急，总长亲译，国民对于山东问题异常愤激，政府仍决定保留，俟与日商定办法再行取销，望即照办。"② 29日陆征祥复电："27日电悉，此间因保留未能办到，未往签字，已于昨日3钟电部转呈。"③ 当时北京与巴黎电报不畅，时快时慢，30日陆氏又收到外交部25日电："17日电悉，已代呈大总统，奉谕：安心养病，幸正式约稿已定，到期签字不必用心，仍望始终维持，完成大事，全权首席不必遽行更动，希仍照16日面谕办理为要。"④

陆征祥回忆道："职业生涯中第一次，我觉得不服从命令是我的责任，我们的国家不该继续任人宰割，我不愿再次签署

---

① 《发外交部电》(1919年6月28日下午3点)，北洋外交部档案，03-13-068-06-001。此电由陆、王、顾、魏四全权署名。

② 《收国务院27日电》(1919年6月28日)，北洋外交部档案，03-13-068-05-001。

③ 《发国务院电》(1919年6月29日)，北洋外交部档案，03-13-068-06-001。

④ 《收国务院外交部25日电》(1919年6月30日)，北洋外交部档案，03-13-068-05-001。

一个不平等不公正的条约，兀自决定拒绝签署。当天夜里，已经很晚了，和约签署后好几小时之后，政府发来电报，让我拒签，这正是此时我通过冷静思索所做出的举动。"①

中国代表团拒签和约，主要原因不在于陆征祥与北京政府之间的歧见，两方其实都认为应该签字，不必保留。问题在于民间舆论与北京政府之间的分歧，民众受爱国主义激情以及报纸宣传影响，反日情绪激昂，把外交失败归罪于三个卖国贼与日本订立密约，攻击亲日派段系等，认定北京政府亲日卖国，坚决反对签约。

代表团内部虽也有歧见，在得知日本声明内容后，大致上是倾向于签字的，但看到国内民情激昂，反对签字的电报如雪片般飞来，担心倘不保留而签字，国内人民必起而反对政府，中国大局立陷于扰乱，所以代表团之决定拒绝签字，主要是顾虑到国内民情，代表团听命的对象已经不只是北京政府，更要顾虑到全国民心，巴黎和会中国外交的变化，主要可能在于此点。

中国代表拒签对德和约，北京政府自7月2日外电略有所闻，国务院电询陆征祥："据路透消息，和约我国似未签字，此后对于外交如何应付，有无确实把握，从速详示。"② 3日北京政府收到代表团电报，确定中国代表没有签字，民间反应热烈，赞颂代表团之所为。③

---

① 陆征祥：《回忆与随想》，第55页。

② 《收国务院外交部2日来电》（1919年7月4日），北洋外交部档案，03-13-069-01-001。

③ 《收外交部4日电》（1919年7月8日），北洋外交部档案，03-13-069-01-001。

3 日国务院电代表团："德约既未签字，所谓保存我政府最后决定之权，保存后究应如何办理，此事于国家利害关系至为巨要，公等职责所在，不能不熟思审处，别求挽救之方，未便以引咎虚文速行卸责。"① 同日陆氏也电外交部，各全权商筹拒签德约善后办法如下：（1）奥约须签字，则中国仍在协约国团体之内，仍可为国际联盟发起会员之一；（2）对于德约先望他国能为我调停，较诸我即径与日商议稍合步骤，其间调停如能商妥，拟即补签德约。②

签署对奥和约

拒签德约之善后工作，主要是结束与德国战争状态、签署奥约以加入国联及请美国调停中日争端。

6 月 28 日陆征祥电外交部："德约我国既未签字，中德战事状态法律上可认为继续有效，拟请迅咨国会，建议宣告中德战事状态告终，通过后即用大总统明令发表，愈速愈妙。"③ 北京政府十分注重签署对奥和约事，7 月 3 日国务院电令陆征祥："奥约必须签字，务希照办为要。"④ 7 日国务院再电令陆氏："奥约签字事并希注意，勿误为要。"⑤

中国代表团担心日本阻挠中国签署对奥和约，7 月 26 日

① 《收国务院 3 日来电》（1919 年 7 月 7 日），北洋外交部档案，03-13-069-01-001。
② 《发外交部电》（1919 年 7 月 3 日），北洋外交部档案，03-13-069-02-001。
③ 《法京陆专使电》（1919 年 6 月 28 日），《秘笈录存》，第 224~225 页。
④ 《收国务院 3 日来电》（1919 年 7 月 7 日），北洋外交部档案，03-13-069-01-001。
⑤ 《收国务院 7 日来电》（1919 年 7 月 11 日），北洋外交部档案，03-13-069-01-001。

顾维钧会晤美国怀特（Henry White）全权，询问：中国签署奥约一层，各方面有无阻力。怀特谓：并无阻力，即使发生，可信本全权必竭力反对之。[①] 8 月 26 日陆征祥电外交部：日本代表曾于五国起草委员会议提议，凡未签德约之国，不得为国际联盟发起会员，美国代表声辩谓：日本代表所言谅指中国，但中国既有签奥约之权，彼一经签约，即为国联发起会员，与他国无异，与其曾签德约与否截然无关，英、法、意各代表亦赞成美国意见。[②]

9 月 10 日对奥和约签字，陆氏电外交部：今晨 10 点在圣日耳曼宫（Saint-Germain-en-Laye）行正式签字礼，陆氏与王正廷前往签字。[③] 15 日大总统布告："兹经提交国会议决，应即宣告我中华民国对于德国战事状态，一律终止。"[④]

山东问题善后

拒签德约后，北京政府对于山东问题到底是依赖美国调停还是中日直接交涉解决，甚感焦虑，8 月 18 日电询陆征祥意见。[⑤] 21 日陆氏复电，对山东问题做了透彻的分析云：山东问题不便直接由中日开议，因中国拒绝签德约后，既有美国全权调停，复有英国外交大臣提出办法，已成国际重大问题；况美

①《发外交部电》（1919 年 7 月 26 日），北洋外交部档案，03-13-069-02-001。
②《发外交部电》（1919 年 8 月 26 日），北洋外交部档案，03-13-069-04-001。
③《发外交部电》（1919 年 9 月 10 日），北洋外交部档案，03-13-069-06-001。
④《附录：大总统布告》（1919 年 9 月 15 日），《秘笈录存》，第 225~226 页。
⑤《收龚代揆、陈次长 18 日来电》（1919 年 8 月 20 日），北洋外交部档案，03-13-069-03-001。

国国会主张公道，激烈异常，法国国会审查亦认为污点，在我似宜坚持态度，以俟美、法国会讨论之结果。日本欲与中国直接开议，离间中、美感情及国际支持，现通盘筹算，除与各方密切进行，以期迅速解决外，有办法三端：

1. 美国国会即使批准对德和约，势必有保留条款，如批准时山东 3 款亦在保留之列，则美国政府不得不将山东问题重与各国磋商，届时或可得较优结果。

2. 如果美国国会到最后完全批准，届时如政府决议与日直接磋商，在我仍可根据日本两次宣言以及三国会议录进行，彼亦无从否认。

3. 如认直接磋商为不利，或磋商后无效，仍可向国际联盟提案。

最后指出，默窥现时国际情形，似乎日本一时难有威吓举动；至于德约一层，德国既经签字，除山东问题为我否认外，德人均已承认，将来如中德直接订约，或尚可得较优之条件，我国应享德约中之利益，目前似可不必引以为虑；惟究竟应否即于此时与日直接商量之处，仍请主座决定方针。① 26 日北京复电："所述各节筹划周至，语皆扼要，现美、法两院尚在抗议，在我自应持以镇静，相机因应，自未便与日直接相商，遵谕特达。"②

---

① 《发外交部电》（1919 年 8 月 21 日），北洋外交部档案，03－13－069－04－001。
② 《收国务院外交部 26 日来电》（1919 年 8 月 28 日），北洋外交部档案，03－13－069－03－001。

9 月下旬北京政府又改组，由靳云鹏组阁，26 日靳总理电陆氏："外交计划，悉秉前规。"① 29 日陆氏电外交部云："此次和会构成，纯系强权作用，揆之公道，相去甚远，即在协约共事各国间，原因复杂，多有不平之鸣，此后国际风云，不知若何变幻，我国厕乎其间，若非在外交上筹敏捷方法，事事烛于机先，断不足以避危险而收裨益。"②

10 月 2 日法国下议院通过对德和约，11 日上议院也通过，只待总统批准；而英国会业已通过，并经英王署名；意大利则解散国会，意王将德约批准。经三大国批准后，《凡尔赛和约》即发生效力。③ 16 日美国参议院投票，否决山东问题修正案。④

签署完对奥和约后，陆征祥、王正廷等奉命回国，巴黎和会后续事务由顾维钧主持；顾使代表中国于 10 月 13 日签署《国际航空专约》。⑤ 11 月 27 日签署对保加利亚和约及二附件。⑥ 12 月 8 日签署对奥和约中有关赔偿损失之二附件。⑦

① 《收新任国务总理靳 26 日来电》（1919 年 9 月 27 日），北洋外交档案，03-13-069-05-001。
② 《发外交部电》（1919 年 9 月 29 日），北洋外交部档案，03-13-067-03-001。
③ 《收法京顾专使电》（1919 年 10 月 16 日到），《中日关系史料——巴黎和会与山东问题（中华民国七年至八年）》，第 361 页。
④ 《收美京容代办 17 日电》（1919 年 10 月 18 日到），《中日关系史料——巴黎和会与山东问题（中华民国七年至八年）》，第 361 页；《收法京顾专使 18 日电》（1919 年 10 月 21 日到），《中日关系史料——巴黎和会与山东问题（中华民国七年至八年）》，第 362 页。
⑤ 顾维钧：《续参加欧洲和平大会分类报告》，北洋外交部档案，03-12-008-04-022，"二、航空专约及其附件各一件签字情形"。
⑥ 《收驻英公使 25 日电——布约签字事》（1919 年 12 月 1 日），北洋外交部档案，03-37-003-02-063；《法京顾专使电》（1919 年 11 月 27 日），《秘笈录存》，第 261 页。
⑦ 顾维钧：《续参加欧洲和平大会分类报告》，北洋外交部档案，03-12-008-04-022，"五、匈牙利和约签字情形"。

1920年1月10日《凡尔赛和约》换约生效，国际联盟正式成立。5月31日，顾使签署《国际航空专约》附件。[1] 6月4日签署对匈牙利和约。[2] 最后对土耳其和约，顾维钧鉴于约内多有不平等条款，建议中国以不签为优，北京政府同意，顾使遂函达和会议长，告以中国将不出席对土和约之签字礼。

6月中旬顾维钧返回美国任所，和会事务由驻比公使魏宸组接手。[3] 7月16日，魏氏出席对奥和约换约生效仪式，[4] 电告外交部：结束中国代表团在巴黎和会之工作。[5]

其他问题

中国在巴黎和会，共提出四件说帖，除《山东问题说帖》未能成功外，《德奥条件说帖》各要求条款，大致获得同意。5月2日陆征祥电外交部称："我国于对德各项，如领事裁判权之撤销、津汉各租界之收回、关税之自由、赔款之废止、债务之没收、损失之赔偿、天文仪器之索还等类，大致均已商允各国列入草约。"[6] 7日对德《凡尔赛和约》公布，除了第156~158款规定德国在山东权利归日本享有外，第128~134款皆依中国意见规范中德关系。

---

[1] 顾维钧：《续参加欧洲和平大会分类报告》，北洋外交部档案，03-12-008-04-022，"二、航空专约及其附件各一件签字情形"。

[2] 顾维钧：《续参与欧洲和平匈牙利大会分类报告》，北洋外交部档案，03-12-008-04-022，"五、匈牙利和约签字情形"。

[3] 《发驻比魏公使电》（1920年6月15日），北洋外交部档案，03-37-004-03-059。

[4] 《奥约批准文件互换书已签字》（1920年7月16日），北洋外交部档案，03-23-047-01-038。中国因此正式成为国际联盟创始会员国。

[5] 廖敏淑：《巴黎和会与中国外交》，硕士学位论文，台中：中兴大学，1998，第246页。

[6] 《法京陆专使等电》（1919年5月2日），《秘笈录存》，第145页。

另外中国还提出《希望条件说帖》及《废除民四条约说帖》2件，和会议长克里孟梭于5月14日复函称：中国代表团送来说帖二件，业已收到，本议长兹代表最高会议声明，承认此项问题之重要，但不能认为在和会权限以内，拟请俟国际联盟理事会能行使职权时，请其注意。① 换句话说，和会议长认为此二问题非属和会权限之内，建议中国提交国际联盟。

综观中国在巴黎和会，除山东问题外，尚有不错的表现，参与《国际联盟盟约》制定并加入国联成为创始会员国，对德、奥条件基本被接受列入和约。至于提出希望条件，虽未受理，但已是中国第一次对国际提出全面修改条约的呼吁。要求废除中日《民四条约》，将国内民意与国际新外交潮流相结合，动摇日本在华条约地位的道德基础，和会当时虽未受理，但已为日后中国要求修改条约之先声。

巴黎和会期间，陆征祥最纠结的应该是对德《凡尔赛和约》的签字问题，北京政府对是否签字，政策几经转变，最后的命令是"签字"。陆氏在6月上旬知道日本全权口头保证详细内容后，基本认为力争保留并无实质意义，签字对中国比较有利，但限于事关外交机密不能公开，国人不知内情，受政客、报纸宣传影响，情绪激昂，极力反对签字，陆征祥担心若不保留而签字，国内会发生动乱，最后决定违抗命令拒签和约。然而在签字典礼后两小时又收到北京命令："决定保留。"那时陆氏心中必定五味杂陈，好在他已拒签，若他遵奉前令签了字，政府事后又命令不签，那他就成了跳进黄河也洗不清的

---

① 《平和会议议长复中国全权委员长函》（1919年5月14日），《秘笈录存》，第199页。

"民族罪人"了。

陆征祥阴错阳差地成为受国人欢迎的"拒签英雄"，又眼见挚友曹汝霖被打为卖国贼，身败名裂、遗臭万年，必定感慨万千。春秋大义之一字褒贬，在混沌变幻的历史现场，可能只是一念之间，或是幸与不幸的毫发之隔而已。

第六节　和会尾声与访问各国

拒签对德和约后，陆征祥因生病再赴疗养院休养 1 个月，然后赴西欧各国展开拜会，并候船返国。

访问欧洲各国

8 月 1 日陆氏从疗养院返回巴黎，即由施肇基安排，偕严鹤龄参事赴英国做官式访问。① 5 日晚抵达伦敦，英国外交部以国宾礼接待，派员到车站迎接至安排好的旅馆，6 日会见副外相，晚上观赏戏剧，7 日参加宴会并参观博物馆，8 日上午觐见英王，面呈大总统国书及相片，并晋见王太后，以大总统名义捐 2000 英镑由太后转交慈善机构，中午在驻英使馆设宴，邀英国内阁要人餐叙。9 日上午偕施使至温莎，拜谒维多利亚女王及爱德华王陵，以大总统名义敬赠花圈尽国宾之礼，10 日参观剑桥大学，12 日离英赴比。②

陆氏一行 14 日下午抵比京布鲁塞尔，15 日谒见比国国王，

① 《法京陆总长电》（1919 年 7 月 31 日），北洋外交部档案，03-10-011-06-011。

② 《法京陆总长电》（1919 年 8 月 8、9 日），北洋外交部档案，03-10-011-06-013、14。

以大总统名义捐助 5 万法郎给战争被灾地区伊普尔（Ypres）
重建学堂（后来市议会决定重修博物馆）。①

8 月底陆氏赴法国战事蹂躏区域，9 月 1 日谒见法国总统，
以徐大总统名义捐赠 5 万法郎，供凡尔登（Verdun）兴建
学校。②

9 月 10 日中国签署对奥和约后，国务院指示全权委员团
解散，留顾维钧在巴黎主持会务，王、魏两使随陆征祥回国。
王正廷仍有意留欧，其后几经协调，王氏终于同意与陆征祥、
魏宸组同行返国，然因邮船舱位紧俏，回国之期一延再延。③

24 日北京政府改组，陆军总长靳云鹏代理总理，邀陆氏
继续担任外交总长，陆氏回电婉拒称："祥赴欧一载，困难备
尝，奥约已签，国际之风潮稍息，汶阳待返，人心之团结尤
宜，南北商榷，成效若何，瞻顾宗邦，悃忱如捣，祥轻材多
病，重任曷胜，姑拟候舟东渡，面陈私臆。"④

10 月初陆氏赴法国中部维希（Vichy）养病，16 日返回巴
黎，17 日参加法政府宴会。⑤ 18 日陆氏赴意大利，20 日在罗
马觐见意王，呈递国书及徐总统相片，意王赠陆氏圣慕理大绶
勋章。21 日赴国民祭告坛，代徐总统捐助伤兵 2 万里拉，又

①　《法京陆总长电》（1919 年 8 月 15 日），北洋外交部档案，03-10-011-
06-016。

②　《法京陆总长电》（1919 年 9 月 1 日），北洋外交部档案，03-10-011-
06-022。

③　《北京特约通信：陆使来电记闻》，天津《大公报》1919 年 9 月 21 日，
第 3 版。

④　《发外交部电》（1919 年 9 月 27 日），北洋外交部档案，03-13-069-08-
010。"汶阳待返"，应指胶州湾失地犹待收回。

⑤　《法京陆总长电》（1919 年 10 月 17 日），北洋外交部档案，03-10-011-
06-025。

会见意副外相，商谈中意公断条约及庚子赔款问题，并会见首相参加宴会，随即陆氏受凉，24 日往拿坡里休息。原预定月底自马赛返华，因船位难觅，延后 1 个月东归。① 28 日陆氏赴瑞士，30 日抵瑞京，会见总统。②

11 月初陆征祥回到巴黎，因途中风寒感冒，旧疾复发，延医诊治，再赴山克鲁疗养院调养旬日，预订之船位，又因邮船修理，须再延两周始可启碇。③ 5 日靳云鹏受命正式组阁，6 日陈箓电催陆氏回国称："我国于战后外交方针及善后补救办法……均专候钧座回部主持进行，箓生平颇耐劳苦，然一年以来，心力交瘁，且为精神气体所限，不免顾此失彼，务恳钧座提前启程回国。"④ 同日陆氏复电云：公贤劳况瘁，实所深悉，祥病复发，船又稽迟，无策提前，并表示有意辞职。⑤

11 日靳云鹏电陆氏："外交重要，非公莫属，云鹏勉肩巨任，志在救国，愿公亦以爱护国家者共同匡济，元首倚任綦切，并谕切实劝勉，万勿再辞。"⑥ 12 日陈箓电陆氏云：钧座此时万不宜引退，原因有二，一是此次组阁，其提出人员乃安福系，十分指摘，该系汲引之人，政府亦难勉为同意，波折甚多，双方所同意者，即钧座及另两位总长，可见上下共推，若

①　《意京陆总长电》（1919 年 10 月 20、21、22 日），北洋外交部档案，03-10-011-06-026、027、029。

②　《瑞士陆总长电》（1919 年 10 月 30 日），北洋外交部档案，03-10-011-06-031。

③　《京华短简》，《申报》1919 年 11 月 18 日，第 6 版。

④　《收外交部次长 6 日电》（1919 年 11 月 9 日），北洋外交部档案，03-13-069-08-001。

⑤　《发外交部电》（1919 年 11 月 9 日），北洋外交部档案，03-13-069-08-001。

⑥　《收国务院靳总理 11 日来电》（1919 年 11 月 13 日），北洋外交部档案，03-13-069-08-001。

不在乎，恐生误会，滞碍内阁之组成。二是总统、总理急盼钧座早日回京，报告和会事宜，而篆经手部务有所交代，做一结束，不如彼时再定行止，篆亦决计退避贤路，继钧座之后。[①]

14 日大总统徐世昌电陆氏："此次组阁，内政外交视前尤剧，外交部长必须借重老成，俾兹匡赞而巩国基，昨已嘱院转致敦劝，万勿再辞。"[②] 陆氏只好勉为其难，16 日电总统、总理云："祥多病才疏，对国对民素愧毫无报称，顾蒙钧座及总理一再相助，愧悚无极，惟有暂留，下悃抵京再陈。"[③] 陆氏于 11 月 15 日赴法国南部尼斯候船并调治身体。[④] 12 月 9 日赴马赛，11 日乘船启行，同行王正廷、魏宸组，及参事随员 5 名。

10 月间，陆氏撰长篇《救国条陈》上呈徐世昌云：上年衔命赴欧，谒辞之时奉大总统面谕，此行公余之暇可旁采彼中风俗、习尚、学术、法制精良所在，归国报告，以资借鉴。到欧之后，随时随事留意观察，发现协约各国之所以战胜，德、奥方面之所以能以寡敌众支持至四年之久者，在人人富有爱国心，故主张提倡爱国心为今日救国上策。其提倡之法有四：一曰尊崇国典，二曰节省靡费，三曰改除积习，四曰提倡义举，倘能全国一致，各尽其心，各行其是，效果之巨必有不可思议

① 《收外交部次长 12 日电》（1919 年 11 月 14 日），北洋外交部档案，03－13－069－08－001。

② 《收公府 14 日来电》（1919 年 11 月 16 日），北洋外交部档案，03－13－069－08－001。

③ 《发外交部电》（1919 年 11 月 16 日），北洋外交部档案，03－13－069－08－001。

④ 《发外交部电》（1919 年 11 月 15 日），北洋外交部档案，03－13－069－08－001。

者。① 11 月 15 日国务院电陆氏云：大呈条陈四端，至理名言，洞烛时弊，主座极为嘉佩，已交中外各机关饬属随时倡导，期在实行。②

*　*　*

一战爆发后，日本乘机确立东亚主导地位，中国则内乱不断，外交孤立，政府对日亲善，大借日款编练参战军，同时美国提出"十四点和平原则"，国人对美多抱憧憬。陆征祥自《民四条约》签署后，就主张参战，并主持筹备战后和会，赴欧前夕与徐世昌密议，路过日、美时，外交方针由"亲日联美"逐步向"联美制日"倾斜，到达巴黎后决定提出山东问题。

日本方面认定陆氏承诺在和会与日合作，山东问题依中日成议处理，对陆氏之"背信"，以及和会开幕后陆氏隐身幕后，由顾维钧、王正廷面对日本，十分恼怒。由于和会"联美"外交结果失败，后来徐世昌编撰《秘笈录存》时，刻意隐去"联美制日"的痕迹，陆征祥自己也将和会外交密件带到欧洲，③ 使得国内学界长期忽略了这个重要转折。

巴黎和会中对山东的安排，不能只看对德和约第 156~158款三条，还要加上日本在四人会中声明保证归还青岛主权、限

---

① 《紧要纪事：陆专使之救国条陈》，天津《大公报》1919 年 11 月 23、28日，第 6 版。

② 《收国务院 15 日来电》（1919 年 11 月 18 日），北洋外交部档案，03-13-069-08-001。

③ 即 03-13"驻比使馆保存档"，详见第七章第五节。

制山东所得经济利益。然而因民间激昂反日，陆氏及中国代表团在舆论压力下，拒签对德和约，接着美国国会也不批准对德和约，让山东问题悬案化、国际化。后来华盛顿会议对山东问题，基本上即依循巴黎的妥协方案解决。

山东问题之外，中国在和会的其他收获为：参与草拟《国际联盟盟约》，并加入国联成为创始会员国。签署对奥、匈、保三个和约，收回部分条约特权。中国提出《希望条件说帖》，第一次向国际社会表达对不平等条约束缚的不满，成为日后要求修改条约的重要宣示。

陆征祥多被认为懦弱无能、无整饬领导能力，又遭暗讽为签署"二十一条"的罪人，是中国在巴黎外交失败的主因之一，顾维钧、王正廷奋战，对抗日本高压，坚持拒签和约，中国才能保住了一线生机。笔者认为，中国代表团在和会真正的核心人物应是陆征祥，他长期筹备和会、拟定训令，确立"联美制日"政策，在和会中由顾维钧、王正廷执行，陆氏则退居幕后，体察国际大势争取国家利益，在列强专横、中国南北分裂、北京政府内部派系纷歧、代表团内外纠葛不断、政府训令矛盾模棱之际，顶住强大压力，统筹全局，稳掌舵柄。

陆征祥个性温和，外表柔弱，但常能在关键时刻做出决断，如确定"联美制日"；也有较大包容性，如为调和南北一致对外，承诺王正廷任第二全权；还能忍辱负重，请辞被慰留后勉力撑持，负责到底。从他与北京政府往来的电报考察，他对国际形势的判断及对各案交涉的看法，都颇中肯而有见地。陆氏长期主持中国外交，了解中国国际处境全盘状况，具有相当的国际声誉，深受徐世昌信任倚重，与段祺瑞多次合作，和曹汝霖交情深厚，是当时中国惟一能受各方信赖，可全盘权衡得失轻重的决策人物，具有一定的不可替代性。以他当时所处的磨心位置，国际压力与国内纷争纷至沓来，陆氏能够以毅力坚持，不负使命，实属难能可贵。笔者认为陆氏可说是当时中国外交的缩影，外有列强竞逐，内则分裂竞争，弱小而坚毅有韧性，巴黎和会堪称陆氏"国弱""位弱""身弱"，而意志坚韧的"弱国外交"之经典表现。

陆征祥自1918年12月1日启程赴欧，至1919年12月11日离欧返华，一年中辛苦备尝。当时国际局势波谲云诡，和会中列强钩心斗角，尤其是日本对中国多方施压；国内南北分裂，上海和议无果而终；北京政府内部派系竞争，亲段祺瑞的皖系、安福系、新交通系等，主张"联日"，亲徐世昌的直系、研究系等，倾向"联美"，为了是否公布"中日密约"，徐、段激烈斗争，两派各借报纸宣传，流言哄传。巴黎中国代表团外有梁启超、汪精卫各游欧团，及徐谦、胡霖等人的监督虎视，内有诸方成员各有怀抱，争权夺位，内争不断。陆征祥身处和会外交第一线，成为各方折冲的磨心，多方得罪，压力无比巨大。

陆征祥在巴黎这一年严重损耗，他非常感念当年李鸿章对他的垂青，回顾称："巴黎和会，追念文忠至再至四，惜无文忠之威望，失败归国，无限惶悚。"[1] 迨山东问题外交失败，国内爆发五四运动，曹汝霖、章宗祥、陆宗舆等被打为卖国贼，

---

[1] 《致刘符诚函》（1937年3月1日），孙庆芳、张新鹰整理《陆征祥致刘符诚书信选》，《文史资料选编》第33辑，第147页。

陆氏感触良深。他亲历"二十一条"交涉、洪宪帝制、参战交涉及巴黎和会等外交要案，深知个中复杂辛酸内幕，自己虽幸免于卖国贼之讥，但无法为好友辩白，看尽政治的诡谲无常，对于政坛再无眷恋。

第六章　意外出使瑞士（1920~1927）

陆征祥于 1920 年 1 月回到北京，历经一年的危疑震撼，让他身心严重耗损，虽正值 50 岁之职业生涯"英年"，但已然心灰意冷，决心自政坛急流勇退，返抵国门述职之后，即告病请辞。此时北京陆公墓刚刚建成，陆氏将先人遗柩从上海迁葬，完成孝思，原拟就此退休，居住墓园养老，然因培德夫人生病，陆氏乃携眷赴欧调养。陆氏原想长居意大利，却因事势变化，接受了驻瑞士公使之任命，至 1926 年培德夫人过世，次年陆氏辞去公使职务，将夫人安葬布鲁塞尔后，毅然告别俗世生活。

图 6-1　陆公墓

第一节　回国述职与迁葬祖坟

陆征祥于 1919 年 12 月 11 日自马赛乘 Porthos 轮启程返国，此时中日正交涉棘手诸案，主要有：是否直接谈判山东问题及福州事件。和会期间，日本政府多次宣言愿在一两年内将胶州租借地归还中国，迨 1920 年 1 月 10 日《凡尔赛和约》生效，19 日驻北京日本使馆致外交部节略称：现在《凡尔赛和约》发生效力，日本政府为遵照历次宣言交还胶州湾，并解决关于山东之善后问题，欲与贵国政府开始商议，庶本案可以迅速妥为解决。① 然而国人承袭"五四"以来的反日激情，坚决拒斥中日直接交涉，北京政府对日本建议允拒两难，只能以拖待变。② 福州事件发生于"五四"之后。当时各地皆有排日运动，并抵制日货。1919 年 11 月 16 日在福州中国学生与日本侨民为调查日货发生冲突，双方都有多人受伤，日本政府派三艘军舰到马尾，水兵以护侨为由登岸游行示威，福州民情愈发激昂，双方冲突不断，至 1920 年 1 月初日本军舰离开马尾，中日展开共同调查。③

Porthos 轮于 1920 年 1 月 17 日抵达香港，陆征祥一行受到民众热烈欢迎。报载：广东热烈欢迎王正廷，北京则预备欢迎

①　《收日本使馆节略》（1920 年 1 月 19 日），中研院近代史研究所编《中日关系史料——山东问题（中华民国九年至十五年）》（上），台北：中研院近代史研究所，1987，第 2~3 页。

②　北京政府不敢拂逆民意，多次拒绝与日本开议山东问题，此案最后在1921~1922 年华盛顿会议中解决。

③　参见朝野嵩史《排日问题与中日交涉（1919~1920）》，硕士学位论文，台中：东海大学，2017，第五章"福州事件"。

陆征祥，盖皆欢迎其能拒绝签字也。此次陆氏返国，适值日本以实行对德和约而提出直接谈判之时，希望能贯彻拒绝签字之初衷，入京后力任万难，毅然排去诱迫，伸张其主张。[①]

22日轮船到达上海，陆氏称：船到吴淞口，岸上站立几千人，打着旗，大书"不签字""欢迎不签字代表"，以为我将在吴淞口登岸，我们的船却直驶上海，吴淞口的人又赶回上海，中午轮船停泊杨树浦黄浦码头，上海的几位朋友走来欢迎，都不能近前，因岸上的人多极了。[②] 报载：陆氏一行受到热烈欢迎，官方代表之后，继由各团体代表陆续进见晤谈。上海各界联合会致书陆氏，要求：（1）反对山东问题中日直接交涉；（2）中日福州事件坚持交涉；（3）在国际联盟提议废除"中日密约"。[③]

当晚11时陆氏乘火车赴南京转北京，他乘汽车抵达上海北站时，有全国各界联合会、五马路及爱克界路沪北五区等路商界联合会、上海各界联合会、上海学生联合会等数十团体之代表齐集，男女约千人，在车站东站台遍悬各界旗帜，上书"山东问题将日本通牒原书驳回""提交国际联盟会公决""德国前在山东占有之一切权利由我国直接收回……统祈坚持到底，否则誓以最后方法对付""慎重山东问题""注意福州交涉""拒绝不平等之一切条约"等，各团体代表及一般看客，皆于上午到站，枵腹鹄候，毫无倦容。[④]

---

① 《欢迎陆征祥》，《申报》1920年1月21日，第7版。

② 罗光：《访问陆征祥神父日记（二）——六十述往之一章》，台北《传记文学》第19卷第4期，1971年10月，第82页。

③ 《上海各界联合会致陆征祥书》，《申报》1920年1月22日，第10版。

④ 《陆专使回国过沪纪》，《申报》1920年1月23日，第10版。

陆氏称：车站站长言民众都围在车站外，可否让他们进站，我说当然让他们进来；我往火车站，一路水泄不通，巡警与秘书等，沿途大喊让陆专使登车。登车后在车上出见民众，他们喊说："欢迎不签字的代表。"我答说："不签字一事，不知办的对否，因政府命令我签字，我没有签，你们既然欢迎，我想大约没有做错。"民众喊："不用跟日本直接谈判。"我说："这一点请各位放心，我既没有签字，即是拒绝谈判"，民众乃欢呼。① 火车启行时，各界均高呼："山东问题勿与日本直接交涉""顺从民意""中华民国万岁"。②

23 日晨陆氏一行车抵南京渡江码头，各界代表及学生两千数百人，均手执大小旗帜欢迎，陆氏一一致谢，学生联合会会长发言，谓总长在和会拒绝签约，国人非常感激，故今日一致欢迎，以表谢忱，今后更希望总长对于山东问题，坚持到底，闽案交涉照京沪各界大会议决条件办理，以保国权而平民愤。陆氏谓当尊重民意尽力去做，还望诸君作当局后盾。轮渡 8 点 20 分抵达浦口，各地方长官陪同上车，聚谈约十数分钟，陆氏即起立一一握手道劳，9 点 20 分开车北上。③

24 日晨专使列车到达济南，军民两署以下各团体人士及学生齐赴商埠车站伫候迎迓，全体人数 2000 余人，各持"欢迎拒签德约专使""废除中日密约""驳回日本通牒""宣布提交国际联盟办法""请政府尊重民意""福州交涉须照国人

① 罗光：《访问陆征祥神父日记（二）——六十述往之一章》，台北《传记文学》第 19 卷第 4 期，1971 年 10 月，第 82 页。
② 《陆专使回国过沪续纪》《全国各界联合会关于陆使过沪之文电》，《申报》1920 年 1 月 24 日，第 10 版。
③ 《陆专使过宁纪》，《申报》1920 年 1 月 25 日，第 7 版。

议决条件办理"等黑字白旗。迨火车停止后，军民两长先行
登车，嗣由省议会议长、教育会长、代表全体入内接洽，两旁
鹄立欢迎之数千市民，无不翘首企足，盼望专使下车，对群众
有所表示。直至 7 时 50 分，代表退出，宣言陆氏体气稍有不
爽，不能下车，只允在车门外与大家一见，不久屈映光省长引
导陆专使及魏宸组专使一起出门，民众引领望见，大呼万岁三
声，陆、魏两使向大众殷勤答礼。省议会议员将鲁省人民外交
意见书，交由省长特为递上，复致辞云：今日山东学商各团体
齐来欢迎，乃希望专使将鲁民所受之惨苦，及对于外交之决心
转达政府，今后务望政府俯纳民意，驳回日本通牒，对国际联
盟竭力主张撤废一切"中日密约"，争回山东既失一切权利。
魏宸组致答词，8 时许列车于音乐声中开驶北上。①

　　24 日晚 9 时 20 分陆氏一行抵达北京，总统府、国务院均
派代表到站迎迓，军警加意防护，车站月台内外学生鹄候者
1000 余人，各执旗帜，有大旗两面，上书"警告"二字，下
有"日本通牒应予原封驳回""德人山东之权利应由我国直接
收回"等字句，又有关于闽案之旗帜，内书"闽案应依国民
大会议决之六条办法"等字句，统计大小旗帜两三百面。当
陆、魏到站时，学生即蜂拥而前，警察向前阻挡，陆、魏惧人
众言繁，不敢下车，特令汽车开往火车旁，车门相对仅容一身
出入，一跃而过，只举帽示意。学生伫候数小时，欲求一言而
不可得，非常愤激，多持旗杆向汽车乱撞，围着汽车不许车
开，相持有 5 分钟之久，群众大呼"山东问题不许直接交涉"
"福州事件须严重交涉"不已，声调悲壮，闻者动容。陆氏在

────────────

① 《陆魏两专使过济纪》，《申报》1920 年 1 月 28 日，第 7 版。

车内向群众再三点首示意，群众始许其通过，然犹望其车尘，大呼"尊重民意""公开外交"。① 陆氏回顾称：每一车站都有如山的民众，愿见专使，抵北京时，各使馆人员来站欢迎，都没有能够上前握手，因大众拥挤异常，第二天，各使馆又再来补礼致贺。②

美国驻北京使馆代办丁家立（Charles D. Tenney）报告华盛顿：陆征祥从上海到北京，沿路受到热烈欢迎，他以中国代表团团长身份，在巴黎和会采取的方针，赢得了人民支持，他拒绝回任外交总长；政府面临日本压力要谈判山东问题，但全国反对谈判。北京聚集了一两千名学生持旗欢迎陆氏，表达对他与日本对抗之支持，对陆氏之欢呼，为近代对中国公仆之史无前例者，表明中国人民对本国事务关心之觉醒，越来越明显的，政治问题在中国如同在西方国家般重要，这将深刻影响未来外交谈判的方向。③

陆征祥抵北京后，暂住东堂子胡同外交部迎宾馆，报载：徐世昌原定25日中午邀请陆氏进总统府，咨询外交要政，嗣因吴笈孙秘书长言陆氏昼夜兼程归京，身体异常劳疲，徐氏乃派吴氏亲赴外交部迎宾馆慰问。京师学生联合会于25日午后召集大会，公推代表求见陆征祥，"叩其在欧办理和议情形，及嗣后仍应俯顺民意，对拒绝签字一节，坚持到底"，但学生代表至陆

---

① 《陆征祥抵京情形》，《申报》1920年1月27日，第6版。

② 罗光：《访问陆征祥神父日记（二）——六十述往之一章》，台北《传记文学》第19卷第4期，1971年10月，第82页。

③ Peking to Washington, Jan. 31, 1920, NA893. 021/14. 美国驻华公使芮恩施对美国处置山东问题不满，于1919年5月请辞，9月离华，由丁家立代办使事。

邸时，陆氏以身体不适，拒绝不见，学生大为失望。[1]

陆氏于 26 日中午 12 时往访总理靳云鹏，谈外交问题，靳氏则谓到京后稍事休养，即可恢复，一切仍赖主持。陆氏退出后回寓稍憩，于下午 3 时 30 分赴总统府，与徐世昌谈约两小时。陆氏谈及在外年余，盼望稍得休息云云，徐氏照例慰劳。京师学生联合会代表十余人，26 日下午 1 时到陆氏官舍请谒，陆氏以将赴总统府不允接见，下午 4 时该代表等又赴访陆氏，陆氏辞以牙疾陡剧，允俟日后接见，该代表等即散去，声称此后每日来访，必达谒见之目的。[2]

陆征祥到北京后，各方面对于山东问题甚为注意。27 日下午 4 时，北京学生界、男女代表等 10 人，又赴东堂子胡同外交总长官舍，要求谒见。陆氏先派参事王景岐代见，嗣经各代表坚请，遂自行出见，约谈 20 分钟。各代表先表示欢迎之意，并言"深望专使对于山东交涉，决定宗旨，务将日本通牒，原封驳回，方足以对国人而全责任"。陆氏答谓，"欢迎一节，实不敢当"，"余亦民国一分子，其爱国责任当不后于诸君，惟此项问题重大，须召集朝野意见，慎重考虑"，应取若何方法，全恃国人之意旨以从事。[3]

陆氏称：我到北京以后，山东人民代表每日往见徐总统，言因陆代表不签字，山东人受日本人的报复，苦不可言，有号啕痛哭的，总统也无话可说，叫他们来找我。我答复他们说：对山东人民所受的苦，我自问实在对不起山东人，也对不起政府，因政府命我签字，我不签字，得罪了山东人，签字，全国人受害，

① 《陆征祥抵京后之所闻》，《申报》1920 年 1 月 28 日，第 6 版。
② 《陆子兴抵京后之山东问题》，《申报》1920 年 1 月 29 日，第 7 版。
③ 《陆子欣与京学界代表谈话》，《申报》1920 年 1 月 30 日，第 6 版。

请诸位自加计较，诸位回去只说陆代表跟山东人一起受苦。①

述职与辞职

对于山东问题中国是否与日本直接交涉？问题很棘手。报载：陆征祥与当局密谈，筹商交涉方针，政府有趋向直接交涉之势，但国内民气方张，不敢遽尔决定，陆征祥处于进退维谷之境，如陆氏竟允开议，则国民反动，势必发生严重之后果，若陆氏不赞成多数官僚之政策，则难免不被排出内阁，是以陆氏为避让计，不就外交总长职，将托病请辞。②

报纸又载：陆总长归北京后，托病闭门，颇怀去志，复由外交部迎宾馆移出，另居新寓，表示消极态度。2 月 13 日陆氏提出辞职称，自己因体质素孱，前年出京途中感受风寒，触发旧病，抵欧后于会务之暇，迭往瑞士、山克鲁等处医治，迄未痊愈。此次力疾内渡，只以非遵令归国报告，不足以达和会一切曲折情形而资结束，到京之后困惫益甚，当经准假半月，惟近日病益加剧，非静养数月彻底治疗，难获痊可，当兹交涉纷繁，外交总长一缺未便久悬，亟宜另简贤能，克日就职任事。征祥一年在外，驽马之血汗将干，请大总统准予免去外交总长本官。徐世昌对陆氏再四挽留，派吴笈孙秘书长前往陆氏私宅敦劝，因陆氏辞意颇为坚决，无甚效果。陈簶也同时辞职，赴天津住裕中饭店，经国务院派秘书赴津慰留，陈氏于16 日早乘车回京，仍寓次长官舍，惟尚声明不就部务。③ 3 月

---

① 罗光：《访问陆征祥神父日记（二）——六十述往之一章》，台北《传记文学》第 19 卷第 4 期，1971 年 10 月，第 82~83 页。

② 《山东问题之现状》，《申报》1920 年 1 月 31 日，第 6 版。

③ 《陆陈共同辞职之经过》，《申报》1920 年 2 月 23 日，第 10 版。

初报载：陈氏归京照常视事。①

3月中旬，陆氏提出巴黎和会报告书。② 20 日大总统令：晋授陆征祥以勋一位，③ 陆氏随即辞勋云：

> 窃征祥自民国肇造担任外交以来，迄今八年，进退四五次，所历危疑震撼之时，均在洞鉴，所办历次外交，无一足以自信，无一可告无罪于国人，而足以慰钧座前日之所属望与今日之所委托者。征祥力小多病，负疚难宣，清夜抚衷，正思待罪，顾大总统逾格优容，不予严惩，转予殊宠，征祥自惭多过，何以克当。况夫国际万难，风云变幻，人民环视，督责严明，祥有何勋，渥蒙异数，应请大总统善体下情，收回成命，俾征祥退思补过，不胜感激之至。④

陆氏不断请辞，北京政府则一再给假，陆氏仍挂名外交总长于靳云鹏、萨镇冰内阁，事实上仍由次长陈箓代理部务，直到 7 月直皖战争后，8 月靳云鹏第二次组阁，13 日大总统令：外交总长陆征祥准免本职。⑤ 17 日由颜惠庆署理外交总长，9 月 17 日陈箓出使法国，刘式训任外交次长。⑥

陆征祥历经巴黎和会一年煎熬，身心俱疲，返国之后，虽然所到之处都因为拒签德约受到民众的欢迎，但也感受到民意

---

① 《京华短简》，《申报》1920 年 3 月 5 日，第 6 版。
② 此报告书应即《参与欧洲和平大会分类报告》，北洋外交部档案，03-12-008-04-021。
③ 《（北洋）政府公报》第 1473 号，1920 年 3 月 21 日，第 1 页。
④ 《陆总长呈辞勋》，天津《大公报》1920 年 3 月 23 日，第 6 版。
⑤ 《（北洋）政府公报》第 1616 号，1920 年 8 月 14 日，第 1 页。
⑥ 《（北洋）政府公报》第 1651 号，1920 年 9 月 18 日，第 1 页。

激昂，坚决反对中日直接交涉山东问题。此时国会由安福系把持，中国南北分裂，陆氏自身又与日本政府在和会有抵触心结，实在无力也无心交涉山东、福州等棘手案件，于是"归国述职，遂即引退"。①

赈灾与防灾

10 月 19 日大总统令：派陆征祥为赈务处会办。② 报载：陆氏与各国公使磋商赈灾借款，③ 25 日陆氏早车赴天津与曹锐省长接洽赈灾问题，④ 10 月下旬，陆征祥赴上海调查赈灾。11 月 16 日大总统传见陆氏，咨询赴沪调查办理灾赈情形。⑤ 12 月陆氏主持与英、美、法、日四国公使磋商 400 万元赈灾借款之事，进行顺遂；⑥ 同月，培德夫人向督办赈务处捐款 2000 元，赈恤灾黎。⑦ 1921 年 1 月 31 日，徐世昌总统传见孙宝琦、陆征祥、汪大燮，及美国人格林，研究华北办赈事宜。⑧

1921 年初培德夫人因脑部中风，⑨ 一病不起，医生建议：北京气候于她的身体不相宜，应往欧洲养病。⑩ 陆征祥悉心照顾夫人，并准备赴欧养病诸事，较少参与公职活动。其后，陆氏似曾任总统府外交顾问，报载：总统府外交顾问陆征祥于 4

---

① 《杂件》，陆征祥文书，T1063_05_03_0001，第 141 页。
② 《（北洋）政府公报》第 1680 号，1920 年 10 月 19 日，第 1 页。
③ 《紧要新闻》，天津《大公报》1920 年 12 月 19 日，第 3 版。
④ 《北京特别要讯》，天津《大公报》1920 年 10 月 26 日，第 2 版。
⑤ 《北京特别要讯》，天津《大公报》1920 年 11 月 17 日，第 2 版。
⑥ 《紧要新闻》，天津《大公报》1920 年 12 月 19 日，第 3 版。
⑦ 陈志雄：《陆征祥与民国天主教会》，第 61 页。
⑧ 《北京特别要讯》，天津《大公报》1921 年 2 月 1 日，第 2 版。
⑨ 陈志雄：《陆征祥与民国天主教会》，第 52 页。
⑩ 罗光：《陆征祥传》，第 128 页；《颜惠庆日记》1921 年 1 月 5、10、11 日，第 2~3 页。其中载 1 月上旬陆氏已决定赴欧。

月 27 日午后两点半谒见总统，关于驻外公使改称大使一事，颇有意见陈述。①

5 月 19 日大总统派陆征祥为防灾委员会会长，恽宝惠为副会长。② 报载：21 日陆征祥、恽宝惠上午 8 点晋谒总统，陈述该会成立后应办之事件及经常费用之数目，请总统交谕财部迅速筹妥。③ 23 日天津《大公报》评论曰：民国成立，兵燹迭经，加以天灾流行，无岁不有，人命流离颠沛，冻馁交困，去年华北五省旱灾，尤其彰明较著者。日前政府明令，特派陆征祥、恽宝惠为防灾委员会正副会长，政府有此创设，诚为惩前毖后，注重民生，然而防灾之道，以须筹有种种维护之方，使人民永不受灾祲之祸，始克有济。若惟巧立官位，为位置闲散大老之计，诚不知其已也。④ 似乎对陆氏之酬庸任命颇有微词。

报载：8 月 6 日上午防灾委员会开会，由陆征祥主席，先报告防灾计划书审查之结果案，次报告山东黄河险工及决口情形，及直隶黄河决口、鄂省大水成灾案，皆因从前规定之章程范围太狭，不能适合，故决定先行修改章程，于 13 日开临时会决定。⑤ 10 日徐总统传见陆征祥密谈外交要政良久。⑥

9 月 29 日国务会议，全国防灾委员会会长陆征祥辞职，派孙宝琦接充，表决照准。⑦ 10 月 2 日大总统令：防灾委员会

---

① 《专电》，天津《大公报》1921 年 4 月 28 日，第 2 版。
② 《（北洋）政府公报》第 1882 号，1921 年 5 月 20 日，第 1 页。
③ 《专电》，天津《大公报》1921 年 5 月 22 日，第 2 版。
④ 《闲评》，天津《大公报》1921 年 5 月 23 日，第 6 版。
⑤ 《各地新闻》，天津《大公报》1921 年 8 月 8 日，第 6 版。
⑥ 《专电》，天津《大公报》1921 年 8 月 11 日，第 2 版。
⑦ 《紧要新闻》，天津《大公报》1921 年 9 月 30 日，第 3 版。

会长陆征祥恳请辞职，应准免去职务。[①] 9 日陆征祥偕同夫人及养女礼立等一行到上海，即赴日本邮船会社接洽舱位，上午10 时即登"贺茂丸"号放洋。[②]

陆公墓

1920 年陆征祥夫妇居于北京，养女礼立 13 岁，有佣工十余人。[③] 10 月下旬，陆氏赴上海将先人灵柩迁移到北京。

陆征祥 8 岁丧母，16 岁丧祖母，31 岁丧父，[④] 都葬在上海。陆氏称：我在北京既住了好几年，乃思迁祖母及父母的坟到北京，可是中国风俗，很反对迁墓他乡，于是我说不是迁墓，实是奉养，我居官北京，父母在，必迎养至京，父母死了，迁柩到京，便于日常扫墓，这也是迎养。我在北京不能南归，以至数年不能扫墓，我愿建一座相称的祖坟，前日葬亲，我是小官，于今既做了国务总理，父母之坟不能不加饰。同人中有许多反对的，徐世昌总统赞成，他说，"生于南土，葬于北望"，这在古书上也有成例，于是我在北京找墓地。[⑤]

陆氏于 1918 年 3 月间在北京阜成门外北驴市口迤西地方购地一区，为营葬先人之所，嗣后陆续添购，计共有地 10 余亩，东至栅栏大道，西至正红旗旧营北门大街，南至官房后

---

① 《（北洋）政府公报》第 2014 号，1921 年 10 月 3 日，第 1 页。
② 《陆征祥放洋讯》，《申报》1921 年 10 月 10 日，第 14 版。贺茂丸（Kamo Maru）1908 年完工，排水量 7955 吨。
③ 《京师警察厅住户查口票》（1920 年），陆征祥文书，T1063_03_06_0017，第 1 页。
④ 《迁墓缘起》，陆征祥文书，T1063_03_12_0007，第 4 页。
⑤ 罗光：《访问陆征祥神父日记（三）——六十述往之一章》，台北《传记文学》第 19 卷第 5 期，1971 年 11 月，第 81 页。

檐，北至墓墙地基，[①]正在利玛窦墓旁。[②]由外交部总务厅庶
务科长李殿璋董理营造墓庐工程两年多，于1920年11月完
工，[③]准备迁葬。

陆父诚安原系上海伦敦会传道人，陆氏祖母张氏及母亲吴
氏，似皆麦家圈教友，过世后均葬于上海肇嘉浜伦敦会公墓斜
桥坟地。陆父于1901年逝世，当时陆氏在圣彼得堡使馆，因
工作忙碌，直到1903年才得返国葬亲，似葬于江湾。

斜桥坟地濒临河道，因工程局从事河道治理，侵及坟基，
以致坍塌2丈有余，1920年5月7日天安堂议会函告陆氏：
各公会议决，就沿河一带建筑木坝，以资巩固，其费用公摊，
计本公会名下应摊缴洋300余元，又地之前面适临马路，游民
往来假道横行，乡僻顽童入斯嬉戏，将使先人窀穸为万众践踏
之地，非速建围墙不足以资关栏而免毁伤，而估计工资又需三
四百元，因陆氏祖母入葬多年，请陆氏捐助。[④]陆氏回函表示
正筹划迁葬，但还是捐助了修葺经费100元。[⑤]陆母吴氏墓地
在圣公会界内，圣公会也请求捐助，陆氏捐了50元。[⑥]

---

① 《致外交部函稿》（1920年11~12月），陆征祥文书，T1063_02_01_0041，
　　第33页。现址为西城区百万庄大街8号。
② 陆氏称："我道不孤，结庐正邻利玛窦。"《杂件》（无年月日），陆征祥
　　文书，T1063_05_03_0001，第10页。
③ 《致李殿璋函》（1920年11月14日），陆征祥文书，T1063_05_03_0001，
　　第5页。
④ 《天安堂议会函（上海山东路麦家圈一号）》（1920年5月7日），陆征
　　祥文书，T1063_02_01_0041，第8~10页。
⑤ 《天安堂议会会长倪锡纯函》（1920年5月25日），陆征祥文书，T1063_
　　02_01_0041，第11页。
⑥ 《上海圣约翰青年会学校瞿同庆函》（1920年6月20日）、《致瞿同庆函》
　　（1920年9月16日），陆征祥文书，T1063_02_01_0041，第16、17页。

10 月 26 日晚陆氏乘火车到上海，[①] 处理搬迁父母遗骸至京营葬之事，30 日上午麦家圈天安堂开欢迎会，陆氏演说为人子应孝敬父母。[②] 11 月 2 日陆氏乘淞沪火车赴江湾，运其先人灵枢 1 具，装火车到上海。[③] 7 日陆氏奉先人灵榇由火车北上。交通总长叶恭绰安排移枢需用篷车，饬沪宁、津浦、京奉、京绥各路运送并妥为照料。[④] 9 日晚抵北京，14 日安葬于阜成门外墓地。[⑤] 陆氏云：十余年夙愿今日得偿。[⑥]

因陆公墓附近旧有街道低洼，[⑦] 陆氏商请外交部咨步兵统领王怀庆，请保护墓茔、修理街道并改街道名称，王氏复称："查阅各节事属可行，除饬该管营汛将该地名称改为陆公墓街，并饬工兵对于该处街道随时修理，以利通行。"[⑧] 陆氏又请内务总长张国淦整修附近马路，[⑨] 各界捐赠许多树木，陆公墓规模初具。

陆公墓堂壁镌有宣统皇帝御笔，袁世凯、徐世昌、黎元

---

① 《陆征祥来沪》，《申报》1920 年 10 月 27 日，第 10 版。

② 《基督教友欢迎陆征祥纪》，《申报》1920 年 11 月 1 日，第 10 版。

③ 《陆征祥赴淞运枢》，《申报》1920 年 11 月 3 日，第 10 版。应系其父之灵枢。

④ 《叶恭绰函》（1920 年 10 月 26 日），陆征祥文书，T1063_02_01_0041，第 38 页。

⑤ 《致倪锡纯函》（1920 年 11 月），陆征祥文书，T1063_02_01_0041，第 23 页。

⑥ 《致李殿璋函》（1920 年 11 月 14 日），陆征祥文书，T1063_05_03_0001，第 5 页。

⑦ 《致外交部函稿》（1920 年 11~12 月），陆征祥文书，T1063_02_01_0041，第 33 页。

⑧ 《外交部致陆前总长函》（1920 年 12 月 11 日），陆征祥文书，T1063_02_01_0041，第 29 页。

⑨ 《致张国淦内务总长函》（1920 年），陆征祥文书，T1063_02_01_0041，第 42~43 页。

洪、冯国璋四位总统，伍廷芳、段祺瑞两位总理题额。① 迁葬时，康有为适在上海，陆氏请康氏为陆公墓题字曰："陆相君征祥子，奉使执政二十余年，乃孝思切，至筑庐于其先墓旁，攀瞻松柏，五十而墓之复见矣。"②

陆征祥用心经营陆公墓，堂内添置木刻题句，预留16方，为刻慕亲之年、涤生之日、历年纪念，计自1921年起始，可刻30年，当达1951年为止。陆氏自云：回溯21岁初次出洋，到陆公墓落成迁葬礼毕，足足30年，30年来一步一举悉为先师许文肃公范围规定，遵循有自，历充学习生、翻译官、参赞、公使，及民国回京被任外交总长、国务卿各职，卒未陨越者，皆我先师所赐也。以后至1951年，此30年为慕亲、涤生之年，亟应追遵先君遗训，盖先君所属望于祥者，为读书明理之肖子，既为涤生之日，先须改过，故改号涤生，以示去旧刷新之意；无论改过先须尽孝，追慕先人，已改前愆，故题其庐曰"慕庐"。择定下列16字："慕亲涤生，过自己改，刑妻育女，善与人同。"以此为进行总目，庶几近焉。③

陆氏原想就此居住陆公墓"慕庐"中，偕妻女颐养天年，自定读书进行程序如下：

（一）法律之研究：

1. 国际法联合会为祥研究法律讲求学理之根据地，即先君所谓读书明理之门径矣，循此以往无庸他求，或即

---

① 《致倪锡纯函稿》（1922年），陆征祥文书，T1063_02_01_0041，第22页。

② 《康有为题字》（1920年），陆征祥文书，T1063_05_02_0001，第2页。

③ 《慕庐》（1920~1921年），陆征祥文书，T1063_02_04_0067，第5~17页。

入门入室登堂之基础。

2. 旁及国际法学会、美国国际法学会之出版品而兼习之。

3. 追溯研究 1899 年、1907 年海牙和平会议条约及案卷，巴黎和约。

4. 国际联盟会之全案搜集。

5. 国际条约之研究。

（二）文字之研究

法文、英文、俄文、意文、中文。

（三）修身之课程。[①]

随即因培德夫人生病，举家赴欧，陆公墓遂托由李殿璋及家仆刘升、赵明谦等照顾。陆氏在欧洲时，常想念父母，1922 年自瑞士致函上海天安堂，请于每年 11 月 14 日迁墓纪念日前后之礼拜日举行祈祷。[②] 1923 年 11 月 14 日陆墓迁京三周年，陆氏特请意大利雕刻名家，代摹古孝子救亲铜像一座，镌刻年月日以为纪念，为父母殁后追慕之表示，以志游子风木之痛。[③]

后因陆氏进入修道院，陆公墓缺乏维持经费，不得不于 1934 年交由北平天主教北堂满德贻主教（Mgr. Montaigne）照顾，并将墓旁空地房屋一并移交，1935 年李殿璋将墓地财产造册，约同神父前往点交，按册交妥，满主教嘱李氏代为暂管，一俟有人再为接收，李氏俟交收清楚并请北堂于底册签字

---

① 《杂件》（1920~1921 年），陆征祥文书，T1063_05_03_0001，第 131~132 页。

② 《致倪锡纯函稿》（1922 年），陆征祥文书，T1063_02_01_0041，第 22 页。

③ 《孝子救亲图》（1923 年），陆征祥文书，T1063_02_01_0039，第 9 页。

后，将底册寄给陆氏。① 陆氏在日记中写道："祥本身依靠外人，祖坟同一命运，可发一叹。"②

吴德辉神父自1934年7月接理北堂庶务，即受令代为照管陆公墓及视察修理等事，守墓人赵明谦尽责照顾，一切悉由旧制。③ 1935年6月29日陆征祥晋升司铎，北平公教进行青年会总监督于斌④司铎安排，邀请满德贻主教前往陆公墓堂亲献弥撒圣祭，以志庆贺。满主教将陆墓空地屋内，由中央医院仁爱会修女在东院设立平民施医所，盼日后能建立一贫民医院，⑤ 七七事变后，因城门门禁甚严，暂告停办，改由栅栏本堂神父在东院设贫童识字班，成绩不差。⑥

李殿璋后来加入伪组织，安排刘长清等继续照顾陆公墓。1940年刘氏写信向陆氏报告：仆诸务如常，全家平安，刘升、赵明谦等均叩安。⑦ 又报告：陆公墓树木甚好，赵明谦、刘升

---

① 《李殿璋所寄信函》（1935年6月30日），陆征祥文书，T1063_02_10_0020，第1～2页。

② 《陆征祥日记》（1934年8月13日），陆征祥文书，T1063_01_02_0001，第126页。

③ 《吴德辉所寄信函》（1941年4月21日），陆征祥文书，T1063_02_04_0019，第2页。

④ 于斌（1901～1978），号野声，黑龙江人，1925年获罗马圣多玛斯大学哲学博士，1928年晋铎，1929年获传信大学神学博士，曾在传信大学教授中国哲学，1933年回国，任中华全国公教进行会总监，1936年晋南京宗座代牧区代牧，是当时中国最年轻的主教，1946年任南京总教区总主教，1969年擢为枢机主教。

⑤ 《杂件》（1937年6月29日），陆征祥文书，T1063_05_03_0001，第150页。

⑥ 《吴德辉所寄信函》（1941年4月21日），陆征祥文书，T1063_02_04_0019，第2页。

⑦ 《刘长清函》（1940年春），陆征祥文书，T1063_02_05_0048，第6页。

等均已平安，乞勿慈念。并报告买书寄书之事。① 6 月报告：
伪组织改组，联合委员会结束，留下四名保管看守墓园，仆已
在内，全家均得圣宠入教，得救我心，北京市面如常，惟有粮
价高贵。② 陆氏在给刘符诚的信中写道：与友人谈及当年陆公
墓不得不移交北堂管理之苦衷，倘至抗战而未移交，临时交付
未免有依靠外国人之嫌。③

　　1940 年 7 月初陆氏家仆赵明谦病故，9 月刘升病故，陆氏
于 1941 年 3 月 1 日自修道院写对联寄给刘长清，分别刻石哀
悼曰："义仆忠诚，守我祖茔，服务十载，积劳而终，痛惜哀
哉，无以为赠，揭石纪念，聊表寸衷。""义仆忠诚，侍我从
公，服务十载，积劳而终，闻耗伤感，祝获永生，揭石纪念，
聊表寸衷。"署名"慕庐主人"。④ 刘长清为刘升、赵明谦二人
置买白玉石匾二方，刻字安放于园壁之上，以做永久纪念。⑤

　　1941 年 10 月 27 日刘长清函告陆氏：上年 7 月初赵明谦因
病逝世，陆公墓看守一节，因吴神父不能顾及，改由北堂派教
友到陆公墓常住管理，所有墓内树木及墓堂内各物并慕庐房屋
内物件，均已收交点清，吴神父亦多送刘氏半年工资，两清完

① 《刘长清函》（1940 年 3 月 29 日），陆征祥文书，T1063_02_05_0048，第
　　4~5 页。
② 《刘长清函》（1940 年 6 月 21 日），陆征祥文书，T1063_02_05_0048，第
　　3 页。
③ 《致刘符诚函》（约 1940 年），陆征祥文书，T1063_05_06_0005，第 22~
　　23 页。
④ 《赵明谦、刘升纪念词》（1941 年 3 月 1 日），陆征祥文书，T1063_02_
　　04_0068，第 23~24 页。
⑤ 《吴德辉所寄信函》（1941 年 4 月 21 日），陆征祥文书，T1063_02_04_
　　0019，第 2~3 页。

毕，刘升于逝世前一主日领受洗礼。[1] 1946 年 8 月 10 日刘符诚函陆氏称：回北京时，欲探视陆公墓而未果，闻其保管甚好，无损坏处，刘长清现住乡下，轻易不入城，知弟在平，故来一视，其体气尚好，笃信之德也可佩。[2]

第二节　担任驻瑞士公使

陆征祥于 1922 年 6 月被任命为驻瑞士公使，9 月 19 日呈递到任国书，至 1927 年 5 月提出辞呈获准，他这五年的外交生涯，过去学界研究甚少。

驻瑞士公使之任命

1920 年冬迁葬完成，陆征祥原拟在陆公墓之慕庐居住养老，不料培德夫人突然脑部中风，1921 年初陆氏决意赴欧洲，5 月外交总长颜惠庆建议陆氏担任驻比利时公使，陆氏一度同意，[3] 但因医生建议气候温和处更适合培德夫人，[4] 陆氏遂婉拒驻比，拟赴意大利长住。陆征祥后来之担任驻瑞士公使，是出乎意料之事。

1921 年 10 月 9 日陆征祥偕夫人培德、养女礼立及仆人等，搭乘日本邮船会社"贺茂丸"号自上海启程，约于 11 月到达瑞士。原来计划靠出售瑞士罗加诺益达别墅的收入，及先

---

① 《刘长清函》（1941 年 10 月 27 日），陆征祥文书，T1063_02_05_0048，第 7~8 页。

② 《刘符诚函》（1946 年 8 月 10 日），陆征祥文书，T1063_02_05_0049，第 13 页。

③ 《颜惠庆日记》，1921 年 5 月 16、19 日，第 38、39 页。

④ 陈志雄：《陆征祥与民国天主教会》，第 52 页。

前购买之大量法国战争公债本息，到意大利罗马养老，然而发生一连串的意外，事与愿违。

1921年初陆氏询问颜惠庆有关瑞士益达别墅出售及赴欧路费事宜，[①] 颜氏与徐世昌总统商谈。[②] 原来似乎约定以益达别墅为担保，外交部垫借陆氏一家及仆人赴欧旅费，陆氏一行先在益达别墅居住，半年内将别墅出售，并将家具卖给驻瑞士使馆，以得款偿还旅费，并迁居罗马。不料离北京时借贷的路费到瑞士后受汇兑耗折，而先前购买的大量法国战争债券价格狂跌，别墅一时又卖不掉，以致陆氏无力依计划迁居意大利。[③]

1922年5月11日，陆氏依约定将瑞士别墅之家具清单册，附上电灯、澡盆等账单抄底共3件，寄给驻瑞士公使汪荣宝及北京外交部，请查收存案，俾照单点收。然而益达别墅出售一事，因经济不景气无人询问出价，陆氏只好一面致函汪使恳请设法将别墅出售，一面致函外交部，请求于未出售期内，酌定租金由陆氏纳租继续居住或出租他人。[④]

陆氏偕夫人等在瑞士养病，别墅又将移交给驻瑞士使馆，经济拮据，处境窘迫不堪，陆氏将此情况函告外交部老友刘式训、刘镜人等。[⑤] 刘镜人商请外交次长沈瑞麟设法帮忙，正好驻日公使胡惟德归国，不愿再回东京任所，外交部征询汪荣宝

①　《颜惠庆日记》，1921年1月5日，第2页。

②　《颜惠庆日记》，1921年3月30日，第24页。

③　《致外交部、汪使函稿》（1922年），陆征祥文书，T1063_02_04_0067，第1页；罗光：《陆征祥传》，第128页。

④　《致外交部、汪使函稿》（1922年），陆征祥文书，T1063_02_04_0067，第1~2页。

⑤　刘镜人时任外交部俄事委员会会长，刘式训时任外交部条约研究委员会副会长，华盛顿会议筹备处处长。两人及翟青松都是陆征祥上海广方言馆同窗，一起保送同文馆的老友。

接任意愿，汪氏表示愿改使日本，沈瑞麟遂将陆氏情况面陈外交总长颜惠庆，推荐由陆氏担任驻瑞士公使，颜氏表示赞同，沈氏乃电询陆氏，陆氏表示同意后，外交部遂于5月27日电令汪荣宝征询瑞士政府同意。[1]

29日汪荣宝函告陆氏："前接部电，悉政府特屈公俯就此间使席，属为询取联邦政府同意，今日已与当局接洽，极表欢迎，惟尚须经过政务会议手续，约三五日可有答复。"[2] 6月2日瑞士政务部复函同意，驻瑞士使馆即日电告外交部：瑞士政府函复极表欢迎，[3] 5日汪荣宝函告陆氏此事。

这样的安排，解决了陆征祥归还旅费、房产、收入，及照顾夫人等所有的问题。刘镜人致函曰：接读陆氏手书，"借悉近况拮据，意兴萧索，我兄志趣高超，一生廉介，历剔中外垂三十年，而积蓄之依然如故，甚至所入息金尚虞不能敷用，清廉若此，求之当世，实所仅见"。[4] 刘式训致函云：胡惟德离日乞休，汪荣宝调日，外交部以陆氏现在瑞士，奉商屈就，有此一举，而尊产可有圆满之解决。[5] 驻荷兰公使王广圻致函陆

---

① 《刘镜人函》（1922年6月9日），陆征祥文书，T1063_04_01_0004，第3页。此函亦见喻乐、吴顺整理《陆征祥存札选编》，《近代史资料》总141号，中国社会科学出版社，2020，第156页。

② 《汪荣宝函》（1922年5月29日），陆征祥文书，T1063_04_01_0001，第2页。以下汪荣宝信函，亦见喻乐整理《汪荣宝致陆征祥手札》，《近代史资料》总139号，中国社会科学出版社，2019，第106~118页。

③ 《汪荣宝函》（1922年6月5日），陆征祥文书，T1063_04_01_0001，第4~6页。

④ 《刘镜人函》（1922年6月9日），陆征祥文书，T1063_04_01_0004，第2页。

⑤ 《刘式训函》（1922年6月5日），陆征祥文书，T1063_04_01_0007，第3页。此函亦见喻乐、吴顺整理《陆征祥存札选编》，《近代史资料》总141号，第154页，但题为《钱能训函》。由于函件署名只有"训"一字，整理者认为应是钱能训，然而函件内容主要谈论上海广方言馆老同学之事，笔者认为应系陆征祥广方言馆同窗之刘式训。

氏称："旌从允任驻瑞，欣慰莫名，此席尚可兼顾一切。"① 驻
德公使魏宸组也函称："此举于公于私皆大有裨益。"② 后来陆
氏呈告黎元洪总统称："辛酉冬携眷来瑞，本拟游息欧西，借
自韬隐，不意使席重膺，复违初愿。"③

　　其间，因徐世昌于 6 月 2 日辞大总统职，11 日黎元洪复
任大总统，陆氏之公使任命稍有耽搁，至 15 日始正式发表。④
18 日汪荣宝函告陆氏称："此间公务清闲，极宜静摄，午后休
息更属普通习惯，断无窒碍……旌从近在咫尺，到任极便，国
书一到，自以早日履新为宜，万勿稍存客气。"⑤ 其后汪使收拾
打理行囊，等待国书，陆氏身体欠安，7 月赴法国维希调养。⑥ 9
月 19 日陆氏呈递到任国书，正式接任驻瑞士公使。⑦

人事与经费

　　然而，驻瑞士使馆的人事及经费，都颇棘手。陆征祥原已答应
外交部方宝均任使馆主事，王广圻也为其侄子王缵祖营谋此职，⑧

---

① 《王广圻函》（1922 年 5 月 28 日），陆征祥文书，T1063_02_01_0011，
　　第 3 页。
② 《魏宸组函》（1922 年 6 月 13 日），喻乐、吴顺整理《陆征祥存札选编》，
　　《近代史资料》总 141 号，第 161 页。
③ 《致黎元洪总统函》（1922 年冬），陆征祥文书，T1063_02_04_0067，第
　　44 页。辛酉指 1921 年。
④ 《（北洋）政府公报》第 2258 号，1922 年 6 月 16 日，第 2 页。
⑤ 《汪荣宝函》（1922 年 6 月 18 日），陆征祥文书，T1063_04_01_0001，第
　　11~14 页。
⑥ 《唐在复函》（1922 年 8 月），陆征祥文书，T1063_04_01_0002，第 5~6 页。
⑦ 《瞿宣治函》（1922 年 9 月 12 日），陆征祥文书，T1063_04_01_0003，第
　　15 页。瞿宣治（1883~1923），号希马，驻瑞士使馆秘书，父瞿鸿機，子
　　瞿同祖，1923 年逝世于马赛。
⑧ 《王广圻函》（1922 年 5 月 28 日），陆征祥文书，T1063_02_01_0011，第
　　3~8 页。

汪荣宝更为其长子延熙强力说项，5 月 29 日函陆氏称：离国日久，极思东还，惟三子孝熙卧病医院，不能同行，请陆氏多多照拂。① 6 月 5 日又函：以病儿不能同行，颇有悬念，现拟将主事一员调回，遗有一缺，切恳陆氏任命其长子延熙，俾得就近照料伊弟。② 面对汪使之请托，王广圻只好退让，7 日函陆氏云：汪使为其世兄，希望颇切，来信颇有盛气凌人之概，缵祖一层自应罢议。③

18 日汪荣宝函陆氏称：方宝均事必面嘱次长沈瑞麟切实设法，王广圻拟为其侄求觅一席，似亦须为留意，其间主事更调一节，尊处如有为难，尚可从容商酌，或另商腾挪之法。④ 陆氏只好依照汪使意见，表示馆员不可多更动，汪使遂以此意发电外交部。⑤ 7 月 6 日汪荣宝函陆氏称：小儿派署主事，荷蒙鼎力，立邀部准，小儿粗谙法文，尚未办过公牍，此后随侍左右，得资历练，稍习馆务，兼令就近照顾伊弟，实为两得。⑥

当时北京政府财政困难，1922 年初华盛顿会议决议让中国海关增收 2.5% 附加税，但因法国未批准条约，关税特别会

---

① 《汪荣宝函》（1922 年 5 月 29 日），陆征祥文书，T1063_04_01_0001，第 2 页。按，汪荣宝有五子：延熙（字子长，1883? ~1939）、梀熙、孝熙（字慈明，1905~1962）、缵熙（字公纪，1909~2000）、重熙，二女：福熙、静熙。

② 《汪荣宝函》（1922 年 6 月 5 日），陆征祥文书，T1063_04_01_0001，第 4~6 页。

③ 《王广圻函》（1922 年 6 月 7 日），陆征祥文书，T1063_02_01_0011，第 20~23 页。

④ 《汪荣宝函》（1922 年 6 月 18 日），陆征祥文书，T1063_04_01_0001，第 11~14 页。

⑤ 《汪荣宝函》（1922 年 6 月 21 日），陆征祥文书，T1063_04_01_0001，第 15 页。

⑥ 《汪荣宝函》（1922 年 7 月 6 日），陆征祥文书，T1063_04_01_0001，第 16~17 页。

议不能如期召开，附加税迟迟不能征收，加以英籍总税务司安格联（Francis Aglen）将关余挪作整理内国公债基金，北京财源愈发枯竭，出使经费经常拖欠。

1922年初，外交部向外交团要求拨关余160万两充付使领馆经费，颜惠庆与英国公使艾斯敦（Beilby Francis Alston）晤谈，颜氏称：现在财部欠付使领馆经费甚巨，而使馆职务重要，亟待款项接济，查关余还有余裕，拟自本年1月至8月，每月暂在关余项下拨用20万两，作为使馆经费，此案提出时希贵使支持，艾使同意与安格联商量此事。① 几经交涉，最后北京外交团决定拨150万两充作使领馆经费。

有关使馆经费及馆员垫付薪水事，王广圻6月3日函告：使馆经费自上月拨到三个月后，尚欠八个多月，使馆可向银行商借，惟年底必须筹还，则下年仍可通融，至于银行利息，由部电准另款开支，万一瑞士不易通融，此法亦可通融少数，馆员月薪势不能不借垫，然最好询问清楚有无留支，酌定额数，每月照垫，以免枝节。②

7日王广圻又函云：使费曾由总税务司允于附加税实行前，拨交150万两，分3期交清，上月部拨之费，大约即为第一期交款，如钧座到任时，可电请部中借拨2~3月费，大约不能照数拨汇，然多少可以垫拨。③ 10日又函云：昨得次长沈瑞麟通函，详示筹划使费情形，谓使团只允拨150万两，

---

① 《总长会晤英艾使问答》（1922年2月15日），北洋外交部档案，03-11-005-03-003。

② 《王广圻函》（1922年6月3日），陆征祥文书，T1063_02_01_0011，第9~17页。

③ 《王广圻函》（1922年6月7日），陆征祥文书，T1063_02_01_0011，第20~23页。

分 5 月、8 月、10 月三次拨交，以今年一年为限，以后须俟附加税议决再定，钧座如能在 8 月内接任，彼时如去电请垫拨一两个月使费，或正其时。如过 10 月以后，则来源既绝，必更困难。[1] 7 月 2 日汪荣宝函陆氏称：公使薪俸每月 1800 元，瑞士使馆公费每月 1500 元整，曾经函部声明支绌，请其设法，迄未得复。[2] 15 日又函告：又汇出一个月使费（上年 10 月份），聊胜于无。[3]

有关川资事，王广圻 6 月 3 日函告：此次钧使瑞士，如上年由中国来欧，政府未拨一毛（即政府略有所赠，而非由外部开支者亦可），当然应支付川资，头等 4 份、三等 2 份，服装费照初次到任例可支 8 成，万一川资不照定数全支，则亦可分折开支，所有行李运费、旅费、杂费均可开报，以抵瑞京伯尔尼为止。[4]

最后，陆氏报销川装费用 760 余元，包括：陆氏赴瑞京伯尔尼与汪使接洽公事来回车资及旅费，又瞿宣治随员携带国书稿来罗加诺译作法文，来回车资及旅费 259 元。陆氏自己到任川资旅费、行李费及赏犒等开支 507 元。此外，还有陆氏到任以前与部中往来各紧要电报共 550.24 元，以及各处捐款，因陆氏居罗加诺有年，每于地方教会慈善事业随时量力捐助，担

---

① 《王广圻函》（1922 年 6 月 10 日），陆征祥文书，T1063_02_01_0011，第 26~27 页。

② 《汪荣宝函》（1922 年 7 月 2 日），陆征祥文书，T1063_04_01_0001，第 17~20 页。

③ 《汪荣宝函》（1922 年 7 月 15 日），陆征祥文书，T1063_04_01_0001，第 21~22 页。

④ 《王广圻函》（1922 年 6 月 3 日），陆征祥文书，T1063_02_01_0011，第 9~17 页。

任公使命令发表后，各报转载表示欢迎，本地各团体送募捐册者较多，而于所捐之数，因新任公使地位较个人居留不同，不得不稍加增益，故择其最为重要及与地方政府有关系者，酌量捐资，共约337元。整体而言，应是相当撙节了。[①]

有关使馆租金、家具，6月21日汪荣宝函告：此间房屋租金每年14000法郎，于上年底按租约展期，减价1000法郎，已于本年5月付过半年租金6500法郎，至10月底止，11月须再付半年。[②] 7月6日汪荣宝函告：此间馆屋展租5年，家具及电灯、地毯、帘幕等等虽均齐备，然时逾三年，已需添补，此外陈饰之品及挂屏等件，均属汪荣宝私人所有，馆中毫无设备，陆氏到任时宜酌带为佳。[③]

9月陆氏接任后，自罗加诺搬运家具及新移办公处各房添置家具费用共922元，主要是将罗加诺益达别墅内之饭厅、烟房家具，与公使馆饭厅、烟房家具互相对换安置。公使馆公事房家具汪使已迁移，馆内多一公事房，即以益达别墅全套家具移置，免购新者。又新迁办公处各房添置桌椅、书架、窗帘及其他零星物品等，均择其必不可少者购置，报请外交部销账。[④]

外交次长沈瑞麟在经费上十分帮忙，陆氏致函称："瑞馆

---

① 《拟致外交部函大意》（1923年），陆征祥文书，T1063_04_01_0001，第40页。

② 《汪荣宝函》（1922年6月21日），陆征祥文书，T1063_04_01_0001，第15页。

③ 《汪荣宝函》（1922年7月6日），陆征祥文书，T1063_04_01_0001，第17~20页。

④ 《拟致外交部函大意》（1923年），陆征祥文书，T1063_04_01_0001，第40~41页。

使费困难情形早在洞鉴，仰劳苦画，随时筹垫维持，无任心感。"① 陆氏尽量节省，报告外交部云：前请汇拨到任另款，原拟备为修理使馆及添置陈设物品二项用度，嗣抵伯尔尼与汪使接洽交替，知悉年来使费拮据，而使馆系租新建之屋，且汪使夫妇居住甚属整洁，无须修葺，陈设物品虽觉缺少，但陆氏历任自置各件可以对付，亦可无须添置，故将部拨之款改为必不可少之正项用度，撙节动支实用实销，内有530余元系劳工大会会费垫款，又918.94元充付去年11月、12月及今年1月、2月电报费。② 由此可以窥见陆氏能省则省的清廉作风。

惟陆氏到任后，培德夫人需仆人照顾，1922年冬呈告大总统黎元洪云："此间馆员四人，相处甚得，华仆三人，水土尚服"，③ 但是"使馆房屋狭小，仅敷公使居住，势难兼充办公处"。④ 1922年10～11月第四届国际劳工大会在日内瓦召开，北京政府派陆征祥与驻瑞士使馆二等秘书肖继荣出席，⑤ 陆氏遂呈请于使馆内设中国劳工代表常川办事处，由肖继荣任处长，另租一房，有六个房间，地点适中，每年租金4500法郎，添雇洋仆一人，专供办事处打扫房间及一切差遣之用，每月工资连饭食共瑞币200法郎，自1922年11月起列入另款开

① 《致外交次长沈瑞麟函》（1923年），陆征祥文书，T1063_02_04_0067，第45页。
② 《拟致外交部函大意》（1923年），陆征祥文书，T1063_04_01_0001，第41～42页。
③ 《致黎元洪总统函》（1922年冬），陆征祥文书，T1063_02_04_0067，第44页。"华仆三人"，应为从北京带去照顾培德夫人者。
④ 《致外交次长沈瑞麟函》（1923年），陆征祥文书，T1063_02_04_0067，第45～46页。
⑤ 肖继荣（1895～1966），字亮公、亮功。

支，请外交部核销。① 1923 年 3 月该处正式成立，于是原使馆就由陆氏夫妇等居住，劳工代表处则由馆员居住办公。

第三节 家庭生活与外交活动

陆征祥同意担任驻瑞士公使，主要目的在利于培德夫人调养身体，并解决益达别墅房产及经济拮据问题。由于培德夫人身体不好，需要陪伴照顾，加以瑞士使馆事务清简，陆氏对于外交活动不甚积极。

家庭生活

陆征祥与夫人及养女礼立住在使馆，携有三名华仆照顾培德夫人。② 1923 年为迁墓三周年，陆氏原拟秋天俟礼立中学毕业全家返华，俾礼立补习中文并习知祖国礼仪，陆氏亦得回京祭扫先人庐墓，③ 业经电外交部呈奉准假，并开始预备行装。不料培德夫人于秋天突然病势加重，血压飙高脑部充血，医生断定无可救药，④ 动了手术之后，10 月中旬培德夫人又患左臂左腿麻木及舌音不清之症，来势颇恶，延医诊治，幸而逐渐平复。⑤

---

① 《致外交次长沈瑞麟函》（1923 年），陆征祥文书，T1063_02_04_0067，第 45~46 页。
② 《致中俄会议王正廷督办函》（1923 年），陆征祥文书，T1063_02_04_0067，第 53 页。
③ 《致汪荣宝函》（1923 年），陆征祥文书，T1063_02_04_0067，第 34~35 页。
④ 罗光：《陆征祥传》，第 129 页。
⑤ 《致外交总次长函》（1924 年），陆征祥文书，T1063_02_04_0067，第 42 页。

1923 年底陆氏致函汪荣宝云：内人病体尚未复原，深感焦虑，目前睡眠饮食虽然照常，而左眼视力及腿力腕力仍异常衰弱，行动不便，每值天气晴朗辄乘车赴郊外游览一两个小时，借吸新鲜空气，然出门登车皆须扶掖，内人颇觉不便。平时消遣看书则颇费目力，惟有听报、打纸牌尚觉有趣味，差可解闷，延熙、孝熙两兄弟常于下午 5 时后来寓，会同舍亲哈福特夫人及小女轮流与内人打牌消遣。回国的计划为内人病体所阻，此愿不知何日得偿，按目前情势难远离伯尔尼，医药之关系固属重要，经济之补助亦未敢轻视。①

图 6-2　1923 年 8 月摄于伯尔尼使馆

［照片应为培德夫人手术前后所摄。图中右一为哈福特夫人（Marie-Henriette Bovy，1854 年生，培德姐姐）。右二为肖继荣。右三为培德夫人。右四为陆征祥。左四为养女陆礼立。左三为 Geston Emmanuel Harford（1881 年生，哈福特夫人之子，培德外甥）。左二为汪延熙。左一为 Valentine Marie Bovy（培德姐姐）］

①　《致汪荣宝函》（1923 年），陆征祥文书，T1063_02_04_0067，第 34~35 页。

1924 年 2 月 12 日为陆氏夫妇银婚纪念日，陆氏题词自识曰："一结同心二十五年，同甘同苦味如前，幸留暮日酬知己，多病怜卿亦自怜。"① 3 月 28 日致函总统府大礼官黄开文云：去年原想回北京扫墓，因夫人生病中止，数年前先人迁葬时，曾蒙历任总统手题四字，刻于墓堂旁壁，借以壮观，现请便中代恳曹锟总统赐题数字，俾先墓益增光彩。②

同年致函外交总长顾维钧、次长沈瑞麟云：培德夫人近因左目发生障翳，医生放血 3 次共 330 公克，血压从 220 降到 175，现左目障翳略退，腿力稍增，又其间眼科专家用蒸气治疗，每星期 4 次，颇为有效，目前病状，除步履艰难、左目障翳未尽消退，眠食均已正常。"祥数月来奉同小女亲视药食，未敢稍离左右，盖 25 年来深感内人相待之诚，殊觉非如此不能安心耳，惟经此焦虑终日，寸心幢幢，若有危急之将临，年仅知命，有此景状，深自叹息。"③

1924 年 11 月 20 日，礼立与王广圻之子王念祖在伯尔尼举行订婚仪式。④ 1925 年培德夫人病重，教廷驻伯尔尼公使、教宗庇护十一世（Pius XI）的国务秘书马格里奥尼（Maglione）主教，为陆氏求见教宗颁赐遐福。⑤ 11 月陆氏至罗马朝圣，12 日蒙教宗接见。陆氏称：教宗接见时谈话极和蔼，谈话毕，赐我一枚圣年大纪念牌，我即向教宗说及夫人因病未克同来，特

---

①　《杂件》（1924 年 2 月），陆征祥文书，T1063_05_03_0001，第 12 页。
②　《致总统府大礼官黄开文函》（1924 年 3 月 28 日），陆征祥文书，T1063_02_04_0067，第 36~37 页。
③　《致外交总次长函》（1924 年），陆征祥文书，T1063_02_04_0067，第 42~43 页。
④　陈志雄：《陆征祥与民国天主教会》，第 66 页。
⑤　陆征祥：《回忆与随想》，第 85 页。

请教宗祝福。教宗走到书房柜内，取出一枚纪念章装在匣内，然后递给我说，这是教宗亲手赠予陆夫人的。①

1925 年底，礼立对与王念祖之婚约不满，离开家庭。② 培德夫人健康状况日益恶化，至 1926 年 4 月 16 日逝世，享年 71 岁，弥留之际，马格里奥尼主教为她行临终傅油圣事。③

外交活动

1. 国际联盟④

驻瑞士使馆本身业务不多，但日内瓦为国际联盟总部所在，国际会议甚多，驻瑞士使馆须处理相关事务。国际联盟创立于巴黎和会，目的在于防止国际政治冲突，维持世界和平，依据《国际联盟盟约》，国联由大会（Assembly）、理事会（Council）、秘书厅（Secretariat）三大机构组成，其中理事会权力甚大，以英、美、法、意、日五大国为常任会员，另外四国为非常任会员，巴黎和会中推定由比利时、巴西、希腊、西班牙四国为临时非常任会员。

国联每年召开大会，1920 年 11～12 月召开第一届大会，中国派驻美公使顾维钧、驻荷公使唐在复、驻比公使魏宸组为代表出席。顾维钧极力争取理事会非常任席位，主张"分洲主义"，各洲都须在理事会有代表，亚洲自应有一席，经多方联络进行，中国当选为非常任四席之一。顾维钧在理事会

---

① 罗光：《访问陆征祥神父日记（一）——六十述往之一章》，台北《传记文学》第 19 卷第 2 期，1971 年 8 月，第 47～48 页。

② 陈志雄：《陆征祥与民国天主教会》，第 65～66 页。

③ 陆征祥：《回忆与随想》，第 85 页。

④ 参见唐启华《北京政府与国际联盟（1919～1928）》。

中表现优异，赢得国际赞誉，并在日内瓦设立国际联合会全
权代表办事处，然而中国在国联自始承担一等国会费，但北
京政府财政困难，根本无力负担，1920 年之会费勉强如期缴
清，1921 年即开始拖欠，越积越多，成为国联最大之债户。
1921 年 9 月召开第二届大会，北京派驻英公使顾维钧、驻意
公使唐在复、大理院院长王宠惠为代表出席，顾氏表现出
色，中国顺利连任理事会非常任席位。然而顾氏随即赴美参
加华盛顿会议，会后回国担任要职，驻意公使唐在复在理事会
地位远不及顾氏。

　　1922 年 9 月国联第三届大会召开，外交部拟派陆征祥、
唐在复及驻奥公使黄荣良为代表出席。当时陆氏虽已发表为驻
瑞士公使，但还未赴任，7 月 6 日外交部电告陆征祥：呈奉大
总统 6 月 30 日指令，派陆征祥、黄荣良为国际联盟本届大会
代表，除已正式通知国联外，希即遵照，会同唐代表前赴日内
瓦与会。① 当时中国南北分裂、内战频仍，参与国联问题重
重，陆征祥不愿与会，个中缘由可从王广圻函中略窥一二。王
函称：国联一席，"为国任劳，难易均可不计，惟徒然为人受
过，似确太不值得"。② 似乎暗指欠缴会费、理事会席位等与
顾维钧有关之事。顾维钧 8 月初代理外交总长，陆征祥虽表示
不愿出席国联，但北京政府还是发表他为中国代表，最后陆氏
称病没有赴会。③ 此会中，中国在理事会的非常任会员地位发

---

①　《发驻瑞士陆公使、驻奥黄公使电》（1922 年 7 月 6 日），陆征祥文书，
　　T1063_04_01_0001，第 37 页。

②　《王广圻函》（1922 年 7 月 29 日），陆征祥文书，T1063_02_01_0011，第
　　38~39 页。

③　《魏宸组函》（1922 年 8 月 24 日），喻乐、吴顺整理《陆征祥存札选编》，
　　《近代史资料》总 141 号，第 162 页。

岌可危，顾维钧运用各种方法，惊险地保住了席位。

陆征祥于1922年10～11月出席日内瓦第四届国际劳工大会，会后密电外交部称：据其间智利代办兼国联代表处秘书长面告，今年国联大会散会之际，各国私相讨论，咸有下届大会将选亚洲国家代表为主席之意，若中国所派代表名望素著，且与各方面均极接洽如顾维钧者，必可获选，南美洲各国向来与中国同持"分洲主义"，必当一致赞成。祥意此为增进我国国际荣誉及地位绝好机会，似不宜轻易放过，顾维钧现任外交总长，事务繁忙，恐不能久离，其他人选，以颜惠庆前总理为最相宜，倘能予以历聘各国名义，先行来欧与各国接洽，随即派为国联代表出席理事会，以其声誉才识，将来当选会长一席当可预卜。[①] 1923年1月10日陆氏又电外交部：请预筹办法，以占先着。[②] 然而，北京政局动荡，此事并无下文。

1923年9月国联第四届大会召开，外交部又请陆征祥出席，陆氏以迁墓三周年，请假回国祭扫获准，船位已订，不能应命。北京改派驻法公使陈箓、唐在复及驻英代办朱兆莘出席大会，由于中国在理事会的席位十分危险，会前外交部命驻外公使向各国拉票。陆征祥与瑞士外交局局长接洽后报告称：该局长表示瑞士愿支持中国，[③] 然而中国还是落选，失去理事会席位。1925年陆氏又奉命接洽拉票，8月他报告北京：瑞士政

---

① 《瑞士陆征祥5日来电（附件）》（1922年12月7日），北洋外交部档案，03-38-010-001。

② 《驻瑞士陆公使电》（1923年1月10日），北洋外交部档案，03-38-010-01-003。

③ 《驻瑞士陆公使电》（1923年9月6日），北洋外交部档案，03-38-015-02-016。

务部部长表示支持，但我国长期拖欠会费，必为反对者借词梗阻，请外交部务于开会前竭力筹付，免贻口实而受影响。[①] 该届大会，中国再次落选。

1926 年初德国申请加入国际联盟，并希望在理事会得常任席位，国联在 3 月召开特别大会商讨此事。北京外交部希望利用此时机恢复理事会席位，陆氏受命与瑞士当局接洽，2 月 20 日报告北京称：据称瑞士向来俱投中国票，又密告据其个人看法，3 月 8 日之会除议德国加入外，当不牵涉其他问题，中国似应于本年秋季大会时妥为预备。[②] 25 日陆氏又电告：国联理事会议席关系匪轻，现波兰、西班牙、巴西等国均有得常任席之希望，我为亚洲大国，似亦应同样要求常任，英、法两国为解决该问题之枢纽，可否拟定确实交换办法，与彼交涉，俾达目的，而免错过机会。[③] 结果特别大会因多国争取席位，无果而终，德国入会及理事会增加席位之事，都延到 9 月大会再议。至 9 月大会，中国当选任期 2 年之非常任席位。

2. 国际劳工组织

欧战告终，世界劳工要求政府保护甚力，各国顺应潮流，故对德《凡尔赛和约》中，列入创设国际劳工组织（International Labor Organization）之条文，其目的在于以社会正义为基础，建立世界和平，与国际联盟相辅相成，总部原设于伦敦，寻迁日内瓦，成员国与国联大部分相同，预算由国联大会通过，常被

---

① 《收驻瑞士陆公使电》（1925 年 8 月 25 日），北洋外交部档案，03-38-016-02-022。

② 《收驻瑞士陆公使电》（1926 年 2 月 20 日），北洋外交部档案，03-38-017-01-018。

③ 《收驻瑞士陆公使电》（1926 年 2 月 25 日），北洋外交部档案，03-38-017-01-030。

视为广义国际联盟的一部分，实则国际劳工组织完全自由独立，不归国联统属，自有其理事会议，每年召开国际大会。①

当时中国产业尚在萌芽阶段，并无保护劳工之立法与组织，只能派遣驻外人员参与大会。1919年10~11月第一届国际劳工大会在华盛顿召开，驻美公使顾维钧派代办容揆出席。1920年6~7月第二届劳工大会在意大利热那亚召开，中国未派员出席。1921年10~11月第三届劳工大会在日内瓦开会，中国由驻瑞士公使汪荣宝出席，该会共议决《保工会条约草案》及条陈15件，汪使函送外交部。②

第四届劳工大会于1922年10~11月在日内瓦召开，北京政府派陆征祥及秘书肖继荣参加。由于签订劳工条约以来，中国对于保护劳工事务毫无进展，会中各国群相责问，印度工人代表提议组织特别委员会，考察东方各国劳工情形，经肖继荣两次发言说明中国态度后，该提议卒经大会否决。③ 陆氏11月6日致夏诒霆函云：大会提议添设特别国股，专为研究调查远东各国劳工情形，经我抗议并向会中重要人物疏通，陈设理由，此议未曾通过成立，亦一幸事也。④

1922年冬陆氏呈请于使馆内设中国劳工代表常川办事处，由肖继荣为处长，奉准于次年3月正式成立，但经费一直有问题。1923年3月10日陆征祥电外交部：劳工代表处系对外机

---

① 参见唐启华《北京政府与国际联盟（1919~1928）》，第五章第四节。

② 《收驻瑞士汪公使3月25日函：函送公约草案及条陈译本》（1922年6月19日），北洋外交部档案，03-38-004-01-006。

③ 《日来弗陆代表电》（1922年11月4日），北洋外交部档案，03-38-004-01-009。

④ 《致夏诒霆函》（1923年11月6日），陆征祥文书，T1063_02_04_0067，第14页。夏诒霆于1918~1927年任驻巴西、秘鲁公使。

关，经费恳准由使费项下发给，或酌拨另款以资挹注。① 此外，国际劳工组织多次催缴中国之会费，4 月 13 日外交部电陆氏云：国际联盟经费历次均汇交该会秘书长，现已汇至 1921 年份，劳工局经费既在此款之内，似应由劳工局径向秘书长接洽。②

同时，国际劳工组织催询中国政府关于第三届劳工大会所采纳之《保工会条约草案》及条陈的办理情形。此时国内劳工为生计所迫，时有罢工举动，酿成多数工人死伤之惨剧，政府必须速谋补救，以尊重人民生命生计，并保护资本家。农商部原有增设劳工司之议，并经国务会议通过，但办法尚未确定，此时乃咨请外交、内务、交通三部，各派员会议此项机关，究应取何种形式。③ 四部会商后，认为我国在工厂法尚未制定之前，暂不批准各项公约，指示中国代表函复国际劳工组织称：已将第三届劳工大会议决各公约草案及条陈等分咨各主管机关详核。④

1923 年秋第五届劳工大会开会，会前外交部请陆征祥出席，7 月 14 日陆征祥以回国船位已订为由婉拒，推荐由肖继荣以代办名义出席。⑤ 9 月国际劳工组织致函陆征祥，再请中国赞成公约并要求批准。27 日陆征祥函外交部：批准公约为

① 《收驻瑞士陆公使电——劳工代表处经费请由使费项下发给由》（1923 年 3 月 10 日），北洋外交部档案，03-10-009-01-038。
② 《致驻瑞士陆公使电》（1923 年 4 月 13 日），北洋外交部档案，03-38-004-01-015。
③ 《政府决设劳工机关之趋势》，《申报》1922 年 12 月 17 日，第 6 版。
④ 《发驻瑞士陆公使咨：农商部答复保工公约草案》（1923 年 2 月 26 日），北洋外交部档案，03-38-004-01-013。
⑤ 《收驻瑞士陆公使电》（1923 年 7 月 15 日），北洋外交部档案，03-38-004-01-017。

国际劳工组织进行之关键，我国对 10 余件公约，因国内工业情形不适合，迄今未批准一项，似应选择简而易行窒碍不多者，批准一两项，表示我国承担国际义务之决心。①

9 月陆氏又电称：国际劳工行政院议决召集劳工统计大会，冀规定劳工统计大纲数种，以便于各国之比较，于本年 10 月 29 日在日内瓦开会，请届时派员与会。② 10 月上旬外交部指示：劳工统计大会可派肖秘书前往。③ 11 月 14 日驻瑞士使馆函告外交部：国际劳工组织函催第三届劳工大会公约草案及条陈等办理情形一事，请于国务会议提出，妥筹办法并见复。④ 外交部虽经国务会议提出讨论，然因诸多疑虑遭搁置。

第六届国际劳工大会于 1924 年 6~7 月召开，5 月 31 日外交部电令陆征祥出席，6 月 2 日陆氏复电：祥因妻病不能离开，建议由肖继荣秘书出席，⑤ 此会遂由肖继荣代表出席，王念祖任秘书。与大会同时召开之平等待遇大会也由肖继荣出席，6 月 19 日肖继荣报告：平等待遇委员会选举，我国以 46 票当选。⑥ 26 日又报告称，平等待遇大会芬兰代表提议在公约内加入：如侨工本国内无灾变保险法者，不得享受平等抚

---

① 《收驻瑞士陆公使 9 月 27 日函》（1923 年 11 月 4 日），北洋外交部档案，03-38-004-02-001。

② 《瑞士陆公使电》（1923 年 9 月 5 日），北洋外交部档案，03-38-004-01-18。

③ 《发驻瑞士陆公使电》（1923 年 10 月 9 日），北洋外交部档案，03-38-004-01-019。

④ 《收驻瑞士使馆函》（1923 年 11 月 14 日），北洋外交部档案，03-38-004-02-001。

⑤ 《驻瑞士陆公使电：请拨汇赴劳工会费四千由》（1924 年 6 月 2 日），北洋外交部档案，03-10-009-02-020。

⑥ 《平等待遇委员会选举我国当选》（1924 年 6 月 19 日），北洋外交部档案，03-38-004-02-016。

恤等语，法国代表并引申中国为比喻。肖氏以此案关系国家
体面及利益颇大，因起立争辩，谓中国亦有此法，并以公约
不应有限制条件，以免失原约本意为理由，极力反对。最后
芬兰代表之提议虽被否决，但公约内加入：如签约国无此项
法律者，应速为编订。肖氏因此于电文中称：乞商主管各部
迅筹办法为要。①

　　第七届国际劳工大会于 1925 年 5～6 月在日内瓦召集，中
国由驻意公使唐在复及原陕西实业厅厅长严庄代表出席。②
1926 年 5 月召开第八届国际劳工大会，外交部电陆氏酌派馆员
与会，陆氏 5 月 19 日复电：劳工大会关系重要，各国均派全权
代表参与，我国亦系历次简派，此次如以时间过促，不派亦可，
至于酌派馆员与会一节，似欠慎重，事关国家体制及信用，仍
乞详核办理。③ 外交部改派驻意公使朱兆莘及肖继荣参加。

　　中国因当时工业方在萌芽阶段，不能适用依工业先进国家状
况制定的诸公约，常遭各国责难，加以经费拮据，代表出席费用
必须由使馆垫付，陆氏对于参与国际劳工大会，显得意兴阑珊。

　　3. 中瑞条约

　　欧战期间，中德邦交中断，造成中国驻欧各使馆联络不
便，驻欧各使电请外交部在瑞士设立使馆，以便联络。④ 于是

---

①　《平等大会待遇事》（1924 年 6 月 26 日），北洋外交部档案，03-38-
　　004-02-017。

②　《函送参与保工大会报告》（1925 年 12 月 1 日），北洋外交部档案，03-
　　38-005-03-008。

③　《劳工大会关系重要》（1926 年 5 月 20 日），北洋外交部档案，03-38-
　　006-01-008。

④　《收驻奥沈公使 14 日电》（1917 年 2 月 16 日），北洋外交部档案，03-
　　23-021-02-008。

中瑞展开建交派使谈判，关键问题在于领事裁判权，民国建立后坚持与新建交国平等订约，但瑞士坚持与法、意等国一致，享有领事裁判权。几经磋商，最后于 1918 年 6 月 13 日双方在东京签约建交，10 月 8 日换约生效。[①]《中华瑞士通好条约》正文平等互惠，惟应瑞士之请加一附件云：

> 关于领事裁判权（即治外法权），瑞士国领事应享有现在或将来允与最惠国领事之同等利权。俟中国将来司法制度改良有效时，瑞士国即与他缔约国同弃其在中国之领事裁判权。将来尚须订正式通商条约，在此项条约未成立以前，两缔约国人民应享有现在或将来最惠国人民一切应得之同等权利及特许免除。[②]

明文给予瑞士领事裁判权。

此约签订之时，北京旧国会已停顿，安福国会尚未召开，故由大总统径行批准，[③]直到 1923 年才送交旧国会审查。10 月参议院外交委员会审查报告书云：自欧战告终后，世局变化，我国领事裁判权之急宜收回，已属不成问题，该约附件瑞士在华有领事裁判权，当然不能承认。外交部接到审查书后，认为：该约已签字批准互换生效施行，不能再托词手续未备不

---

① 《收驻日庄代办 8 日电》（1919 年 10 月 9 日），北洋外交部档案，03-23-021-03-041。
② 王铁崖编《中外旧约章汇编》第 2 册，第 1374 页。
③ 《咨呈国务院：智利瑞士两约请提交两院追认由》（1919 年 12 月 19 日），北洋外交部档案，03-23-021-03-046。

能发生效力，只能对瑞士政府提议修改。[①]

11 月 27 日外交部电令陆征祥：中瑞条约既经两院声明保留，政府似可据以重开交涉，瑞士在中国侨民极少，无此规定，事实上于彼亦不生任何影响，况现在德、奥、匈、俄、波斯和其他之无约各国在华侨民，均已受我法庭管辖，上年华盛顿会议各国并允派员来华考察，以为撤销领事裁判权之准备。[②] 陆征祥复电云：瑞士政府对中瑞条约事非常注意，业于 11 月 7 日来函声称该条约及附件均经两国正式批准互换，同为两国间有效之契约，不能分离为二，请中国政府承认此意，请外交部通盘筹算，指示着手进行办法。[③] 外交部函告陆氏：希先以非正式手续面向瑞士外交部试探意旨，如能有活动表示，再行正式提出办法，或用换文声明。[④]

1924 年初陆氏与瑞士政务部部长商议，该部长称条约一经批准互换即生效力，为国际通例，如对内发生问题，系缔约国国内之事，应由各本国政府自行处理，至贵使请敝国政府首先撤销领事裁判权一节，本部长当报告全体国务员，予以友谊之考虑。陆氏乘机进言中国司法之如何进步，领事裁判权之如何不宜存在，瑞士对外素无野心，不应效尤他国保有此赘疣，以妨碍瑞士在华商务之发展。该部长颇为动容，旋即索阅中国

① 《国务院函》(1923 年 10 月 20 日)，北洋外交部档案，03-23-022-01-003。

② 《电驻瑞士陆公使》(1923 年 11 月 27 日)，北洋外交部档案，03-23-022-01-004。

③ 《收驻瑞士陆公使电》(1923 年 11 月 30 日)，北洋外交部档案，03-23-022-01-006。

④ 《函驻瑞士陆公使》(1923 年 11 月 30 日)，北洋外交部档案，03-23-022-01-005。

现行民刑及诉讼管理外人各法之译本，谓将以此为考虑依据。陆氏即函请外交部迅寄各法典英、法文译本，以凭转送。① 外交部随即寄送各法典译本，由陆氏转交瑞士政府。②

2月12日陆征祥致函时任国际法庭副法官王宠惠称：中瑞修好条约内领事权之附载宣言，经两院否决，祥奉训令正式通告瑞士政府，请其抛弃在华领事裁判权，该政府允为友谊之考虑，并称将以中国新司法制度及现行各法律为根据，王氏屡掌司法，中外景仰，倘能来瑞士与当道叙谈我国司法情形，必可促进彼邦人士之决心。③ 然此事似无下文。

28日瑞士政务部函告陆氏：无论何国不能以一方之决定，变更有效条约之内容。④ 4月22日外交部指示陆氏：再向瑞政府婉商。⑤ 正好列支敦士登公国（Principality of Leichtenstein）请求瑞士保护，两国订海关条约，自1924年1月1日起两国税关领域连成一体，5月瑞士驻上海总领事致函江苏交涉员云：中瑞条约一体适用该国，请中国同意。⑥ 6月20日外交部电告陆征祥：查中瑞条约本未包含可以推广他国之意，且该约附件领事裁判权之规定，经中国国会保留，正在交涉废止，该

---

① 《收驻瑞士陆公使电》（1924年1月12日），北洋外交部档案，03-23-022-01-010。
② 《函驻瑞士陆公使》（1924年4月7日），北洋外交部档案，03-23-022-02-001。
③ 《拟致王宠惠函》（1924年2月12日），陆征祥文书，T1063_01_04_0068，第49页。
④ 《收驻瑞士陆公使3月5日函》（1924年4月9日），北洋外交部档案，03-23-022-02-002。
⑤ 《函驻瑞陆公使》（1924年4月22日），北洋外交部档案，03-23-022-02-003。
⑥ 《江苏交涉员呈》（1924年5月31日），北洋外交部档案，03-23-022-02-004。

问题未经解决前，中国政府歉难有所表示，瑞士政府同意中国请求后，自可乐意推广适用。[①] 陆氏遵命通告瑞士政府，否认列支敦士登在华同享瑞士之权利。[②]

8月14日瑞士政务部函告陆氏：收到各法典，一旦法权委员会做出报告，本政府即可依据做出能否抛弃已取得权利之决定，惟目前必须坚持1923年11月7日函达之意见。[③] 外交部命陆氏继续与瑞士政府婉商，[④] 然而无何进展。[⑤]

4. 瑞士加入《九国公约》案

1922年初华盛顿会议（以下简称"华会"）签署《九国公约》，但直到1925年春"金法郎案"解决，法国才批准华会各条约。8月5日《九国公约》生效后，美国以华会召集国身份，根据该约第8条：邀请与中国"有条约关系"而未签该约各国加入之规定，10月陆续邀请德、瑞士、瑞典、挪威、丹、西、奥、秘、巴西、墨、智利、玻利维亚、波斯等国加入《九国公约》。[⑥]

此时，原来条约列强中之德、苏、奥陆续与中国签订平等新约，而国人对条约束缚之不满日增，"五卅"惨案之后国人

---

① 《电驻瑞士陆公使》（1924年6月20日），北洋外交部档案，03-23-022-02-005。

② 《收驻瑞士陆公使电》（1924年7月17日），北洋外交部档案，03-23-022-02-006。

③ 《驻瑞士陆公使9月15日函》（1924年10月17日），北洋外交部档案，03-23-022-02-011。

④ 《函驻瑞士陆公使》（1924年11月10日），北洋外交部档案，03-23-022-02-12。

⑤ 《收驻瑞士陆公使3月30日函》（1925年3月30日），北洋外交部档案，03-23-022-02-13。

⑥ 《收驻美施公使16日电》（1926年1月17日），北洋外交部档案，03-39-035-02-002。

已不再满足于华会决议，进而要求彻底摆脱条约束缚，北京政府向华会列强提出修约照会，要求全面修改不公正之条约，列强则只同意召开关税、法权两会议。

12 月德国通知美国愿意加入《九国公约》，但声明保留须经国会通过。[①] 北京外交部见报载后方知此事，认为《九国公约》旨在限制签约列强对中国主权之侵犯，故加入各国应以与我国尚有不平等条约关系者为限，其已订有平等新约者，对于华会条约中所指各节本无问题，自不在加入之列。[②] 外交部着重已与中国签订平等新约的德、奥、瑞士、智利、波斯、玻利维亚，以及正在商订平等新约之秘鲁等 7 国，电令驻各该国使节就地交涉，极力劝阻。

1926 年 1 月 19 日外交部电令陆征祥：美国邀请瑞士加入《九国公约》，查该约与中国订定平等相互条约之各国毫不相干，不应在加入之列，希向瑞士政府声明，中国政府认为美国邀请与原约宗旨不合，请该国政府毋庸加入。[③] 陆氏与瑞士外交局局长晤谈，彼称中国与美国对于加入《九国公约》之条件解释不同，应先由中美两国自行协商办法，如果美国向瑞士宣告其所发之邀请为无效，则瑞士当然不加入。陆氏见根据条约阻止难生效力，乃改从政治上立论，陈述瑞士不宜加入《九国公约》之各种理由，指出中瑞两国政治上从无恶感，通好以来在我领土内未占有任何特殊地位，没有加入该

---

① 《收德博使照会》（1925 年 12 月 31 日），北洋外交部档案，03-39-035-01-003。

② 《发驻美施公使电》（1925 年 12 月 31 日），北洋外交部档案，03-39-035-01-001。

③ 《发驻瑞士陆公使、义沈代办电》（1926 年 1 月 19 日），北洋外交部档案，03-23-130-01-010。

约之必要，中国人民仇视不平等条约，"五卅"惨案后，全国兴起抵制外货之风潮，关系各国所蒙之损失甚大，瑞士幸以无不平等条约关系，旅华商务毫未波及，现在若加入《华盛顿条约》，必会惹起我国国民之注意，容易发生意外之危险。该局长极为动容，允于加入之事再为从长考虑。① 2 月 20 日陆征祥电告外交部称：瑞士政务部部长于昨日面许缓办加入《九国公约》事。②

此案最后有瑞典、挪威、丹麦、墨西哥、玻利维亚等五国接受美国邀请加入《九国公约》，智利、波斯允诺不加入，奥地利、瑞士、秘鲁决定缓办，德国因中国强烈反对，未将美国邀请提出国会。由此交涉过程颇可看出陆征祥对于不平等条约的态度。

5. 瑞士旁听关税会议案

1925 年 10 月 26 日关税特别会议在北京召开，北京政府以瑞士并非直接订有进出口货税则不得超过值百抽五规定条约之国，依照《华盛顿条约》第 8 条，不在邀请之列。③

瑞士驻上海总领事奉该国政府派为关税会议视察员，请求外交部给予视察上一切公务便利，并请通知会议日期、提供会议中之文件。④ 30 日外交部电令陆征祥：向瑞士政府正式声

---

① 《驻瑞士陆公使 1 月 23 日函》（1926 年 2 月 20 日），北洋外交部档案，03-39-035-03-016。
② 《驻瑞士陆公使 20 日电》（1926 年 2 月 21 日），北洋外交部档案，03-39-035-04-001。
③ 《电上海特派交涉员》（1925 年 9 月 30 日），北洋外交部档案，03-25-027-01-003。
④ 《江苏交涉员 10 月 22 日代电》（1925 年 10 月 28 日），北洋外交部档案，03-25-027-01-002。

明，歉难承认该国派视察员，并声明本国政府无将会议日期、
文件通知该总领事之义务。[1] 11 月 4 日陆氏复电称：顷准瑞士
政务部部长函称，关税会议瑞士虽未被邀请与会，但以瑞士在
华商务之重要，训令驻沪代总领事非正式赴北京旁听，俾会务
进行及遇有关系出口商品之决议，得随时报告，现据该代总领
事电称，外交部说如得有瑞士政府通告该员被派一节之电，即
可允其参加各委员会等语，因此请将瑞士政府决议转告中国政
府，并允该员实行其职务上之各种便利。[2]

5 日外交部复电：该总领事已到京，昨来部要求开会时准
其旁听、分送议案文件、参与正式宴会，当答以歉难照办，惟
可照新闻记者待遇，有公布之件可分送一份，指示陆氏口头向
瑞士政府表示难以承认之意。[3] 6 日陆氏复电：顷已赴瑞士政
务部当面声明，该部亦以该代总领事之举动为欠妥，并再三声
明，该国不过欲得关于会务之各种消息，并不欲以此令中国发
生困难，尤未与第三国先事接洽，并谓此事纯系两国交谊问
题，中国政府对于瑞士毫无义务，务请酌量办理。[4] 7 日瑞士
代理总领事致函外交部：通知本代总领事奉派为关税会议视察
通讯员，[5] 此事和平了结。

---

[1] 《电驻瑞士陆公使》（1925 年 10 月 30 日），北洋外交部档案，03-25-
027-01-004。

[2] 《驻瑞士陆公使电》（1925 年 11 月 4 日），北洋外交部档案，03-25-
024-01-009。

[3] 《电驻瑞士陆公使》（1925 年 11 月 5 日），北洋外交部档案，03-25-
027-01-007。

[4] 《驻瑞士陆公使电》（1925 年 11 月 6 日），北洋外交部档案，03-25-
027-01-010。

[5] 《瑞士代理总领事函》（1925 年 11 月 13 日），北洋外交部档案，03-25-
027-01-011。

6. 中比修约事①

1926 年中国与比利时为修改条约有争议，8 月 28 日驻巴西公使夏诒霆受外交总长蔡廷干之托，电告陆征祥：《中比条约》10 月 27 日期满，比国坚持依约只有比方可提出修改，请中国于 9 月 4 日前提出临时办法，如不能满意，将诉诸国际法庭。中国为义务公断之国，不出庭则法庭缺席判决，出庭则有败诉之虞，驻比公使王景岐任事甚勇，因争修约与比政府意见冲突，其间比使又为北京外交团所包围。中国修订条约，比约首先到期，对比失败，修约前途可虑，此案倘能就地商议，可免东交民巷空气之压迫，陆氏道德资望向为外人所推崇，且与比国外相素甚莫逆，当此双方争持之际，非有硕望如陆氏者出任调停，恐无转圜之余地。蔡廷干以此事关系至重，拟请陆氏担任对比修约事宜，以王景岐为副手。②

9 月 1 日陆氏复电称："祥报国有心，精神不继，自培德内人病故 4 月以来，心神交乱，现日以祈祷、受圣礼两事聊以自遣，中比修约事关系重要，祥自揣实难担任，请原谅转达，免误大局。"③

11 月 6 日北京政府断然宣布终止《中比条约》，比国向国际法庭提出诉讼，外交部征询多位世界著名公法家意见。12 月 18 日外交部电陆征祥：与瑞士公法家莫塔（Giuseppe Motta）联系，将中比交涉文件及比国诉状送交阅看，请其拟具对于本案

---

① 中比修约案参见唐启华《被"废除不平等条约"遮蔽的北洋修约史（1912~1928）》，第八章第二节。

② 《发驻瑞士陆公使电》（1926 年 8 月 28 日），北洋外交部档案，03-23-070-01-011。

③ 《收驻瑞士陆公使电》（1926 年 9 月 1 日），北洋外交部档案，03-23-070-02-002。

之意见，酬金若干由尊处酌定，并告以此系秘密性质，其意见书在未得其同意之前，中国政府决不发表，庶可直言无隐。① 然而此时陆氏已请假休养，随即辞职，莫塔之事似未进行。1927年1月比利时中止国际法廷之诉讼，并与北京政府开始商议平等新约。

7. 废除《民四条约》

1923年初，旅大租借地原来25年租借期即将期满，1月19日北京参议院通过《民国四年中日二十一条约及换文议决无效案》，理由是：（1）该协约系迫胁而成，按之国际法当然无效；（2）该协约未经国会同意，按之约法当然无效；（3）该协约迭经政府代表根据上述理由在国际会议席上声明取消，当然无效。② 3月10日北京外交部发日本公使照会称：本国国会议决中日条约及换文无效，而旅大租期又将届满，本政府特向贵政府重行声明，该约应即全部废止，并希指定日期以便商酌旅大接收办法，及该约作废后之各项问题。③ 14日，日本政府回复称：中国政府将两国间"有效存在"之条约及换文任意废弃，不但非所以谋中日两国国民亲善之道，且有背于国际通义，日本政府断难承认。④

陆征祥十分关心此事，提供法国与瑞士间的类似案例，4

---

① 《电驻美施、瑞士陆、德魏公使》（1926年12月18日），北洋外交部档案，03-23-074-01-013。

② 参见吴翎君《1923年北京政府废除〈中日民四条约〉之法理要求》，台北《新史学》第19卷第3期，2008年9月。

③ 《发日本公使照会》（1923年3月10日），北洋外交部档案，03-33-101-02-004。

④ 《日本外相内田康哉复中国驻日本代理公使廖恩焘》（1923年3月14日），北洋外交部档案，03-33-099-01-020。

月 19 日函告外交部云：1921 年 8 月 7 日瑞士与法国商订 Haute-Savcie 等处免税界协约，经双方代表签字，两国议院通过。1923 年 2 月 18 日瑞士国民大会将该条约否决，瑞士即正式通告法国，谓按照宪法，该条约经国民否决，政府不能批准等语。法国以拟定该约之议在先，而瑞士宪法内加入国际条约须经国民公决之条在后，复文瑞士政府否认其主张，并请其将该约速即实行，措辞严厉。瑞士人民反应激烈，以为法国政府有意干涉瑞士内政，瑞士政府遂向法提出严重抗议，谓法国若欲令其违犯本国宪法，彼不惟不能亦不愿为等语。法国见其理宜气壮，知不可侮，最后让步，将已订之约作废。此事与我"二十一条"案相类，特觅得该两国间关于此事之往来文稿抄寄，以资参考。外交次长沈瑞麟批：细读一过，大可参考，迅速译汉。①

咨询担任国务总理

陆征祥驻瑞士时期，仍不时被国内高层考虑担任总理职务。1926 年 4 月培德夫人病逝，此时北京临时执政段祺瑞下野，张作霖、吴佩孚掌控北京，以解决军事问题为重，全力进攻南口冯玉祥部，北京政府一时无总统，也无国会，吴佩孚坚持由曹锟任内最后一任阁揆颜惠庆短暂回任总理摄行大总统职权，6 月召开一度阁议后即请辞。6 月下旬张作霖、吴佩孚考虑由陆征祥继任阁揆，报载："两实力派心理，在内阁总理听话为第一要旨，均势为第二要旨，陆与两方无关系，且远在瑞

---

① 《驻瑞士陆公使 4 月 19 日公函》（1923 年 5 月 26 日），北洋外交部档案，03-33-099-02-015。

士，即来亦需两月，代阁者偏重一方，亦不相宜，故如此决定，颜惠庆以此电征陆征祥同意。"①

结果先由海军总长杜锡珪代理总理摄行大总统职权，并与陆氏联系，司法总长张国淦商请原驻德公使魏宸组6月24日致电陆氏云："颜揆辞，推公继任，请以国事为重，万勿谦辞，日内发表，拟暂派代，务祈一月以内归国就职，慰国人之望，乞速电示，以便转达。"魏氏即日赴瑞士面商。② 26日魏宸组从伯尔尼旅馆复电张国淦云："顷晤欣老，初意坚拒，经力劝，始云离京久，国事少接洽，又不知各方意见，恐难对付等语，请将拟议真相及张、吴意见电示，以便再商。"③

然而北京政坛风云变幻，7月初报载：政客捧孙宝琦组阁者渐多，议员对孙氏极同情，因爱孙故渐向陆征祥等攻击，但实力派因政客捧孙，切虑为包围，反不放心，故杜氏有长代之势。又直系要人云：陆氏阁揆确已拟过，陆氏不来，名义则超然，且不受何方包围，可由杜代理。④ 又载：奉方以阁事托付直方，在今日情势之下，直方所认为适于组阁者，只有外交界人物，颜惠庆既因"依法复职"四字而不能不辞，顾维钧又因障碍太多，殊难实现，则求其次，仅仅得孙宝琦、陆征祥二人。陆于最近数年远在海外，未曾与闻内政，对于各方比较自无恶感，因此正式组阁人选，直方似已内定陆氏，惟为谋手续

---

① 《内阁问题之新形势》，《申报》1926年6月21日，第4版。
② 《魏宸组电》（1926年6月24日），陆征祥文书，T1063_02_02_0071，第2页。
③ 《魏宸组电张国淦》（1926年6月26日），陆征祥文书，T1063_02_02_0071，第1页。
④ 《杜代阁有延长势》，《申报》1926年7月2日，第4版。

上周到起见，总需于吴、张见面时，由吴提出，征张同意。①

国务院秘书长孙润宇 19 日与日本记者谈话称：杜及阁员等于 10 日前联名致电驻瑞士公使陆征祥，请其迅速返国，就正式总理之职，陆已复电谓归国后再与诸君从长计议。② 但陆征祥又第二次来电，表示 8 个月内不能返国，此项计划遂完全停顿。③ 报载陆征祥 8 月 4 日电杜阁全体称："承示早日回国，公私兼顾，祥虽不敏，深知国家兴亡匹夫有责之义，惟诸公以身报国，仍盼继续努力，俟统一以后，再议改组，谅诸公必表同情也。"④

辞　职

1926 年春培德夫人病逝后，陆征祥大受打击，两次请假休养。1927 年 4 月下旬，陆氏致函北京外交总长顾维钧请辞云：内人病故，心神交病，两次乞假养疴，均蒙照准，现拟于 4 月底或 5 月初期赴比国就医。惟祥体质素弱，所患之病尤系难治之症，一时恐难速痊，驻瑞使席应否另选替人，或仍由肖秘书继荣继续代办之处，伏乞均裁。⑤ 5 月 9 日陆征祥正式致电顾维钧辞职云："祥因内人病中忧患过度，致患怔忡，恳准开去使缺，俾资静养，以保残年，实深感祷。"⑥

---

① 《新阁仍有陆征祥呼声》，《申报》1926 年 7 月 3 日，第 8 版。
② 《孙润宇对日记者谈话》，《申报》1926 年 7 月 23 日，第 9 版。
③ 《郑谦来京与政局前途》，《申报》1926 年 7 月 28 日，第 7 版。
④ 《陆征祥复杜阁电》，《申报》1926 年 8 月 7 日，第 4 版。
⑤ 《致外交总长顾维钧函稿》（1927 年 4 月下旬），陆征祥文书，T1063_02_01_0038，第 6~7 页。
⑥ 《发北京外交部电》（1927 年 5 月 9 日），陆征祥文书，T1063_02_01_0038，第 3 页。

第四节　欠薪与索饷

陆征祥愿意担任驻瑞士公使，与现实的经济与生活需求有相当大的关系，然而他出使瑞士期间，遭逢北京政府财政最困难阶段，使费长期拖欠，五年下来，陆征祥的经济状况反而更加窘迫。

欠　薪

晚清时期，外交经费主要由关税内拨发，总理衙门、外务部经费多来自船钞，出使经费来自关税，少数由户部拨款。辛亥革命时，关税全部被用作偿付外债与赔款，此后财政部拨款成为外交经费的主要来源，出使经费是外交部所管支出中最大的一宗，包括驻外使领馆官员俸给、公费及另款支出，主要都依赖财政部。1916 年袁世凯逝世后，中央政府权威下降，地方解款、中央专款上解的数目不断减少，财政部收入日趋萎缩，依靠停付赔款、关余增加及发行公债等方式，东挪西凑，勉强腾挪政费。1921 年起，北洋政局愈加纷乱，财源严重枯竭，各省解款基本停止，关余也用于整理内外债，外交支出反而因加入国际联盟、驻外机构增加，增加了许多，出使经费随之吃紧。①

1922 年秋陆征祥接任驻瑞士公使时，使费已有拖欠，公使不但拿不到使费，还必须设法垫付馆员薪津，常要向外国

① 参见徐鹤涛《北洋政府外交经费之研究》，《中国经济史研究》2020 年第 1 期。

银行做短期借款，后来北京外交团同意拨关余 150 万两充使领馆经费，暂时解决部分问题。然而使领经费缺乏固定可靠的来源，拖欠成为常态，越欠越多。1923 年春报载：驻外各使近因驻使经费积欠 10 个月之久，在外无可通挪，由驻法公使陈箓领衔电质政府，催询经费，若非有确定办法及早清理积欠，则将全体辞职，列名者有驻德魏宸组，驻瑞士陆征祥，驻西班牙兼葡萄牙刘崇杰，驻奥地利黄荣良，驻比利时王广圻，驻瑞典兼挪威、丹麦戴陈霖，除驻英代办朱兆莘未列名外，驻欧各使已无不参加。盖驻使代表国家，国虽贫诎能不有与国，况中国年来国际地位，所赖于驻使之维持者固多，今兹之事，万一政府不能因应，此后变相之罢工，行将自国内以及于国外。①

外交总长黄郛因而请辞，外交界某要人言及，中国驻外经费久未发给，各国使馆皆不能支持，前有驻法陈箓领衔各国公使电达政府，谓经费乏绝，并仆役工薪亦难开支，今为保全国家体面起见，惟有各国各留一仆看守使馆，自公使以下全部人员概行回国，并声明以后因无电报费，不能再发电，此即最后声明。外交部与财政部商酌，均无办法，事关国家体面，既无应付之方，只有辞职一法。②

索 饷

外交部于 3 月 29 日复电安抚各公使，但空言无补于事，4 月 17 日陆征祥领衔各使致电外交部云：

---

① 《评论》，天津《大公报》1923 年 3 月 24 日，第 2 版。
② 《黄郛辞职之原委》，天津《大公报》1923 年 3 月 24 日，第 2 版。

迄又半月，积欠更巨，来月愈难，决非温语可以慰藉，大部既灼知情形，主管责任所寄，或指拨关余，或另划的款，或恢复前清海关拨汇使费旧制，均应速定根本办法。即如去年一百五十万之维持，外人初虽婉拒，终竟赞同，先例俱在，政府果肯实力挹注，专就使费一项与外人切商，未始无效，此海外同人不能无疑于政府之未肯尽职也。使费积欠情形，自外报登载后，外间不但无法周转，且纷纷索欠，不可终日，势须速决去留，以全国体，请切实电复，以便遵行。立转府院。祥（陆征祥）、组（魏宸组）、圻（王广圻）、复（唐在复）、霖（戴陈霖）、篆（陈篆）、良（黄荣良）、岐（王景岐）、莘（朱兆莘）。①

当时中央财政困窘万状，总统黎元洪坐困愁城，一筹莫展，各机关及直系军警不断索薪，使领费全无办法。4 月底报载：中国财政困穷，至于今日可谓极矣，军费政费久欠经年，毫无补救之方，各省应解之款擅自扣留，国不统一，外债不举，垫款之说无稽，内债也因银行公会联合会决议，在政府未整理内外债以前，停止为政府代募或承购新债券。1923 年初刘恩源任财政总长，勉强渡过阴历年关，其后 3 个月，除预提 3 月份之盐余分配于军警费、政费与当月指定用款外，仅总统府、国会、国务院，以及保定、洛阳两方得以分润少许，各机关多有尚未见一文者。驻欧使领各馆经费问题，前由驻法陈篆公使领衔来电索款，引起国际之重视。政府除一面允以即筹

① 《中央财政之窘象》，《申报》1923 年 4 月 30 日，第 6 版。

款，一面复电慰留，久无声响，前日由陆征祥公使领衔来一急电，群情更迫，贻友邦笑柄。外交部得电后，除再提国务会议一次，照例交由财政部赶速筹款，至今未闻有何解决办法。①

6月9日驻欧九公使，由陆征祥领衔再电外交部谓：欠薪过多，屡次电恳发放，迄未得准，现已不能维持，如于一星期内政府再不发款，所有驻外各使领，决计于7月1日一律下旗回国。②并致电上海交涉署，转全国商会联合会、欧美同学会、各银行公鉴云：

> 阅上海报载，贵会对于出使经费事用心主持，至为感谢，使费积欠一年，前两次电催外交部，空言搪塞，后两次电催，迄今一月，竟置不理。同人等一年以来，困苦支持，委曲挹注，声嘶力竭，势难自存，与其沦落异域玷辱国体，不如早日回国。固知去留之际，对于国际关系至巨，然救援已绝，实逼处此，非敢放弃职责，乞鉴谅苦衷，是所至恳。③

然而，6月中旬黎元洪总统被迫下野，北京政局动荡，到7月份使费仍无法解决，各使均乞回国。报载：国务会议多次决议汇付使费，都无法落实，上星期陆征祥首先自瑞士来电，声言再无款则即日回国。唐在复、王广圻亦相继来电报告，国际联盟会费不能先交，即不能出席大会，并声言将次回国。兹闻陆征祥日昨来电声明，日内即行起程，陈箓亦电称7月15

---

① 《中央财政之窘象》，《申报》1923年4月30日，第6版。
② 《中外要闻》，天津《大公报》1923年6月13日，第2版。
③ 《中外要闻》，天津《大公报》1923年6月16日，第3版。

日使署房租到期，无法应付，请速汇款，以维体面，否则即日率馆员起程回国。又闻日昨驻瑞典兼挪威公使戴陈霖来电，内称馆员薪水饭食，无款再垫，刻已断炊，应请准回国另行派员接替。①

8月23日国务会议议决，以停付苏联赔款之一部分为抵押品，向银行或他处商垫使费，以500万元为最高额，由财政部填发国库券，分期拨汇接济。② 10月报载：驻欧公使因经费已绝，无法维持，陈箓、陆征祥有日内返国消息。③ 10月底又载：中国驻欧各公使，均以使署经费延欠经年，虽先后迭电呼吁，而实力派日惟从事杀伐，强移指定使费的款，以致外使有下旗归国之表示。昨闻外交界秘信，近驻瑞士公使陆征祥与驻法公使陈箓行将返国，当其起程之先，曾在瑞士美津宫（似指 Beau-Rivage Palace，Lausanne，或译为美岸宫）召集会议。到者有驻德公使魏宸组、驻意公使唐在复、驻奥公使黄荣良、驻比公使王景岐、驻西班牙公使刘崇杰、驻瑞典公使戴陈霖、驻英代使朱兆莘等，惟驻荷公使王广圻因事未克到会。其讨论问题，系为使署前向借垫款项，无法应付，外债不能清理归偿，国联将宣告中国财政破产，与交换对华监管之意见，即公推陆、陈两使为代表，返国劝告全国，速自竭力为救国之运动，否则危机紧迫，恐肇瓜分之惨祸云。④

10月曹锟当选总统，代理部务、外交次长沈瑞麟多方设

---

① 《驻使回国行将实现》，天津《大公报》1923年7月22日，第3版。

② 《国务会议说帖：续筹使费垫款案》（1925年1月9日），北洋外交部档案，03-08-013-03-001。

③ 《政闻简报》，天津《大公报》1923年10月21日，第3版。

④ 《外交界风云日亟》，天津《大公报》1923年10月30日，第2版。

图6-3　1923年诸公使在美津宫会议合影

[前排：左一魏宸组、左二唐在复、左三陈篆、左四黄太素（魏宸组夫人）、左五陆征祥、左六戴陈霖、左七刘崇杰。后排：左一肖继荣（瑞士使馆秘书）、左二似为汪延熙（意大利使馆秘书）、左三王景岐、左四黄荣良、左五朱兆莘、左六胡世泽（比利时使馆秘书）、左七似为周国墉（瑞士使馆秘书）]

法，终于以停付苏联赔款为抵押，发行了500万元使领国库券，年底得以重新发放使领经费。① 陆征祥于1924年1月2日电外交部：31日电悉，款请汇瑞。② 陆氏在北京需维持陆公墓等支出，17日电称：本月如有使费汇拨，请径交北京华比银行6000元。③

---

① 徐鹤涛：《北洋政府外交经费之研究》，《中国经济史研究》2020年第1期，第163页；《悉索敝赋之财讯》，天津《大公报》1923年10月31日，第3版。

② 《驻瑞士陆公使电：款请汇瑞馆由》（1924年1月2日），北洋外交部档案，03-10-009-01-016。

③ 《驻瑞士陆公使电：汇款请交京华比6000元由》（1924年1月17日），北洋外交部档案，03-10-009-01-019。

　　驻德公使魏宸组 1923 年 12 月中旬由柏林启程返国，
1924 年 3 月初抵沪，天津《大公报》记者采访，叩以使馆
经费问题。魏氏云：我国驻外各使馆经费，积欠至年余之
久，驻外使领对于使馆日用所需，大都由私人筹借，竭力维
持，欧洲各报纸皆传为奇谈，丧失国家体面，莫此为甚。去
年，驻外各国公使在瑞士开会集议，公推陆征祥、陈箓及魏
宸组三人回国向政府陈述维持困难情形及磋商补救办法。嗣
因国内舆论对于欠发使馆经费有所论判，政府方面亦勉为筹
措，当时驻外使馆接有外交部通令，谓刻正筹措经费，大致
可发还旧欠经费一年之谱。然至去年 12 月，使馆方面仅收
到一两个月欠薪，杯水车薪，于事何补，故有归国与政府磋
商之举。当时，陆征祥因夫人患病未愈，陈箓则因其女出
阁，一时均无暇抽身，魏宸组则独身先归，拟向政府报告一
切，并磋商对于使馆经费之永久维持办法。[1]

　　北京外交部认为驻外各使领催款系驻荷公使王广圻主导，
4 月 8 日王广圻函陆氏称：部中对于催款各电，均认为系王氏
之主张，于陈箓致商会一电亦然，谓王氏太不给部中面子，
要钱太甚。见催费代表无王氏名字，又疑为别有作用，恐段
祺瑞与陆氏有电，将回国重登舞台，而陈箓、魏宸组皆与安
福系有多少之关系，恐于外交总长顾维钧、次长沈瑞麟之地
位不利。[2]

　　然而，外交部补发的积欠使费并不足，5 月 10 日陆氏电
告：使费积欠尚多，前两月只蒙拨汇一月，偿债度日，不敷甚

①　《魏宸组在沪之谈话》，天津《大公报》1924 年 3 月 3 日，第 2 版。
②　《王广圻函》（1924 年 4 月 8 日），陆征祥文书，T1063_02_02_0014，第
　　44~45 页。

巨，积款务恳每次多拨一月，以资挹注。① 20 日王广圻致函陆氏云：使费事，仍应从关税上着根最为妥当，并应函商各使在外遇便亦须稍稍活动，让各国外交部托其驻北京公使协助。②

在北京的魏宸组 5 月 20 日致函外交部，请补汇使馆公费及馆员欠薪云：连日接德馆函电，称馆用断绝无法维持，若不从速接济，惟有闭门一法，本公使离德以后，曾代筹小款支持数月，现罗掘已穷，无法继续代为筹垫，即请大部于本月电汇补发旧欠经费时，将驻德使馆本年 5 月公费随同馆员旧欠薪水，同时汇来，以后即将此项公费按月提前汇寄，以应急需，是为至盼。次长沈瑞麟批：可照办。③ 7 月 4 日王广圻函告陆氏："近得部友密函，谓使费尚有七八个月可发，以后如何尚不可知。"④ 陆氏 10 月 18 日电外交部：恳于下次使费留 1200 元交北京汇理银行。⑤

1924 年秋，爆发第二次直奉战争，10 月 23 日冯玉祥发动北京政变，总统曹锟下野，11 月下旬段祺瑞出任临时执政，30 日驻外各使由陆征祥领衔致段执政电，报告列强谋我之情形，请即设法消弭内乱，以救危亡云：

---

① 《驻瑞士陆公使电：请每次多拨一月馆费并继续垫拨劳工代表处经费由》（1924 年 5 月 10 日），北洋外交部档案，03-10-009-02-009。

② 《王广圻函》（1924 年 5 月 20 日），陆征祥文书，T1063_02_02_0014，第 62~63 页。

③ 《驻德魏公使函：请于电汇补发旧欠时同汇五月分公费由》（1924 年 5 月 20 日），北洋外交部档案，03-10-009-02-013。

④ 《王广圻函》（1924 年 7 月 4 日），陆征祥文书，T1063_02_02_0014，第 50 页。

⑤ 《驻瑞士陆公使电：下次留 1200 元交汇理由》（1924 年 10 月 18 日），北洋外交部档案，03-10-009-03-029。

国家不幸，连年变乱……远东大局，有赖均势，我能自立，均势足恃，列强利益，得所保障，我能统一，彼亦沾利，否则长此椒扰，贻人口实，友邦方面，爱莫能助，宰割惩戒，任人支配……外交风云，瞬息万变，非群策群力经营，则时机有稍纵即逝之虞，千钧一发，正在此时，尚祈申儆国民，各本良心，共趋正轨，消阋墙之衅，捐鹬蚌之争，努力建造，一致对外，一线生机，端在于此。[①]

1925年初使费又告拖欠，报载：驻外各使馆经费，前经财政总长李思浩与外交总长沈瑞麟磋商结果，按月由财政部负责筹拨8万元，兹闻驻外各使陆征祥等，复有电到外交部，仍主张使领经费恢复清朝旧制，由海关拨付，请向安格联磋商照办。[②] 1月9日外交部提出国务会议称：出使各项经费，前因国库支绌，未能按月筹付，1923年以停付苏联赔款为抵押品，由财政部填发国库券500万元，分期拨汇接济，此项库券之抵押款行将用罄，而积欠使费又将一年，亟应续筹的款，以善其后。兹拟将德国赔款项下之余款，自1927年11月起，至1940年偿清之期止之一部分即170万元，计13年共约2210万元，指充出使各项经费，由财政部分期填发库券，不得移作他用，以资维持而全国体。[③] 然而此事未有下文。

1925年2月12日报载：陈箓、陆征祥、王广圻、王景

---

① 《国内要闻》，天津《大公报》1924年12月8日，第4版。

② 《国内要闻》，天津《大公报》1925年1月5日，第3版。安格联，英籍海关总税务司。

③ 《国务会议说帖：续筹使费垫款案》（1925年1月9日），北洋外交部档案，03-08-013-03-001。

歧、唐在复、刘崇杰等，以驻外各馆仅能勉强维持 1 个月，电部速筹的款接济。[①] 驻荷兰公使王广圻回国，5 月到北京，6月 4 日函告陆氏云：使费事，日内当与沈瑞麟外长接洽，拟劝其就已得之款先行多拨数月，不知能否如愿。[②]

1926 年中国内战加剧，北伐军兴后，使费完全断绝。5 月26 日外交部照会外交团领衔荷兰公使欧登科（W. J. Oudendijk）云：中国政府拟增收船钞专充使领费，[③] 但未得回复。10 月 2日驻外公使联名电各方领袖，请息内争，否则请将驻外各使一律撤废云：

> 中国连年内讧，人民怨恨，世界姗笑，殆已不成国家……同人等往返电商，以为此时救国之策，惟有召集国民会议，解决一切，最为合理。拟请两方军事当局，捐弃成见，商订休战条件，即时实行，一面通电各省派遣代表，公定国民会议组织法，于适当地点召集，即日选举大总统……务使军阀政党截然异途，各不相犯。如是则民国一新，各国敬服，一切不平等条约不废自废。否则兵连祸结不知所终，国无政府安有对外交涉可办，宜将对驻外各使一律撤废，以免尸素海外，重取侮辱。[④]

使费积欠将近两年，驻外使领岌岌不可终日。1926 年底

---

① 《国内专电》，《申报》1925 年 2 月 12 日，第 5、6 版。
② 《王广圻函》（1925 年 6 月 4 日），陆征祥文书，T1063_02_02_0014，第60~61 页。
③ 《致驻京领衔和欧使照会》（1927 年 4 月 17 日），《外交部档案——关税拨款》（一），台北"国史馆"藏，数位典藏号：020-990800-0061。
④ 《十三公使请息争电原文》，天津《大公报》1926 年 10 月 9 日，第 2 版。

孙宝琦筹划使费，建议征收海关附加税五厘，专为外交经费，由驻外公使联衔电部以去就力争，联系陆征祥发起此事。但陆氏自夫人过世后一直请假，对于公电概不列名，更不提倡。①

12月18日，英国驻北京代办对各国使节宣布《英国对华政策建议案》（December Memorandum），主张让中国各地方当局在各海关征收华会附加税。外交部命令驻英代办陈维城向英国外交部提出抗议，并询问以附加税充当使费之可能。29日陈维城电告外交部：东方股长称续征附加税充使费事，尚未得驻京使馆请示，大约无甚困难，一两日内再行答复。②

1927年1月3日驻美公使施肇基电外交部：使费积欠已逾20个月，支绌异常不难想见，兹闻附加税业已实行，应请将欠费迅速设法拨汇，并尽先电汇另款美金一万元。③ 然因内战正炽，南北所征收之附加税都用于战费，使领经费仍无着落。

3月17日报载：近以使领经费迄无着落，驻外各使有断炊之虞，纷纷回国，驻西班牙之刘崇杰、驻瑞典之曾宗鉴、驻比之王景岐已到京，此外驻墨西哥之岳昭燏、驻日本之汪荣宝、驻奥公使黄荣良也即将回国。"外交老辈之驻瑞士公使陆征祥氏，则决计引退，完全脱离外交界，将在欧终老。"④ 19日报纸报道：驻比公使王景岐已于前日到京，提及外交部欠发

---

① 《肖继荣致郑延禧函》（1927年1月7日），陆征祥文书，T1063_02_04_0068，第58页。

② 《收驻英陈代办电：英代办提议增税事》（1926年12月29日），北洋外交部档案，03-19-128-03-015。

③ 《收驻美施公使电：使费积欠请速拨汇》（1927年1月6日），北洋外交部档案，03-23-075-01-003。

④ 冷观：《驻外各使纷纷回国》，天津《大公报》1927年3月17日，第2版。

使领经费至 22 个月之多，个人垫借之术已穷，驻外使馆人员真有因薪水久欠，至每日挨饿只进一餐者。现在英国无公使，驻德之魏宸组久在比国，驻瑞士之陆征祥久不在署，驻外使馆几成无事可办之机关。[①]

5 月 6 日孙宝琦致函陆氏云：

> 国内政局屡变，内争不已，国困民穷，政费无出，使领各馆形同涸辙之鲋，此乃国体攸关，非仅三数友人私交之所念也。两年来，时向外交当局力言，议加海关五厘使馆经费，舌敝唇焦，不意俱不以为重，前曾函告子敬请与吾弟商约驻欧各使联名电请，闻吾弟曾与各使商之，而法、比两馆竟有反对者，殊不可解，今更山穷水尽，无可设法。[②]

1926~1928 年，北京外交部多次照会外交团，拟征收附加税或船钞，或运用庚款充作使费，但都未能成功，驻外使领经费依然无解。

劳工代表处及馆员垫款

除使费积欠外，劳工代表处经费也长期拖欠。1924 年 3 月 10 日陆征祥电外交部称：劳工代表处经费若恃财政部给付，将永无拨发之日，该处系对外机关，恳准由使费项下发给，或酌拨另款 5000 元，以资挹注，本馆所兼各务，常感经济困乏，

---

① 懒泉：《王景岐归国后之谈片》，天津《大公报》1927 年 3 月 19 日，第 2 版。

② 《孙宝琦函》（1927 年 5 月 6 日），陆征祥文书，T1063_02_06_0013，第 2~4 页。驻苏联代办郑延禧字子敬。

不但进行无方，且难资鼓励，乞体察并盼电复。[①] 26 日又电云：10 日电计达，鹄候复音。[②] 5 月 10 日再电请：劳工代表处经费，仍恳继续拨垫为盼。[③] 6 月 2 日陆氏再电云：上年赴劳工各会费用 4000 元，迄今未蒙拨给，拮据万状，若本届赴会，费用仍无着落，则肖秘书亦难空囊前往，会期已迫，乞速筹并先电复。[④] 12 日又电称：劳工大会开会在即，赴会费未到，殊深焦急，如财政部尚未拨到，恳大部先行垫拨为感。[⑤] 19 日再电曰：肖委员在会无款窘迫万状，赴会费乞迅汇拨为感。[⑥] 但无论陆氏如何催款，全都石沉大海。

陆氏还要垫付馆员薪水，陆氏旧属驻瑞士使馆秘书周国壎回顾称："在外交使费万分拮据之窘，馆用经临各费及馆员薪水，每月全由陆氏私人垫借，每安慰同仁曰：将来我向中央要还借垫较易，尔等在外，不可一日无食，其对僚属之爱惜与慷慨，所谓在许多公使中所罕有。"[⑦] 1926 年春培德夫人逝世，陆氏仍然继续以私蓄垫付馆员，8 月 15 日肖继荣致陆氏明信

① 《驻瑞士陆公使电：劳工代表处经费请由使费项下发给由》（1924 年 3 月 10 日），北洋外交部档案，03-10-009-01-038。

② 《驻瑞士陆公使电：请复十日电由》（1924 年 3 月 26 日），北洋外交部档案，03-10-009-01-042。

③ 《驻瑞士陆公使电：请每次多拨一月馆费并继续垫拨劳工代表处经费由》（1924 年 5 月 10 日），北洋外交部档案，03-10-009-02-009。

④ 《驻瑞士陆公使电：请拨汇赴劳工会费四千由》（1924 年 6 月 2 日），北洋外交部档案，03-10-009-02-020。

⑤ 《驻瑞士陆公使电：垫拨赴会费事由》（1924 年 6 月 12 日），北洋外交部档案，03-10-009-02-024。

⑥ 《驻瑞士陆公使电：请拨赴会费事由》（1924 年 6 月 19 日），北洋外交部档案，03-10-009-02-027。

⑦ 周国壎：《追念陆征祥公私琐杂纪略》，台北《现代学苑》第 3 卷第 12 期，1966 年 12 月，第 7 页。

片云："转到垫发薪水支票，感谢感谢，使费事部中似毫无办法，盖所谓每况愈下也，奈何奈何。"① 9 月 1 日周国墉致陆氏明信片云："交给支票均奉领矣，谨谢谢。"②

陆氏请王广圻帮忙筹款，并表示考虑要进入修道院，9 月 16 日王广圻致函称：寄上伦敦支票一纸计英金 400 镑，合瑞币 10000 法郎，祈查收，钧座继续请假一节，似可不必，在假亦需垫款，与不在假无异，一切思虑似不必过于极端也。③

向外交部索欠

1927 年 2 月 14 日陆征祥致函老友陈贻范云：祥自内人病故以来，心神交乱，公使职务未便长期请假，现决计引退归隐海外，刻来罗加诺清理私有杂物，5 月中旬当可竣事。"所可虑者，使费积欠 20 个月，祥之私蓄悉数垫付馆费及同仁借支之用，退则养老无资，留则有亏职守，实有进退两难之势。现向部中索款，如能收回一文是一文，则幸事矣。"④

1927 年春，陆征祥致函北京外交总长顾维钧、次长王荫泰，请清还积欠使费称：

> 瑞馆积欠使费已逾 19 个月，此间困难情形早经一再函电陈明，瑞士银行既难通融，祥始而恳托朱鼎使代

① 《肖继荣明信片》（1926 年 8 月 15 日），陆征祥文书，T1063_04_03_0010，第 16 页。
② 《周国墉明信片》（1926 年 9 月 1 日），陆征祥文书，T1063_04_03_0010，第 22 页。
③ 《王广圻函》（1926 年 9 月 16 日），陆征祥文书，T1063_02_02_0014，第 74~75 页。
④ 《致陈贻范函》（1927 年 2 月 14 日），陆征祥文书，T1063_02_04_0067，第 21~22 页。

向伦敦银行支用千镑，继而将祥个人私蓄全数挪充维持馆用及同仁借支之用，现因无力再支，截至本年一月为止，以后一切馆用即归肖代办设法维持，业经函达在案。窃念祥自内人病故以来，心神交乱，竟有终日茫茫莫知适从之势，私意亟欲早日引退以让贤路，敢恳大部垂念祥服务外交三十有六年，虽于国家外交大计无所裨补，然于改组部务使事尚少私心，将祥处使薪公费积欠之数迅予设法早日清还，俾得养老有资，免再腼颜求人，实深感祷。①

同时，陆征祥致函外交部交际司司长陈恩厚、政务司司长稽镜、通商司司长周传经、条约司司长钱泰②：

现虽退志甚坚，而养老之资悉已垫作公款之用，个人退步反为之阻，曷胜焦急，不得已备函致总次长陈述为难情形，伏念公等皆祥昔年同僚，目睹祥在内在外处事接物……虽于国家外交大计无所裨补……然于改组部务尚少私心，用人、用钱二事，自问可告无罪于同僚之前。目前引退之志甚急，竟因使费久欠，而养老之资全行垫去，实非祥初愿所及料。叨在至好，用敢直陈，如荷便中晤总次长时，代述敝处为难情形，以所欠瑞馆使费得以早日清

①　《致外交部总次长函稿》（1927年春），陆征祥文书，T1063_02_01_0038，第10页。朱兆莘字鼎青。
②　钱泰（1886～1962），字阶平，浙江嘉善人，法国巴黎大学法学博士，曾任京师审判厅主簿、司法部参事，1919年任巴黎和会中国代表团法律股专门委员，1921年任外交部条约司司长，为陆征祥之旧属。

还，得赋遂初，无任感幸。①

稍后，陆征祥再致函外交次长王荫泰称：

> 祥近年以来精力日疲，抱鼓盆之戚，益觉心绪不宁，亟思引退，借以修养。不意使费久欠，私款全行垫去，转致进退两难，一筹莫展。再四思维，除请求部中体念祥艰窘情形，将积欠瑞馆使费迅予筹拨外，别无善策，务恳我公鼎力从中设法，俾得清理垫款，早赋遂初。无任感祷。②

3月29日外交部交际司司长陈恩厚复函云：

> 面商总次长，设法分月汇还，已允照办。惟当此时局，是否可以实行，暨有无变化，均难预定。然无论如何，厚与二三至友必竭尽心力随时商请部长，尽先为我公设法，即请宽怀为要。再，我公服官多年，清廉自持，素为厚所钦佩，至今我公两袖清风，几至无以为生，闻信之下，焦灼万分，然无论如何应请我公切勿辞职，俾可用留支款项暂时敷衍，一俟欠款定有办法，再定行止，此为切要之事，请公注意及之。③

---

① 《致外交部各司长公函》（1927年春），陆征祥文书，T1063_02_01_0038，第8~9页。
② 《致外交部王荫泰次长函稿》（1927年春），陆征祥文书，T1063_02_01_0038，第11页。
③ 《陈恩厚函》（1927年3月29日），陆征祥文书，T1063_02_02_0045，第1~2页。

4月下旬，陆征祥致函外交总长顾维钧请辞驻瑞士公使职，并请补给欠薪云："前次函陈瑞馆积欠使薪使费，并以个人私蓄垫补各节，当蒙垂鉴，务恳鼎力成全，俾得苟延残年，并免低颜求人，无任感祷。"[1] 5月9日北京外交部通商司司长周传经电陆氏云："欠薪事已商承总理、次座准予每月筹还千圆，交科立案，请即电部明辞使席。"[2] 同日陆征祥致电外交总长顾维钧：恳准开去使缺。[3] 然而当时内战正炽，北京政府已如风中残烛，自顾不暇，陆征祥终未能取回分文欠薪。

＊　　＊　　＊

陆征祥出使瑞士时期，是他公职生涯的最后阶段，但这个阶段过得并不愉快。陆氏之出任驻瑞士公使，纯属意外之事，他在巴黎和会结束后，已决心离开政坛。1920年初回到北京述职完，就提出辞呈，此后陆氏担任赈灾工作，完成迁葬先人墓茔之心愿，原拟就此在慕庐中退隐。不料培德夫人生病，须到欧洲休养，陆氏原安排到意大利罗马长住，又因种种意外，经济发生困难。在外交部友人安排下，接任驻瑞士公使，原以为可以两全其美，解决公私问题。然而培德夫人的健康状态持续恶化，于1926年春逝世，养女出走，加以经济状况因北京

---

[1] 《致外交总长顾维钧函稿》（1927年4月下旬），陆征祥文书，T1063_02_01_0038，第5页。

[2] 《周传经来电》（1927年5月9日），陆征祥文书，T1063_02_01_0038，第28页。

[3] 《发北京外交部电》（1927年5月9日），陆征祥文书，T1063_02_01_0038，第3页。

政府长期拖欠薪费，反而愈加困窘。陆氏对于此时中国之内政、外交都十分失望。在这一时期，外交方面陆氏表现不多，内政上陆氏避之惟恐不及，夫人过世后家事亦无可恋，乃决心告别世俗生活。

第七章　归隐修道院（1927~1949）

陆征祥告别世俗生活，以56岁之高龄进入天主教修道院，获致非凡的宗教成就。这22年中陆氏仍然关心中国外交，也有相当的行动与贡献。

第一节　进入修道院与晋铎

陆氏因家庭关系，原来是基督教伦敦传道会教友，因培德夫人系天主教教徒，两人于1899年2月12日在俄国圣彼得堡依大主教礼仪结婚，1911年10月25日，陆氏受妻子培德之善诱，于举办婚礼的圣凯瑟琳教堂重受洗礼，皈依天主教，主礼者即12年前主持婚礼之拉克郎热神父。1912年4月5日陆氏返国前，在Mohilev教区（今属白俄罗斯）Vincentius Kluczynski大主教手中领受坚振圣事。民国初年在北京任职时，陆氏奉教虔诚，与天主教会外籍教士关系密切，每星期日往晤北堂林懋德（Stanislas Jarlin，C. M.）主教，[①] 与中国教会人士马相伯、英敛之等也多有往来。[②]

1926年培德夫人逝世。次年陆征祥进入修道院，当时已56岁又体弱多病，原来只想当个住院会士，因院长及罗马教廷希望他能帮助传教，让他成为正式的修士，并缩短他的修道

① 《杂件》，陆征祥文书，T1063_05_03_0001，第141页。
② 陈志雄：《陆征祥与民国天主教会》，第18~26页；《马良所寄信函》，陆征祥文书，T1063_02_05_0035，第1页。

年限。后来他生病休养两年，几乎放弃成为司铎的可能，有赖刘符诚及北京友人对陆氏的期望，让院长及陆氏再做努力，得到教廷特许，免读拉丁文，直接攻读神学，陆氏尽力准备，终于在 1935 年 64 岁时得以晋升司铎。

进入修道院的原因

1926 年 4 月培德夫人过世后，陆征祥哀伤逾恒，连连请假，并考虑引退，进入天主教修道院。陈志雄指出陆征祥进入修道院的各种原因，诸如：政治失意、恩师许景澄"基督教救国"理念的影响、爱妻之辞世、养女之离家出走、忏悔赎罪等。[①] 笔者从陆氏私人文书中，归纳主要原因应在以下五方面。

1. 与培德夫人之约定

陆征祥 1928 年致王正廷及蒋介石的信函中，都提到"祥因前年 4 月间内人病剧时，曾许以入院修道，借以表示 27 年相待之诚"。[②] 自云：当夫人最后一次卧病时，医生说病已难治，陆氏买了肋赛（Elisabeth Leseur）夫人日记（其夫婿原来反对天主教，夫人死后，阅读她日记，受到感召进入修会），培德夫人知道陆氏在她死后要进修道院，非常欢喜赞成。[③] 又称："回顾培德病中尝许以入院修道，终身事主，谨遵此意

---

① 陈志雄：《陆征祥与民国天主教会》，第 37~69 页。

② 《陆征祥致王正廷、唐悦良信函：自述出家原因及收回教权各节》（1928 年 10 月 20 日），国民政府外交部档案，11-06-21-05-01-025，第 26 页；《上蒋主席书》（1928 年 10 月），《本笃会修士陆征祥最近言论集》，第 143~144 页。

③ 罗光：《访问陆征祥神父日记（续完）》，台北《传记文学》第 19 卷第 6 期，1971 年 12 月，第 62 页；罗光：《陆征祥传》，第 130~132 页。

愿，以残年贡献天主。"①

2. 许景澄之教诲

1936 年陆征祥告诉郑揆一，北伐成功后，他是旧时代余孽，应受新时代的淘汰，但他一生从事外交，既无恒产，又丧失最亲爱伴侣，要如何求生？在阿尔卑斯山巅上，远望群峰，茫茫不知所措，忽然悟及许景澄有次告诉他，按西俗，夫或妇丧偶者，即去修道，这是美德，于是他下山后，请求进入修道院。②

陆氏称 1899 年与培德结婚时，许景澄对他说："汝醉心欧化，致娶西室主中馈，异日不幸而无子女，盍寄身修院，完成一到家之欧化乎？"那时年少，未曾措意。1926 年春夫人去世，他孑然一身，托上主庇佑，得入本笃会，以副许师之期望，益感许师培植之深厚，为其布置之周远。③ 另陆氏致徐世昌函称：受许景澄教诲，其中之一即为终身敬爱内人培德，因夫妇为人生相聚最久之伴侣，祥既娶西妇，尤应尊重西俗一夫一妻之制，万一培德先祥而殁，不妨援照西人之习俗，许以入院修道，既不失德于培德，复可借以保障自身晚节。④

3. 宗教信仰

陆氏信仰虔诚，曾云："1919 年巴黎和会藏事，归国述

---

① 《比王亚尔倍亲笔书发刊小启》（1936 年 2 月），陆征祥纪念室藏，转引自陈志雄《陆征祥与民国天主教会》，第 59 页。

② 郑揆一：《追忆陆征祥神父——并记与二十一条有关的一席话》，台北《传记文学》第 47 卷第 6 期，1985 年 12 月，第 84 页。

③ 陆征祥：《追念许文肃公》，罗光：《访问陆征祥神父日记（一）——六十述往之一章》，台北《传记文学》第 19 卷第 2 期，1971 年 8 月，第 49 页。

④ 《致徐大总统再启稿》（1928 年初），陆征祥文书，T1063_02_01_0038，第 20~21 页。

职，遂即引退，留京时每星期日往晤北堂林主教，主要以挽救
危局惟有祈祷，盖祈祷中无求不应。"① 又云：夫人培德谢世
后，在罗加诺益达别墅，终日茫茫莫知适从，惟有以信仰之
心，研究教理，身心得有所依托，每日读教理一小时，到教堂
望弥撒领圣体，决心忏悔改过自新，或有功成之一日。② 上海
徐家汇出版之《圣教杂志》称，陆氏"明天主教之道义，慕
超然之人生"，乃毅然决然入会隐修。③ 颜惠庆等认为陆氏虔
信天主教，对政治、外交失望，且父、师、妻均已故去，"俯
仰乾坤，环顾国际，慨世教凌夷之甚，以为励行公教或尚可救
国而救世，爰决计弃官修道"。④ 陆氏在回忆录中写道："妻子
去世后，我感到孤独，开始祈祷、寻求，想要走近上帝的家
园。我那时失去了父亲、恩师和爱人，从此我只有依靠上帝和
自己。"⑤

4. 为国为民

陆氏在回忆录中写道：许景澄曾说欧洲的力量不在于它的
武器或科学，而在于它的宗教，要陆氏争取进入其中最古老的
一个派别，也就是最接近宗教本源的那个教派，获取基督宗教
的核心内容与力量，再将这些带回中国。⑥ 陆征祥 1948 年 3
月致刘符诚函云：回忆先室病故，文肃遗言如鸣耳鼓，恍若当

① 《杂件》，陆征祥文书，T1063_05_03_0001，第 141 页。
② 《致陈贻范函》（1927 年 2 月 14 日），陆征祥文书，T1063_02_04_0067，
　 第 22~24 页。
③ 《陆征祥公使荣进圣本笃修会》，《圣教杂志》第 16 年第 12 期，转引自
　 陈志雄《陆征祥与民国天主教会》，第 59 页。
④ 颜惠庆等：《上海陆公征祥受铎记》，陆征祥纪念室藏，转引自陈志雄
　 《陆征祥与民国天主教会》，第 59 页。
⑤ 陆征祥：《回忆与随想》，第 90 页。
⑥ 陆征祥：《回忆与随想》，第 18 页。

年受教之日，当即电请辞职，毫无踌躇。且思倘蒙圣召，进入
文化界，以残年贡献民族，显中国之亲，即尧、舜、文、武、
孔、孟先王先哲，广大中国门户，故小兄为国为民之大志，隐
寓在决心辞职之一电内。老弟来书"况兄之意志，为国为民，
虽在退隐之世界，未忘拯救之心"，此语将我隐衷揭示泄露尽
净，可谓我之知己，可谓我之益友，可谓我之爱弟矣。①

刘符诚 (1881~?)，字芰忱，号戴斋，天津人，留学法
国，曾与陆氏在海牙认识，后回国似任职于交通部。1912 年 6
月陆征祥改组外交部时，把他调到外交部任佥事。② 1914~
1916 年任外交部秘书，1916 年曹汝霖主掌交通部后，将刘符
诚调任交通部电政司司长，后任邮政总局局长。1913 年成立
于巴黎之中法实业银行，在一战期间严重亏损，于 1921 年停
业，1925 年金法郎案解决后，改组为中法工商银行，中法合
资，中方出资 20%，刘符诚任中方董事，长居巴黎。他是陆
征祥的结契兄弟，多次到修道院拜访陆氏，在经济上赞助陆
氏，协助陆氏处理各种事务。③ 他与陆氏保持密切联系，提出
他要成为天主教徒，必须由陆征祥为他傅洗。1934 年 3 月 4
日陆氏祝圣为六品助祭，有为信徒傅洗之权，乃于 12 月 24 日
由陆征祥主礼，刘符诚在修道院受洗，成为天主教徒。④ 1937

---

① 《致刘符诚函》(1948 年 3 月 15 日)，孙庆芳、张新鹰整理《陆征祥致刘
　符诚书信选》，《文史资料选编》第 33 辑，第 146 页。

② 《外交部部令》(1912 年 6 月 17 日)，《政府公报》第 50 号，1912 年 6 月
　19 日，第 2 页。

③ 《编者按》，孙庆芳、张新鹰整理《陆征祥致刘符诚书信选》，《文史资料
　选编》第 33 辑，第 132~133 页；《陆征祥日记》(1932 年 8 月 17 日)，
　陆征祥文书，T1063_01_01_0006，第 126 页。

④ 陈志雄：《陆征祥与民国天主教会》，第 82~83 页。

年 3 月 16 日刘氏在梵蒂冈由刚恒毅主教行坚振礼，他对中国天主教传教工作贡献颇大。

5. 经济困难

陆征祥在培德夫人过世后，心神交乱，决计引退后归隐海外，但因使费积欠 22 个月，薪水积欠 26 个月，私蓄悉数垫付馆费及同人借支之用，养老资费全然耗尽。[①] 1927 年春陆氏多次致函北京外交部，请归还积欠，都无结果，致使陆氏在经济上陷于进退两难之困境。

1932 年陆征祥致南京外交部罗文干部长、刘崇杰次长公函称："倘祥未蒙上主宠召入院苦修，今日在世度日无资，势必沿门托钵，乞食乞衣于人，思之令人寒心。"[②] 并密函诸旧友云："本年正月立终身愿后，祥方以生有枝栖死有葬所，聊以自慰。"[③] 1933 年致曹汝霖函称："衣食居三大事幸叨主恩，入院有着，不然则沿门托钵势所难免。"[④]

陆氏于 1942 年 11 月 7 日之日记中写道："祥晚年蒙主恩召入院修道，享此生活之乐已 15 年矣，晚年得之，尤感主恩，不然则此退职无家可归之独，将不知漂浮流落于何乡，饥饿冻寒到何境况耶，思之令人寒心。"[⑤]《中央日报》记者陆铿 1945 年赴欧战地采访，顺道访问陆征祥，谈到修院生活，陆氏说：

---

① 《致陈贻范函》（1927 年 2 月 14 日），陆征祥文书，T1063_02_04_0067，第 21~22 页。

② 《上外交部长罗文干、次长刘崇杰公函》（1932 年 8 月 30 日），陆征祥文书，T1063_04_01_0001，第 44~46 页。

③ 《致唐绍仪等人信底》，陆征祥文书，T1063_02_01_0038，第 15 页。

④ 《致曹汝霖函》（1933 年 5 月 14 日），陆征祥文书，T1063_01_01_0010，第 9 页。

⑤ 《陆征祥日记》（1942 年 11 月 7 日），陆征祥文书，T1063_01_03_0001，第 165 页。

图 7-1　1931 年 1 月立终身愿前

"我是一个钱没有，而在这里舒适地生活了 17 年……做官 37 年，最后两袖清风……幸亏找到这条路，否则恐怕早就饿死了。"[1] 担任驻瑞士公使近 5 年，让陆氏积蓄荡然无存，无以养老，经济困乏，应该是他进入修道院的主要原因之一。

进入修道院的经过

1926 年 4 月 16 日培德女士病逝于瑞京伯尔尼，6 月北京政府电请陆氏出任阁揆，陆氏婉拒，请假到罗加诺益达别墅清理私人杂物，其间天天进教堂望弥撒祈祷，决心入院修道。他对培德生前的神师，瑞士 Fribourg 大学教授、道明会（Dominican

----

① 《陆铿回忆与忏悔录》，台北：时报文化出版公司，1997，第 55 页。

Order）孟宁克（De Munnyck）神父表示，希望能进入道明会做修士。但孟宁克神父建议他加入位于布鲁日的本笃会（Order of Saint Benedict）圣安德鲁修道院（St. Andres' Abbey in Bruges），因为这个修道院对中国的事务很热心，[①] 两人密切通信讨论，陆氏也征询了北京代牧林懋德主教的意见。[②]

　　1927 年 5 月陆氏辞去驻瑞士公使职务，将培德夫人灵柩移葬比利时布鲁塞尔皇族莱垦（Laeken）公墓。陆氏称他依照许景澄的教导，将使馆里自己的中国家具登报出售，许多外交界的人都愿买一件做纪念品，在布鲁塞尔培德夫人的坟，即是拿这笔钱修的。[③]

　　6 月 7 日在孟宁克神父陪同下，陆氏晋谒圣安德鲁修道院南文院长（Dom Theodore Neve）。陆氏当时身心都很疲乏，亲戚都说进院不过 3 个月必要大病，院长劝他说：陆先生你为人和蔼可亲，只可惜身体不好，这边不是养病院，还是请先生退出为好。陆氏请求入院充任寄身修道院之本笃会员（或称留院居士），既可免补读拉丁文、神学、哲学等各学之困难，复可避免守严格会规之拘束，比较自由，可以出外拜客，存留些

---

① 张淑勤：《当孔子遇见本笃——陆征祥的心灵》，《纪念六位国籍主教祝圣七十周年、我国建立圣统制五十周年暨田公耕莘晋升枢机五十周年学术研讨会议第二梯次论文集》，台北：辅仁大学天主教史研究中心，1997，第 115 页。1928 年 11 月 4 日圣安德鲁修道院在四川顺庆教区西山成立分院，南文院长主持典礼。

② 陈志雄：《陆征祥与民国天主教会》，第 70~73 页。

③ 罗光：《访问陆征祥神父日记（二）——六十述往之一章》，台北《传记文学》第 19 卷第 4 期，1971 年 10 月，第 81 页；周国墡：《追念陆征祥公私琐杂纪略》，台北《现代学苑》第 3 卷第 12 期，1966 年 12 月，第 6~7 页。

许银钱。院长则以为不大合身份，[①] 嗣后院长变更原议，召唤他担任司铎。[②]

7月5日院长要陆征祥于该院迎宾馆居住3个月，观察其生活，"度过了3个月，尊敬的神父建议我再往前走一步，试着体验灵修，我接受了这一邀约"。[③] 10月4日陆征祥正式被接受进入该院请愿班（3个月），与其他9名青年同受更衣礼，正式入会，取名天士比德（Petrus Celestinus），观礼者有驻比公使王景岐、驻法公使陈箓夫妇、驻葡公使王廷璋、比利时驻华公使华洛思（Maire de Warzee d'Hermalle）夫妇及陆氏亲族、中国公教青年会干事、中国留学生等。[④]

天津《大公报》评论云：陆氏誓言脱离外交界，剃度为僧，决然踏出干戈玉帛之场，遁入清净寂寞之境，吾人闻此，辄不胜其同情，盖今日之社会环境中，以陆氏资望，南倾北附，何所不宜，亦复谁曰不可，乃竟能有所不为，一如夫人遗言，遁入空门，借全晚节，实不失为自好之士也。[⑤]

1928年1月4日，院长使陆氏由请愿班进入修士班（1年），学习拉丁文。[⑥] 依据院章，修士试习期为3个月，学习期为1年，又研究哲理教理6年，前后共需7年多，始克升授

---

①　《本笃会修士陆征祥最近言论集》，第229页。罗光：《访问陆征祥神父日记（二）——六十述往之一章》，台北《传记文学》第19卷第4期，1971年10月，第83~84页。

②　陆征祥：《回忆与随想》，第77页。

③　陆征祥：《回忆与随想》，第86页。

④　《译日本小野春男译述陆征祥氏入修道院始末》（1928年），陆征祥文书，T1063_02_05_0068，第8页；《上蒋主席书》（1928年10月），《本笃会修士陆征祥最近言论集》，第143页。

⑤　《社评》，天津《大公报》1927年10月9日，第1版。

⑥　罗光：《陆征祥传》，第145页。

神父，登台献祭。陆氏时年 58 岁，加 7 年之长期学习，升授
神父当在 65 岁，南文院长请罗马教宗特别加恩，引用位高年
迈之人的破格办法，将哲理教理之研究期缩短为 4 年。①

图 7-2　1935 年 6 月陆征祥祝圣为神父

1929 年 1 月 4 日初学期满，院长使陆氏由修士班进入三
年圣愿班学习哲学，陆氏立誓发三愿礼：绝财、绝色、绝意，
又立誓不离开院舍。② 天津《大公报》报道称："陆氏能敝履
尊荣，捐弃一切，毅然出此，其热心毅力，亦足以风矣。"③

①　《上蒋主席书》（1928 年 10 月），《本笃会修士陆征祥最近言论集》，第
143～144 页。
②　罗光：《陆征祥传》，第 152 页。
③　《欧洲通信：陆征祥潜心修道》，天津《大公报》1929 年 6 月 9 日，第 4 版。

陆氏函告外交部部长王正廷云：祥入院当修士升授神父，以得归故土为最后目的，国内父老故友以及神职班全体，均盼祥升授神父早日归国。[①]

陆征祥到初老之年才开始学习神学与拉丁文，十分困难辛苦，[②] 1931 年 2 月 20 日日记载："教理课，余读书用功进步毫无，教授固不满足，而个人亦觉自惭自愧，殆在惰而无恒无法耶，今日教授示以自修之法，当遵循而进，庶可补救于万一耶。"[③] 5 月 26 日载："7 时往见副院长，面陈读书、记忆力等种种困难情形，副院长允代陈院长。"[④] 结果三年内换了 11 位拉丁文教授，效果十分有限，尚未开始读神学，就因精神、肉体内外夹攻，身体不能支持，得了严重血尿症，[⑤] 就医治疗三个月，才比较好些。[⑥]

1931 年 8 月 15 日，陆氏在修道院参与圣母升天瞻礼，有感圣神默启，神往祖国，追念父母暨许文肃公，复追念培德夫人，写下：

> 窃维生平素愿，本期携眷回国筑庐于先墓之旁，慕亲事亲以卒余年。讵料上主不我许，命我入院苦修，昭示我

① 《致王部长函大意》（1930 年 8 月），陆征祥文书，T1063_02_04_0068，第 40 页。
② 陆征祥：《回忆与随想》，第 77 页。
③ 《陆征祥日记》，1931 年 2 月 20 日，陆征祥文书，T1063_01_01_0005，第 35 页。
④ 《陆征祥日记》，1931 年 5 月 26 日，陆征祥文书，T1063_01_01_0005，第 83 页。
⑤ 《杂件》（1931 年 8 月 15 日），陆征祥文书，T1063_05_02_0001，第 11 页；罗光：《陆征祥传》，第 177～179 页。
⑥ 《致王正廷函》（1931 年 6 月 24 日），陆征祥文书，T1063_02_01_0039，第 20 页。

主厚意，俾我以衰老余生，作祭品供献于我在天大父之前，敬谢上主赐我一生之特宠。今日既蒙默启，祥敬谨承旨遵命而行，即以慕先人者慕主，事先人者事主，顾先墓旁之慕庐，一变而为修院中之慕庐也。①

此时，陆氏血尿虽然好了，但学习已经中辍，若再复学，病可能复发。1932 年初陆氏请求南文院长停止拉丁文课，南文院长为嘉奖他两年来的苦心向学，决定停止拉丁文课，正式派人给他上一次神学课，1 月 15 日为他行"剪发礼"，使他成为一神职修士，日后若愿重续司铎旧梦，即可拾级而登。陆氏安于"剪发品"之神职修士 1 年，自以为将如是终老。②

1933 年 5 月 7 日刘符诚来修道院访问，携赠北平故友曹汝霖、唐在复、夏诒霆、王广圻等 20 人合赠之圣爵一尊，陆氏告以他已辍学，无法晋升司铎。刘氏向修道院迎宾馆主任爱铎（Dom Edouard Neut）神父抱怨：若陆氏不能成为司铎，他们这些人怎可能成为公教信徒。陆氏与医生商量后，认为他的健康状况无妨继续学习，南文院长遂派爱铎神父作为神学教师，5 月 12 日起用法文教授陆氏神学，陆氏逐步完成神学课程。③

7 月 3 日陆征祥致函法文《北京公教月刊》，称经过连续两年的休养，已逐渐康复，开始继续其神学课程，并透露他已于 6 月 24 日从南文院长手中领受了一品"司门员"和二品

①《杂件》（1931 年 8 月 15 日），陆征祥文书，T1063_02_03_0037，第 66 页。

② 罗光：《陆征祥传》，第 179~180 页。

③ 罗光：《陆征祥传》，第 180~181 页。

"读经员"两个小品。① 后来于 7 月 14 日领受三品"驱魔员"
和四品"襄礼员"。②

1933 年 6 月 15 日教宗庇护十一世于罗马圣伯多禄大殿祝
圣，四川雅州李容兆主教、河北永年崔守恂主教、绥远集宁樊
恒安主教，以及中国朝圣团主教、司铎、教友等人参加祝圣主
教典礼，结束后到比利时向陆征祥致敬。8 月 13 日，教宗庇
护十一世委托四川顺庆教区王文成主教赴比利时，陆征祥在其
手受五品神爵，祝圣为"副助祭"。③ 陆氏艰苦卓绝地完成了
神学课程，并毅然预备领受铎品，学习举行弥撒圣祭。④

1934 年 2 月下旬，陆氏与神师接洽晋铎之事，得到鉴谅
与鼓励，⑤ 3 月 4 日比利时布鲁日教区主教为陆征祥祝圣六品
"助祭"（又称"执事"）。⑥ 罗马教廷以陆征祥为继徐光启之
后，俗世身份最为显赫的中国天主教徒，对其在中国天主教会
中可能产生的影响非常重视，也一直特别关注他的修道生活，⑦
5 月南文院长赴罗马，教宗温谕降福陆氏。⑧

按照教会法的规定，如无异常情况，修士在出任"助祭"
半年内应当晋升神父，陆氏原定于 1934 年 7 月 29 日晋铎，消

---

① *Le Bulletin Catholique de Pekin*，September 1933，p. 489，转引自陈志雄
《陆征祥与民国天主教会》，第 83 页。

② 罗光：《陆征祥传》，第 213 页。

③ 陈志雄：《陆征祥与民国天主教会》，第 83 页。

④ 罗光：《陆征祥传》，第 180~184 页。

⑤ 《陆征祥日记》，1934 年 2 月 25 日，陆征祥文书，T1063_01_02_0001，第
42 页。

⑥ 罗光：《陆征祥传》，第 213 页；《陆征祥日记》，1934 年 3 月 4 日，陆征
祥文书，T1063_01_02_0001，第 45 页。

⑦ 陈志雄：《陆征祥与民国天主教会》，第 84 页。

⑧ 《陆征祥日记》，1934 年 5 月 27 日，陆征祥文书，T1063_01_02_0001，第
87 页。

息传出，国内反应热烈。国民政府拟由林森主席及行政院院长兼外交部部长汪精卫，致赠匾额各一方，派驻比公使张乃燕代表政府参加典礼。[①] 陆征祥国内旧好徐世昌、段祺瑞等，皆预备贵重礼物，以表庆贺。前财政总长曹汝霖、前国务院秘书长郭则沄，以及外交部前后重要员司共四五十人，合送《陆子兴先生晋授司铎序》一篇，由郭氏撰文，曹氏亲笔书之，写道，"异日述教史者，徐光启、李文藻而后，公固为首出"，邮寄比京，托人赍呈陆氏。[②]

然而陆氏因练习圣祭太过辛劳而病倒，他函告刘符诚云：小兄一生所患毛病其最大者，向上要好之心之过火，而才力智力不足以同赴之，此次之病即此毛病之体现，院长旁观我 5 个月圣祭之过劳，将我向上要好过火之毛病看破，日前来慰问，面嘱静养休息，以后圣祭当听我之命举行。[③] 6 月 22 日陆氏公函众好友云："猥以祥晚年苦修行将晋铎，远承先生等不弃在远，惭祥忝窃虚名……现因视力忆力立力不足，不得已由院长呈请罗马宗座特别宽免，但做圣母一台弥撒，并宽其时日，俾得练习纯熟，登台献祭，方为妥善，以示镇重。"预定次年南文院长访华回比后，再举行晋铎礼。[④]

晋升司铎

1934 年 10 月南文院长访华，主要目的在于考察扩充西山

---

① 《外交部交际科函》（1934 年 7 月 10 日），陆征祥文书，T1063_02_01_0013，第 2～3 页。
② 《本市消息：陆征祥将晋授司铎 八月间举行隆重典礼 国内各名流联合赠序》，天津《大公报》1934 年 6 月 22 日，第 4 版。
③ 《致刘符诚函》（1934 年），陆征祥文书，T1063_01_01_0010，第 25～26 页。
④ 《公函》（1934 年 6 月 22 日），陆征祥文书，T1063_01_01_0010，第 13～14 页。

分院，并调查日后添设分院地点，陆征祥认为多成立修院，可为我国收回传教权之准备，联络国内各界接待。① 陆氏并撰写《本笃会沿革史》，发表于《新北辰》第 1 卷第 3 期，向国人介绍本笃会。② 南文院长来华视察四川顺庆西山修院，规划在南京设立修院分院，并探视陆征祥戚友徐世昌、曹汝霖、刘符诚、王曾思等，1935 年 4 月 20 日在北京东堂为陆征祥老管家刘长清施洗，5 月 9 日搭轮回比利时。③ 陆氏致函刘符诚云："国内各方面欢迎招待院长之处，心感之余，尚拟设法一伸谢悃，惟目下专心练习弥撒，只能候晋铎后，乘机一办矣。"④

陆征祥努力向神学教授爱铎神父练习拉丁文弥撒经文与仪式，函告国内亲友、教友，预定 6 月 29 日由原宗座首任驻华代表、时任教廷传信部次长的刚恒毅（Celso Costantini）总主教，到圣安德鲁修道院主持晋铎礼。⑤ 国内教友反应热烈，各方寄赠纪念品甚多。魏宸组致函云："国内对于晋铎一事如此欢迎，组意此非对于此职特别看重，实佩服公之为人，欲借此机会为末俗示一榜样。"⑥

晋铎礼仪之前，陆氏将准备、练习及晋铎之过程，致函告知国内天主教报纸、杂志，总结云：他自 1927 年入修院至1935 年共 8 年，其间患血尿症调治两年，前后工作实仅 6 年，

① 《公函》（1934 年 10 月），陆征祥文书，T1063_02_10_0078，第 2~7 页。
② 《本笃会沿革史》，《本笃会修士陆征祥最近言论集》，第 165~166 页。
③ 《剪报：南文院长访华》，陆征祥文书，T1063_02_02_0082，第 6~24 页。
④ 《致刘荩忱函》（1935 年 5 月 25 日），《本笃会修士陆征祥最近言论集》，第 165~166 页。
⑤ 《公函》（1935 年），陆征祥文书，T1063_01_01_0010，第 16 页。
⑥ 《魏宸组函》（1935 年 6 月 1 日），陆征祥文书，T1063_02_05_0055，第 1~2 页。

自请愿班、学习班、三年愿班至终身愿班四级，兼晋铎品，因体质孱弱又年老，赖天主庇佑及院长之爱护，平稳度过。最后称："值此为山九仞功亏一篑之际，尚祈共同祈祷，冀获最后宠恩，不胜感祷盼切之至。"①

6月29日刚恒毅总主教由罗马到圣安德鲁修道院，祝圣陆征祥为七品司铎，该日为圣伯多禄瞻礼日，陆征祥圣名即为伯多禄。参加晋铎典礼者有驻比代办凌其翰、驻苏联大使颜惠庆、驻荷公使金问泗、驻西公使钱泰、前驻比公使魏宸组等人。颜惠庆日记写道："举行了隆重的仪式，钱泰和肖亦在场，还有好几位中国教士，Dom陆看上去很羸弱。"②宗座驻华代表蔡宁（Mario Zanin）总主教则以全国主教团名义致电祝贺，其他各国使馆亦派代表赠礼祝贺。国内平、津、京、③沪政学商界，各自赶办寿屏、中堂、对联及其他贵重物品邮寄比国，以表贺祝。国民政府主席林森题赠匾额"乐道爱人"、国民政府军事委员会委员长蒋介石赠"德邵道粹"、行政院院长兼外交部部长汪精卫题"明灯普照"、前总统徐世昌题"敬天敷教"、监察院院长于右任题"苦修得道"，段祺瑞、冯玉祥等亦有题联。④

《申报》报道云：陆征祥受任为天主教神父，四方人士与礼者不下数千人，陆氏即致电中国声称，其第一次祷告，即为

---

① 《拟致国内天津益世报、主日报、新北辰、北京盘石杂志、上海圣教杂志、杭州我存杂志函稿》（1935年），陆征祥文书，T1063_02_05_0061，第21~23页。

② 《颜惠庆日记》，1935年6月29日，第905~906页。肖应指肖继荣，时任驻法大使馆参事。

③ "京"指南京。

④ 陈志雄：《陆征祥与民国天主教会》，第83页。

祈求上帝赐福中国云，"礼成，来宾在修道院会食堂，遵照圣本笃会教士仪式同进午餐，席次刚主教举杯，祝中国天主教会发达，中国代办凌其翰起立作答，谓中国政府愿努力使天主教得以充分发展，最后由陆征祥神甫答谢"。[1]

晋铎之后，陆氏写道：

> 祥晚岁进院修真，冀得一退身枝栖，而南文院长以博爱精神殷勤指示，期望晋至铎品，做我主耶苏之代表，恭行献祭，为救赎世灵、广扬公教、维护世界和平、虔诚祈祷，私人社会两得其益。祥勉遵斯旨，补读辣丁及神哲各学，功苦6年，竟邀主宠，得于民国24年6月29日行晋铎礼，礼成留此纪念，以志感忱而颂主名于无穷焉。[2]

陈志雄称：世界各国曾任阁揆的大人物中，能够苦修晋铎者，陆征祥系第一人，为教会史上空前纪录。应南文院长的请求，教廷特遣刚恒毅总主教亲临圣安德鲁修道院主持晋铎典礼，以示礼遇。教皇庇护十一世赐以"宗座遐福"。6月29日是"圣伯多禄圣保禄"瞻礼，既象征陆征祥与教皇的共融，又暗含期望他成为向中国人传教之宗徒的意义。[3]

第二节　陆征祥与天主教会

陆征祥关心中国天主教会，希望能恢复利玛窦尊重中国文

---

[1]　《陆征祥受任司铎职位》，《申报》1935年7月1日，第8版。

[2]　《驻华罗玛宗座首任代表刚恒毅总主教莅院授品纪念》（1935年6月29日），陆征祥文书，T1063_05_10_0001，第13页。

[3]　陈志雄：《陆征祥与民国天主教会》，第85页。

化的传教心法，并有中国的主教、圣人，收回教权，争取中国教会之独立自主，他多次想回国宣教，但都未能成行。

回国宣教构想

中国天主教会希望陆氏晋铎后，能尽快回国传教，1931年公教进行会会长陆伯鸿致函陆氏称：阁下专攻神学，道德日深，将来晋铎回华，必能热心传教，拯救人灵，借以扩充"基利斯督之神国"，显扬在天圣父之光荣，翘首望之，公教进行会渐见发达，将来吾兄归华指教一切，其发展之神速当可预卜也。[①] 1933 年 10 月 8 日陆氏致函陆隐耕，表达他的忧虑：

> 一旦东归，枝栖无所，不独无家可归，昔年状况复将呈露于目前，实有裹足不前之苦，不得不以实情奉告，以免国人失望，而负吾兄之敦嘱。盖祥生为海外之罪人，死为比境之游魂，此则私心早夕祈祷上主俯赐恩准者耳，不若在院度此残年之为得计耶，不可为外人道也。[②]

陆隐耕随即复函称：其父陆伯鸿热望陆氏晋铎后早日回国，可在上海或南京提供土地供圣安德鲁修道院建立分院，陆氏可常驻南京或上海主持，传扬公教，且政府外交大员，大都系陆氏

---

① 《陆伯鸿函》（1931 年 10 月 16 日），陆征祥文书，T1063_02_06_0022，第 2~3 页。陆伯鸿（1875~1937），知名企业家、慈善家、天主教人士，曾任公教进行会会长。

② 《致陆隐耕函稿》（1933 年 10 月 8 日），陆征祥文书，T1063_01_01_0010，第 12~13 页。陆隐耕为陆伯鸿之子，上海大通仁记航业公司总经理。

挚友或晚辈，将来应付各方自必利便。①

　　陆氏仍有疑虑，致函陆伯鸿称：南文院长屡次提及陆伯鸿等盼他早日回国，期许南京修道院能早日完成，大有他不回国则修道院难以成立之意，但因他身体不好，对长途旅行颇有疑虑，是否能返华当委之于主上安排，或许南京修道院落成之时，即他莅临之日亦未可知，但决不可以陆氏之行止为建立南京修道院之先决条件。②

　　陆氏对是否回国踌躇不决，1935 年南文院长希望陆氏晋铎后回国传教，4 月陆氏在日记中感慨云："院长来信，有令回国数年之说，于入院'藏拙以保晚节，贡献残年敬事上主'之初志有违，心中不安之象，时时发现，晚年景遇尚不克得乙安身养老之地，可深浩叹。"③ 魏宸组致函劝慰云："回国传教工作一事，如宗座有意，似不宜辞，盖传教贵以身作则，不在笔墨及口舌之长也，中国风气近日日趋于坏，公回国是现身说法，为益良多，且公既以身许上帝矣，回国传教是代上帝宣布教化也，又何能辞。"④

　　1935 年陆征祥晋升司铎后，罗马教廷及南文院长、国内教友都很期望他早日返华，然而他因身体状况不太好，后来又爆发七七事变，回国之念暂时打消。1938 年 6 月 3 日陆隐耕函告：陆伯鸿于上年 12 月 30 日遇刺身亡，隐耕继承父业，勉

---

① 《陆隐耕函》（1933 年 11 月 10 日），陆征祥文书，T1063_02_05_0043，第 5~7 页。

② 《致陆伯鸿函》（1934 年？），陆征祥文书，T1063_02_04_0068，第 45~46 页。

③ 《陆征祥日记》，1935 年 4 月 21 日，陆征祥文书，T1063_01_02_0002，第 73 页。

④ 《魏宸组函》（无年月 18 日），陆征祥文书，T1063_02_08_0001，第 5 页。

力维持公教进行会与其他慈善教育团体。① 国内教友仍盼望陆氏返华，1939 年 5 月马相伯函陆氏云："小门生若谷朝圣赴欧之便，代叩起居，沪人望君如望岁矣。"② 10 月 30 日又函称："现今教务情形，上虽打通下仍隔阂，实则中有紫光照不透者焉，所望先生学成回国，步外教宗徒之后而大振其铎音耳。"③

1939 年 9 月欧战爆发，波兰被德军攻占，原中国驻波兰公使魏宸组携妻儿辗转归国，离欧前夕致函陆氏诀别："比国天气不好，将来如能回中国住，望勿却，因公回国，与教务为益甚大，于公身体亦合，两全之道也。"④ 魏宸组返国后，几经搬迁，最后定居于上海法租界，1940 年春致函陆氏称："此间教界爱公之深实不可言喻，全中国皆如此，若公能设法回国，即住四川西山圣本笃会修道，则最妙不可言，盼暇时熟思之。"⑤ 陆氏回国之心也愈发坚定，1941 年 9 月 15 日的日记中写道："往晤南院长，直陈意见，渥承嘉纳，筹备战后布教情形亦蒙奖励，祖国公教前途大有希望，皇皇公教在新中华内当有古今罕见之发展，志之以观后效耳。"⑥

1944 年 7 月 12 日陆氏日记载：爱铎来畅谈归国之准备，

---

① 《陆隐耕函》（1938 年 6 月 3 日），陆征祥文书，T1063_02_10_0048，第 1 页。
② 《马良函》（1939 年 5 月 9 日），陆征祥文书，T1063_02_06_0018，第 5 页。张若谷（1905～1967），震旦大学毕业，任报社记者，天主教作家。
③ 《马良函》（1939 年 10 月 30 日），陆征祥文书，T1063_02_06_0018，第 3 页。"外教宗徒"似指圣保禄。
④ 《魏宸组函》（1939 年底），陆征祥文书，T1063_02_06_0011，第 26 页。
⑤ 《魏宸组函》（1940 年 3 月 3 日），陆征祥文书，T1063_02_06_0011，第 46～47 页。
⑥ 《陆征祥日记》，1941 年 9 月 15 日，陆征祥文书，T1063_01_02_0008，第 136 页。

理应候南文院长赴华第二次巡视西山修院同行。[1] 陆氏并致顾维钧函称：

> 祥马齿徒增，七十有四，入院苦修十有七稔，亦达玄奘留印研究佛学之年期，所苦目蒙手颤腿软步艰，衰态相寻，无可奈何，辛赖寐食两事尚能支持，堪以告慰远注耳。南文院长拟于1945年赴华巡视四川分院，倘天假以年，当可追随同行，生还祖国，目睹中兴之盛，为此生万想不到之快事。[2]

陆氏希望战后能回中国宣教，而国内教友对他期盼甚殷。

枢机主教与荣誉院长

二战将结束时，罗马教廷为复兴天主教会，推动教会"本土化"，决定在中国建立"圣统制"，[3] 并酝酿擢升一名中国人出任枢机主教，国民政府也认为有国人任枢机可极大提升中国的国际影响力，命令驻教廷公使谢寿康择一适当人选向教廷推荐。[4]

1945年5月22日谢寿康报告外交部：他与于斌主教商议

---

① 《陆征祥日记》，1944年7月12日，陆征祥文书，T1063_01_03_0003，第59页。

② 《致顾维钧函》（1944年），陆征祥文书，T1063_05_06_0002，第4页。

③ 由于葡萄牙、法国之保教权，1659~1946年天主教在中国实行代牧制，1946年4月11日，教宗宣布在中国建立"圣统制"，将原有的传教区性质的代牧区改为正式的教区，由田耕莘、于斌、周济世分任北平、南京、保定教区华籍总主教。

④ 1942年梵蒂冈与中国建交，1943年初中国第一任驻教廷公使谢寿康抵任，详见下节。

后，决定向教廷推荐陆征祥，并与教廷外交次长提及。① 8 月初，驻比大使金问泗陪同于斌主教拜访陆征祥，金问泗报告外交部称："于斌主教目前由巴黎来此，谈及枢机主教需陆续补选 31 人，我国不妨向教廷及其他有关各方表示以陆征祥神父提出候选，如获当选，不独有俾（裨）教务，亦可增高我国国际地位。"②

　　9 月驻法大使钱泰函陆氏云："现在战事已了，教廷不久恐将任命红衣主教，中国目前地位，必应占得一席，不知我公其有意乎。"③ 21 日陆氏复函，诚恳表示不愿升任枢机，并推荐于斌。④ 10 月 23 日陆氏接谢寿康公使函云："我公道德中外同钦，自在圣座意中，不仅全国教友之荣，实为国际争光，引领望之。"⑤ 26 日陆氏谒南文院长，日记载：上司亦云罗马如有表示，势难推辞，不独公教方面，亦全国所属望也。⑥ 11 月 8 日钱泰致函陆氏称："红衣主教一事，曾晤此间教廷大使 Mg. Roucalli，本日又往谒 Suhard 主教，请其吹嘘，渠两人颇

①　《谢寿康致外交部信》（1945 年 5 月 22 日），中国第二历史档案馆，全宗号 18，卷号 2109，转引自顾卫民《中国与罗马教廷关系史略》，东方出版社，2000，第 178 页；陈志雄《陆征祥与中国天主教会》，第 90 页。

②　转引自陈方中《爱教爱国的陆征祥》，香港《鼎》第 29 卷，总第 153 期，2009 年夏季号，第 32 页。

③　《钱泰函》（1945 年 9 月），陆征祥文书，T1063_02_02_0066，第 5 页。枢机主教又称红衣主教。

④　转引自陈方中《爱教爱国的陆征祥》，香港《鼎》第 29 卷，总第 153 期，2009 年夏季号，第 32 页。

⑤　《瞿常函》（1945 年 10 月 23 日），陆征祥文书，T1063_02_10_0071，第 3~4 页。

⑥　《陆征祥日记》，1945 年 10 月 26 日，陆征祥文书，T1063_01_03_0004，第 158 页。

均赞同，Suhard 主教并云南文院长每次来法常晤谈。"[1] 12 月 15 日钱泰又函称："红职据谢使函，须明春方举行，此间大主教及教廷大使经泰向托，均表赞同。"[2] 此时似乎中国外交官认为陆氏之被任命为枢机主教，已十拿九稳，国内也有同样的想法，徐家汇徐宗泽神父致函陆氏称："上海教友均希望吾兄有膺选之望。"[3]

12 月 24 日新任枢机主教名单公布，教宗庇护十二世（Pius XII）选择了青岛主教田耕莘为第一位中国枢机主教。29 日钱泰函告陆氏："红职任命田主教，当电询谢使，得复奉阅，尚祈密之，不告人为幸。"[4] 同日谢寿康致钱泰密电云："此次教廷任各国枢机原则为各地主教，故青岛田耕莘主教荣膺红职，但教廷对欣老极眷念，将有表示，敬祈转知为感。"[5] 31 日钱泰函告陆氏："枢机□中国得占一席，是征教宗之重视我华，于公教广播方面大有裨益。"[6]

谢寿康整理各方信息后，于 1946 年 1 月 8 日报告外交部称：与传信部部长会谈，他说倘教宗任陆征祥为枢机，其在中国社会之影响或可更大，但因其年龄过高，在欧旅居太久，故

① 《钱泰函》（1945 年 11 月 8 日），陆征祥文书，T1063_02_02_0066，第 7 页。Emmanuel Celestin Suhard 为巴黎总主教、枢机主教。
② 《钱泰函》（1945 年 12 月 15 日），陆征祥文书，T1063_02_02_0066，第 2 页。
③ 《徐宗泽函》（1946 年 2 月 9 日），陆征祥文书，T1063_02_06_0014，第 15 页。
④ 《钱泰函》（1945 年 12 月 29 日），陆征祥文书，T1063_02_07_0006，第 2 页。
⑤ 《谢寿康致钱泰密电》（1945 年 12 月 29 日），陆征祥文书，T1063_02_07_0007，第 1 页。
⑥ 《钱泰函》（1945 年 12 月 31 日），陆征祥文书，T1063_02_05_0053，第 12 页。

任命田耕莘。① 罗光则向于斌说明相关内情云：谢公使向教廷探询，据说教宗此次选任枢机原则，在选各国之主教，且陆征祥在国外多年，颇不足以代表中国教会，故未被选。谢、罗等都以为既选中国主教，则应为首都主教于斌当选枢机，教廷方面称南京主教尚年轻，他日当选之机会正多。罗光认为其中确实理由，必为传信部作梗，以中国第一任枢机应为众心所归，而于主教颇受宗座代表与传教士等之攻击，为敷衍各方，乃选一位诚朴之中国主教。②

　　陆氏虽未被擢为枢机，1946 年 1 月 28 日传信部次长刚恒毅主教致函南文院长，告以教宗有意授予陆征祥某修道院荣誉院长头衔，征询其意见。南文院长倾向于接受教宗的盛意，并极其诚恳地劝说陆氏，2 月 11 日陆氏日记载"爱铎午前午后来接洽名誉院长一节"，③ 陆氏决定以谦虚和感恩的心情接受。④ 此事到 5 月已经传开，19 日罗光函陆氏称："昨晨刚总主教招光往传信部，面告圣父以公德业堪称，故升为名誉院长，闻讯之下，不胜雀跃。"并指出此事是谢寿康公使屡以陆氏为中国教会名人，众望所归，当有以标异之，建议于教廷，此次教宗所颁荣典，诚合众意。⑤

　　6 月 2 日教宗庇护十二世任命陆征祥为比利时刚城本笃会

---

① 《谢寿康致外交部信》（1946 年 1 月 8 日），中国第二历史档案馆藏，全宗号 18，卷号 2458，转引自陈志雄《陆征祥与中国天主教会》，第 90 页。

② 《罗光致于斌函》（1946 年 4 月 4 日），新北市辅仁大学校史室藏，转引自陈方中《爱教爱国的陆征祥》，香港《鼎》第 29 卷，总第 153 期，2009 年夏季号，第 32~33 页。

③ 《陆征祥日记》，1946 年 2 月 11 日，陆征祥文书，T1063_01_03_0005，第 28 页。

④ 陈志雄：《陆征祥与中国天主教会》，第 91 页。

⑤ 《罗光函》（1946 年 5 月 19 日），陆征祥文书，T1063_02_02_0072，第 1 页。

图7-3　1946年陆征祥祝圣荣誉院长

圣伯多禄修道院（Saint Peter's Abbey, Ghent）荣誉院长，并颁予任命状。此修道院系建立于7世纪的古老修道院，此时已无修士，本笃会的荣誉院长头衔类似教廷所赐不赴教区的荣誉主教衔，有衔无职，无须赴该修道院就职，有学者指出，显然这是教宗未选其任枢机主教的安慰奖，陆征祥原即淡泊于此，对此荣誉衔并不在意，但他亦明白教廷之美意缘由。① 尽管荣誉院长只是个虚衔，但教廷的任命使陆氏成为有权戴主教冠，并担任欧洲最古老的修道院荣誉院长的第一位远东人士。② 陆氏日记写道："75岁升受主教，虽系名誉，然亦罕见矣。"③

---

① 陈方中：《爱教爱国的陆征祥》，香港《鼎》第29卷，总第153期，2009年夏季号，第33页。

② 陈志雄：《陆征祥与中国天主教会》，第92页。

③ 《陆征祥日记》，1946年7月7日，陆征祥文书，T1063_01_03_0005，第105页。

《申报》评论云：自 1927 年以来，陆征祥有 20 多年杳无消息，二战期间希特勒蹂躏全欧，比利时又首当其冲，炮火通天，生灵涂炭，陆氏生死不明。然而奇妙得很，大战结束后，1946 年 8 月，见到欧洲电讯，陆氏已得教皇特任为刚城圣伯多禄修道院院长，陆氏不但无恙，而且功行圆满异常，这不但是中国人民梦想不到，即全世界闻人中亦是少见的奇迹！[1]

8 月 10 日陆征祥受职名誉院长，教廷驻比大使钱铎（Fernand Cento）总主教主持祝福典礼，观礼者包含驻比大使金问泗、驻教廷公使谢寿康、驻法大使钱泰、原驻英大使郭泰祺、驻荷大使董霖等，并收到来自各地的祝贺电文。[2] 26 日于刚城修道院举行陆征祥到任就职典礼，市长及修道院保管委员会会长分别致欢迎词，并赠古砖一块作为纪念，作为他日后在中国建立修院之基石，且希望中国所立新修院，仍以圣伯多禄修道院之名名之。[3]

29 日罗光致函陆氏云：谢寿康公使参加就职典礼，面述受圣典礼之隆重，恭贺陆氏并为中国教会贺。抗战胜利，教廷极力提高中华教会之国际地位，而于国籍神职班尤加提携，但是在华之外国教士有不喜华人地位增高者，从旁传散流言，谓华籍司铎深受国家主义之毒，群起排外，企图独揽教权，陆氏为中华教会名流，言论素为各界所重视，尚望乘机辟谣，以安欧洲各传教会负责人之心，其于国籍教士之将来，裨益必非浅鲜。[4]

---

① 《谈陆征祥（下）》，《申报》1948 年 4 月 16 日，第 7 版。
② 陈志雄：《陆征祥与中国天主教会》，第 93 页。
③ 罗光：《陆征祥传》，第 238~240 页。
④ 《罗光函》（1946 年 8 月 29 日），陆征祥文书，T1063_02_05_0056，第 10 页。

回国传教计划

1946年2月18日田耕莘在罗马被教宗授予枢机红帽，3月10日转往欧洲各地，22日到比利时圣安德鲁修道院拜访陆征祥，陆氏日记载："田枢机为人厚道和蔼可爱，面约回华共同工作传教，三人成鼎，是不出十年教□可观，否则必为他教所□，望注意及之。"① 同日"杂记簿"载，田枢机云："鼎足之势，立公教于盘石，十年工作最关紧要，望早日回国与于主教、先生同余三人联络一气，进行教务方有把握。"②

1946年中国天主教会建立"圣统制"，陆氏也晋升荣誉院长，7月5日徐宗泽致函陆氏祝贺升院长，并称："现在中国有圣教体制之成立，将来有本国主教等，此在传教史上亦一划时代也，国内教友均望吾兄回国，将来升受圣教高位。"③

陆征祥对田枢机的回国传教计划，颇为心动，预定1947年回国。5~6月刘符诚致函陆氏，对陆氏健康状况是否适合返华有疑虑，云："弟对于我兄回国传教一事，尤有不敢赞同之处，以我兄如此高年弱体，岂能胜此旅行回国之劳，今能久居道院，实与我公最宜。"④ 8月7日陆氏复函云：此次田枢机主教来院访问，面邀东归共同工作，小兄以年岁过迈，精力日就衰微，心有余而力不足，田枢机称我回国安居

---

① 《陆征祥日记》，1946年3月22日，陆征祥文书，T1063_01_03_0005，第48页。
② 《陆征祥杂记簿》（1946年3月22日），陆征祥文书，T1063_01_03_0008，第50页。
③ 《徐宗泽函》（1946年7月5日），陆征祥文书，T1063_02_06_0014，第10页。
④ 《刘符诚函》（1946年），陆征祥文书，T1063_02_05_0049，第9页。

院中，无劳精神，借重大名，此 10 年中我们的努力非常重要。如南文院长允许我回国，派二三修士同行，前来北平，我与同来修士居住，当可舒适，如附设一个中小学校教育青年更好，我以如此殷勤，未便坚却，故慨允所请。刘氏想购汽车为陆氏任荣誉院长之礼物，南文院长以此笔费用移作归国路费，以二等船舱计算，够三人之用，世界大乱后，民众渴望和平，我们作为和平使者，上主定必佑庇也。[①] 刘符诚了解状况后，不再反对，复函云："田枢机之计划实获我心，如能实现，我兄可久居北平，弟亦有一两年后退居北平之愿，如是则我两人可朝夕晤面，若立一中小学校，弟亦可担任任何事体，为公教服务。"[②]

10 月 25 日驻比使馆秘书，也是天主教教友的瞿常函陆氏云："昨接于斌主教函，闻公明年回国，教胞闻之甚为兴奋，嘱代致敬云云。"[③] 1947 年 2 月 1 日陆氏日记载：今日午后南文院长见爱铎，谈及中国设立分院事，面告心愿成都、北平、南京鼎足之成算。[④]

1948 年 3 月 10 日于斌函陆氏云："别来瞬已两载，祖国益濒艰危，圣教尚未发达，虽新公使黎总主教积极领导，而人财两缺，诸难如愿，惟有虔祈慈主怜视我民，启其知坚其志，

---

① 《致刘符诚函》(1946 年 8 月 7 日)，孙庆芳、张新鹰整理《陆征祥致刘符诚书信选》，《文史资料选编》第 33 辑，第 143~144 页。

② 《刘符诚函》(1946 年 8 月 21 日)，陆征祥文书，T1063_02_05_0049，第 14 页。

③ 《瞿常函》(1946 年 10 月 25 日)，陆征祥文书，T1063_02_06_0037，第 14 页。

④ 《陆征祥日记》，1947 年 2 月 1 日，陆征祥文书，T1063_01_04_0001，第 21 页。

勉渡难关渐进光明，以福音广播而淑世救国耳。"① 4 月 26 日
天津《益世报》刘豁轩自巴黎致函陆氏云：国内自田耕莘枢
机及于斌总主教以下，均日盼陆氏归返祖国，惟因陆氏年事已
高，不敢坚请，近闻尊体现极康泰，谅亦上主将命陆氏归回祖
国之恩宠，恳请陆氏明示意愿。②

10 月 10 日罗光函告陆氏云：谒见教廷代理国务卿孟棣义
（Giovanni Battista Enrica Antonia Maria Montini）时，彼谓深望
我公一日归国，创院设教，盖中国人心素慕高节，离俗绝世
者，寺院常满，今日之所需者，乃一圣本笃也。③ 然而，陆征
祥因年高多病，加以中国内部不靖，终未能达成回国宣教之
夙愿。

天主教在华传教之道

陆氏关心天主教在华传教之道，1938 年春致刘符诚函云：
十年苦修，私心所奢望者，在恢复利玛窦、南怀仁、汤若望之
传教心法，以学问为钓鱼之饵是也。然而近六七十年来之赴华
传教士，放弃学问之饵，利用金钱、包办诉讼，诱掖愚民，结
果天主教信徒，悉在民间，社会方面仅有罕见，政界中可谓绝
无矣，甚为惜之，盖非教之咎，取法不善耳。反之，政界士大
夫中，处处皆有基督教信友，盖基督教传教士沿袭利、南、汤

① 《于斌函》（1948 年 3 月 10 日），陆征祥文书，T1063_02_06_0001，第 1
页。教廷首任驻华公使黎培理（Antonio Riberi）摩纳哥人，1946 年 12 月
到任。

② 《刘豁轩函》（1948 年 4 月 26 日），陆征祥文书，T1063_02_06_0001，第
2~4 页。

③ 《罗光函》（1948 年 10 月 10 日），陆征祥文书，T1063_02_06_0040，第 1
页。孟棣义后来于 1963 年担任教宗，即保禄六世。

之心法，以学问为饵耳。陆氏私心切望恢复此心法于天主教界者，十有年矣。爱铎神父原来是陆氏之神学老师，后来成为陆氏秘书，对中国文化很有兴趣，近三年来，攻读中文，饱阅十三经译本，苦心研究中国历史、地理、宗教、学派、美术、音乐等，沿袭利、南、汤三大传教士之心法，自爱铎始，并由本笃会修士为沿袭人，天主教前途实有赖焉。[①] 陆征祥 6 月日记写道：爱铎来谈南京设院之布置，深谋远虑，可佩可感。[②]1939 年 12 月日记载：爱铎午前午后来谈良久，教廷对远东传教方针因时制宜，公教发展于亚洲前途大可乐观。[③] 爱铎后来想到中国传教，但未能成行。

推动徐光启、马相伯列圣品

陆征祥认为收回教权，要有中国的主教与圣人，自云：许景澄说中国天主教的主教都是外国人，这种不平等，总要中国人自己努力，才可以取消，中国人才能完全统治中国的天主教。陆氏则认为还有一种最大的不平等，即中国也需要和别的国家一样，要有圣人，中国有了圣人的那一天，才可以说和别的国家，在各方面都并驾齐驱了。[④] 因此，陆氏努力推动将徐光启及马相伯列为圣品。

① 《致刘符诚函》（1938 年 2 月 24 日），孙庆芳、张新鹰整理《陆征祥致刘符诚书信选》，《文史资料选编》第 33 辑，第 140~141 页。

② 《陆征祥日记》，1938 年 6 月 11 日，陆征祥文书，T1063_01_02_0005，第 88 页。

③ 《陆征祥日记》，1939 年 12 月 21 日，陆征祥文书，T1063_01_02_0006，第 187 页。

④ 罗光：《访问陆征祥神父日记（续完）》，台北《传记文学》第 19 卷第 6 期，1971 年 12 月，第 62 页。

1932 年 10 月 31 日陆氏致函河北安国教区孙德祯主教，请联合 6 位国籍主教，推动将徐光启列圣品。① 此外陆氏用法文写了《徐光启》长文，刊于比利时杂志，译成中文后，刊于《新北辰》第 1 卷第 2 期。② 1933 年是徐光启逝世 300 周年，陆氏又撰写《徐文定公列品之请求书》以表扬徐文定公之圣德，③ 并请徐家汇徐宗泽神父编辑重印《徐文定公集》。④ 陆氏不断向中外宣传，虽未成功，但许多人因此认识了徐光启。

1946 年陆氏有回国的打算，再次推动此事，寄送《徐文定公列品祷文》给国内教友作纪念，并称："在教教友无论男女老幼，均可借文定之转求，祈求一切教外同胞恩赐一念，以资鼓励。"⑤ 陆氏计划该年底赴罗马觐见教宗，鼓吹为徐光启列品事。⑥ 5 月 8 日徐宗泽函称："徐文定公列品事为吾兄所发起，此事之成就尤须祈祷。"⑦ 然而因健康出了问题，陆氏罗马之行取消。⑧

陆氏与天主教大老马相伯早有往来，1912 年 10 月陆氏发起国际法会时，马相伯就已加入。1931 年九一八事变后，马

---

① 《上安国孙主教书》（1932 年 10 月 31 日），《本笃会修士陆征祥最近言论集》，第 145~162 页。

② 《徐光启》，《本笃会修士陆征祥最近言论集》，第 107~139 页。

③ 《杂件》（1933 年），陆征祥文书，T1063_02_04_0068，第 67~71 页。

④ 《关于徐光启之新刊三种》，天津《大公报》1933 年 11 月 23 日，第 11 版。徐宗泽神父系上海徐家汇藏书楼馆长。

⑤ 《信稿》（1946 年），陆征祥文书，T1063_02_06_0044，第 27 页。

⑥ 《徐宗泽函》（1946 年 3 月 8 日），陆征祥文书，T1063_02_06_0014，第 16 页。

⑦ 《徐宗泽函》（1946 年 5 月 8 日），陆征祥文书，T1063_02_06_0014，第 9 页。

⑧ 《徐宗泽函》（1946 年 4 月 29 日），陆征祥文书，T1063_02_06_0014，第 8 页；《金问泗函》（1946 年 12 月 4 日），陆征祥文书，T1063_02_06_0012，第 16 页。

相伯隐居于上海徐家汇，见国亡无日，非朝野一心武力抵抗，无以自救，著论发言成《国难言论集》《国难刍议》等书，陆氏敬佩马氏，拜之为师，称其为若瑟吾师，自称门人。① 12 月 18 日致书马氏曰：窃念国步艰难，莫过今日，民众惨痛，亦莫过今日，祥每日早午夕三次进堂，为祖国、为同僚、为先人诚心虔祷，尤耿耿以为未足，兹特敬谨上书罗马教宗，吁求特别降福于我外交界全体同人。②

1937 年 1 月 14 日陆氏上书国民政府林森主席云：九八老人马良于去年 12 月 12 日晋京瞻仰新都，老人此举纯然出于爱国热诚，此等信仰之精神之魄力之坚强，非有还我河山不止之气概，现闻老人慨然定计久住南京，征祥寄居比境，未克奉侍左右，以尽弟子之礼，引为憾事，请林森主席多体恤爱护马良。③

1939 年 4 月 5 日陆征祥在马相伯百岁寿辰前致函罗光云："相老为公教耆宿，创办震旦大学及种种慈善事业，功在国家，自沈阳事变，唤起国人，奋发自救，有不还我河山不止之呼声，相老实为共起救国，加紧努力之楷模。"④ 马相伯于 1939 年 11 月 4 日在越南谅山去世，消息传来，陆征祥特制卡片广扬于欧美友人，以为追悼之意，卡片背面以中文写明制卡理由，卡片正面右侧为马相伯肖像及其法文生平介绍，左侧为马相伯"还我河山"墨迹，陆征祥借此呈现出他和马相伯一

① 《马良函》（1931 年 12 月 16 日），陆征祥文书，T1063_02_06_0038，第 9 页。
② 若谷：《关怀祖国之陆征祥》，《申报》1932 年 1 月 21 日，第 11 版。
③ 《上林主席书抄稿》（1937 年 1 月 14 日），陆征祥文书，T1063_02_01_0038，第 24 页。
④ 《陆征祥致罗光函》（1939 年 4 月 5 日），《罗光全书》第 31 册，第 438 页。马相伯出生于 1840 年 4 月 17 日。

般爱主爱人爱国之思，以及"还我河山"的期盼。①

11 月 17 日陆氏以法文函致刚恒毅总主教，请罗光商请刚总主教面陈教宗，接洽筹备马氏列圣品的步骤。罗光回信告以教廷对马相伯昔日之处分早已取消，刚恒毅素来尊敬马氏，已令部员于教廷机关报《罗马观察报》为文颂扬马氏的功绩。12 月 11 日陆氏复信云：见 6 日《罗马观察报》登载，与相老预料之未来列品案，大有助力。陆氏又印一短篇法文吊唁词，上呈教宗，得教廷回信，陆氏于去世前两个月又再呈献教廷一次。②

审定《新约圣经》译本

1947 年中国驻教廷公使谢寿康调职，由吴经熊接任，罗光 1 月 6 日函告陆氏：新公使品高学深信教诚切，为中国与教廷之关系，必不隳谢公使之前功，而于蒋介石主席之宗教信仰或能有更深之影响。③吴经熊于 21 日抵罗马，2 月 16 日晋见教宗，吴氏留任罗光为公使馆咨议。④

吴经熊受蒋介石、宋美龄之托，翻译《新约圣经》（简称《新经》），3 月 3 日吴经熊函陆氏，请陆氏赐题《若望福音》封面，并称："此事关系教义之广扬，务乞我公勿予拒绝，我公虽身在海外，隐居修院，而国内同胞无论教内教外，咸认我

---

① 陈方中：《爱教爱国的陆征祥》，香港《鼎》第 29 卷，总第 153 期，2009 年夏季号，第 29 页。

② 罗光：《陆征祥传》，第 202~204 页。

③ 《罗光函》（1947 年 1 月 6 日），陆征祥文书，T1063_02_05_0056，第 9 页。吴经熊（1899~1986），字德生，浙江宁波人，美国密西根大学法学博士，回国任教于东吴大学法学院，原为基督教美以美会信徒，1937 年改宗天主教。

④ 《罗光函》（1947 年 2 月 31 日），陆征祥文书，T1063_02_05_0056，第 14 页。

公为圣教表率，而从政人物尤莫不羡高尚圣事超凡入圣，因我公之芳范，而憬于皈依我主耶苏者不知凡几。"① 陆征祥题好封面寄回，25 日吴经熊函："顷奉手教，欣慰不可言喻，承题封面，字迹动中含秀，□返老还童之象，其味无穷。"②

　　吴经熊在罗马之译经工作认真而紧凑，整理完《若望福音》初稿，寄交陆征祥，请其提供意见，未久吴经熊携其二子往比利时拜访陆征祥。③ 9 月 23 日罗光函陆氏称：吴经熊公使赴比利时晤陆氏，言陆氏身体康健，有由老回春之态，是则天主之特恩，而欲留陆氏于一宏大之功程也。④ 29 日陆征祥复罗光函曰："德生公使有古君子风，一见如故，促膝谈心，快乐忘老之将至。"⑤

　　1947 年冬，陆氏读吴经熊所译《若望福音》，自觉有不能已于言者，乃著《人文携手》（ *La Rencontre des humanités et la découverte de l'Évangile* ），⑥ 阐述了寻求东方儒家文明与西方希腊-拉丁文明之间的交流，以实践两者之间"携手"的思想，主张融合东西文化，使各民族能够在人文精神层面相互了解，互相尊重，相亲相爱，从而消除人类矛盾冲突的根源，为世界

---

① 《吴经熊函》（1947 年 3 月 3 日），陆征祥文书，T1063_02_04_0018，第 22~24 页。

② 《吴经熊函》（1947 年 3 月 25 日），陆征祥文书，T1063_02_04_0018，第 25 页。

③ 陈方中：《爱教爱国的陆征祥》，香港《鼎》第 29 卷，总第 153 期，2009 年夏季号，第 35 页。

④ 《罗光函》（1947 年 9 月 23 日），陆征祥文书，T1063_02_05_0056，第 8 页。

⑤ 陈方中：《爱教爱国的陆征祥》，香港《鼎》第 29 卷，总第 153 期，2009 年夏季号，第 35 页。

⑥ 罗光：《陆征祥传》，第 166 页。该书法文书名直译为《人文传统的相遇与福音的发现》，中译本见陆征祥《人文携手》，赵燕清、潘玉玲译，台北：光启文化事业，2014。

和平奠定永久的基础。① 12 月陆氏病重住进比利时布鲁日的圣
芳济医院。

图 7-4　1948 年春读吴经熊译《若望福音》原稿

1948 年 4 月 13 日吴经熊函请陆氏再题《福音四传译义》
及《新经译义》两种之封面。② 吴经熊译完《新经》全书，
呈交教廷传信部审查，传信部将审查权力交付于斌，于斌则委
托陆征祥与罗光为审查员。罗光于 9 月 15 日到 10 月 6 日再次
到修道院访问陆征祥，携带吴经熊翻译的《新经》全书交陆
征祥审查。③ 10 月 3 日，陆氏与罗光签字审定《新经》译本，
陆氏在《玛窦福音》首页亲笔写"无碍付印"，随即签名，罗
光也随之副署。④

① 陈志雄：《陆征祥与中国教会》，第 192 页。
② 《吴经熊函》（1948 年 4 月 13 日），陆征祥文书，T1063_02_04_0018，第
47~48 页。
③ 陈方中：《爱教爱国的陆征祥》，香港《鼎》第 29 卷，总第 153 期，2009
年夏季号，第 35 页。
④ 罗光：《陆征祥传》，第 254 页。

10 日罗光函告陆氏：7 日晚抵达罗马，虽已过午夜，吴经熊公使犹在使馆相候，他面呈《新经》全集，吴公使看到您的亲笔签名，十分高兴。9 日晨他往见传信部部长毕枢机、次长刚恒毅总主教面送尊著，彼等于我公健康垂询綦详，而我公上教宗书，尤为刚公所赏识。他又往谒孟棣义代理国务卿，奉上尊著，乞其代呈教宗，彼欣愿尽力。① 陆征祥复函罗光云：日昨上书吴经熊公使，略述入修道院后蒙受三件恩宠，即 1935 年晋授铎品，1946 年升授荣誉院长，1948 年拜读《新经》汉译。②

辞 世

12 月 15 日于斌偕金问泗大使赴修道院拜访陆氏，陆氏力弱不能多谈，午后即入住布鲁日城内病院。③ 1949 年 1 月 15 日陆征祥逝世，享年 78 岁。19 日在圣安德鲁修道院中，由教廷驻比利时公使钱铎总主教主持丧礼，刚城主教加肋握（Mgr. Callewaert）、布鲁日主教拉米罗（Mgr. Lamiroy）、比利时四位本笃会院长联同中国杨家坪圣母神慰院院长等襄礼，参礼者有比利时国王代表比冷能（Jacques Pirenne）爵士，中国政府代表驻比大使金问泗，驻法大使钱泰，驻教廷公使吴经熊由罗光代表出席，共五百余人，随后南文院长主持追思弥撒。陆氏安葬于修道院墓园中。④

---

① 《罗光函》（1948 年 10 月 10 日），陆征祥文书，T1063_02_06_0040，第 1 页。"尊著"似指《人文携手》一书。

② 陈方中：《爱教爱国的陆征祥》，香港《鼎》第 29 卷，总第 153 期，2009 年夏季号，第 35 页。

③ 罗光：《陆征祥传》，第 267 页。

④ 罗光：《陆征祥传》，第 277 页；本刊编辑室编《陆征祥院长年谱》，香港《鼎》第 29 卷，总第 152 期，2009 年春季号，第 29 页。

第三节　外交活动

陆征祥在修道院期间，仍十分关心中国外交事务，有不少观察、建言与实际作为。

通使教廷与收回教权

1918 年陆氏任外交总长时，曾推动中国与教廷建交，遭到法国阻挠未能成功。教宗庇护十一世于 1922 年 8 月 1 日任命刚恒毅主教为首任宗座驻华代表，刚恒毅于 12 月底到达北京就任，他努力促成设立华籍教区，培育华籍神职人员，选拔华籍主教，1926 年 10 月 28 日带领六位华籍主教到罗马接受庇护十一世的祝圣。

法国于 1927 年放弃在华之保教权，次年北伐成功，国民政府统一全国，8 月 1 日庇护十一世通电云：教宗对于中华时局始终极为关心，不惟首先对于中华完全以平等相待，且因有真挚与诚恳之同情，首次躬亲祝圣华籍主教于罗马伯多禄大堂，今闻中华内争已息，极为忻悦，并赞感天主所虔求者，乃中华得享受永久而有益之和平，教宗希望中华公教教众，对合法政府恭敬与服从，对中华之和平发达与进步皆有所贡献。[1]

陆征祥认为这个通电意义重大，代表教廷平等对华，并要中国教会承认南京政府，10 月 16 日致函南京国民政府外交部部长王正廷，寄上教宗之训谕，并称："回溯昔年先师许文肃

---

[1] 《圣教宗比约十一世通电全文》（1928 年 8 月 1 日），陆征祥文书，T1063_02_06_0044，第 20 页。

公论及我国对外方针，约计三事：1. 修正不平等条约，2. 取消租界，3. 收回教权。现计三事均在进行之中，全赖鼎力坚持到底，百折不回，俾外人知我外交有人，不敢再存轻视之心，就我范围，大局幸甚，民国幸甚。"附陈收回教权意见云：查西人借保教之名，夺我权利，侵我领土，不一而足，欲谋釜底抽薪之法，非与教廷直接通使不可，清末民初屡次努力，都未成功。现任教宗前年亲手祝圣六位国籍主教，本年 8 月复有致我全国人民表示协助庆祝之通告，祥又秘闻教宗有发表第二批国籍主教之意。察看大势，直接派使时机业已成熟，似不可失之交臂，建议外交部即与教廷驻京刚恒毅主教密为接洽，一得教宗同意，即电驻西班牙或驻葡萄牙公使，前往罗马先递国电，预料法国驻华公使必出而向尊处饶舌，如吾公始终坚持，不为所动，彼亦当自知无理取闹，徒为各国所訾议而退。①

20 日陆氏正式致函王正廷及外交次长唐悦良，报告入修道院缘由，附上呈文祈代呈国民政府蒋主席。函中提及圣安德鲁修道院派两位修士到中国四川顺庆开办修院，请饬地方官保护，并报告称："祥此次入院苦修，虽系个人行动，然颇引起外人观瞻，不独各国报章一再刊登，叹为仅见之事，即教宗、比王亦均专函致贺，优加鼓励，此次呈文上提后，国家中央不弃，酌赐训辞，借以表示本国政府对于告退官吏之最后趋向亦甚关切。"最后，再建议与教廷通使以收回教权云：各国天主教皆先由外国传教士前往提倡开办，随后莫不逐渐由本国人自

①《陆征祥致王正廷函》（1928 年 10 月 16 日），国民政府外交部档案，11-06-21-05-01-025。

行管理，以免除外人借教干预政治，及人民对于教会发生误会等各种弊病。罗马教宗前年祝圣华籍主教 6 人，盖亦欲使管理中华教会之权逐渐入于华人之手，而便广扬公教。然外国主教之在我国内者尚多，察看大势，现在实为我国教廷设使，收回教权之绝好机会，尚祈鼎力条陈中央，断然行之。①

　　11 月 19 日王正廷复函云：承示入修道院先后各情形，均敬诵悉，所论收回教权办法，洞中窍要，倾佩之至，重派教廷公使，鄙意自表赞成，容当提请国务会议核议施行。② 1929 年 1 月宗座驻华代表刚恒毅主教在南京谒见蒋介石，并与外交部部长王正廷商谈订立教约，然而又因受法方攻击而中止。1930 年 11 月陆氏致函王正廷称："现闻国内发生教会学校注册问题、经课暨教产问题，关于公教之一部分，似可遣使罗马与教宗直接商议办法，免得枝枝节节，反增无数麻烦，而教育部无安枕之日矣。"③ 1933 年刚恒毅回意大利，教宗任命蔡宁为宗座驻华代表。1933 年 7 月 24 日陆征祥致函驻法公使顾维钧指出，梵蒂冈自 1929 年已经获得国际法主体资格，教宗屡次对华表达善意与同情，法国已经不能指导教廷事务，建议国民政府与梵蒂冈建交。陆氏于 7 月 19 日在布鲁塞尔与在欧洲访问的财政部部长宋子文会见时，已提出此建议，但宋氏不置可否。顾维钧于 8 月 11 日致函外交部陈述与教廷通使的利害。1934 年国民政府外交部提出《关于教廷通使问题之意见书》，

①　《陆征祥致王正廷、唐悦良信函》（1928 年 10 月 20 日），国民政府外交部档案，11-06-21-05-01-025。

②　《王正廷函》（1928 年 11 月 19 日），陆征祥文书，T1063_02_06_0003，第 2~3 页。

③　《陆征祥致王正廷函》（1930 年 11 月 18 日），国民政府外交部档案，11-06-21-05-01-025。

结论是：与教廷建交有利有弊，立即通使之建议并不可取。①

全面抗战爆发后，于斌赴罗马以私人身份向教廷接洽通使，教廷表示欢迎，但因故搁置。陆征祥始终关心此事，1938年10月函告刘符诚云："《教廷公约》一书，译竣亟愿拜读，并代作序言，亦所乐为，教廷驻使一节，早晚终须实行，此书可先作引导先锋，亦快事也。"②

1939年2月10日教宗庇护十一世逝世，3月2日庇护十二世被选，12日行加冕大典，罗光急函陆氏，设法电请中国政府派使参礼。6日陆氏致函驻波兰公使王景岐称：宗座登位，派专使贺，在法、比使节中选才。8日王使复函：去电转呈蒋委员长，措辞悉遵我公之意。③ 11日国民政府派驻法大使顾维钧充中国专使参与加冕典礼，此为中国正式遣使教廷之始。④ 罗光还想打铁趁热，使此一专使正常化，从而建立正式邦交，陆征祥回复罗光云："中央外交主持有人，自有权衡，索居海外者，势难测知一二方面，盖非全局洞烛，难于进言……涉及政策，未便代庖，且影响全局，失之毫厘，差以千里，公私两害。"⑤ 1941年6月陆氏致刘符诚函论传教事称："目下教廷

① 侯中军：《抗战时期中梵建交问题研究》，《抗日战争研究》2022年第1期，第41~43页。

② 《致刘符诚函》（1938年10月4日），孙庆芳、张新鹰整理《陆征祥致刘符诚书信选》，《文史资料选编》第33辑，第142页。

③ 《王景岐函》（1939年3月8日），陆征祥文书，T1063_02_06_0005，第10页。王景岐，1938年10月任驻波兰公使，1939年9月欧战爆发，王氏率馆员艰辛辗转抵达比利时，11月奉命在布鲁塞尔待命，劳累生病，1940年5月德军进攻比利时，10月王氏奉命在日内瓦待命，1941年8月25日病逝。

④ 罗光：《陆征祥传》，第217~218页。

⑤ 陈方中：《爱教爱国的陆征祥》，《鼎》第29卷，总第153期，2009年夏季号，第29页。

方面通使，传教问题渐渐成熟，此路业已打通，一得机会，即可进行，全赖当局善用时机耳，小兄奉上宗座复谕一件，可说业已探得虎子。"①

1942 年 3 月日本派遣驻教廷公使，中国驻欧各使与陆征祥磋商中梵建交事，6 月外交部训令驻瑞士代办谢寿康与教廷驻瑞士大使接洽，教廷同意与中国建立外交关系，1943 年 1 月 30 日中国首任驻教廷公使谢寿康抵达梵蒂冈，并任命罗光为宗教咨议，2 月 25 日向庇护十二世呈递国书，教廷则任命原宗座驻华代表蔡宁总主教为驻华代理公使，中国终于与教廷建立正常外交关系，陆氏非常感慰。② 1946 年教廷任命黎培理为驻华公使，7 月 23 日罗光致函陆氏称：于今中国圣教会自第一位枢机、神职"圣统制"、教廷驻中国第一任公使发表后，已上正式轨道，外交上之大纲目已办妥。③

九一八事变

九一八事变爆发后，陆征祥十分关心，1931 年 9 月 20 日的日记写道："日本军于 18 日忽然发生战事，进据沈阳，又军队登陆占据青岛云云，消息重要，政府人民当一心一德合力御外，不然将何以对后世及世界各国耶。"23 日载："日军进占长春，消息日坏，前途莫测，令人战栗。"30 日载：致南京王正廷部长电。10 月 17 日载：见总院长，谈中日战事，并呈

---

① 《致刘符诚函》（1941 年 6 月 23 日），孙庆芳、张新鹰整理《陆征祥致刘符诚书信选》，《文史资料选编》第 33 辑，第 143 页。
② 陈志雄：《陆征祥与民国天主教会》，第 138~141 页。
③ 《罗光函》（1946 年 7 月 23 日），陆征祥文书，T1063_02_05_0056，第 11 页。

示致教宗信。11 月 3 日载：发致国际联盟秘书长函。①

　　陆氏上书教宗曰：祥虽寄身修院，而心存祖国，环顾国内国外，"今昔同僚办事之棘手，加以出轨世界包围之险恶"，祥每日为祖国、为同僚、为先人诚心虔祷，特敬谨上书罗马教宗，吁求特别降福于我外交界全体同人，以示爱护，而资鼓励，聊表区区愚忱。② 其他函电，虽不知内容，但可以推断应与谴责日本暴行，要求国际主持公理正义有关。

　　1932 年 1 月 15 日陆征祥立终身愿，成为正式修士，本应潜心修道研究神学，置身世俗之外，然因此时日本侵占东北，陆氏情绪沸腾，回忆起他一生多次与日本艰苦周旋，除了祈祷中国的平安外，更奋力执笔以法文撰写小册子 *L'invasion et l'occupation de la Mandchourie jugées à la lumière de la Doctrine Catholique par les écrits du Cardinal Mercier*，其中提到，比利时马里纳城（Malines，英文名 Mechelen）于一战被德军占领时期，梅西爱总主教（Cardinal Mercier）运用天主教教义，对德军提出抗议，主张爱国主义是神圣的，被占领并非被征服，正当报复的精神是一种德行，神职人员应该竭心尽力，做爱国主义的守护人，及公共秩序的维持者，入侵者仍然应按照海牙公约来管辖。陆征祥以天主教修士身份，大声疾呼应依循梅西爱枢机主教的精神与言论，主张中国的国际声诉是公义的，梅西爱的言论切合东北三省国民被压迫情形。陆征祥取得修道院院长及本城主教准许付印，并邀请友朋捐输出版费用，印刷发行

---

① 《陆征祥日记》，1931 年 9~11 月，陆征祥文书，T1063_01_01_0005，第 142~164 页。

② 若谷：《关怀祖国之陆征祥》，《申报》1932 年 1 月 21 日，第 11 版。

广为流传。①

驻法公使顾维钧捐款资助陆氏刊印此小册子，1933 年
5 月 18 日陆氏致函顾氏云："墨西爱主教欧战中通牒摘要
付刊一节，既承赞同，复荷慨输巨款比币 9000 千元之支
票，此收谢记，感铭腑心，值此世界经济恐慌之际，公家
私人均感财困，公之厚贶，尤证爱我情殷，尤不知何以酬
报于万一矣。"②

该书出版后，陆氏以"中国前国务总理、外交总长，现
本笃会修士"的名义，寄赠国际联盟各会员国元首、总理、
外交部部长、上下议院议员及政界、报界人士，计达 6000 余
份，呼吁他们主持正义，维护国际公理，向日本施加压力，并
对中国人民施以援手，这本小册子对于欧洲和远东地区来说都
有相当的影响力。③

该书汉译为《满洲问题评判——以公教立场评判日本侵
占东四省事件》，1934 年刊于《圣教杂志》第 32 卷第 5 期，
附有陆氏摘录之《关于正义和爱德在国家受敌人不义的侵占
时所当援引的几种天主教信理的原则——摘录马里纳主教梅西
爱枢机在他的祖国和他的教区被占领时（1914~1918）所著的
言论》，经国内各报刊登载后，引起国内人士的共鸣。④

---

① 陆征祥：《本笃会修士陆征祥最近言论集》，第 20~55 页。梅西爱总主教
（1851~1926），1906 年任总主教，1907 年被擢为枢机主教，为著名天主
教学者。

② 《陆征祥杂记簿》（1932~1939 年），陆征祥文书，T1063_01_01_0010，
第 12 页。

③ 《陆征祥致翰卿函底稿》，陆征祥档案，卷宗 54，转引自陈志雄《陆征祥
与民国天主教会》，第 106~107 页。

④ 陈志雄：《陆征祥与民国天主教会》，第 108~110 页。

于 1933 年圣诞节陆氏写下感言，附在书后一起寄给朋友云：他参加两次海牙保和会，然其结果未得和平，卒归于战，后赴巴黎和会，目睹战区凄凉万状，近数年来，国际非战、非攻、仲裁各约数见不鲜，军缩之会尤为各国所注意，方庆不致蹈海牙覆辙，乃沈阳事变爆发，不见"哀的美敦书"（英语 ultimatum 的音译，即"最后通牒"），不闻两国公使下旗回国，而敌军、战舰乱入吾境，杀戮吾士民，焚毁吾城郭，神州将见陆沉，空前绝后之远东太平洋大战，几有以此为导线之势，帝国主义者竟不畏天命，不悯人言，横施其侵略政策，感叹无极。祥于经课神学之余，得读比国马里纳城总主教梅西爱欧战中之通牒一书，见其拥护政府，爱国爱民之闳议，无不根据公理正义博爱诸原则，以昭示强权之不可久持，公理必得最后之战胜，亟将原著中精理名言，切合于东北四省国民被压情形而适于实施者，择要宣布，倘得大多数爱护和平诸君广为流传，世界文化，人类幸福，实利赖之。①

1933 年初，顾维钧在日内瓦国际联盟为李顿调查团报告书与日本代表辩争，陆征祥多次提供意见，1 月 28 日日记写道："晚寄顾使简报一份，附片略叙：代祷最后胜利，外交增光，俾强权稍知敛迹，容我修明内政，奋勇直追，整顿军备，民国前途庶几稳固，公之力祥与有荣焉。"2 月 13 日日记写道："在圣体祭台前领圣体，并虔祷上主垂鉴我心，佑庇顾使前途，为国宣劳得手顺利，为国增光，为民加惠，大局幸甚，民国幸甚。发顾使信件包件，准备已 3、4 日，今晨 4 时半继

---

① 《陆征祥日记》（1943 年 1 月 23 日所附印刷品），陆征祥文书，T1063_01_03_0002，第 27 页。

续缮写，7 时 1 刻竣事。"① 3 月 20 日顾维钧手书回复云：

> 此次坛坫之上，虽得幸折强邻，而公理空彰，实际莫补。彼乃乘列强多故，弗遑远图，恃其坚利，悍然不顾，长蛇封豕，势肆鲸吞，我以积弱，诚哉岌岌。然多难兴邦，国内气势日以振奋，倘能一面积极抵抗，一面运用于国际之间，军事外交双方并进，挽回劫运当非无术也。②

其后陆征祥致函顾维钧称："吾公为国家宣劳，在国联年余工作辛劳备尝，中外共仰，祥在院早夕为公祈祷，略表心意耳。"③ 1934 年 5 月 17 日陆氏日记写道："林鸣奎来谈良久，讲论外交政策之可屈可申，目前耐忍百辱，徐图恢复雪耻，免吃眼前亏而留地步耳。"④

《上日本天皇书》

陆征祥还致力于写《上日本天皇书》，希望天皇悔悟，挽回危机，1934 年初已经完成初稿，2 月 10 日的日记载："寄苾

---

① 《陆征祥日记》，1933 年 1～2 月，陆征祥文书，T1063_01_01_0007，第 24、32 页。

② 《顾维钧所寄信函》（1933 年 3 月 20 日），陆征祥文书，T1063_02_02_0076，第 4～6 页。

③ 《致顾维钧函稿》（1933 年），陆征祥文书，T1063_05_03_0001，第 182～183 页。

④ 《陆征祥日记》，1934 年 5 月 17 日，陆征祥文书，T1063_01_02_0001，第 82 页。

忧弟上日皇书稿，接施博士信并上日皇书英文译稿。"① 陆氏初稿要旨云：中日两邦同种同文，同感欧化东侵之利害，贵国励精图治，民富国强，为中外所共仰，敝国朝野仍守闭关，卒致受肉体精神之苦痛。祥有三大失望于贵国者：（1）甲午之役马关之约。（2）民国肇始外交首在取消不平等条约，贵国不独不尽力协助为各国倡，且从而梗阻而超出各国之要求。（3）沈阳事变不但不表好意和衷商议解决，反为扩大之以伤感情，以干戈相见于友好之邻邦，甚至退出国联。②

陆氏将初稿寄给魏宸组修改，7 月 7 日接到魏氏修稿，③并称："信稿收到后研究良久，公通篇以吾国屡次失望为主，说到盼望他改变方针，大意如此，组意不如径直说侵略主义不合时代潮流，不合日本自身利益，收束处仍是望他改变方针，大意相同，两种说法孰为合宜，仍请公酌定。"④

陆氏依据魏氏意见不断修改上书稿，1935 年 3 月 1 日日记载："写上日皇信，连写 3 日。"⑤ 至 1937 年接近完稿，由魏宸组翻译成中文，主旨为：今日九一八事变不独为吾两国切身之灾，世界祸福，将悉以此为导线，侵略政策，乃历史上过去之事，不适于 20 世纪。吾国与贵国相去最近，又系同文同

① 《陆征祥日记》，1934 年 2 月 10 日，陆征祥文书，T1063_01_02_0001，第 34 页。施格来博士，为修道院中之神学教授。
② 《1932~1940 年陆征祥信底簿（二）》，陆征祥文书，T1063_01_01_0012，第 76~77 页。
③ 《陆征祥日记》，1934 年 7 月 7 日，陆征祥文书，T1063_01_02_0001，第 108 页。
④ 《魏宸组回复上日皇书稿意见》（1934 年），陆征祥文书，T1063_02_04_0068，第 79 页。
⑤ 《陆征祥日记》（1935 年 3 月 1 日），陆征祥文书，T1063_01_02_0002，第 48 页。

种之邦，倘贵国以和平为怀，遇事提携，则中国对输入日货，必格外欢迎，贵国不此之务，发为争城夺地杀人盈野之暴行，致引起远东太平洋问题之绝大纷争。战端一开，必为空前绝后之巨灾，世界文化，或与俱尽。老夫上体天主好生之德，下察仁人君子慈祥恺悌之心，为中国计，为日本计，为世界和平计，觉贵国并吞满蒙计划，有百害而无一利。陛下聪明天纵，洞识舆情，倘能幡然变计，撤回"满洲"戍兵，一转移间，东方一隅，拨云雾而见青天，和平曙光，起于扶桑，映于寰瀛，功德之大，与日俱永，惟陛下裁之。[①] 惟此时战争一触即发，此上书是否送出，不得而知，可以确定的是，陆氏之苦心孤诣并未发挥作用。[②]

西安事变

国难当前，陆征祥晨夕祈祷，希望能有中华亚尔倍及亚洲梅西爱的出现。[③] 陆征祥自云：1919 年巴黎和会目见日本追随英、法、意、美之后，图执东亚之牛耳，倘一旦实行其"大陆主义"，加祸中国曷其有极，国际联盟既不可恃，预防日本侵略只有自强自立、自苦自卫。自苦自卫之道，非效法 1914~1918 年比王亚尔倍一世不可，故入修道院以来，虔心祈祷者，惟求于日本侵略前，目见救民救国之中华亚尔倍，及拥护公理

① 《致日本昭和天皇信底》（1937 年），陆征祥文书，T1063_03_12_0004。

② 陈志雄：《陆征祥致日本昭和天皇函考略》，《广东社会科学》2006 年第 3 期，第 116 页。

③ 《致刘符诚函》，陆征祥文书，T1063_05_03_0001，第 141 页。比利时国王亚尔倍一世（Albert I of Belgium，1875-1934，r. 1909-1934），一战时比利时几乎全被德国占领，只余依瑟河（Yser）以西一隅之地，由亚尔倍一世率比军坚守不屈，艰苦支撑，终能于战后胜利还都。

之梅西爱。①

九一八事变后，陆氏似乎认定蒋介石就是中华亚尔倍。1936 年 10 月陆征祥上行政院院长蒋介石函，附赠蒋氏寿辰礼物称："恭逢院长五十寿辰，全国献诵，中外欢腾，征祥逢此盛典，加诚为院长祈求健康，为祖国祈求昌茂，为世界祈求安定，谨附呈微物三种，借申贺悃。附上比国梅西爱主教遗像、前比王棉织遗像、英文弥撒书。"②

12 月 12 日西安事变爆发，陆氏日记 16 日载：国内电传消息，不确难信，以为实当镇静，候中央发表消息。③ 17 日载：国内消息仍未显明，难得真相。④ 同日致罗光函云：国内消息异常紧急，读之令人心悸，国难重迭而来，当局处境在万苦千死中打出生路。祥自去岁 6 月 29 日忝晋铎品以来，每晨 6 时进堂献祭，不忘为国内领袖要人虔诚祈祷，于危急存亡之际，区区之忱当蒙上主垂鉴默许佑庇也。⑤ 日记 26 日写道：蒋委座已出险回京，张学良友被囚禁。⑥ 陆氏至此更加确认蒋

---

① 《1932~1940 年陆征祥信底簿（二）》，陆征祥文书，T1063_01_01_0012，第 53 页。

② 《上蒋院长函稿》（1936 年 10 月），陆征祥文书，T1063_02_06_0044，第 1~3 页。

③ 《陆征祥日记》（1936 年 12 月 16 日），陆征祥文书，T1063_01_02_0003，第 186 页。

④ 《陆征祥日记》（1936 年 12 月 17 日），陆征祥文书，T1063_01_02_0003，第 187 页。

⑤ 《陆征祥致罗光函》（1936 年 12 月 17 日），新北市辅仁大学天主教文物馆藏，转引自陈方中《爱教爱国的陆征祥》，香港《鼎》第 29 卷，总第 153 期，2009 年夏季号，第 26 页；罗光：《陆征祥传》，第 191 页。

⑥ 《陆征祥日记》（1936 年 12 月 26 日），陆征祥文书，T1063_01_02_0003，第 191 页。

介石就是中华亚尔倍。①

抗战外交

1937 年卢沟桥事变爆发，陆征祥见"报传 7 月 7 日芦沟桥中日军队忽起冲突，深有所感，作爱国论，10 年苦修区区心得，聊以贡诸世人耳"。② 随即得到许可，迅速重印 *L'invasion et l'occupation de la Mandchourie* 一书法文及中文版，并在宣传单页中写道：

> 本书写于 1933 年比国依瑟河畔，此河为比国抵止强敌侵入国土之处，余写此书时心灵中遥念我国之依瑟河，祈祝一中国之亚尔倍。1914 年至 1918 年间，比国前王亚尔倍一世率残余之军队，显示其英勇、明敏、信仰之精神，于兹四年中，顽强抵抗，艰苦备尝，全国国民充满爱国热诚，坚忍不拔，四易寒暑，万众一心，听其指挥而获得最后胜利，王遂救比国矣。一切胜利，何莫非血战抵抗之结果，世未有不饱经痛苦损失而可胜利者。胜利之获得，全系于全国人心团结，集中意志，听命于唯一领袖指导之下焉。国难方殷，敢献数语于吾亲爱同胞之前，以期待最后之胜利。③

---

① 《1932~1940 年陆征祥信底簿（二）》，陆征祥文书，T1063_01_01_0012，第 54~55 页。
② 《1932~1940 年陆征祥信底簿（二）》，陆征祥文书，T1063_01_01_0012，第 49 页。
③ 陈志雄：《陆征祥与民国天主教会》，第 115 页。

8月8日陆氏致刘符诚函云：

中日战事，早晚难免，早发晚发，在我被动地位固无
所计较，早发早了，晚发晚了，终以死中求生，不以幸免
求生。死尸如山岭，血流若江河，牺牲愈多，人格愈高，
民族存亡，在此一举。前清末叶之污败积习，非以民众鲜
血，不够洗涤。民国肇始之封建思想，非此千年奇祸，不
够改变。病入骨髓，非用猛药，不够医治。……非有天翻
地覆之凶灾，仇敌杀人火焚之惨暴，不够策励。小兄不以
此次之战事为祸端，认为救星全在我人之利用、之善用
耳。叨在至好，又是知己，用敢直陈，以罄40余年之积
愫云尔。①

17日又致刘符诚函云："此次严重国难，大足奋发我全国
抵抗之决心，坚持到底，在死中求一条活路，天不亡中国，终
有最后之胜利。存亡固在此关头，复兴亦在此一举。我人完全
信任中央执政诸公，决一死守，日人自取灭亡之期当不远矣。"②

外交部部长王宠惠10月2日电陆征祥曰："强邻侵陵，犯
我疆土，全国抗战敌忾同仇，暴行屡施，中外愤慨，各国耶苏
教信徒对日已有严词表示，天主教方面如得教廷或教友方面提
倡鼓吹，主张正义，并制止日方暴行，曷胜企幸，诸祈酌夺。"③

---

① 《致刘符诚函》（1937年8月8日），孙庆芳、张新鹰整理《陆征祥致刘
符诚书信选》，《文史资料选编》第33辑，第134~135页。
② 《致刘符诚函》（1937年8月17日），孙庆芳、张新鹰整理《陆征祥致刘
符诚书信选》，《文史资料选编》第33辑，第135~136页。
③ 《照译王部长来电》（1937年10月2日），陆征祥文书，T1063_02_01_
0039，第13页。

陆征祥 5 日复电：容与南文院长熟商办法，仰副尊嘱。[①]

陆征祥告诉罗光：基督教乃是国家宗教，在英国的属英国，在美国的属美国，对于这次中日战争，英国基督教主教出来说话，明明攻击日本。王宠惠乃给我打来电报，谓基督教已经明白表示态度，罗马教宗则默默不言，请我设法能使罗马教宗说几句话。我明知这是王先生不明了教宗的立场，然而他也是一番爱国的好心，我不便将这事搁置不理。于是我将王先生的电报，夹在一封信内，呈上教宗，使教宗知道中国政府的意思。教宗派驻比大使（后升枢机主教）米加拉总主教（Card. Micara）亲赴修道院见我，代达教廷同情于中国正义之战，然教廷有不能公开表白之隐衷，但也可见宗座重视中国政府的要求，我乃回电王宠惠，讲明一切。[②]

蒋介石为争取国际舆论，10 月派于斌赴欧美各国巡回演讲，展开国民外交。于斌为进一步扩大影响力，联络国内天主教领袖人物公开发表对中日战争的看法，出版了《中国公教呼声》法文小册子，1938 年在布鲁塞尔出版，并在伦敦、纽约、多伦多出版英文本。陆征祥为此小册子作序，指出：在中国国家和民族的生存及世界和平遭受严重威胁之际，中国教会人士不能保持沉默，驳斥日本宣传的误谬，呼吁各国对中国平等相待，支持中国人民的抵抗行动。[③]

七七事变爆发后，中国诉诸国际联盟要求制裁日本，但未

---

① 《致王部长电》（1937 年 10 月 5 日），陆征祥文书，T1063_02_01_0039，第 14 页。

② 罗光：《访问陆征祥神父日记（一）——六十述往之一章》，台北《传记文学》第 19 卷第 2 期，1971 年 8 月，第 51 页；罗光：《陆征祥传》，第 217 页。

③ 陈志雄：《陆征祥与民国天主教会》，第 116~119 页。

成功。再诉诸《九国公约》，遂有 11 月之布鲁塞尔会议，顾维钧代表中国出席。10 月 26 日陆征祥致函顾维钧，建议 11 月 1 日乃比国之扫墓节，比人上下均甚重视，顾氏莅比适逢此节，似可在前王亚尔倍及前王后墓前表示致敬。① 布鲁塞尔会议结束后，陆征祥与顾维钧有餐晤，11 月 7 日日记载："午前十时乘钱大使汽车前往比都使馆午餐，同席于主教、郭大使、程大使、蒋百里、顾大使、胡公使、金公使、钱大使夫妇及祥计 10 人。"②

12 月陆氏致函刘符诚云：

> 我国遭此奇祸异灾……小兄方面，以自身的经历，此笔贻误国事之大帐，早晚总要清算。贻误国事，前清老臣既不能辞其咎，民国要人复不克卸其责，全国民众终不能完全委诸于领袖人物之肩背上，而不自认其贪懒自弃之一部分的责任。值此清算总帐之日，尚有不觉悟之辈，背国助敌，为虎作伥者，尚何言哉，尚何言哉。小兄于此笔大帐上欠负不轻，于前清帐上、民国帐上、国民份子的帐上，都负有重大的欠缺，既承竹筼先师之训练指导，复许

---

① 《陆征祥致顾维钧函》（1937 年 10 月 26 日），顾维钧档案，Koo_Box0031_018a_0016，复旦大学图书馆特藏中心所藏电子副本。"顾维钧档案"原藏于美国纽约哥伦比亚大学珍本手稿图书馆，1985 年顾维钧去世后，家属又捐赠一批文函及照片，2014 年起中国社会科学院近代史研究所与哥大及顾氏家属合作，将顾文件扫描编目校对，于 2017 年底完成，2018 年初"顾维钧档案数据库"正式开放学界使用。

② 《陆征祥日记》（1937 年 11 月 7 日），陆征祥文书，T1063_01_02_0004，第 167 页。同席诸人系：于斌、郭泰祺、程天放、蒋百里、顾维钧、胡世泽、金问泗和驻比大使钱泰及其夫人。《顾维钧宴蒋百里 比王接见于斌》，《申报》1937 年 11 月 9 日，第 3 版。

先室以残身献事上主，借以作补赎工夫，减轻我一身对世界、对祖国、对民众之罪恶帐目，迄今思之，实出上主宠召之恩。小兄目蒿时艰，更感主恩于无穷期矣。惟此笔血帐何日算清结束，尚难逆料，惟主命是听耳。①

1938 年 2 月又致刘符诚函云：

前信所说"祸国殃民"的总算帐，四十年前竹箦先师的过虑，今固实现，可叹可惊。先师面嘱秘密的预备总算帐时合用应付的人材。小兄自荷兰到北京，又到森都，又到熊城，无处无时，莫不用心预备此项人材。除外交部内各同仁外，到一使馆，必留用熟手，凡有学生之来见者，莫不注意探询课程及其志向。民国廿七年来，直到总算帐时，在对外方面，大致尚无贻误陨越之处；外交界内外的公使，十之七八尚系预备计划内的人……倘军事、财政、交通、司法、教育种种方面，都有预备工作及人材，今日局面，当不致如是失败涂地。②

4 月 7 日台儿庄战役结束，陆氏日记 9 日载："台儿庄将成中日战区之千古名胜耶？流血若江河，积尸成长城乎？"③

---

① 《致刘符诚函》（1937 年 12 月 29 日），孙庆芳、张新鹰整理《陆征祥致刘符诚书信选》，《文史资料选编》第 33 辑，第 136~137 页。

② 《致刘符诚函》（1938 年 2 月 14 日），孙庆芳、张新鹰整理《陆征祥致刘符诚书信选》，《文史资料选编》第 33 辑，第 139 页。森都指苏联首都圣彼得堡（列宁格勒），熊城指瑞士首都伯尔尼。

③ 《陆征祥日记》，1938 年 4 月 9 日，陆征祥文书，T1063_01_02_0005，第 55 页。

1939 年 1 月 1 日，日记写道："抗战胜利复兴纪元年。"①

蔡宁牧函事件

1939 年 3 月 14 日罗马宗座驻华代表蔡宁主教发布牧函，要求中国天主教神职人员和信徒对中日纷争持中立态度。蒋委员长给外交部一批示，以为该公函对于中国精神总动员的国策有所抵触，对于抗战到底的信心有妨碍。外交部训令驻法大使顾维钧，写一文书交给教廷驻法大使，转送教廷。顾使询问陆征祥意见，陆氏与爱铎神父研究昔日梅西爱枢机对各教廷驻比大使的文件，拟一说帖，较外交部的态度稍强，建议顾维钧赴罗马贺教皇加冕，并会见教廷国务卿，另外中央应派使节驻教廷，不许再发生类似事件。② 顾使很谨慎，接到说帖后，要求看牧函原文，陆氏找到了原文，发现牧函没有像蒋委员长说的那么重，答复顾使可按外交部的态度，通知教廷请注意这事即可。③

7 月 26 日到 8 月 5 日，罗光到修道院访问陆征祥，陆氏说："我们现在一心对付日本，对别方面大事做成小事，小事化为无事。"④ 另外，陆氏致驻比大使钱泰函云："所惜者对于教廷方面中央无人注意……日方外交丝丝入扣，令人默许。顾

① 《陆征祥日记》，1939 年 1 月 1 日，陆征祥文书，T1063_01_02_0006，第 4 页。

② 《说帖》（1939 年），陆征祥文书，T1063_05_03_0001，第 154~155 页，参见陈志雄《陆征祥与民国天主教会》，第 137~138 页。

③ 罗光：《访问陆征祥神父日记（三）——六十述往之一章》，台北《传记文学》第 19 卷第 5 期，1971 年 11 月，第 83 页。

④ 罗光：《访问陆征祥神父日记（二）——六十述往之一章》，台北《传记文学》第 19 卷第 4 期，1971 年 10 月，第 84 页。

大使贺加冕礼后，中央似应顺机训令接洽就近派使常驻，以塞漏孔……免再发生（中立通牒）其他同样通牒。"[①]

最后此事得以和缓解决，10 月 9 日陆征祥致函顾氏称：昨由钱泰大使转到 10 月 2 日信函暨与教廷往来公函抄稿，拜读之下曷胜欣佩，教廷复函予我国以完满答复，顾大使初与教廷正式交涉得此成功，既见教廷对华好意，复证顾大使之外交声誉。[②]

《〈益世报〉海外通讯》

《〈益世报〉海外通讯》（Le Correspondant Chinois）是在中国昆明编辑、在比利时布鲁塞尔出版的法文月刊，1939 年 2 月创刊，陆征祥与其创办有直接关系，并为该刊撰写文章。

《益世报》由比利时传教士雷鸣远（Frédéric Vincent Lebbe）1912 年创办于天津，抗战全面爆发后于 1937 年 8 月被迫停刊，1938 年 12 月在昆明复刊。复刊后，于斌与雷鸣远商议，为扩大抗战的国际宣传，遏制日本在欧洲的媒体攻势，应在比利时出版法文月刊。[③] 于斌主教于 1939 年 1 月经过比利时与陆氏谋办《〈益世报〉海外通讯》，[④] 经短暂筹备，2 月 4 日正式出版，以后每个月第一个星期六出版 1 期，总管理处与编辑部设于昆明，由陆氏同会兄弟杨安然神父负责，秘书处设于布鲁塞尔，由陆氏秘书爱铎神父实际管理，但不具名。该刊声明

---

① 《致钱泰函》（1939 年），陆征祥文书，T1063_05_03_0001，第 155 页。
② 《陆征祥函顾维钧》（1939 年 10 月 9 日），顾维钧档案，Koo_Box0032_020_0013。
③ 陈志雄：《陆征祥与民国天主教会》，第 120 页。
④ 罗光：《陆征祥传》，第 192 页。

不隶属任何政党，但照杨安然的说法，幕后支持者是宋美龄与国民政府行政院新闻局，大部分材料由国民党中央宣传部国际宣传处提供。①

陆征祥虽有医生嘱咐不可多耗费心力，但他为该刊之发行尽心尽力，1939 年 2 月 15 日致罗光函说：今午寄上《〈益世报〉海外通讯》第 1 号，第 2 号正在赶办，蒋委员长纪念周训话原文，久候始到，祥目力脑力日衰，医诫用心，故不得不奉恩神父代译为意文，倘能于 21 日寄下一部分，尤为感激。②在同一封信中陆征祥对中国及世界局势评论说：

> 值此世界出轨，人心浮动，非有三代以上人物挺身而出，不足与言治国平天下，蒋委员长及野声主教两人，异其地位职务，而同其怀抱，环顾国内，未见他人。故能同心同德，犹比之亚尔倍前王，与梅西爱主教，携手同行，共同维持危局，卒到凯旋旧都，举行感谢胜利大弥撒，以报答全国士民，不愧保国保民保土之领袖。此二人者，殆将复见于东亚五千余年之古国耶。③

陆氏为《〈益世报〉海外通讯》而忙碌，3 月 6 日日记道："连日思索向中央请求津贴事，稍有头绪，候钱大使来院面商进行。"15 日载："连日思所以捐募刊印费及邮资办法，

① 陈志雄：《陆征祥与民国天主教会》，第 121 页。
② 罗光：《陆征祥传》，第 192 页。
③ 陈方中：《爱教爱国的陆征祥》，香港《鼎》第 29 卷，总第 153 期，2009 年夏季号，第 27 页；罗光：《陆征祥传》，第 192 页。教宗庇护十一世于 1939 年 2 月 10 日去世。

尚无头绪，俟日后看光景进行，晚年戒之在得，此层需加特别注意。"28 日载："午餐前爱铎接重庆电复，有奉命字样，颇示不满，复词约略如下：加请帮手，经费已有着，稿及说明缘由即寄……自海外通讯发刊后，伊已屡次表示不满意，原因虽在修士杨安然之少阅历而来，惟我两人日处接近，未免彼此有随便失敬而致。"29 日称："爱铎连日忙碌起稿，精神所注一气呵成，每逢海外通讯出版前，努力加工，神形之劳可想而知，左右无人帮忙，殊令人不安，徒呼奈何耳。"4 月 22 日写道："午前谈时事及改组海外通讯，通盘筹划各点，爱铎所见甚是。"①

4 月 25 日于斌自美国致函陆氏云：附上汇票美金 20 元，用以之购打字机或不无小补，杨安然神父已应聘驻重庆赞助国际宣传工作，有意改《〈益世报〉海外通讯》为政府机关报，斌曾驰电劝阻，望告爱铎。② 5 月 28 日于斌又函曰：前函想接到，如购打字机不足，务希赐知，爱铎神父之热心援华代主《通讯》，每一念及，心感无已，我神父又不辞辛苦鼎力扶导，将来祖国复兴必矣。《通讯》之经济状况如何？爱铎神父幸勿过拘谨，政府纵不津贴，报馆方面必设法供给，望转告。③

陆氏日记 5 月 4 日道："爱铎明日赴比京校对第 4 期通讯出版。"6 月 6 日载："爱铎回院报告出版事及访问……各节，

---

① 《陆征祥日记》，1939 年 3~4 月，陆征祥文书，T1063_01_02_0006，第 38~62 页。

② 《于斌函》（1939 年 4 月 25 日），陆征祥文书，T1063_02_06_0001，第 6~7 页。

③ 《于斌函》（1939 年 5 月 28 日），陆征祥文书，T1063_02_06_0001，第 5 页。

与海外通讯之前途颇关系。"7月16日称:"爱铎送到第6期海外通讯50份"。17日写道:"发信:海外通讯第4号计26份。"① 陆氏用"木兰"的笔名,每期写妇女栏通讯,向欧洲妇女界介绍中国妇女的战时感触,揭露日本侵略给中国带来的严重损害及中国人民所承受的巨大灾难,其中有几篇非陆氏亲自撰写。②

该刊可能在10月之后停止出版。1940年1月5日驻比使馆呈请外交部称:"查陆司铎征祥,为我国外交界前辈,近年潜修于比国道院,关怀国事一如曩昔,抗战以来致力于国际宣传,不遗余力,深赖协助。"③ 8日《益世报》主编南京教区驻渝办事处方豪神父函陆氏云:爱铎来华事,于斌主教企待颇切,奈因某方阻挠,深以为憾。杨安然神父自11月21日起,已与《益世报》海外通讯社脱离关系。比国发行之《〈益世报〉海外通讯》因受战事影响,惟有暂停。吾公寄迹海外,关心祖国,宣传祈祷效力并多,至为国人所欣佩。④

对中日战局之观察

1939年5月28日陆氏在日记写道:"本日圣祭为祖国求最后胜利,蒋委员长健康。"⑤ 9月15日陆氏函刘符诚云:

---

① 《陆征祥日记》,1939年5~7月,陆征祥文书,T1063_01_02_0005,第68、85、106页。
② 陈志雄:《陆征祥与民国天主教会》,第124~130页。
③ 《照录呈外交部稿》(1940年1月5日),陆征祥文书,T1063_02_06_0044,第5页。
④ 《方豪函》(1940年1月8日),陆征祥文书,T1063_02_06_0002,第4页。
⑤ 《陆征祥日记》,1939年5月28日,陆征祥文书,T1063_01_02_0006,第80页。

"英《泰晤时报》传汪逆有 10 月 10 日登台之谣，并有签订《中日和约》之奇闻，特将简报寄上台阅，以观谣言之能否实现，日人利用欧战，不卜可知，如何变化，实难逆料，惟有求主佑庇耳。"① 1940 年 3 月 8 日日记载："自本日乞求徐文定公转求天主以本年为最后胜利年。"② 5 月西线德军进攻，比利时被占领，陆氏购买救国公债 110 元，以充慈善事业，11 月 19 日原驻比利时大使钱泰自汉口致函称：转交中央银行国库局去后，兹接到国信字第七号乙种经收指献债息票收据。③

1941 年 12 月 8 日珍珠港事变后，陆氏日记载："日方一面提出互不侵犯条约于美总统，一面日海军攻击美舰于海威夷海面，一面日军队侵占马来半岛，……中国亦向日本、德、意宣战，我国加入世界大战，势所必至，善用机会，全在政府当局耳。"④

1942 年 11 月 17 日陆氏日记载：贝当（Henri Philippe Petain）所处地位与李文忠于庚子年联军侵华时近似，文忠出而与联军商订《辛丑条约》，言归于好，文忠愤懑之情可想而知，鞠躬尽瘁死而后已，文忠当之可无愧矣。⑤ 18 日写道："每晨观南窗红日高升，心往祖国，深有所感，凡我旧日同仁，不知散居

---

① 《致刘符诚函》（1939 年 9 月 15 日），孙庆芳、张新鹰整理《陆征祥致刘符诚书信选》，《文史资料选编》第 33 辑，第 142 页。

② 《陆征祥日记》，1940 年 3 月 8 日，陆征祥文书，T1063_01_02_0007，第 39 页。

③ 《钱泰函》（1940 年 11 月 19 日汉口），陆征祥文书，T1063_02_06_0035，第 4 页。

④ 《陆征祥日记》，1941 年 12 月 8 日，陆征祥文书，T1063_01_02_0008，第 180 页。

⑤ 《陆征祥日记》，1942 年 11 月 17 日，陆征祥文书，T1063_01_03_0001，第 170 页。

何处，同此红日高升而怀古人耶。"① 1943 年 11 月 18 日曰：
"二次世界战争临头，中华抗战已经七载，英美在华情势大
变，而引我为联邦，民国上下努力令人起敬起爱。"②

1944 年 1 月 1 日陆征祥日记云：争国际平等，最后胜利
年。③ 7 月 31 日写道：晋谒南文院长，畅陈战后中比合作及互
助各节，战后 30 年或 50 年间，民国善后工作急需专门技士、
教授等，届时比国能充量协助，于英、美两国之后，比当可占
据第三位，不为过也。④

1946 年 1 月 22 日陆征祥日记载："世事变迁如是迅速，
非所逆料，日之一落千丈，德之消灭，意之末路，均出意外。
此大战中之中国一飞冲天，由三等国一变而列五强之一，非天
助华何克臻此哉。"⑤ 然而，国共内战又起，世局纷扰，陆征
祥忧心忡忡，1948 年 11 月 16 日致函罗光云："国难重重，不
知何日主心厌乱，拯救斯民于水深火热之中耶。"⑥ 18 日致刘
符诚函称："国内消息紧张异常……世界不安，和平条约尚未
签订，其中阴谋，读之略可测之一二，深恐数年之内难见光明

①　《陆征祥日记》，1942 年 11 月 18 日，陆征祥文书，T1063_01_03_0001，
第 170 页。

②　《陆征祥日记》，1943 年 11 月 18 日，陆征祥文书，T1063_01_03_0002，
第 339 页。

③　《陆征祥日记》，1944 年 1 月 1 日，陆征祥文书，T1063_01_03_0003，第
3 页。

④　《陆征祥日记》，1944 年 7 月 31 日，陆征祥文书，T1063_01_03_0003，
第 64 页。

⑤　《陆征祥日记》，1946 年 1 月 22 日，陆征祥文书，T1063_01_03_0005，
第 18 页。

⑥　罗光：《陆征祥传》，第 194 页。

之日，第三次世界大战难以避免，奈何奈何。"①

第四节 索薪与赠款

陆征祥进入修道院之后，多次向南京国民政府外交部要求清理旧欠。陆氏驻使瑞士期间所有欠费计有四项：（1）使馆公费计22个月共33000元；（2）公使薪水计26个月共24000元；（3）伦敦银行借款1000镑；（4）荷兰银行借款400镑。②

索 薪

修道院规定，凡修士发终身愿前，一切债务应归本身料理清楚，故陆氏要求南京外交部先行偿还两笔银行借款，1929年外交部部长王正廷复函称："辱示以伦敦、荷兰两银行借款，谆嘱早日清还，弟就任之初，对于旧部积欠，即拟统筹清理，只以库款支绌，一时颇感困难，业经汇造清册，咨送财政部整理。"③ 陆氏又再函催此事，1930年王正廷函告："承嘱清理债务一节，业经汇造清册，咨请财政部转送内外债整理委员会，一俟筹有清理办法，自当如命办理也。"④

其中伦敦银行借款，陆氏是原驻英公使朱兆莘"居间介绍向该行行东商允作随时提用之款，与平常一次提用千镑之借

---

① 《致刘符诚函》（1948年11月18日），孙庆芳、张新鹰整理《陆征祥致刘符诚书信选》，《文史资料选编》第33辑，第150页。

② 《致王部长函大意》（1930年8月），陆征祥文书，T1063_02_04_0068，第40页。

③ 《王正廷函》（1929年8月28日），陆征祥文书，T1063_02_02_0009，第5页。

④ 《王正廷函》（1930年），陆征祥文书，T1063_02_02_0009，第4页。

款不同"。① 陆氏于 1930 年 4 月 29 日再致函王正廷，请先清理这笔旧欠。7 月 16 日王正廷复函称：查该款前由中国银行汇交，因地址及收款人未经注明，致未照交，兹于 7 月 16 日改由上海大陆银行代汇英金 1000 镑交伦敦银行照收，希与该行接洽，并将收据见复。② 8 月此案还清，陆征祥复函云："值此财政奇困之际，渥承特别垂注清理借款，心感难以言喻，兹将该行结束借款原函附呈，以做正式收据。"③

荷兰银行借款英金 400 镑，系前驻荷公使王广圻经手代借，1931 年 6 月 24 日陆氏致王正廷函称：他经院长允准，定于 1932 年 1 月 15 日发终身愿，屈指只剩 6 个月，而荷兰银行借款尚未清还，现时期较促，请王部长鼎力成全，特别设法措还，俾立愿日期不致因此推迟。④ 经陆氏一再陈请，王正廷在陆氏立终身愿前设法清理了。⑤

然而积欠陆氏之使费、公费，则一直没有清偿。陆氏原来在院各项支出，可由修道院供应，但 1929 年世界经济大恐慌后，修道院收入锐减，院长不得不紧缩医药、旅行、邮票三项开支。陆征祥因医治血尿症需要医药费，乃于 1932 年 8 月 30 日致南京外交部部长罗文干、次长刘崇杰公函称：他因血尿病

---

① 《致王部长函大意》（1930 年 8 月），陆征祥文书，T1063_02_04_0068，第 40 页。

② 《王正廷函》（1930 年 7 月 16 日），陆征祥文书，T1063_02_02_0009，第 2 页。

③ 《致王部长函大意》（1930 年 8 月），陆征祥文书，T1063_02_04_0068，第 40 页。

④ 《致王正廷函》（1931 年 6 月 24 日），陆征祥文书，T1063_02_01_0039，第 20 页。

⑤ 《致顾维钧函稿》（1933 年），陆征祥文书，T1063_05_03_0001，第 182~183 页。

尚未痊愈，不得不告急诉苦于部长、次长前，可否于他名下欠薪欠费项下，特别设法筹还六七千元，就近交付上海中法工商银行中国代表刘符诚君名下，以济燃眉之急，俾得安心调养得保残年。另纸详陈曰：他前在驻瑞士公使任内，所垫各款皆出自30余年辛劳所积私蓄，原以备晚年养老之用，不料全数填充公用，中央体恤下情，似应早日归还，奉恳部长、次长对于出家人之辛劳积资格外垂念，筹还此笔积欠，另可请驻日内瓦全权代表颜惠庆、罗忠诒二公使，向瑞京银行就近调查他在驻瑞士任内出售各项债券之收据，据实报告中央，证明事实。① 9月7日罗忠诒函告陆氏：瑞士使馆旧欠事，前已随同颜使切实函部，请为清理，② 然而罗文干部长虽有复函，然只是口惠，无补实际。

　　陆氏与国内外友人通信需要邮费，不得不于1932年密函向旧友募捐邮票钱称：本年1月立终身愿后，祥方以生有枝栖死有葬所，聊以自慰，讵料世界经济恐慌影响院内生活，本院收入全赖诸大善士信女之施舍，近月以来各处施舍锐减，院长厉行减政，他新病未愈，医药实难停顿，不得已向中央婉陈苦衷。旅行一项他自来院后绝少外出。邮票一项，用于与国内国外中外友人通信及寄送刊物，嗣后自当留意减省，然而他入修院以来，身同禁闭，今忽然停止与友人通信，是又加一重精神上之拘束，晚年境遇无异流戍。此信发出后，收到部分旧日僚

---

① 《上外交部长罗文干、次长刘崇杰公函》（1932年8月30日），陆征祥文书，T1063_04_01_0001，第43~46页。

② 《罗忠诒函》（1932年9月7日），陆征祥文书，T1063_02_02_0073，第1~2页。

属之捐助与慰问。①

捐　款

　　1933 年 5 月 14 日陆氏致函旧友曹汝霖，感谢捐助 300 元，并称："院内感受世界恐慌，祥处所缺乏邮费一项耳，衣食居三大事幸叨主恩，入院有着，不然者沿门托钵势所难免，缘南京要人屡以欠薪函恳援手，惟得一纸复信耳。"②

　　同年陆氏函驻法公使顾维钧，感谢捐助瑞币 500 法郎，并述其艰难处境云：瑞士使馆积欠使费月薪，中央既未明定办法，他未便再向中央追索，故在修道院院长前仅将部欠 33000 元立一字据存案。讵料入修道院不久，世界经济恐慌发生，加以他血尿旧病复发，医治、住院、医药、看护等费，及回诊检查、交通费用浩繁，现已积欠至 5 万余法郎，他焦急万分，前月再致函罗部长、刘次长，先向外交部借贷 5 万余元以济眉急，请顾使将他的困难情形代呈中央，并加力催询，或可有见效。③

　　6 月 18 日陆征祥致行政院秘书长褚民谊函，感谢褚氏由中比庚款委员会寄 300 元邮资，并称：修道院受世界经济恐慌影响，他邮费缺乏，收到褚公慨助 300 元，拜领之下，心感难以言喻。他今日衣食居三事，一无依靠，中央欠薪毫无办法，

---

①　《致旧友密函》（1932 年），陆征祥文书，T1063_02_01_0038，第 15～16 页。

②　《致曹汝霖函》（1933 年 5 月 14 日），陆征祥文书，T1063_01_01_0010，第 9 页。

③　《致顾维钧函稿》（1933 年），陆征祥文书，T1063_05_03_0001，第 182-183 页。

思之令人寒心。①

国民政府对欠薪没有清还办法，褚民谊、罗文干拟发动外交部同人捐助陆氏，拟定函稿称："念先生洁身自好，旷古无俦，困处异乡，宜筹救济，用特举其近状请于左右，尚望稍分清俸，活此畸人，其与先生本为交友或曾所提携，则急难之情必更切于泛泛，此尤文干、民谊等所顿首以请者也。"1933年12月罗文干离开外交部，将此函稿留交王广圻，王氏认为函稿内容不妥，"不但事实困难，亦于兴老不甚相宜"，乃将此函压下。②

国民政府对大笔欠薪没有办法，只能以小惠敷衍。1933年财政部部长宋子文出访美欧，7月参加伦敦经济会议，19日在布鲁塞尔旅馆约见陆氏，谈话约20分钟。③次日，驻国联代表处处长胡世泽来修道院，代宋部长答拜，面交3000比法郎，要陆氏出具收据。④陆征祥告诉罗光：我辞职后，写信到外交部要钱，外交部将我的信转给财政部，宋子文先生却一钱不发。当宋往伦敦开经济会议时，抵华盛顿，施肇基公使劝宋还我的钱，宋到巴黎，顾维钧也劝宋还。宋便请我到比京旅馆一见，我带爱铎神父一起去，见面时彼此很客气。我回院后，宋氏说财政部不承认北方政府所欠的债，派胡世泽来院答拜，

① 《王广圻外交函电一组》（1917～1933年），《民国档案》2012年第1期，第13～14、63页。
② 《王广圻外交函电一组》（1917～1933年），《民国档案》2012年第1期，第13～14、63页。
③ 《陆征祥日记》，1933年7月19日，陆征祥文书，T1063_01_01_0007，第110页。
④ 《陆征祥日记》，1933年7月20日，陆征祥文书，T1063_01_01_0007，第110页。

送我 3000 比法郎。我说欠款乃 3 万余元，3000 比法郎我不能收，胡氏请不必坚持，收款写一收据使他能够销差，我只好收下钱，但没有把详情告诉院长，只说是宋氏赠钱 3000 元，1000元为修院用，2000 元请准为我购衣购书之费。当时各使馆都欠薪，事后有的使馆的欠薪都还了，欺善人怕恶人，中外一例。①

1936 年 5 月王景岐奉派为驻瑞典公使，12 月致函陆氏云：闻我公近来玉体多有违和，兹寄上比币 1000 元，为我公添凑补品之用，乞哂纳为盼。② 陆氏 17 日复信，恳托加函罗忠诒公使，确实追索积欠使薪事。③ 23 日收王景岐函称：均以索还旧欠关系全数，不易办到，辗转往来结果仍等于零，景岐顷拟亲致陈次长一函，请部中年给陆氏津贴若干，使对方较易着手，未知我公意见以为如何。④ 28 日王景岐又函称："陈次长函顷已发出，景岐此次未提及积欠，因明知无济，徒费往返时日耳，尚乞原宥。"⑤ 1937 年 2 月 15 日王景岐函云：得部中陈介次长复函，张群部长奉赠医药费比币 5000 元，由驻比公使朱鹤翔转交。⑥

---

① 罗光：《访问陆征祥神父日记（二）——六十述往之一章》，台北《传记文学》第 19 卷第 4 期，1971 年 10 月，第 83 页。按，伦敦经济会议于1933 年 6 月 12 日至 7 月 27 日召开。顾维钧于 1932~1936 年、1936~1941年任驻法公使及大使。当时国币 1 元约等于 8.4 比法郎。

② 《王景岐函》（1936 年 12 月 15 日），陆征祥文书，T1063_02_06_0005，第 6 页。

③ 《陆征祥日记》，1936 年 12 月 17 日，陆征祥文书，T1063_01_02_0003，第 187 页。罗忠诒原任驻国联代表，时任外交部事务办事。

④ 《王景岐函》（1936 年 12 月 23 日），陆征祥文书，T1063_02_06_0005，第 7 页。陈次长指陈介，字蔗青。

⑤ 《王景岐函》（1936 年 12 月 28 日），陆征祥文书，T1063_02_06_0005，第 8 页。

⑥ 《王景岐函》（1937 年 2 月 15 日），陆征祥文书，T1063_02_06_0005，第9 页。

1939 年初，陆征祥因年老生病急需医药费，2 月 1 日函托顾维钧向外交部请求接济，3 月初顾氏复函云：前函王宠惠部长商酌设法，嗣值战起，各机关厉行节约，以致停搁，顷已再函重申前意，一俟得复，即当奉闻。[1] 5 月 26 日驻比大使钱泰发起驻外使节捐赠陆氏医药费用，共有 13 人响应，总计募得英金 45 镑、美金 20 元、比币 2000 法郎。[2] 陆征祥将此事记录于《知感录》中称："一切恩遇，受之于人者，应报应感。"[3]

1940 年初，驻波兰公使王景岐因欧战影响，撤到比京布鲁塞尔待命，与驻比大使钱泰商议后，1 月 5 日由驻比使馆呈请外交部云：

> 查陆司铎征祥，为我国外交界前辈，近年潜修于比国道院，关怀国事一如曩昔，抗战以来致力于国际宣传，不遗余力，深赖协助。渠年将七旬，身弱多病，医药无资，值兹抗战正殷，国库支绌，未敢请发另款，再四筹思，兹拟在本馆公费项下，每月设法撙节捐助陆征祥先生医药费比币 500 佛郎，约合国币 50 余元，可否请大部准在驻比大使馆公费项下作为正开支，许其报销，并准予立为定案，以示国家体恤耆旧之意。[4]

---

① 《顾维钧函》（1939 年 3 月 2 日），陆征祥文书，T1063_02_06_0042，第 2 页。
② 《1927~1947 年陆征祥杂记簿》，陆征祥文书，T1063-01_04_0002，第 9 页。
③ 《1940 年陆征祥杂记簿》，陆征祥文书，T1063_01_02_0009，第 11~12 页。
④ 《照录呈外交部稿》（1940 年 1 月 5 日），陆征祥文书，T1063_02_06_0044，第 5 页。

9 日钱泰函告陆氏："日前具呈外部,略伸微意,并请着为定案,以期后任可以继续履行。"① 顾维钧也致函王宠惠部长,为陆征祥说项,② 然而此事因国民政府实行《公库法》,外交部表示爱莫能助。③

蒋介石赠款

1945 年 11 月 3 日外交部电驻比使馆:陆征祥寄蒋介石及夫人函和刊物已收到,希代致谢意,另以委座及蒋夫人名义致赠美金 2000 元。④ 12 月中旬中央银行将赠款电汇驻比使馆转交。⑤

陆征祥拟婉拒此项赠款,驻法大使钱泰函陆氏云:"蒋主席所赐我公美金一节,鄙意并非为枢机,因主座对于我公素所关切,且主座向例待人厚道,鄙意似以领受托比馆转呈谢忱较为得体,不必电请收回成命也。"⑥ 1946 年 1 月 4 日驻荷兰兼比利时大使金问泗函陆氏称:泗此次在渝晋谒主席时,蒋夫人询及我公兴居,并云业已收到我公之函,嘱为致意,主席及夫人赠公之款,俟收到后再奉闻。⑦

然而驻比使馆只收到美金 1000 元的汇款,多次电外交部

---

① 《钱泰函》(1940 年 1 月 9 日),陆征祥文书,T1063_02_05_0053,第 3~4 页。

② 《复谢顾大使函稿》,陆征祥文书,T1063_02_06_0044,第 10 页。

③ 陈志雄:《陆征祥与民国天主教会》,第 144 页。

④ 《外交部电驻比使馆》(1945 年 11 月 3 日),陆征祥文书,T1063_02_04_0010,第 2 页。

⑤ 《外交部电驻比使馆》(1945 年 12 月 17 日),陆征祥文书,T1063_02_04_0010,第 2 页。

⑥ 《钱泰函》(1945 年 12 月 31 日),陆征祥文书,T1063_02_05_0053,第 12 页。

⑦ 《金问泗函》(1946 年 1 月 4 日),陆征祥文书,T1063_02_10_0028,第 7~9 页。

会计长询问，[①] 都无回复。3 月 12 日金问泗请陆征祥先收下1000 美元，[②] 随即兑换成比法郎汇入陆氏账户。[③] 陆氏复函蒋介石，先请钱泰看稿，16 日钱泰函："上主席函兹遵照尊意略微点染，是否有当，仍候大酌。美金佛郎数目，似可不必提及，因主席万几冗忙，未必注意此小事，不知我公以为如何。"[④] 4月 5 日陆征祥开具收据给驻比使馆，[⑤] 这笔糊涂账就此不了了之。

第五节　回忆录与驻比使馆保存档

陆征祥回忆录之撰写与出版，有许多奇特之机缘，他与"驻比使馆保存档"的关系扑朔迷离，饶富传奇色彩。

回忆录

许景澄曾教诲陆氏"切戒发刊回忆录，盖难免沽名之嫌也"，[⑥] 因此他原来没有写回忆录的想法。而魏宸组、刘符诚、徐宗泽等好友多次建议陆氏写自传或回忆录，1935 年 6 月魏

---

① 《驻比使馆电外交部》（1946 年 1 月 10 日），陆征祥文书，T1063_02_04_0010，第 2 页；《电外交部黄会计长》（1946 年 2 月 22 日），陆征祥文书，T1063_02_04_0010，第 3 页。

② 《金问泗函》（1946 年 3 月 12 日），陆征祥文书，T1063_02_06_0012，第 2~3 页。

③ 《驻比使馆函》（1946 年 3 月 13 日），陆征祥文书，T1063_02_04_0056，第 1~2 页。

④ 《钱泰函》（1946 年 3 月 16 日），陆征祥文书，T1063_02_10_0069，第 4 页。

⑤ 《收据》（1946 年 4 月 5 日），陆征祥文书，T1063_02_04_0010，第 4 页。

⑥ 《陆征祥日记》，1945 年 2 月 25 日，陆征祥文书，T1063_01_03_0004，第 32 页。

宸组于陆氏晋铎前致函称：国内对于晋铎一事如此欢迎，组意
此非对于此职特别看重，实佩服公之为人，观此风潮，则公之
自传一书更不可缓，因国人想望风采，必欲窥其一生之行事，
此书一出，必人手一编，感化之力必有可观，公若以此意与院
长及爱铎神父一谈，必蒙赞成，并设法减少其他事务，以专心
致力于此事，公意以为如何。①

　　魏宸组随后又建议：自传内容可分为四期，第一期从幼时
至出洋入使馆之日为止，第二期从出洋入使馆当翻译学生之日
起，至民国元年回国当总长之日为止，第三期自民国元年至入
修道院之日为止，第四期自入道院以后。其应叙之事凡当日所
见所闻所想，无论大小事件或有关政治、风俗、学术、外交、
军事、教育等，凡尚能记忆者，皆一一详写出来。魏氏愿担任
校正，写成一篇即寄一篇来，有忘写者随后陆续补寄，如此办
去，可成一完件，不致零星分散。② 魏宸组又函称：爱铎谓公
将有名于比国历史，组以为公之名并将入于世界历史，此非大
言谀辞，公前半生为国办事，后半生为神办事，世界上如此者
甚少，故大名入世界历史亦非可惊异也。③

　　刘符诚也建议陆氏写通俗回忆录，陆氏已开始构思。1937
年致刘符诚函称：承指示写遗训一事，已拟定程序，得题目如
下，"木鱼""俄都车站跪请圣安""李文忠充加冕专使订密
约""俄主优礼文忠""外国供事""俄太子游日遇刺客""俄
太子冬宫陈赛游华纪念品""奉命使荷俄主亲赠勋章""无辩

---

①　《魏宸组函》（1935 年 6 月 1 日），陆征祥文书，T1063_02_05_0055，第
　　1~2 页。
②　《魏宸组函》（1935 年），陆征祥文书，T1063_02_10_0072，第 4~5 页。
③　《魏宸组函》（1935 年），陆征祥文书，T1063_02_07_0008，第 2 页。

钦使过法莅荷""中西联婚""国际周旋得贤内助""辛亥革命电请逊位""外交任内立四忠祠""遗训尽孝立陆公墓""先师预言入院修道""国联秘书面送牛奶""拒绝签字国民表情""和会事薇携眷东归"等，由弟指示一法，题目遂随笔而来。现先看《饮冰室丛著》，文墨新颖，亦合我弟所说的雅俗共赏，倘能进行，当可出一使人要看而不讨厌的轶史。① 然而此构想并未实现。

陆氏 1942 年 11 月日记写道：窃念回忆录一节，魏使、符诚老弟曾屡言之。② 徐宗泽神父也曾劝陆氏作自述，陆氏 1935 年致刘符诚函云：说到自述一节，徐神父前三年来信，劝小兄援照张謇先生例，作一自传流传后人，可惜小兄无可传的事，在幼稚时代，依靠父母为生活，出洋当差，依据文肃的训练做事做人，入院后，依据本院的规章为生活。③ 陆氏自认为一生事迹并无值得记录者，虽有过写回忆录的念头，但并未认真去做，有人到修道院拜访他时，陆氏常会回顾往事，如 1936 年夏天之郑揆一，及 1939 年 7~8 月之罗光，他们都为陆氏的口述留下文字记录。

直到二战爆发，1940 年德军攻占比利时，次年珍珠港事变后，中国国际地位提升，而陆氏修道院被德军征用，不得不移居民间，为增加收入外出演讲，出乎意料地受到欢迎，遂以讲稿为基础，写成回忆录。出法文本后又被译成多国文字出版。回忆录可说是陆氏生涯的某种隐喻，其意义要到日后才得彰显。

① 《致刘符诚函》（1937 年 3 月 1 日），孙庆芳、张新鹰整理《陆征祥致刘符诚书信选》，《文史资料选编》第 33 辑，第 133~134 页。

② 《陆征祥日记》，1942 年 11 月 11 日，陆征祥文书，T1063_01_03_0001，第 167 页。

③ 《致刘荩忱函》（1935 年 5 月 25 日），《本笃会修士陆征祥最近言论集》，第 190 页。

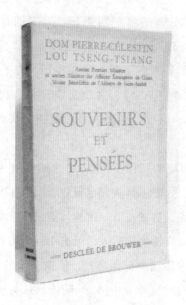

图 7-5　回忆录（1945 年）

　　1942 年 3 月圣安德鲁修道院被德军征用作伤兵医院，陆氏日记载：23 日午前德武官 5 人到修道院视察院内各处房屋，虽未说明理由，而欲征用之隐意显然，修士们不得不收拾物件，以备迁移他处暂居。25 日德军下令征用，给修道院 7 天限期搬迁，经紧急安排后，全院修士分居 14 处。爱铎和陆氏一起，往城内理朗（Baron Ryelandt）男爵家暂居。27 日陆氏迁移卧室、书室物件，如书籍、器具等等，28 日爱铎两次进城押送箱件，29 日迁移剩下杂物，30 日陆氏进城住理朗男爵家。①

---

① 《陆征祥日记》，1942 年 3 月 23~29 日，陆征祥文书，T1063_01_03_0001，第 46~49 页。

　　陆氏进入修道院 17 年，突然被迫移居城内，原担心身体会出问题，不料他身体状况意外变好，足力增长，精神健旺，不再那么畏寒。7 月爱铎连日接洽各方邀请演讲，13 日陆氏赴若瑟病院演讲两个半小时，领酬金 100 元。25 日下午 5 点陆氏在理朗男爵本宅演讲，六点半德国人突来调查，取走演讲词，并索阅听众之证件，缘于在占领境内婚丧集会均须向德军请准办理。①

　　陆氏住在理朗伯爵家 4 个月，自云："离群索居，晨夕未闻钟声，未列经课，虽承理朗君及伊女公子十分优待，宾至如归，然修士脱离修院，实如鱼之出水，鸟之失巢，其失措之状，难以言喻矣。"7 月 30 日全院移回城郊 Lophem 镇圣安德鲁修道院附近之伯大尼（Bethonie）本笃会女隐修院，"经课渐渐入耳，索居之苦渐渐转入乐地"。②

　　9 月 17 日爱铎与陆氏讨论赴布鲁塞尔演讲事，陆氏认为一动不如一静，既有遭德军干预演讲之前例，应避免重蹈故辙，婉辞却之。③ 10 月 3 日爱铎又来接洽比京演讲事，决定赴公教团体演讲，因德军不会干涉，且对宣传中华公教情形不无裨益。18 日下午陆氏乘车到城内大修院演讲，得赠 500 元，27 日下午往修女处演讲。④

---

① 《陆征祥日记》，1942 年 7 月 1、13、25 日，陆征祥文书，T1063_01_03_0001，第 98、104、110 页。

② 《陆征祥日记》，1942 年 8 月 16 日，陆征祥文书，T1063_01_03_0001，第 122 页。

③ 《陆征祥日记》，1942 年 9 月 17 日，陆征祥文书，T1063_01_03_0001，第 138 页。

④ 《陆征祥日记》，1942 年 10 月 3、18、27 日，陆征祥文书，T1063_01_03_0001，第 147、154、159 页。

陆氏演讲中国传教情形及个人经历，很受欢迎，11 月爱铎建议可依据讲稿修改成回忆录，但因技术问题而踌躇。① 1943 年 1 月 25 日陆氏赴女修院演讲中国传教情形，各修女均甚满足，出于至诚表示感谢，陆氏称："在院苦修十有五年，足迹从未外出，禁口缄默，恪守圣规，从未发一言以传道，盖恐传道未周，反招口过，经此试演，或者上主示意传道未可知也。"② 又称："紧闭院 17 载，忽承英国女修院长邀请演讲中华公教之沿革，上智特界以讲道之异宠。"此后陆氏演讲增加，应 Anvers 圣神教区神长，及本城暨马里纳城大修院长之邀，前往 2 处演讲。③

陆氏又蒙南文院长之准许，在本院演讲四次，2 月 28 日作第一次讲"初入外交之际遇"；④ 3 月 25 日作第二次演讲"外交界之经过"；⑤ 8 月 18 日在本院更衣室做第三次演讲"入院修道升受神品"；⑥ 12 月 12 日第四次演讲"祖国皈依公教之前途"。⑦ 陆氏用心准备讲稿，每次演讲听众反应都很好。

其间陆氏也外出演讲，如 4 月 28 日在比敦玛利女修院教

① 《陆征祥日记》，1942 年 11 月 11 日，陆征祥文书，T1063_01_03_0001，第 167 页。

② 《陆征祥日记》，1943 年 1 月 25 日，陆征祥文书，T1063_01_03_0002，第 29 页。

③ 《陆征祥日记》，1945 年 2 月 22 日，陆征祥文书，T1063_01_03_0004，第 31 页。

④ 《陆征祥日记》，1943 年 2 月 22、28 日，陆征祥文书，T1063_01_03_0002，第 31、65 页。当时德军虽征用修道院，但大堂与更衣室除外。

⑤ 《陆征祥日记》，1943 年 3 月 25 日，陆征祥文书，T1063_01_03_0002，第 92 页。

⑥ 《陆征祥日记》，1943 年 8 月 18 日，陆征祥文书，T1063_01_03_0002，第 234 页。

⑦ 《陆征祥日记》，1943 年 12 月 12 日，陆征祥文书，T1063_01_03_0002，第 364 页。

堂演讲,[1] 日记写道:"值此出外宣扬祖国文化,并解明近百年中外隔膜误会之际,颇受外人欢迎谅解,国内民族努力争气,抗战、建设两有进步,我人在外地位增高。祥何人也,斯蒙此际遇,清夜自思,自应策励有加,庶几不负主赐而自暴自弃焉。"[2]

陆征祥在修道院之四次演讲甚为成功,爱铎热心整理演讲稿,附上相关照片,准备出版回忆录,并建议将比利时国王之亲笔信作为全书之代序。[3] 11 月 18 日爱铎与陆氏接洽出版 *Souvenir et Pensees*(《回忆与随想》),[4] 陆氏在日记中写道:

> 回想此四讲之材料,在我无甚关系,一为过度时代青黄不接,上无明君,下无忠臣,民间智识毫无,远不及英美法各国之程度。二为哑聋公使之后,聊能操法语而直接谈话之代表,且国势低落,外人轻视,种种情形,似无刊布之必要。忽然二次世界战争临头,中华抗战已经七载,英美在华情势大变,而引我为联邦,民国上下努力令人起敬起爱。按目前环境,四讲之发刊,适逢其时,虽无补于大局,于公教方面不无稍有影响。致批评者固难避免,然对于大体措词尚属稳妥,当不致引起风波,牵动众谪也。[5]

---

① 《陆征祥日记》,1943 年 4 月 28 日,陆征祥文书,T1063_01_03_0002,第 128 页。

② 《陆征祥日记》,1943 年 6 月 24 日,陆征祥文书,T1063_01_03_0002,第 187 页。

③ 《陆征祥日记》,1943 年 9 月 7 日、10 月 24 日,陆征祥文书,T1063_01_03_0002,第 264、313 页。

④ 中译本《回忆与随想》于 2016 年出版。

⑤ 《陆征祥日记》,1943 年 11 月 18 日,陆征祥文书,T1063_01_03_0002,第 339 页。

陆征祥对自己晚年之境遇很感讶异，1943 年 1 月 30 日日记写道："回想在荷兰都做 40 生辰，当时以祥自幼多病，遽能活到 40 岁，欣幸出于意外，现将入 72 岁，上主宏恩加赐 31 岁，并擢充司铎，作耶苏之代表，以扬公教，以增主光，以显主名（呜呼），主呀尔所作奇妙，能无拜伏于地之惊且感耶。"[①] 1944 年 2 月 7 日云："回想当时初次莅欧迄今已五十有二年矣，前后际遇处处逢人欢迎，上主之优容，有加无已。"[②]

1944 年 8 月 28 日爱铎接洽出版事宜，陆氏云："《回忆与随想》之刊布，实出意料之外，将来宣传于世，流传至何程度，能否感召人灵，为主荣光，惟主是颂耳。"[③] 9 月初德军撤退，南文院长决定迁回本院，4 日陆氏搭车回本院。[④] 10 月 13 日爱铎接布鲁日印刷厂寄到《回忆与随想》样本，以便修改。[⑤]

1945 年陆氏在日记 1 月 5 日云："回忆录应在伦敦、巴黎、布鲁塞尔三地同时发行，重庆在后。"[⑥] 2 月回忆录正式出版，首印 3000 册，[⑦] 25 日《布鲁日周刊》（*Le Journal de Bruges*）

---

① 《陆征祥日记》，1943 年 1 月 30 日，陆征祥文书，T1063_01_03_0002，第 34 页。

② 《陆征祥日记》，1944 年 2 月 7 日，陆征祥文书，T1063_01_03_0003，第 14 页。

③ 《陆征祥日记》，1944 年 8 月 28 日，陆征祥文书，T1063_01_03_0003，第 74 页。

④ 《陆征祥日记》，1944 年 9 月 2 日，陆征祥文书，T1063_01_03_0003，第 76 页。

⑤ 《陆征祥日记》，1944 年 10 月 13 日，陆征祥文书，T1063_01_03_0003，第 87 页。

⑥ 《陆征祥日记》，1945 年 1 月 5 日，陆征祥文书，T1063_01_03_0004，第 6 页。

⑦ 《陆征祥日记》，1945 年 2 月 24 日，陆征祥文书，T1063_01_03_0004，第 32 页。

有《回忆与随想》之介绍，陆氏日记写道：

> 回溯先师许文肃公平日切戒发刊回忆录，盖难免沽名之嫌也。今日发表之见，一为遵南院长之许可，二为循公教界之习惯，其影响之远近固难逆料，评论之可否亦所难计，然我否我或罪或颂，于祥均无切己之好感或恶感，此件既为长上怂恿而作，祥遵命而行，其责任为长上所担承，故罪祥者非我也，颂我者亦非我也，志之以观其回音耳。然否参半，或十之八九然之，或十之八九否之，全听主之所感如何也，我绝不介以丝毫之私焉。①

3月2日陆氏看到《回忆与随想》，称"全册可爱之至"。② 8日日记载：

> 细思此书之出版，出于天意，非祥及爱铎之人力，亦非南文院长所能逆料而怂恿为之者。其来缘远且大，远在50年前文肃公教训时期已下此种子，大莫过于世界二次大战。文肃下此种，大战收其果，盖非德军征用院屋，爱铎与祥决无离院同居一处4月之久机会，更无外出演讲之举动也，由外出演讲发生院内演讲，此书乃院内演讲之结果也，凡事由天定之语，不我欺也。③

---

① 《陆征祥日记》，1945年2月25日，陆征祥文书，T1063_01_03_0004，第32页。

② 《陆征祥日记》，1945年3月2日，陆征祥文书，T1063_01_03_0004，第36页。

③ 《陆征祥日记》，1945年3月8日，陆征祥文书，T1063_01_03_0004，第39页。

9 日载："昨今重读《回忆与随想》,其余感有不可尽述者,文肃平生爱才如命,然所造就成才者仅祥一人耳,故常对祥言曰一个陆子兴不够用,当有千百个陆子兴于国事方有济也。"①

《回忆与随想》出版后,市场反应热烈,不断再版,并译成他国文字。陆氏日记 3 月 24 日载："今日各处书店出售《回忆与随想》,据本院来客称一星期内完全出售,连日翻阅此四次演讲恍若梦中——爱铎与祥之关系,非笔舌所能罄写,盖我二人非上主安排安能成此合作,宣传公教于东亚耶。"② 31 日载："连日签字回忆录中,颇为忙碌。"③ 11 月 8 日载:"爱铎接洽 S et P 出版后似应继续,或作日记,或作旁观者之记述,则一生事迹庶几有一结束,不致中断而无所遗留,于后世诚一大缺点也,故于今始即行记载其大端,免临时追述之困难而失其真相焉。"④ 1946 年 1 月 9 日载:"转交 S et P 第四版 1 册。"⑤ 14 日载:"S et P 在法发行 5000 份第 4 版。"⑥ 6 月 15 日载:"爱铎完毕英版 S et P。"⑦

陆氏之法文回忆录《回忆与随想》于 1945 年春出版后,

---

① 《陆征祥日记》,1945 年 3 月 9 日,陆征祥文书,T1063_01_03_0004,第 39 页。
② 《陆征祥日记》,1945 年 3 月 24 日,陆征祥文书,T1063_01_03_0004,第 47 页。
③ 《陆征祥日记》,1945 年 3 月 31 日,陆征祥文书,T1063_01_03_0004,第 50 页。
④ 《陆征祥日记》,1945 年 11 月 8 日,陆征祥文书,T1063_01_03_0004,第 165 页。
⑤ 《陆征祥日记》,1946 年 1 月 9 日,陆征祥文书,T1063_01_03_0005,第 11 页。
⑥ 《陆征祥日记》,1946 年 1 月 14 日,陆征祥文书,T1063_01_03_0005,第 19 页。
⑦ 《陆征祥日记》,1946 年 6 月 15 日,陆征祥文书,T1063_01_03_0005,第 92 页。

很快加印到第五版，至 1948 年为止发行达 28000 册，[①] 并有德、意、荷、葡、西、英等各国文字的译本，销路都不错。[②]

陆氏想将《回忆与随想》译成中文在国内出版。1948 年 3 月 12 日英译本 *Ways of Confucius and of Christ* 在伦敦出版后，他联系曹汝霖及商务印书馆张元济进行此事。15 日陆氏致刘符诚函云：一面将《回忆与随想》英译本一册面送原商务印书馆总经理张元济，倘能将此英译本翻译成中文发行出售，请其斟酌办理。一面询问天津曹汝霖，托其觅一"英文通"将英译本译成中文，送交《大公报》发刊。或由商务印书馆办理，或由《大公报》出版，望两处能得一处办理，故送张先生前先与曹老接洽，不可两处同时进行。总之，此书翻译成中文，于现代歧途青年不无补益，则小兄爱国爱民之愿亦可略偿一二于国内社会。曹汝霖认为此书为公教刊物，拟交《益世报》出版，当可广销，但陆氏认为此书之作，实为宣扬孔教，争取文化平等地位，故应由商务印书馆翻译出版，免有公教气息，而各界人士，反不致以宣扬公教之书疑之而一读焉。[③] 后来张元济约请徐诚斌翻译，函告陆氏商务印书馆很快会出版译本，然或因时局关系，此译本终未能面世。[④] 最后，此书之中译本《回忆与随想》，直到 2016 年才出版。[⑤]

---

① 《致刘符诚函》，1948 年 5 月 15 日，孙庆芳、张新鹰整理《陆征祥致刘符诚书信选》，《文史资料选编》第 33 辑，第 148~149 页。

② 张淑勤：《当孔子遇见本笃——陆征祥的心灵》，《纪念六位国籍主教祝圣七十周年、我国建立圣统制五十周年暨田公耕莘晋升枢机五十周年学术研讨会议第二梯次论文集》，第 118 页。

③ 《致刘符诚函》（1948 年 5 月 15 日），孙庆芳、张新鹰整理《陆征祥致刘符诚书信选》，《文史资料选编》第 33 辑，第 147~149 页。

④ 陈志雄：《陆征祥与民国天主教会》，第 182 页。

⑤ 陆征祥《回忆与随想》系依据 1945 年比利时出版之法文本译为中文。

驻比使馆保存档

保存于台北中研院近代史研究所档案馆的"外交档案"，其中 03-13"驻比使馆保存档"共有 71 函，这个档案内容与驻比使馆并无关系，事实上是陆征祥的民初外交密档，此档的身世至今不甚清楚，惟可确定与陆氏关系密切。

图 7-6　03-13 驻比使馆保存档

此档的前半部第 1～45 函，系 1955 年作为"外交档案"的一部分，由台北"外交部"托交给中研院近代史研究所筹备处，1980 年代公开供民众使用。主要内容是 1915～1919 年外交部收发电报，以及当时的交涉密件，尤其是与洪宪帝制相关的部分，史料价值很高，但比较零散。笔者于 1990 年代阅读到这个档案时，就觉得其内容与驻比使馆似并无关系，反而有不少民初外交的极密文件，对此档之身世感到有些好奇。

此档后半部之第 46~71 函，1983 年才由台湾地区外事部门交给中研院近代史研究所，经整理扫描后，于 2007 年底开放使用。除 1912~1919 年外交部的收发电外，主要是与巴黎和会相关的中国代表团收发电、外交总长室收发电，事实上就是巴黎和会外交密档，可以解开过去不清楚的许多谜团，如陆征祥路过日本之详情、"联美制日"政策形成的经过，和会期间中国代表团与各方的交涉情况等等。笔者查阅后，雀跃之余，更多的是惊讶，断定 03-13 档应该是陆征祥经手民初外交的机密档案，有很多过去学界未曾寓目的密电，堪称海内外孤本，绝对是研究民初外交史的瑰宝，而第二批交送的后半部，更是机密中的机密。

2014 年 10 月南港近代史研究所档案馆建立"陆征祥与第一次世界大战"网页，其中有这批档案的几张照片，档案匣上贴有"上海陆子欣司铎留存驻比大使馆"字条，证实了笔者的推断，所谓"驻比使馆保存档"就是 1912~1919 年陆征祥经手的外交交涉原档，应系陆氏于 1920 年初回到北京后，整理了机密档案，次年 10 月陆氏偕夫人赴瑞士养病，这批档案应即在此时带到欧洲。① 至于此档为何会分成两批，而后半部为何会晚了 28 年才交送中研院？是否陆征祥当时的要求？现在已无从考究。

陆征祥为何要把这批档案带到欧洲？笔者曾推论：因为这批档案中，有许多陆征祥不希望被别人看到的文电，尤其是洪宪帝制期间日本之全力倒袁，以及巴黎和会期间列强在华竞争激烈、北京党派政争及南北之争的互相牵引、北京政府内部政

---

① 参见唐启华《洪宪帝制外交》，第 10 页注 5。

策变化过程等，许多外交机密涉及敏感的中日关系，不能留下痕迹，而受限于当时国内政治环境也无法向外人讲明，陆征祥只能把这批机密档案带到欧洲，藏之名山，待诸后世。[①]

如今修道院的"陆征祥文书"，已公开使用，笔者在阅览时，试图从中找寻有关"驻比使馆保存档"的记载，尤其是这个档案是何时交给驻比利时使馆的。然而，在陆氏日记及信件的中文部分，都搜寻不到与此档案相关的只字片语。由"上海陆子欣司铎留存驻比大使馆"字条推断，陆征祥于1935年6月29日晋铎，驻比公使馆于1937年6月1日升格为大使馆；陆征祥的旧属钱泰被任命为驻比大使，7月23日到任，至1940年8月离任，这个档案可能是在1937年6月以后，到1940年5月德军攻占比利时，8月中国驻比使馆闭馆之前，或是1944年9月驻比使馆复馆到1949年1月陆氏逝世之间，这两个时段转交给驻比使馆的，而后者的可能性比较低。

陆征祥日记中依稀可看出些许蛛丝马迹。陆氏进入修道院时，随身带了大批图书、档案、个人信件等，储放在好几个房间内，他于1939年开始整理这些文件，1月31日日记载："书室布置颇有头绪，旧书堆清理亦有头绪，日后检寻存案卷

---

① 参见唐启华《巴黎和会与中国外交》，第7页。当时外交问题十分敏感，即如徐世昌下野后，让吴笈孙依据总统府秘书厅归档的电报，辑录有关巴黎和会及华盛顿会议重要文件，编纂《秘笈录存》，1927年书稿初成，未及发刊。编辑附注称："以外交关系，于原电中有伤及友邦感情之语及揭明某国某人似有不便者……多所删易。如发刊在若干年后，事过境迁，届时应捡原稿择选补入。"惟此书于1984年出版时并未能做增补工作。笔者将此书之巴黎和会部分与03—13"驻比使馆保存档"做过比对，发现该书所删易之处，主要就是抹去与"联美制日"相关的痕迹。

件当可省事省时光矣。清理旧书堆中，检出……与德奥初步和约中应列之条件，改正税则说明书及提案，说帖中国要求胶澳……附件 19 地图 2 幅。"[①] 2 月 5 日载："连日清理书室破纸旧书。" 14 日："午前清理卧室案宗，分别缮立清单以便检查。" 7 月 26 日："副上司派人代劳清理书籍（小楼）。" 27 日："清理小楼藏书。" 29 日："清理书籍，小楼旧书分搬卧室书房安置，可省去冬天前去检取刊件，并可腾出归还神长，亦一举两得也。" 31 日："清理小楼书籍完竣。" 11 月 27 日载："晤上司请教指示并重提清理书籍事。"[②]

1940 年 1 月 24 日载："清理书室，检出各件，包寄钱大使。" 3 月 17 日："清理书架，继续进行，俾得年内毕，留者留，去者去，目前焕然一新。" 3 月 18 日："清理各架书籍，明早注意纸匣各书整理之。" 3 月 25 日："书籍整理完毕。" 4 月 6 日："今日开始清理旧存箱件。" 4 月 8 日："继续清理箱件，拟寄钱大使打字机二箱电本及他书一箱。" 4 月 9 日："是日清理箱件就绪，拟于星期六日寄发比京书箱及打字机箱等。" 4 月 28 日："钱使午后 3 时来谈，6 时回京。" 4 月 30 日："清理寄使馆书籍。" 5 月 3 日："发信：钱大使箱一件。" 5 月 5 日："发信：钱使信附锁匙。"[③] 8 日钱泰函告陆氏："迭次寄下箱件内大部分书籍相本，永存使馆，该项寄费应由使馆

---

① 《陆征祥日记》，1939 年 1 月 31 日，陆征祥文书，T1063_01_02_0006，第 19 页。这些文件应即 1919 年中国代表团提交巴黎和会最高会议之《德奥条件》、《希望条件》及《山东问题说帖》英文本。

② 《陆征祥日记》，1939 年，陆征祥文书，T1063_01_02_0006。

③ 《陆征祥日记》，1940 年，陆征祥文书，T1063_01_02_0007。

奉还，数目乞示悉，幸弗客气。"①

　　随即 5 月 10~28 日德军侵占比境，20 日陆氏在日记中写道："清理卧室书室今午当可完毕，10 余年堆积破纸旧书一旦清理，颇费时光，亦觉劳力劳心，盖不细思而分别收藏，或不简约而分别去留，仍等于历年乱堆漫积之弊耳，明日晋谒上司，交一纸条存诸楼上存物处。"21 日："晨间清理卧室书籍，并将书室各书装箱完竣，明后可移入储物所。"22 日："南院长通告全院修士，准备被轰炸时躲避办法。"25 日："清理各件作一总整理，六十余年来不可少去旧更新之举动耳。"②

　　笔者认为，现存 03-13 "驻比使馆保存档" 71 函，原贴有 "上海陆子欣司铎留存驻比大使馆" 字条者，可能是陆氏在 1940 年 4~5 月寄交驻比大使馆的。若然，则堪堪避过战火，以及 1942 年 3 月至 1944 年 9 月修道院被德军之征用，否则这批珍贵史料有可能就在战乱中散佚了。

＊　＊　＊

　　陆征祥 22 年的修会生活跌宕起伏，多彩多姿。陆氏进修道院之初，并不顺利，原来只想能托身修院，不意能当正式修士，又因年岁高、记性差学习拉丁文很艰难，身心压力过大血尿症复发，不得不中止学习放弃晋铎。加以陆氏原来就不好的经济状况，又遇世界经济恐慌，院长厉行节省开支，陆氏手头

---

①　《钱泰函》（1940 年 5 月 8 日），陆征祥文书，T1063_02_05_0053，第 6~7 页。

②　《陆征祥日记》，1940 年 5 月 20、21、22、25 日，陆征祥文书，T1063_01_02_0007，第 76、78、80 页。

愈发拮据，不得不向旧日部属募捐邮费，又向南京外交部请求归还欠薪，南京虽解决了 2 笔银行借款，但欠薪只象征性地敷衍了一点，旧属多次努力想为他争取养老医疗金，都未成功。

　　1933 年因国内亲友表达对陆氏晋升司铎的切望，激发了他的斗志，教廷及修道院也特准他免习拉丁文，直接攻读神学，次年之晋铎因病未能成功。直到此时，陆氏只希望能终老修道院，1935 年春南文院长有令他回中国数年之说，他还浩叹：于入院"藏拙以保晚节，贡献残年敬事上主"之初志有违。①

　　南文院长来华访问，体认到陆氏在华之影响，对宣扬公教有巨大潜力，随即陆氏顺利晋铎。晋铎之后，国内教友热切希望陆氏回国，陆氏也希望中国与教廷通使，收回教权，教会自主，有自己的圣人，推动徐光启、马相伯列圣品，并期许教会恢复利玛窦传教心法，但因抗战全面爆发，陆氏回国计划中止。

　　陆氏一直关心中国外交，九一八事变后，用法文撰写《满洲问题评判——以公教立场评判日本侵占东四省事件》，为中国做国际宣传，还试图上书日本天皇，冀望日本能幡然悔悟。抗战全面爆发后，他有深刻的观察与省思，并协助办理法文《〈益世报〉海外通讯》，对争取海外人士支持抗战，有其贡献。

　　1942 年陆氏因德军征用修道院，被迫移居城内。其外出演讲，出乎意料地受欢迎，后在修道院做系列演讲，并将讲稿修订成《回忆与随想》一书，1945 年春出版，广受欢迎，多次再印，并被翻译成多国文字。加以大战期间中国国际地位提升，教廷愈发重视陆氏，外交部试图让陆氏被擢为枢机主教，

---

①　《陆征祥日记》，1935 年 4 月 21 日，陆征祥文书，T1063_01_02_0002，第 73 页。

虽未成功，但教廷另予荣誉院长之优遇，国内教会也敦劝陆氏回国宣教。

陆氏1943年在日记写道：细思晚年际遇，愈出愈奇，较诸中年之平地一声雷，又过之无不及，既受清室之恩遇，复得民国袁、黎、冯、徐四元首之垂青信任，凡此宠幸非上智安排曷克臻此。原想入院苦修得一枝栖，借以藏拙，聊以度晚岁，免填沟壑，讵料上主垂顾有加，恩施重重迭迭，心中惊感莫能言状，殆上主尚有后命，令祥参与新民国建设事，未可知也。[①] 陆氏数度认真准备回国，然而因年老体衰不能成行，到1949年初陆氏去世。

陆征祥在修道院时，中国驻欧各使节多是他的旧属，对他多有照拂。魏宸组、王广圻与他最为亲近，[②] 魏氏常帮他修改书信文字，离欧后转托给钱泰。此外，顾维钧、王景岐也很关心陆氏。刘符诚是陆氏契弟，帮陆氏处理财务及其他各种事务，修道院对陆氏特别照顾，秘书爱铎神父除教导他神学、礼仪外，还学会中文，协助、编修及出版《〈益世报〉海外通讯》与陆氏之回忆录。陆氏的修道院生活，出乎他意料的丰富出奇。

---

① 《陆征祥日记》，1943年6月4日，陆征祥文书，T1063_01_03_0002，第167页。

② 魏宸组（1885~1942）于1939年离欧，1942年8月在上海病重，死前领洗入天主教。见《徐宗泽函》（1946年11月21日），陆征祥文书，T1063_02_06_0014，第13页。王广圻（1875~1936）于1927年7月免驻荷兰公使职，南京国民政府时期，曾任外交部条约委员会顾问、内政部总务司司长，1931年被任命为驻波兰兼捷克公使，但因故未到任，1933年5月免职，1936年12月病死于医院，享年61岁。见《刘长清函》（1937年8月15日），陆征祥文书，T1063_02_05_0048，第6页。

结　论

陆征祥自 21 岁进入外交界，至 56 岁离开，亲历了中国从甲午战争到巴黎和会，由国际地位跌落谷底到力图收回国权的关键阶段，堪称清末民初"弱国外交"的代表性人物，因而背负了许多屈辱丧权的骂名。陆氏进入修道院后仍然关心中国外交，观察与间接参与到 78 岁逝世为止，见证了中国抵抗日本入侵到成为世界"五强"的历程。他与中国外交及中西文化交流关系密切，其经历与观点颇多可供借镜之处。

陆征祥的外交生涯

陆征祥出身寒微，身体羸弱多病，没有受过系统的正规教育，天资并不特别突出，在上海广方言馆学习法文，原来只想出洋之后凭借法语专长，在邮局谋一位置，得以孝亲即已满足。但在俄都圣彼得堡受许景澄教诲，步上正途外交官之路，并醉心西化。许景澄期望陆氏能做到驻小国公使，甚至外交总长，然而陆氏早年外交生涯并不顺遂，在驻俄使馆担任翻译达 14 年之久（1892~1905）。

陆氏中年（1906~1927）则平步青云，先升任驻俄使馆参赞，旋被任命为驻荷兰公使，1907 年担任海牙保和会专使，表现优异，博得国际声誉及国内称赞。回任驻荷公使后，与荷兰谈判东印度群岛设领及华侨待遇问题，坚毅周旋，1911 年签署《中荷领约》，随即赴俄谈判修改《中俄商约》，又任驻俄公使。不久辛亥革命爆发，陆氏多次领导驻外使节奏请清帝退位赞成共和。

民国肇建后，陆氏受袁世凯重用，回国担任外交总长改革外交部，成为民国初年主要外交领导人，主持多项棘手交涉，并因袁世凯任命他兼代国务总理，卷入政争，遭到革命党敌视，在国会中多次被攻诘。一战爆发后，陆氏奉命与日本进行"二十一条"交涉，艰辛维护国家权益。随即袁世凯推动帝制，陆征祥担任国务卿兼外交总长，尽心辅佐，终因日本介入，袁氏身死名裂。其后陆氏协助段祺瑞与协约国商议中国参战条件，张勋复辟失败后，中国对德宣战，陆氏再掌外交，积极筹备参加战后和会。

1918年底欧战停火，陆氏被任命为巴黎和会中国代表团团长，他在巴黎的一年，外则列强霸道强横，公理正义形同画饼，内则党派竞争，倾轧诬陷不断，陆氏忍辱负重，努力争取国家最大利益。"五四"之后国民外交大盛，政府与民意分离，陆氏遵循民意，拒签对德和约。1920年陆氏返国述职后，决心急流勇退，修成墓园迁葬先人，即拟自此归隐，旋因培德夫人生病，次年底携眷赴欧休养。却因经济因素，意外出任驻瑞士公使，迨1926年夫人谢世，次年陆氏辞职并告别俗世，进入天主教本笃会修道院。

陆氏晚年（1928~1949）在修道院，历经8年苦修，于1935年晋升司铎，1940年德军攻占比利时，修道院于1942年春被征用，陆氏被迫移居城内，对外演讲中国传教情形及个人生涯，意外受到欢迎，遂将讲稿改写成回忆录，1945年初出版法文本，并相继翻译为多国文字出版。1946年6月陆氏被教宗庇护十二世任命为本笃会圣伯多禄修道院荣誉院长，最后于1949年初辞世。陆征祥的一生可谓跌宕起伏，峰回路转，多彩多姿。

陆征祥的个人特色

陆征祥在中国长大学习，甫成年即赴欧洲在圣彼得堡及海牙任外交官 20 载。民国肇建，他奉召回国主掌外交部，其间多次赴欧，1921 年底再到欧洲后就未曾回国。陆氏 78 年人生中，成年之后在中国不到 10 年，在欧洲长达 48 载，他的一生历经许多出乎预料的转折，在中国外交官群体中相当独特。

陆征祥 1912 年回国时，完全是个欧化绅士，个人操守好，品德高尚，夫妇感情佳，生活作息、为人处事都与国内政客截然不同。他不讲关系，不入党派，不染恶习，不逢迎拍马，不贪污舞弊，可称特立独行，与中国官场格格不入，惟因其专业能力与国际声誉，为当时中国所急需，受到北京政府高层重用。

陆氏西化程度高，对国际局势颇能掌握，具备一定的国际法素养，法语精湛（当时国际外交主要使用法文），能在国际会议上流利发言维护国家利益，对外交涉之谈判能力与技巧都不错。他参与两次海牙保和会，筹备第三次会，又参与巴黎和会，注重国际公法，与各国公法家们有联系，签署海牙公约，积极加入保和会、国联等国际组织，其外交专业能力与资历，在清末民初外交官群体中，当属首屈一指。

陆征祥的优点在于：品德高尚、法语流利、了解西方文化、熟悉外交礼仪、略通国际公法、个性温和、谨慎耐心，对外交涉时能运用法理原则、国际助力、辩争技巧，坚韧不移地维护国家权利。缺点则在：对国内政治文化隔阂，没有派系奥援与人脉关系，不能适应复杂的民初政坛，加以体质孱弱，不胜繁剧，魄力不够，欠缺领导统御能力，拙于应付人事纠葛，必须依附强人支持。①

　　整体而言，笔者认为陆氏外交之特色，可称是：外表柔弱，而内心坚韧，坚持底线，耐心谨慎，得国家领导人之信任，善用国际外交潮流争取与国，在国势最弱阶段，尽可能减少国家损失，相当不容易。他个性小心谦退、忍辱负重，对自己的外交成果，多认为失败，不值一提，对经手的交涉，甚少留下个人回忆或记录，知道许多机密，但对外界的误解与指责，从不表白，加以陆氏与北洋派比较接近，受到较多误解与抨击。

陆征祥对自身之评价

　　陆征祥遭逢国力衰微，四方多难之时会，他对自己生涯的评价，有耐人寻味的变化历程。他早年努力学习，1891 年许景澄调他出洋学习的考语是"攻苦法文，读书颇多"。陆氏自称这八个大字是他一生的出路起点。② 在圣彼得堡追随许景澄学习外交，许氏以"沟通中西，介绍新旧"八个字为他一生之义务，陆氏自称从 1912 年改组外交部到晚年入

---

① 陆氏形容自己："在我的一生中，都尽力成为一只小老鼠，小老鼠小心翼翼地钻进首领的办公室、教宗的办公室及天主的办公室，尽力不被任何人发现。小老鼠致力观察伟人言行，然后快速地回到自己的岗位去实现所观察到的一切。而且定时的再溜进他们的办公室继续观察来判断自己的所作所为，如此，错了就可以立刻调整。"见陆征祥的秘书爱铎 1944 年 8 月 9 日写给 Meert 的信中记录的陆氏的话语。中译文见张淑勤《当孔子遇见本笃——陆征祥的心灵》，《纪念六位国籍主教祝圣七十周年、我国建立圣统制五十周年暨田公耕莘晋升枢机五十周年学术研讨会议第二梯次论文集》，第 118 页。

② 《致刘荩忱先生函》（1935 年 5 月 25 日），《本笃会修士陆征祥最近言论集》，第 191~192 页。

修道院，都不出此八字之范围。① 许景澄经手诸多棘手交涉时，常与陆氏以"鞠躬尽瘁，死而后已"八个字互相警惕。②

中年时期，陆征祥对自己的外交生涯评价不高，除了改革外交部、培养外交人才比较满意外，对 1913 年《中俄协约》、1915 年《民四条约》、洪宪帝制、1919 年巴黎和会，都自觉愧对国人，自称："如廿一条之交涉，巴黎和会之无结果，中俄蒙之交涉，凡此失败均足坠名伤命。"③ 自认为可用"清代罪人，民国赘疣"八个大字总结他的一生。因为清末种种弊政，他毫无补救善策，不能不分负一部分责任，谓之罪人并不过武。民国初年，对外有"二十一条"、巴黎和会的糊涂账，对内有袁世凯复辟的糊涂账，将来还要受最后审判，取"赘疣"二字，即所谓"可无之东西耳"，④ 因而他原本认为没有写回忆录的必要。

陆征祥饱经弱国外交、内战纷扰、党派倾轧、经济拮据之煎熬，又没有家人后代，夫人过世后对尘世已无眷念，1927年入修道院之初衷是"藏拙以保晚节，贡献残年敬事上主"，⑤自叹"门衰祚薄，既无叔伯，终鲜兄弟，复无子嗣，此十六字乃祥之写照也"。⑥ 致函魏宸组说自己是身多疾病、父母早

---

① 《陆征祥日记》，1938 年 1 月 15 日，陆征祥文书，T1063_01_02_0005，第10 页。

② 《致刘荩忱先生函》（1935 年 5 月 25 日），《本笃会修士陆征祥最近言论集》，第 192~193 页。

③ 《致刘符诚函》，陆征祥文书，T1063_05_06_0005，第 22~23 页。

④ 《致刘荩忱先生函》（1935 年 5 月 25 日），《本笃会修士陆征祥最近言论集》，第 191~192 页。

⑤ 《陆征祥日记》，1935 年 4 月 21 日，陆征祥文书，T1063_01_02_0002，第73 页。

⑥ 《陆征祥信底簿》（1932~1940 年），陆征祥文书，T1063_01_01_0012，第 76 页。

故、无伯叔兄弟子息的三缺之人。魏氏复函云：此三缺为儒家之观点，而陆氏以天主教信仰为归宿，毫无怨尤，仍感谢天主恩赐，"盖公之灵魂本极高尚，若再能不以肉身种种为忧，必到极乐世界，而精深必日进无疆矣"。①

陆氏本来认为："垂暮之年，孤子一身，无家可归，穷而无告，此乃祥晚年情境之小摄影也。"② 不料因修道院被德军征用，陆氏开始对外演讲，整理过去人生种种，加以中国国际地位上升，他的演讲到处受欢迎，自觉"晚年际遇，愈出愈奇，较诸中年之平地一声雷，又过之无不及"。③ 他对自己的人生有了不同的体悟，认为："既受清室之恩遇，复得民国袁、黎、冯、徐四总统之垂青信任，祥何人斯，凡此宠幸非上智安排，曷克臻此。"④ 至 1945 年回忆录出版、抗战胜利、田耕莘被拔擢为枢机主教，1946 年陆氏被授予荣誉院长，1948 年回忆录英译本出版，他写信给刘符诚道："廿年来所私心求祷者，亚洲亚尔倍暨中华梅西爱，此求蒙主俯纳……至田枢机一席，乃上主恩上之恩，未敢祈求者也，而小兄之心花朵朵全开……何等快愉，何等安慰，何等幸福，小兄实为四万万人之福人焉。"又称"海外桃源，海外福人"，此"我"之"八字"、"我"之命运，⑤ 显示陆氏晚年见中国国际地位提升，中国天

---

① 《魏宸组函》，陆征祥文书，T1063_02_06_0011，第 41~42 页。
② 《陆征祥信底簿》（1932~1940 年），陆征祥文书，T1063_01_01_0012，第 76 页。
③ 《陆征祥日记》，1943 年 6 月 4 日，陆征祥文书，T1063_01_03_0002，第 167 页。
④ 《陆征祥日记》，1943 年 6 月 4 日，陆征祥文书，T1063_01_03_0002，第 167 页。
⑤ 《致刘符诚函》（1948 年 3 月 15 日），孙庆芳、张新鹰整理《陆征祥致刘符诚书信选》，《文史资料选编》第 33 辑，第 147~148 页。

主教会也得到教廷之重视，心中之快慰，溢于言表。

陆征祥的外交贡献

陆征祥勤慎用功，历经驻俄使馆十多年学习、训练与历练，外语能力、交涉应对及对西方文化、国际局势的了解，都有长足的进步，在清季外交官中脱颖而出。陆征祥建立的外交体制与人事规范，历北洋政府到国民政府大致延续，堪称北洋前期最重要的外交官，也是民国外交的奠基者。

陆征祥的外交贡献，首推改革外交部，培养外交人才。陆铿称：陆征祥比较得意之作，即主张外交"超然主义"，无党无派，八任外长，进行三次外交事务改革，从组织架构到专业训练，为提高中国外交人才素质，奠定了基础。[1] 他建立的高素质职业外交官团队，让民国外交在国际颇享盛名。

陆征祥最被诟病的两大外交失败，即"二十一条"及巴黎和会，不但国人交相指责，陆氏也自言："回溯三十年来，一误于廿一款交涉，再误于巴黎之败北，既无以对民国，复无以对自己，良心上积此二大罪，亦足为一世之罪人。"[2] 然而由前文观之，这两大交涉似乎都不尽然是失败。

中日"二十一条"交涉中，陆氏奉命与日本进行艰难谈判，顽强辩争，步步抵抗，迫使日本以最后通牒威吓，并撤销最严苛的第五号 7 款中之 6 款，签署《民四条约》，日本勉强取得了"胜利"，但也埋下巴黎和会中日竞争山东问题，引发五四运动中国民众强烈反日的种子。此次交涉，自 1930

---

① 《陆铿回忆与忏悔录》，第 54 页。

② 《致夏诒霆函》（1923 年 11 月 6 日），陆征祥文书，T1063_02_01_0038，第 14 页。

年代王芸生起，一直有学者为陆氏辩白，今日似可平心思考此案。

巴黎和会是陆氏遭受最多误解与责难的交涉，然而由"驻比使馆保存档"观之，当时之内政外交情势复杂诡谲，陆氏自被任命为中国代表团团长即紧锣密鼓筹备诸多事宜，与徐世昌总统商定外交大计，由陆氏在途中相机执行，到巴黎后确定"联美制日"提出山东问题，被日本谴责为"背信"。山东问题掺杂了诸多复杂因素，是美日妥协的结果，中国虽失面子但可得"实惠"，这些内情并不完全为国人所知，陆氏顺应舆情拒签对德和约，返华时受到国人之欢迎。日本外交官认为中国在和会中提出"中日密约"，让日本立于被告席接受国际审判，实为一大耻辱。而陆氏之把相关密档带到欧洲，多少有日后可为自己辩诬的意味。

陆征祥的"弱国外交"

陆氏外交最常被总结成一句："弱国无外交。"① 陆氏的"弱国外交"主要缘于他身处清末民初中国国际地位之谷底期，其外交表现不能尽如人意。当时国力衰微，列强虎视眈眈，亡国灭种危机未除，国脉不绝如缕，陆氏只能隐忍低调，引用公法公理，在列强均势中，据理力争，坚毅交涉，为国家保留名分与核心利益，留下日后可以复议的伏笔，盼望国家改革有成，国力日益充沛，能有扬眉吐气的一天。

陆征祥于清末在圣彼得堡饱尝"暴俄外交"之威逼，《马

---

① 陆铿 1945 年赴欧采访，谈到"二十一条"，陆征祥云："总归一句话，弱国无外交。"见《陆铿回忆与忏悔录》，第 56 页。

关条约》后又以日本对华之野心为戒，迨日俄战争后，见日本咄咄逼人欲称霸东亚，陆氏在海牙保和会中事事要与日本争平等，欲借国际法及保和会各公约，伸张公理正义，维护世界和平，并建议清政府和美、德结盟，抵制日本称霸东亚的野心。陆征祥知道国力是外交的后盾，建议清政府以韩国为借鉴，尽速改革内政、颁布宪法。

民国肇建后，陆氏以为袁世凯可以带领中国强大，故愿意全力辅佐袁氏外交。一战爆发后，远东均势被打破，日本独霸东亚之野心昭然若揭，攻占青岛后，对华提出"二十一条"要求。陆氏争取袁世凯支持，据理顽抗，迫使日本发出最后通牒，并在保和会准备会中，缜密研究国际法上之立足点，以图日后借中国参战争取翻案机会。

洪宪帝制失败后，时局动荡，内部分裂，段祺瑞与日亲善，陆氏则尽力协助参战交涉，配合威尔逊"十四点和平原则"，在议和筹备时特别留意国际联盟等新国际秩序的趋向，又通过驻美公使顾维钧，与华盛顿高层建立联系管道，试探联美的可能。欧战停火后，陆氏颁给代表团训令，强调追求平等国际地位，与美国保持一致。他在赴欧途中逐步向"联美制日"倾斜，抵达巴黎后确定提出山东问题，和会中承受各方压力，坚持联美方针，最后美、日妥协，陆征祥与代表团决定拒签对德和约。和会结束后，陆氏建议徐世昌总统以重视爱国教育、提倡爱国心为救国之上策。

从各方面看，陆征祥对日本很早就有戒心，处处防范，绝非卖国之辈，日本对陆氏在和会之背信咬牙切齿。陆氏目睹袁世凯推动帝制时，"联英制日"功败垂成，身死名毁，中枢衰微。陆氏自己在巴黎和会推动"联美制日"，也因列强互相妥

协，利益交换，国内爆发绝大风潮。陆氏的"弱国外交"有
其坚忍不拔、运用国际助力、极力维护国权、争取时间希望国
家强大的一面，也有因人成事而事与愿违的一面。

陆征祥历经巴黎一年的国际、国内风云变幻，返国述职
后，体认到民气激昂，自知与日本抵触已深，而美国崛起，英
语取代法语成为主要国际外交语言，决心由新兴留美学生主持
外交，自己则退出政坛，然而出于意外因素，又出任驻瑞士公
使，对于废除不平等条约稍有贡献。

陆征祥晚年进入修道院，追求信仰归宿之余，仍然关心国
事，认为中国要抵御日本侵略，必须效法一战期间比利时亚尔
倍国王之自强自立、自苦自卫，与梅西爱主教之公理正义，两
者相辅相成。九一八事变之后，陆氏编写梅西爱主教言论选，
运用天主教教义提出抗议，主张爱国主义是神圣的，强调：各
国常说中国是弱国，中国的声诉是失败的，但他认为中国的声
诉是公义的，公义的主持者必有最后的判决。[1] 陆氏相信：
"强权之不可久持，公理必得最后之战胜。"[2] 七七事变爆发
后，陆征祥坚信："此次严重国难，大足奋发我全国抵抗之决
心，坚持到底，在死中求一条活路，天不亡中国，终有最后之
胜利，存亡固在此关头，复兴亦在此一举。"[3] 他重印梅西爱
之《爱国论》，认定抗战必会获得最后的胜利。

---

[1] 《关于正义和爱德在国家受敌人不义的侵占时所当援引的几种天主教信理
的原则》，结论，《满洲问题评论判》，《本笃会修士陆征祥最近言论集》，
第 54~55 页。

[2] 《致雷鸣远司铎函》（1933 年 12 月），《本笃会修士陆征祥最近言论集》，
第 57 页。

[3] 《致刘符诚函》（1937 年 8 月 17 日），孙庆芳、张新鹰整理《陆征祥致刘
符诚书信选》，《文史资料选编》第 33 辑，第 135~136 页。

期望中国强大与世界和平

陆氏希望中国强大，1913 年他为吴成章《外交部沿革纪略》一书作序云："吾曹丁此时会，正卧薪尝胆之秋，能引国家之利害为己身之利害，生死以之，或且天佑我神明之胄，异日兵力财力及工商诸业一一跻于列强，则外交诸司初与列使颖接，宁不洋洋有英气耶。物极必反，敝人固决其有是日矣。"[1]

1920 年陆氏答友人祝寿函云："行年五十何足云寿，私衷所祷祝者，则我震旦国势蒸蒸日上，与列强抗颜，斯乃祥称觞之日耳。"[2] 1938 年称："值此祖国危急存亡之秋，全国军民在委座领导之下奋勇抗战拼命救亡，保持世界文化、祖国独立生存，征祥于圣诞节晨登台献祭，专诚祈求抗战胜利。"[3] 1946 年 1 月 22 日日记写道："此大战中之中国一飞冲天，由三等国一变而列五强之一，非天助华何克臻此哉。"[4]

陆征祥入修道院之后，颇思融合中西文化，1935 年晋铎时，王宠惠贺词即称："先生于事业功名而外，特于西方历史渊源之罗马具有无穷之兴味焉，盖溯西方文明发达之盛轨，得力于罗马公教者至多……是先生之弃官修道，其一方固不忘祖国，不辍外交家之修养，又一方则明察及远，将以融会东西古

① 陆征祥：《序》，吴成章：《外交部沿革纪略》。
② 《杂件》（1920 年），陆征祥文书，T1063_05_03_0001，第 6 页。
③ 《致宋美龄函：遥想中华圣诞节有感》（1938 年 12 月 25 日），陆征祥文书，T1063_05_07_0009，第 5~6 页。
④ 《陆征祥日记》，1946 年 1 月 22 日，陆征祥文书，T1063_01_03_0005，第 18 页。

国之精神。"①

　　1948 年回忆录英文本出版，陆氏寻求出版中译本时，曹汝霖认为该书宣扬天主教，但陆氏认为：此书之作，实为宣扬孔教，争取文化平等地位，许景澄有远见，嘱咐他加入修道院，他 20 年来之联络教宗庇护十一世、十二世，就是为入穴探虎之计，达此目的，先师必含笑于地下也。② 陆征祥晚年认为，外交官的任务是找到并促进所有人和国家之间的团结，要获得真正的爱国主义精神，需对其他国家的爱国主义也表示敬意，每个文明的人文主义者都需要努力寻求互相了解，才能构筑世界和平的坚实基础。③ 1947 年冬，陆征祥以法文口述而成《人文携手》，1949 年他逝世后出版，书中表现的心灵超越狭义的民族情感，呈现的是融合儒家文化与西方文化，心怀整个人类命运的一种宗教情怀。④

　　陆征祥的一生，与中国外交密切相关，也与中西文化的融合紧密相连，本书借由新开放的史料，辅以档案及报纸，梳理、列论他在近代中外关系中的表现与地位，盼能为读者提供一个理解中国外交史的不同视角。

---

①　《王宠惠晋铎贺词》（1935 年 7 月），陆征祥文书，T1063_05_10_0001，第 22 页。

②　《致刘符诚函》（1948 年 5 月 15 日），孙庆芳、张新鹰整理《陆征祥致刘符诚书信选》，《文史资料选编》第 33 辑，第 148~149 页。

③　陆征祥：《人文携手》，赵燕清、潘玉玲译，台北：光启文化事业，2014，第 35~36 页。

④　张淑勤：《当孔子遇见本笃——陆征祥的心灵》，《纪念六位国籍主教祝圣七十周年、我国建立圣统制五十周年暨田公耕莘晋升枢机五十周年学术研讨会议第二梯次论文集》，第 118 页。

征引书目

一 档案

（一）中文

外交档案，台北中研院近代史研究所档案馆藏。

01 总理衙门档案

02 外务部档案

03 北洋外交部档案

11 国民政府外交部档案

外交部档案，台北"国史馆"藏。

陆征祥文书，台北中研院台湾史研究所档案馆藏。

01 日记与杂记

02 中文往来书信

03 外文往来书信

04 信函簿

05 手稿杂件

顾维钧档案，复旦大学图书馆特藏中心所藏副本。

张国淦档案，中国社会科学院近代史研究所档案馆藏。

（二）英文

英国外交档案

F. O. 371、*F. O.* 228

英国外交文件

BDFA（*British Documents on Foreign Affairs*），Part II，Series E

Asia, New York: University Publication of America, 1994.

美国外交文件

FRUS（Foreign Relations of United States）

Arthur S. Link ed. , *The Papers of Woodrow Wilson（PWW）*, Princeton University Press, 1966-.

The Proceedings of the Hague Peace Conference: The Conference of 1899, Oxford University Press, 1920.

The Proceedings of the Hague Peace Conferences: The Conference of 1899 and 1907, Index Volume, New York: Oxford University Press, 1921.

（三）日文

『日本外交文書』。

二 档案汇编、史料集、政府公报、回忆录、日记等

北洋军阀史料编委会编《天津市历史博物馆藏北洋军阀史料：吴景濂卷》，天津古籍出版社，1996。

北洋军阀史料编委会编《天津市历史博物馆藏北洋军阀史料：袁世凯卷》，天津古籍出版社，1996。

《（北洋）政府公报》。

蔡鸿源、孙必有、周光培编《南方政府公报》第1辑《军政府公报》，河北人民出版社，1987。

《曹汝霖一生之回忆》，台北：传记文学出版社，1980。

陈春华：《关于1911~1913年中俄外蒙问题交涉——俄国外交文件选译》（二），《民国档案》1990年第2期。

程道德、张敏孚、饶戈平等编《中华民国外交史料选编（1911~1919）》（一），北京大学出版社，1988。

丁文江编《梁任公先生年谱长编初稿》，台北：世界书局，1962。

凤岗及门弟子编《民国梁燕孙先生士诒年谱》，台北：台湾商务印书馆，1978。

《顾维钧回忆录》第1分册，中国社会科学院近代史研究所译，中华书局，1983。

《胡适日记全集》，台北：联经出版事业股份有限公司，2004。

《胡惟德函电稿》，《近代史资料》总95、99、100号。

黄远庸：《黄远生遗著》，台北：华文书局，1968。

《陆铿回忆与忏悔录》，台北：时报文化出版公司，1997。

陆征祥：《本笃会修士陆征祥最近言论集》，北平：光启学会，1936。

陆征祥：《回忆与随想：从民国外交总长到比利时修道院修士》，王眉译，上海远东出版社，2016。

内阁印铸局编《宣统三年冬季职官录》，台北：文海出版社，1966。

审议处：《筹办中俄交涉事宜公署意见书》，外交部中俄会议办事处刊印，1923。

世续监修《大清德宗景皇帝实录》，台北：华文出版社，1964。

孙庆芳、张新鹰整理《陆征祥致刘符诚书信选》，中国人民政治协商会议北京市委员会文史资料研究委员会编《文史资料选编》第33辑，北京出版社，1988。

《王广圻外交函电一组（1917~1933年）》，《民国档案》2012年第1期。

《王广圻早期外交经历自述稿》，《民国档案》2011 年第 1 期。

王建朗主编《中华民国时期外交文献汇编（1911~1949）》，中华书局，2015。

王栻主编《严复集》，中华书局，1986。

王彦夫纂《清季外交史料》，北平，1932。

王铁崖编《中外旧约章汇编》，三联书店，1957~1962。

王彦威、王亮辑《清宣统朝外交史料》，北平，1933。

王卓然、刘达人主编《外交大辞典》，中华书局，1937。

吴天任著《民国梁任公先生启超年谱》，台北：台湾商务印书馆，1988。

许师慎编纂《国父当选临时大总统实录》，台北："国史馆"，1967。

《宣统政纪》，中华书局，1986。

薛典曾、郭子雄编《中国参加之国际公约汇编》，商务印书馆，1937。

《颜惠庆日记》，上海市档案馆译，中国档案出版社，1996。

《颜惠庆自传：一位民国元老的历史记忆》，吴建雍、李宝臣、叶凤美译，商务印书馆，2003。

叶景莘：《巴黎和会期间我国拒签和约运动的见闻》，《文史资料精选》第 3 辑，中国文史出版社，1990 年。

喻乐、吴顺整理《陆征祥存札选编》，《近代史资料》总 141 号，中国社会科学出版社，2020。

喻乐整理《汪荣宝致陆征祥手札》，《近代史资料》总 139 号，中国社会科学出版社，2019。

张一志编《山东问题汇刊》，台北：文海出版社，1986。

章伯锋、李宗一主编《北洋军阀（1912～1928）》，武汉出版社，1990。

章进主编《中国外交年鉴（民国二十二年）》，生活书店，1934。

章宗祥：《东京之三年》，《近代史资料》总 38 号。

中国第二历史档案馆：《陆征祥出席海牙保和会奏折两件》，《民国档案》2000 年第 2 期。

中国第二历史档案馆编《北洋政府档案》，中国档案出版社，2010。

中国第二历史档案馆编《中华民国史档案资料汇编》第 3 辑“外交”，江苏古籍出版社，1986。

中国社会科学院近代史研究所《近代史资料》编辑室主编，天津市历史博物馆编辑《秘笈录存》，中国社会科学出版社，1984。

“中华民国”史事纪要编辑委员会主编《中华民国史事纪要》，台北：“国史馆”，1971 年起。

中研院近代史所编《中日关系史料——山东问题（上）（中华民国九年至十五年）》，台北：中研院近代史研究所，1987。

中研院近代史所编《中日关系史料——巴黎和会与山东问题（中华民国七年至八年）》，台北：中研院近代史研究所，2000。

周泽春：《一九　七年和会国家分等案——三十年服务外交回忆录之一》，《政治生活》第 3 卷第 2 期，1945 年。

朱启钤存《南北议和文献》，中国社会科学院近代史研究所近代史资料编辑组编辑《一九一九年南北议和资料》，中华书局，1962。

《驻俄公使胡惟德往来电报》，《近代史资料》总 37 号。

三　报刊

《大公报》（天津）

《东方杂志》

《京报》

《申报》

四　专著

（一）中文

波赖：《最近中国外交关系》，曹明道译，正中书局，1935。

陈体强：《中国外交行政》，商务印书馆，1943。

邓野：《巴黎和会与北京政府的内外博弈》，社会科学文献出版社，2014。

顾卫民：《中国与罗马教廷关系史略》，东方出版社，2000。

侯中军：《中国外交与第一次世界大战》，社会科学文献出版社，2017。

金问泗：《从巴黎和会到国联》，台北：传记文学出版社，1967。

臼井胜美：《中日关系史（1912~1926）》，陈鹏仁译，台北：水牛出版社，1990。

李剑农：《中国近百年政治史》，商务印书馆，1948。

李文杰：《中国近代外交官群体的形成（1861~1911）》，三联书店，2017。

林学忠：《从万国公法到公法外交：晚清国际法的传入、诠释与应用》，上海古籍出版社，2009。

刘景泉：《北京民国政府议会政治研究》，天津教育出版社，2006。

罗光：《陆征祥传》，台北：台湾商务印书馆，1967。

吕慎华：《袁世凯政府与中日二十一条交涉》，台北：花木兰文化出版社，2011。

沈云龙：《徐世昌评传》，台北：传记文学出版社，1979。

石建国：《陆征祥传》，河北人民出版社，1999。

石建国：《外交总长陆征祥》，福建教育出版社，2015。

唐启华：《巴黎和会与中国外交》，社会科学文献出版社，2014。

唐启华：《北京政府与国际联盟（1919~1928）》，台北：东大图书公司，1998。

唐启华：《被"废除不平等条约"遮蔽的北洋修约史（1912~1928）》，社会科学文献出版社，2010。

唐启华：《洪宪帝制外交》，社会科学文献出版社，2017。

陶菊隐：《武夫当国：北洋军阀统治时期史话（1895~1928）》，海南出版社，2006。

王芸生编著《六十年来中国与日本》第6卷，大公报社，1933。

王芸生编著《六十年来中国与日本》，三联书店，2005。

温世霖：《段氏卖国记》，中华书局，2007。

吴成章：《外交部沿革纪略》，台北：文海出版社，1987。

颜清湟：《出国华工与清朝官员：晚清时期中国对海外华人的保护（1851~1911）》，中国友谊出版社，1990。

杨凡逸：《折冲内外：唐绍仪与近代中国的政治外交（1882~1938）》，东方出版社，2016。

应俊豪:《公众舆论与北洋外交——以巴黎和会山东问题为中心的研究》,台北:政治大学历史系,2001。

张启雄:《外蒙主权归属交涉（1911～1916）》,台北:中研院近代史研究所,1995。

张忠绂:《中华民国外交史（1911～1921）》,上海,1945。

（二）英文

Bruce A. Elleman, *Wilson and China: A Revised History of the Shandong Question*, M. E. Sharpe, New York, 2002.

Jerry Israel, *Progressivism and the Open Door: American and China 1905-1931*, Pittsburgh, Pa., 1971.

Russell H. Fifield, *Woodrow Wilson and the Far East: The Diplomacy of the Shantung Question*, Archon Book, 1965.

Zhang Yongjin, *China in the International System, 1918-1920: The Middle Kingdom at the Periphery*, London, Macmillan,1991.

（三）日文

奈良岡聰智『対華二十一カ条要求とは何だったのか——第一次世界大戦と日中対立の原点』名古屋大学出版会、2015。

五　论文

巴斯蒂:《梁启超1919年的旅居法国与晚年社会文化思想上对欧洲的贬低》,李喜所主编《梁启超与近代中国社会文化》,天津古籍出版社,2005。

本刊编辑室:《陆征祥院长年谱》,香港《鼎》第29卷,总152期,2009年春季号。

陈方中:《爱教爱国的陆征祥》,香港《鼎》第29卷,总第153期,2009年夏季号。

陈志雄:《陆征祥致日本昭和天皇函考略》,《广东社会科学》2006 年第 3 期。

邓野:《巴黎和会中国拒约问题研究》,《中国社会科学》1986 年第 2 期。

樊明方:《辛亥革命前后中俄关于修订〈伊犁条约〉的交涉》,《近代史研究》1986 年第 4 期。

冯先祥:《圣安德鲁修道院杂记:陆征祥的史料、回忆录与传记》,台北《古今论衡》第 31 期,2018 年 10 月。

侯中军:《抗战时期中梵建交问题研究》,《抗日战争研究》2022 年第 1 期。

李章鹏:《中荷设领谈判与华侨国籍问题交涉(1907~1911)》,《近代史研究》2019 年第 4 期。

林瑞琪:《陆征祥在巴黎和会对中国的贡献》,香港《鼎》第 29 卷,总第 152 期,2009 春季号。

罗光:《访问陆征祥神父日记》,台北《传记文学》第 19 卷第 2、4、5、6 期,1971 年。

佩里·安德森:《国际法:它是国际的吗?它是法吗?》,章永乐、魏磊杰主编《大国协调及其反抗者:佩里·安德森访华讲演录》,北京大学出版社,2018。

戚世皓:《袁世凯称帝前后(1914~1916)日本、英国、美国档案之分析与利用》,台北《汉学研究》第 7 卷第 2 期,1989 年 12 月。

唐启华:《1918 年 12 月陆征祥的美国之行》,张俊义、陈红民主编《近代中外关系史研究》第 11 辑,社会科学文献出版社,2021。

唐启华:《陆征祥与辛亥革命》,中国史学会编《辛亥革命与 20 世纪的中国》上册，中央文献出版社，2002。

唐启华：《陆征祥与辛亥革命》，中国史学会编《辛亥革命与 20 世纪的中国》上册，中央文献出版社，2002。

唐启华：《论"情势变迁原则"在中国外交史的运用》，《社会科学研究》2011 年第 3 期。

唐启华：《清末民初中国对"海牙保和会"的参与（1899~1917）》，台北《政治大学历史学报》第 23 期，2005 年 5 月。

唐启华：《五四运动前之公布"中日密约"问题》，《近代史研究》2021 年第 1 期。

唐启华：《"中日密约"与巴黎和会中国外交》，《历史研究》2019 年第 5 期。

王立诚：《外交家的诞生：顾维钧与近代中国外交官文化的变迁》，《顾维钧与中国外交国际学术讨论会论文集》，2000 年 9 月。

吴翎君：《1923 年北京政府废除〈中日民四条约〉之法理要求》，台北《新史学》第 19 卷第 3 期，2008 年 9 月。

徐鹤涛：《北洋政府外交经费之研究》，《中国经济史研究》2020 年第 1 期。

张建俅：《中国红十字会的起源（1904~1912）》，台北《政大史粹》第 2 期，2000 年 6 月。

张乐：《第一次世界大战期间中国与罗马教廷通使问题再考察》，《近代史研究》2021 年第 2 期。

张淑勤：《当孔子遇见本笃——陆征祥的心灵》，台北辅仁大学天主教史研究中心：《纪念六位国籍主教祝圣七十周年、我国建立圣统制五十周年暨田公耕莘晋升枢机五十周年学术研讨会议第二梯次论文集》，1997。

郑揆一：《追忆陆征祥神父——并记与二十一条有关的一席话》，台北《传记文学》第 47 卷第 6 期，1985 年 12 月。

周国壎：《追念陆征祥公私琐杂纪略》，台北《现代学苑》第 3 卷第 12 期，1966 年 12 月。

六 学位论文

陈志雄：《陆征祥与民国天主教会》，博士学位论文，中山大学，2009。

郝冠清：《试论王广圻的外交实践（1908～1923）》，硕士学位论文，吉林大学，2019。

张齐显：《北京政府外交部组织与人事之研究（1912～1928）》，硕士学位论文，台中：中兴大学，2000。

祝丹：《北洋政府在巴黎和会上的外交策略研究》，硕士学位论文，东北师范大学，2006。

廖敏淑：《巴黎和会与中国外交》，硕士学位论文，台中：中兴大学，1998。

朝野嵩史：《排日问题与中日交涉（1919～1920）》，硕士学位论文，台中：东海大学，2017。

七 网络资源

吴怀家：《陆征祥弱者，a weakling，弱国无外交 No Diplomacy for weak states...》，http：//standupdelivertruth.blogspot.com/？m=1，2015 年 2 月 4 日。

图书在版编目（CIP）数据

陆征祥评传／唐启华著. -- 北京：社会科学文献
出版社，2023.4
ISBN 978-7-5201-9977-3

Ⅰ.①陆… Ⅱ.①唐… Ⅲ.①陆征祥（1871-1949）
-评传　Ⅳ.①K827＝6

中国版本图书馆 CIP 数据核字（2022）第 055786 号

陆征祥评传

著　　者／唐启华

出 版 人／王利民
责任编辑／李丽丽
责任印制／王京美

出　　　版／社会科学文献出版社·历史学分社（010）59367256
　　　　　　地址：北京市北三环中路甲 29 号院华龙大厦　邮编：100029
　　　　　　网址：www. ssap. com. cn
发　　　行／社会科学文献出版社（010）59367028
印　　　装／北京盛通印刷股份有限公司

规　　　格／开　本：889mm × 1194mm　1/32
　　　　　　印　张：17.25　字　数：402 千字
版　　　次／2023 年 4 月第 1 版　2023 年 4 月第 1 次印刷
书　　　号／ISBN 978-7-5201-9977-3
定　　　价／89.00 元

读者服务电话：4008918866